수신기(搜神記)

全秉九 번역

『수신기(搜神記)』란 어떤 책인가?

『수신기』는 동진(東晉) 간보(干寶)의 저작이다. 간보는 저작랑(著作郞)으로 관직에 나아가 시안태수(始安太守)와 산기상시(散騎常侍) 등을 지냈으며 진기(晉記) 20권을 저술하여 훌륭한 사가(史家)라는 칭찬을 받았다.

간보는 음양술수(陰陽術數)를 좋아했고 일찍이 아버지의 계집종이 죽었다가 되살아나고 형이 기절했다가 깨어나서 귀신을 보았다는 말을 듣고 『수신기』 20권을 지었다.

『수신기』는 '신괴(神怪)한 것을 찾다'와 같이 귀신을 수색한다는 뜻이다. 그러므로 그 내용은 신선(神仙), 도사(道士), 이인(異人), 술객(術客), 기인(奇人), 괴물(怪物), 귀신(鬼神), 우정(友情), 효성(孝誠), 애정(愛情), 지성감천(至誠感天) 등등의 이야기로 이루어져 있다.

간보의 원서문에서도 이야기했듯이 이 책에서는 귀신의 존재와 세상에서 보통 일어나기 어려운 비상(非常)한 일들을 긍정적으로 서술하고 있다.

이 책의 내용은 모두 간보가 직접 보고 들었거나 또는 옛 서적에서 발췌한 것이고 간보의 창작적 요소는 거의 없다.

수신기를 흔히 지괴소설(志怪小說)로 간주하나 요즘의 창작소설과는 완전히 다르다.

역자는 『수신기』를 지괴소설 대신 그냥 지괴(志怪)라고 부르는 것이 옳다고 생각한다.

『수신기』의 내용을 다시 이야기하자면 재미있고 교훈적이고 감동적인 측면도 있고 음란하고 사악한 측면도 있다.

남녀간의 지극한 애정과 의리 때문에 목숨을 바치는 경우도 있고, 보통의 경우에는 도저히 해낼 수 없는 일을 지극한 정성으로 신명(神明)을 감동시켜 해내는 경우도 있다.

일설에는 간보가 지은 원래의 『수신기』는 30권이었는데 지금 전하는 20권본은 후세 사람이 유서(類書) 따위에서 주워 모은 것이라고도 한다.

아무튼 현명한 독자들께서는 이 책의 음란하고 사악한 내용에서는 경계를 삼고 교훈적이고 감동을 주는 내용은 여러 번 숙독(熟讀)하여 귀감(龜鑑)으로 삼기를 바란다.

번역의 자료는 사고전서(四庫全書)본 『수신기』를 근본으로 택했고 중국 학림출판사(學林出版社)의 『수신기』 원문이 있는 백화(白話)번역본과 왕소영(汪紹楹)이 교정하고 주석을 단 중국 중화서국출판사(中華書局出版社)본 『수신기』를 참고했다.

한문의 대가(大家)들이 보시기에는 이 번역서에 오역도 많으리라고 생각된다. 대가에 의한 철저하고 완전무결한 『수신기』 번역서가 나오기를 바라마지 않는다.

끝으로 이 번역서를 완료하는데 많은 도움을 주신 나의 어머니와 형과 누나들에게 이 책을 바치며 또 모든 나의 스승님들에게 이 책을 바친다.

개천(開天) 4634(서기1997)년 8월 20일

全 秉 九(전병구)

차 례

『수신기(搜神記)』란 어떤 책인가?/3

제1권 백성을 계도(啓導)한 신(神)/19
1. 대자연을 가꾼 신농(神農)임금 … /19
2. 비를 맡은 신, 적송자(赤松子) … /20
3. 꽃잎을 먹고 산 적장자여(赤將子轝) … /20
4. 자신을 불사른 영봉자(甯封子) … /21
5. 솔방울을 먹고 산 악전(偓佺) … /22
6. 비나 바람을 담당한 팽조(彭祖) … /22
7. 용을 부린 스승 사문(師門) … /23
8. 제자들도 신선으로 이끈 갈유(葛由) … /23
9. 새가 된 최문자(崔文子) … /24
10. 나라 사람들이 제사지낸 관선(冠先) … /25
11. 잉어를 타고 다닌 금고(琴高) … /26
12. 용을 타고 하늘로 올라간 도안공(陶安公) … /26
13. 신선이 되는 단약을 얻은 초산(焦山)의 도사 … /27
14. 금지팡이를 짚은 노소천(魯少千) … /27
15. 회남왕(淮南王) 유안(劉安)과 8명의 도인 … /28
16. 귀신을 부린 유근(劉根) … /29
17. 물오리를 타고 온 왕교(王喬) … /30
18. 달리는 말보다 빠른 계자훈(薊子訓) … /31
19. 거지아이로 변한 음생(陰生) … /33
20. 비를 그치게 한 평상생(平常生) … /33
21. 신통력으로 농어를 구한 좌자(左慈) … /34
22. 손책을 죽인 우길(于吉) … /37
23. 아이가 되었다 노인도 된 개염(介琰) … /39
24. 앉은 자리에서 참외를 키운 서광(徐光) … /40
25. 씹던 밥으로 큰 벌을 만든 갈현(葛玄) … /41

26. 바람을 잠재운 오맹(吳猛) … / 43
27. 신녀(神女)와 함께 간 원객(園客) … / 44
28. 직녀(織女)를 아내로 맞은 동영(董永) … / 45
29. 시체가 없는 구익부인(鉤弋夫人) … / 46
30. 신랑을 찾아간 두란향(杜蘭香) … / 47
31. 옥녀(玉女) 성공지경(成公知瓊)과 현초(弦超) … / 49

제2권 사람으로 태어난 신(神) / 55

1. 귀신을 포박한 수광후(壽光侯) … / 55
2. 호산(壺山)도사 번영(樊英) … / 56
3. 지붕 위에 솥을 건 서등(徐登) … / 57
4. 바람을 부르는 조병(趙昞) … / 58
5. 뽕나무로 포(脯)를 만든 서등(徐登)과 조병(趙昞) … / 58
6. 신(神)들을 방문한 진절(陳節) … / 59
7. 앞을 내다본 한우(韓友) … / 59
8. 남의 눈을 속이는 기술을 가진 국도룡(鞠道龍) … / 60
9. 부적을 써 잉어를 잡은 사규(謝紏) … / 60
10. 혀를 잘랐다 붙인 인도(印度)의 술객(術客) … / 61
11. 죄지은 자를 악어에게 준 부남왕(扶南王) … / 62
12. 궁녀로서 시집간 가패란(賈佩蘭) … / 63
13. 영혼을 불러온 이소옹(李少翁) … / 64
14. 죽은 사람을 만나게 한 영릉(營陵)의 도인(道人) … / 65
15. 무덤 속을 알아맞춘 박수 … / 66
16. 손호(孫皓)와 두 무당 … / 67
17. 귀신과 대화하는 하후홍(夏侯弘) … / 68

제3권 학문에 밝은 신(神) / 71

1. 공자의 사당을 수리한 종리의(鍾離意) … / 71
2. 앞일을 미리 알고 처방한 단예(段翳) … / 72
3. 집안의 푸른 개와 허계산(許季山) … / 73
4. 남의 앞일을 훤히 내다본 동언흥(董言興) … / 74
5. 『주역』으로 점을 잘 친 관로(管輅) … / 76
6. 관로(管輅)의 또다른 이야기들 … / 80
7. 점을 잘 친 순우지(淳于智) … / 83
8. 도술을 부려 계집종을 얻은 곽박(郭璞) … / 85
9. 비효선(費孝先)의 점괘의 효험이 드러나다 … / 89

10. 자신이 죽은 뒤도 점친 외소(隗炤) … / 91
11. 도깨비를 잡은 한우(韓友) … / 92
12. 집안의 재앙을 막아준 엄경(嚴卿) … / 93
13. 모든 병을 다 고치는 화타(華佗) … / 95

제4권 사람에게 이로운 신(神)·상 / 97
1. 풍백(風伯)과 우사(雨師) … / 97
2. 젖의 길이가 입곱 자 되는 여인을 안 장관(張寬) … / 98
3. 용왕의 아내도 두려워한 태공망(太公望) … / 98
4. 저승의 아버지를 구한 호모반(胡母班) … / 99
5. 하백(河伯)이 된 풍이(馮夷) … / 103
6. 하백(河伯)의 사위가 된 사람 … / 103
7. 화산(華山) 사자(使者)의 심부름을 한 정용 … / 106
8. 자신의 딸을 물에 던진 장박(張璞) … / 107
9. 여산신의 딸과 결혼한 조저(曹著) … / 108
10. 궁정호(宮亭湖)의 두 여자 … / 109
11. 남주인(南州人)의 무소뿔 비녀 … / 110
12. 여산신의 사자 여서(驢鼠) … / 110
13. 여원(如願)이라는 종을 얻은 구명(歐明) … / 111
14. 사당의 석실 안에 있는 황공(黃公) … / 112
15. 번도기(樊道基)와 성부인(成夫人) … / 113
16. 하느님의 사자를 의심한 대문(戴文) … / 114
17. 하늘의 사자를 수레에 태워준 미축(糜竺) … / 115
18. 황양(黃羊)을 바쳐 제사지낸 음자방(陰子方) … / 116
19. 잠실(蠶室)의 신을 섬긴 장성(張成) … / 117
20. 사당을 지어 돌을 모신 대씨(戴氏)의 딸 … / 117
21. 죽어서 신(神)이 되겠다고 한 유기(劉玘) … / 118

제5권 사람에게 이로운 신(神)·하 / 119
1. 자신을 섬기게 한 장자문(蔣子文) … / 119
2. 배를 타고 강을 건넌 귀신, 정구(丁嫗) … / 125
3. 귀신의 도움으로 살아난 왕우(王祐) … / 127
4. 죽을 사람들의 명부를 본 주식(周式) … / 131
5. 신이 깃들었다는 오얏나무를 베어버린 장조(張助) … / 133
6. 우물 속에 우물이 있다고 한 유경(劉京) … / 134

제6권 기고한 요정(妖精)들·상/135

1. 정기가 물건에 의지하여 발생하는 요괴(妖怪) ⋯ / 135
2. 산(山)이 저절로 옮겨가다 ⋯ / 135
3. 거북에 털이 나고 토끼에 뿔이 나다 ⋯ / 138
4. 말이 여우로 변하다 ⋯ / 138
5. 사람이 물여우로 변하다 ⋯ / 138
6. 땅이 갑자기 늘어나다 ⋯ / 138
7. 한 부인이 40명의 아이를 낳았다 ⋯ / 139
8. 사람이 용을 낳았다 ⋯ / 139
9. 돼지를 쏘고 수레에서 떨어진 양공(襄公) ⋯ / 140
10. 성밖의 범과 성안의 뱀들이 싸우다 ⋯ / 140
11. 용들이 서로 싸우다 ⋯ / 140
12. 아홉 뱀이 기둥을 감쌌다 ⋯ / 141
13. 말이 사람을 낳았다 ⋯ / 141
14. 여자가 남자로 변하다 ⋯ / 142
15. 발이 다섯 개나 달린 소 ⋯ / 142
16. 대인(大人)의 생김새 ⋯ / 143
17. 용이 우물에서 나타나다 ⋯ / 143
18. 말에 뿔이 났다 ⋯ / 143
19. 개에게서도 뿔이 났다 ⋯ / 144
20. 사람에게서도 뿔이 나다 ⋯ / 145
21. 개가 돼지와 교미하다 ⋯ / 145
22. 까마귀들이 떼지어 서로 싸우다 ⋯ / 146
23. 소의 발이 등 위에 나다 ⋯ / 147
24. 뱀들이 서로 싸우다 ⋯ / 148
25. 쥐가 춤을 추었다 ⋯ / 148
26. 큰 돌이 저절로 서다 ⋯ / 149
27. 버드나무가 잘라졌다가 다시 서다 ⋯ / 149
28. 개가 갓을 쓰고 다니다 ⋯ / 149
29. 장닭이 뿔이 돋아나다 ⋯ / 150
30. 세 남자가 한 아내를 공유하다 ⋯ / 151
31. 하늘에서 풀이 내려오다 ⋯ / 152
32. 나무를 베었는데 하루만에 되살아나다 ⋯ / 152
33. 쥐가 나무 위에 집을 짓다 ⋯ / 153
34. 개가 사람으로 둔갑하다 ⋯ / 154

35. 솔개가 둥지를 불 태우다 … / 154
36. 하늘에서 고기가 떨어지다 … / 155
37. 나무에서 사람 머리를 닮은 가지가 나오다 … / 156
38. 말에 뿔이 나다 … / 156
39. 제비알에서 참새를 까다 … / 157
40. 숫말이 망아지를 낳다 … / 157
41. 자빠진 나무가 다시 서다 … / 158
42. 아기가 배 속에서 울다 … / 158
43. 서왕모(西王母)에게 제사를 지내다 … / 159
44. 남자가 여자로 변화하다 … / 159
45. 여자가 죽었다가 살아나다 … / 160
46. 머리 둘 달린 아이를 낳다 … / 160
47. 세 발 달린 아이를 낳다 … / 161
48. 큰 뱀이 궁전에 나타나다 … / 162
49. 하늘에서 양갈비가 내려오다 … / 162
50. 부녀들이 근심하는 눈썹을 유행시키다 … / 163
51. 소가 닭을 낳다 … / 164
52. 옛날 책의 예언 … / 164
53. 음양을 따르지 않는 옷모양새 … / 166
54. 아내가 남편을, 남편이 아내를 잡아먹다 … / 166
55. 호분사(虎賁寺)의 황인(黃人) … / 167
56. 나무가 사람모양을 내다 … / 167
57. 암탉이 장닭으로 변화하다 … / 168
58. 머리 둘 달린 아이가 상징한 것 … / 168
59. 궁전에 흰옷 입은 남자가 나타나다 … / 169
60. 풀이 사람모양을 하다 … / 170
61. 한 몸에 머리가 둘 달린 아이를 낳다 … / 170
62. 참새가 싸우다 목이 떨어지다 … / 171
63. 술자리에서 만가(挽歌)를 부르다 … / 171
64. 왕과 신하들이 북망(北邙)으로 올라가다 … / 172
65. 죽은 사람이 되살아나다 … / 172
66. 왕조가 바뀌려고 남자가 여자로 변하다 … / 173
67. 큰 일이 있다고 예언한 화용(華容)의 여자 … / 173
68. 나무를 베니 피가 나오다 … / 174
69. 제비집에서 매가 태어나다 … / 175
70. 강에서 말이 나오다 … / 175

71. 제비가 매같은 새끼를 까다 … / 176
72. 영험한 말을 한 초주(譙周) … / 176
73. 손권(孫權)이 죽기 바로 전해의 조짐 … / 177
74. 피가 벼로 변화하다 … / 177
75. 손호(孫皓)가 제위를 회복할 조짐 … / 178
76. 무덤을 뚫고 나온 진초(陳焦) … / 178
77. 웃옷을 다섯 벌 입은 손휴(孫休) … / 178

제7권 기괴한 요정(妖精)들·하 / 179

1. 앞 일을 아는 선비 … / 179
2. 재앙을 받을 옷모양의 상징 … / 180
3. 제사지낼 때 숭상한 호상(胡床) … / 181
4. 게가 쥐가 되다 … / 181
5. 두 마리 용이 무고(武庫)의 우물에 나타나다 … / 182
6. 두 발 달린 범 … / 182
7. 죽은 소대가리가 말을 하다 … / 183
8. 잉어가 지붕에 나타나다 … / 183
9. 부인의 신이 남자의 신과 같아지다 … / 184
10. 힐자계(擷子髻)가 보여준 조짐 … / 185
11. 술잔을 엎었다 바로했다 하며 추는 진세녕(晉世寧) … / 185
12. 모포로 만든 두건 … / 186
13. 유행한 절양류(折楊柳) … / 186
14. 진나라 왕실에 병란이 있으려고 말에 뿔이 나다 … / 187
15. 다섯 가지 병기모양을 본뜬 오패병(五佩兵) … / 187
16. 종(鐘)이 눈물을 흘리다 … / 188
17. 한 사람이 남녀 두 몸을 가지다 … / 188
18. 여자가 남자로 변했지만 아이가 없었다 … / 188
19. 큰뱀이 작은뱀을 업다 … / 189
20. 난데없이 땅에 피가 흐르다 … / 189
21. 벼락이 사당을 때리다 … / 190
22. 진(晉)나라 때 만든 오장(烏杖) … / 190
23. 진(晉)나라 때부터 생긴 산발(散髮) … / 191
24. 돌이 떠서 언덕으로 올라오다 … / 191
25. 천인(賤人)이 궁궐에 들어오다 … / 192
26. 소와 개가 말을 하다 … / 192
27. 삼으로 만든 신이 저절로 길에 모이다 … / 194

28. 창끝에서 불빛이 생기다 … / 194
29. 새대가리 아이를 낳다 … / 195
30. 사람이 용과 거위를 낳다 … / 195
31. 개가 말을 하다 … / 196
32. 곽박(郭璞)이 두더지를 점치다 … / 196
33. 나무가 얽혀서 자라다 … / 196
34. 돼지가 사람을 낳다 … / 197
35. 생사(生絲)로 만든 홑옷 … / 198
36. 까닭없이 만든 흰 모자 … / 198
37. 배가 서로 붙은 두 딸을 낳다 … / 199
38. 피가 거꾸로 흘렀다 … / 200
39. 소가 머리 둘 달린 송아지를 낳다 … / 201
40. 지진이 일어나면서 물이 용솟음치다 … / 201
41. 소가 발이 여덟 개 달린 송아지를 낳다 … / 202
42. 말이 머리가 둘 달린 망아지를 낳다 … / 202
43. 여자의 음문이 배꼽 아래에 나다 … / 203
44. 무창군(武昌郡)의 불 … / 203
45. 붉은 자루로 상투를 묶다 … / 204
46. 병기에서 꽃이 피다 … / 205
47. 깃부채를 만드는 사람 … / 205
48. 큰 뱀이 사람의 음식을 받아먹다 … / 206

제8권 민중을 구원한 신(神) / 207

1. 역산에서 밭을 갈던 순(舜)임금 … / 207
2. 자신을 제물로 삼은 탕(湯)임금 … / 207
3. 문왕(文王)을 만난 여망(呂望) … / 208
4. 누가 감히 나를 간섭하랴 한 무왕(武王) … / 208
5. 후세의 제왕을 정한 공자(孔子) … / 209
6. 수컷을 얻으면 천자가 된다는 진보(陳寶) … / 211
7. 하늘의 도에 밝은 형사자신(邢史子臣) … / 213
8. 하늘로 올라간 형혹성(熒惑星) … / 214
9. 낙양으로 가지 않은 대양(戴洋) … / 215

제9권 증험을 나타낸 신(神) / 217

1. 네 아들을 얻었으나 다 죽은 응추(應樞) … / 217
2. 남정장군이 된 풍곤(馮緄) … / 217

3. 금도장을 얻은 장호(張顥) … / 218
4. 장씨(張氏)의 금갈고리 … / 219
5. 음덕으로 부책을 받은 하비간(何比干) … / 220
6. 스스로 공(公)이 될 줄 안 위서(魏舒) … / 221
7. 붕조부(鵬鳥賦)를 지은 가의(賈誼) … / 222
8. 삼족을 몰살당한 적의(翟義) … / 223
9. 공손연부자를 죽인 사마의(司馬懿) … / 224
10. 개에게 옷을 물린 제갈각(諸葛恪) … / 224
11. 고기를 매달아 두었다 주살된 등희(鄧喜) … / 225
12. 꿈을 꾸고 되찾은 가충(賈充) … / 226
13. 뒷간에서 얻어맞은 유량(庾亮) … / 228
14. 서감에서 피살된 유총(劉寵) … / 229

제10권 사람들이 받드는 신(神) / 231
1. 사다리를 타고 하늘에 오른 등황후(鄧皇后) … / 231
2. 해가 품 속으로 들어온 손견부인(孫堅夫人) … / 231
3. 조정의 부름을 받은 채무(蔡茂) … / 232
4. 빌린 돈으로 부자가 된 주남책(周攬嘖) … / 233
5. 꿈에 개미굴에 들어가 본 노분(盧汾) … / 234
6. 꿈에 적삼을 받은 유탁(劉卓) … / 234
7. 도마뱀이 배 속으로 떨어진 유아(劉雅) … / 235
8. 꿈에 인끈을 준 장환(張奐) … / 235
9. 꿈을 깨고 두려워하다 죽은 영제(靈帝) … / 236
10. 자신의 죽음을 안 여석(呂石) … / 236
11. 꿈이 맞은 사봉(謝奉)과 곽백유(郭伯猷) … / 237
12. 조카의 정성 때문에 다시 산 서외(徐隗) … / 238

제11권 진정을 다한 신(神) / 239
1. 화살로 돌을 뚫은 웅거자(熊渠子)와 이광(李廣) … / 239
2. 빈 활을 쏘아도 기러기가 떨어진 명궁(名弓) … / 239
3. 물을 거꾸로 흐르게 한 고야자(古冶子) … / 240
4. 죽어서도 왕에게 복수한 적비(赤比) … / 241
5. 신통술이 있었던 가옹(賈雍) … / 244
6. 죽어서도 받은 물건을 돌려준 사량(史良)의 여자 … / 244
7. 영왕에게 피살된 장홍(萇弘) … / 245
8. 괴물을 술로 녹인 동방삭(東方朔) … / 245

9. 가뭄에 비를 내리게 한 양보(諒輔) … / 246
10. 도술을 좋아했던 하창(何敞) … / 247
11. 누리도 피했던 서허(徐栩) … / 248
12. 호랑이가 지켜준 왕업(王業) … / 249
13. 요괴도 옮겨가게 한 갈조(葛祚) … / 249
14. 심장이 뛰자 집으로 간 증자(曾子) … / 250
15. 해골 만여구를 장례지낸 주창(周暢) … / 251
16. 잉어도 알아본 왕상(王祥) … / 251
17. 계모도 깨닫게 한 왕연(王延) … / 252
18. 하늘도 감동시킨 초료(楚僚) … / 253
19. 어머니의 눈을 뜨게 한 성언(盛彦) … / 254
20. 이무기의 쓸개를 얻은 안함(顔含) … / 254
21. 땅 속에서 황금 한 솥을 얻은 곽거(郭巨) … / 255
22. 땅 속에서 곡식을 얻은 유은(劉殷) … / 256
23. 옥(玉)밭을 만든 양백옹(楊伯雍) … / 257
24. 계모를 효성으로 섬긴 형농(衡農) … / 258
25. 8살부터 효성을 다한 나위(蘿威) … / 258
26. 눈물로 잣나무를 마르게 한 왕부(王裒) … / 259
27. 백구랑(白鳩郞)이라 불렸던 서헌(徐憲) … / 259
28. 억울하게 죽은 동해효부(東海孝婦) … / 260
29. 죽은 아버지와 함께 한 숙선웅(叔先雄) … / 261
30. 악양자(樂羊子)의 아내 … / 263
31. 염병도 두려워하지 않은 유곤(庾袞) … / 264
32. 상사수(相思樹)의 내력 … / 264
33. 사만(史滿)의 딸을 얻은 서기(書記) … / 266
34. 망부강(望夫岡)이 있게 한 매씨(梅氏) … / 267
35. 다시 시집간 등원의(鄧元義)의 아내 … / 268
36. 여인의 거짓을 알아낸 엄준(嚴遵) … / 269
37. 죽어서도 찾은 범식(范式)과 장소(張邵) … / 270

제12권 자연이 만든 신(神)・상/273

1. 다섯 기(氣)로써 만물이 변화한다 … / 273
2. 땅 속에서 나온 양 … / 276
3. 땅 속에서 나온 개 … / 277
4. 사람을 보면 끌어당기는 혜낭(傒囊) … / 279
5. 천리를 갔다 올 수 있는 경기(慶忌) … / 280

6. 벼락의 생김새 … / 281
7. 머리가 떨어졌다 붙었다 하는 사람 … / 281
8. 범이 사람으로 둔갑하다 … / 282
9. 원숭이와 같은 사람이 사는 가국(猳國) … / 283
10. 발작하면 사람이 죽는 도로귀(刀勞鬼) … / 285
11. 무당의 조상이라고 하는 야조(冶鳥) … / 286
12. 울 때에 진주가 나오는 인어(人魚) … / 287
13. 산과 들에 사는 대청(大青)과 소청(小青) … / 287
14. 사람과 같은 산도(山都) … / 288
15. 사람을 모래로 쏘는 물여우 … / 288
16. 사람을 죽이는 귀탄(鬼彈) … / 289
17. 고(蠱)의 중독을 다스리는 양하근(襄荷根) … / 289
18. 중독되면 다 죽는 개 고(蠱) … / 290
19. 집에서 길러 부유해진 뱀 고(蠱) … / 291

제13권 자연이 만든 신(神)·중 / 293

1. 사람의 마음을 헤아린 단샘 … / 293
2. 황하가 돌아가는 두 화산(華山) … / 293
3. 곽산(霍山)의 네 솥 … / 294
4. 불도 태우는 번산(樊山) … / 294
5. 제사지내면 물이 나오는 공보(孔寶) … / 295
6. 가뭄에 비를 내리게 하는 상혈(湘穴) … / 295
7. 거북을 의지하여 쌓은 귀화성(龜化城) … / 296
8. 성(城)이 꺼져 호수가 되었다 … / 296
9. 말의 발자취를 따라 지은 성 마읍(馬邑) … / 297
10. 시커먼 재가 나온 곤명지(昆明池) … / 297
11. 장수의 비결이었던 단사(丹砂)의 즙 … / 298
12. 회처럼 생긴 여복(餘腹) … / 299
13. 사람의 꿈에 나타난 방게 … / 299
14. 돈이 되돌아올 수 있게 한 청부(青蚨)벌레 … / 299
15. 뽕나무벌레를 가르는 땅벌 … / 300
16. 나비가 되는 나무 좀 … / 301
17. 버드나무를 못넘게 하는 고슴도치 … / 301
18. 불꽃산의 풀과 나무로 만든 화완포(火浣布) … / 301
19. 쇠의 양수(陽燧)와 음수(陰燧) … / 302
20. 거문고를 만든 채옹(蔡邕) … / 303

제14권 자연이 만든 신(神)·하 / 305
1. 남매부부를 추방한 고양씨(高陽氏) … / 305
2. 오랑캐의 머리를 물고 온 반호(盤瓠) … / 305
3. 부여에 도읍한 동명성왕(東明聖王) … / 308
4. 알을 낳은 서국(徐國)의 궁녀 … / 309
5. 초나라 재상이 된 투자문(鬪子文) … / 310
6. 살쾡이의 젖을 먹은 제경공(齊頃公) … / 310
7. 강족의 호걸이 된 원검(爰劍) … / 311
8. 뱀과 함께 태어난 두무(竇武) … / 311
9. 알에서 나온 아이가 뱀이 되다 … / 312
10. 음문(陰門)을 찢긴 임곡(任谷) … / 313
11. 여인이 누에가 되다 … / 313
12. 불사약을 먹고 달로 달아난 항아(嫦娥) … / 316
13. 하느님의 딸이 죽은 설타산(舌墮山) … / 317
14. 한 쌍의 두루미부부 … / 317
15. 새를 아내로 삼은 남자 … / 318
16. 여인이 큰 자라가 되다 … / 318
17. 청하땅의 여인이 큰 자라가 되다 … / 319
18. 선건의 어머니가 큰 자라가 되다 … / 320
19. 눈에 보이지 않는 괴이한 노인 … / 321

제15권 무덤 속에서 나오는 신(神)·상 / 323
1. 죽은 애인을 살려낸 왕도평(王道平) … / 323
2. 무덤에서 살려낸 여인 … / 325
3. 저승에서 배필을 만난 가문합(賈文合) … / 327
4. 죽은 사람의 편지를 전한 이아(李娥) … / 328
5. 죽어 되살아난 사후(史姁) … / 332
6. 사공(社公)을 부릴 수 있는 하우(賀瑀) … / 333
7. 죽어서 경험했던 일을 안 대양(戴洋) … / 334
8. 장제(張悌)와 유영(柳榮) … / 335
9. 마세(馬勢)의 아내 … / 336
10. 널 속에서 꺼내 달라고 한 안기(顏畿) … / 337
11. 가지고 놀던 것을 찾아달라고 한 양호(羊祜) … / 339
12. 무덤에서 나온 궁녀 … / 340
13. 무덤에서 살아나온 태원(太原)의 부인 … / 340

14. 무덤에서 살아난 두석(杜錫)의 종 … / 341
15. 무덤의 시체를 윤간한 도적 … / 341
16. 광릉(廣陵)의 귀인(貴人) 무덤 … / 342
17. 난서(欒書)의 무덤 … / 343

제16권 무덤 속에서 나오는 신(神)·하 / 345
1. 전욱씨(顓頊氏)의 세 아들 … / 345
2. 두 편이 있는 만가(挽歌) … / 345
3. 귀신이 없다던 완첨(阮瞻) … / 346
4. 귀신에게 애걸한 시속(施續)의 학생 … / 347
5. 죽은 아들을 진급시킨 장제(蔣濟) … / 348
6. 널 속에서 말한 고죽군(孤竹君) … / 350
7. 죽어서도 고향이 그립다 한 온서(溫序) … / 351
8. 죽은 사람의 소원을 들어준 문영(文穎) … / 352
9. 귀신의 원수를 갚아준 하창(何敞) … / 354
10. 조조(曹操)의 배 … / 356
11. 죽어서도 집에 찾아온 하후개(夏侯愷) … / 357
12. 꿈에 나타난 제중무(諸仲務)의 딸 … / 357
13. 활로 귀신을 쏜 왕소(王昭) … / 358
14. 비파(琵琶)를 타는 귀신 … / 359
15. 귀신을 칼로 죽인 진거백(秦巨伯) … / 359
16. 세 귀신이 술마시고 취하다 … / 361
17. 목마를 살아있는 말로 만든 전소소(錢小小) … / 361
18. 귀신을 팔아 돈을 번 송정백(宋定伯) … / 362
19. 죽어서도 정인을 생각한 자옥(紫玉) … / 364
20. 신도도에게 금베개를 준 진녀(秦女) … / 367
21. 죽어서 남자를 얻은 수양왕(睢陽王)의 딸 … / 369
22. 노충(盧充)과 귀신인 최온휴(崔溫休) … / 371
23. 귀신과 함께 동침한 정기(鄭奇) … / 376
24. 죽은 여인과 정사를 벌인 종요(鍾繇) … / 377

제17권 사람이나 동물에 의탁한 신(神) / 379
1. 귀신으로 몰린 장한직(張漢直) … / 379
2. 정절(貞節)선생이라 불린 범단(范丹) … / 380
3. 죽은 사람 행세를 한 비계(費季) … / 381
4. 남의 간음을 뒤집어 쓸 뻔한 우정국(虞定國) … / 382

5. 귀신병이 있는 아내를 둔 주탄(朱誕)의 부하 ⋯ / 383
6. 귀신을 말하지 못한 예언사(倪彦思) ⋯ / 385
7. 두 눈이 거울같은 귀신 ⋯ / 387
8. 사당의 귀신이 된 도삭군(度朔君) ⋯ / 388
9. 신을 잃어 가난해진 진신(陳臣) ⋯ / 391
10. 머리 흰 늙은이가 솥에서 나오다 ⋯ / 392
11. 새장 속에서 없어진 복류조(服留鳥) ⋯ / 393
12. 동망산(東望山)의 말하는 귤 ⋯ / 394
13. 뱀을 머리 속에 넣고 산 진첨(秦瞻) ⋯ / 394

제18권 동물과 나무가 변한 신(神) / 397
1. 말하는 베개를 본 왕신(王臣) ⋯ / 397
2. 금과 은을 얻어 큰 부자가 된 아문(阿文) ⋯ / 397
3. 베어도 다시 붙는 가래나무 ⋯ / 399
4. 한 마을을 구하게 한 황조(黃祖) ⋯ / 400
5. 나무 위의 늙은이를 다 죽인 장요(張遼) ⋯ / 402
6. 나무의 요괴인 팽후(彭侯) ⋯ / 403
7. 배가 저절로 날아가다 ⋯ / 404
8. 변장한 여우를 알아맞춘 동중서(董仲舒) ⋯ / 404
9. 천년묵은 여우를 삶은 장화(張華) ⋯ / 405
10. 아버지를 죽게 한 오흥군(吳興郡)의 늙은 여우 ⋯ / 409
11. 사람으로 변한 여우를 잡은 황심(黃審) ⋯ / 410
12. 신과 이야기를 나누는 유백조(劉伯祖) ⋯ / 411
13. 여우가 여자로 변한 것을 아자(阿紫)라 한다 ⋯ / 412
14. 여우귀신을 물리친 송대현(宋大賢) ⋯ / 414
15. 둔갑한 여우를 잡은 도백이(到伯夷) ⋯ / 415
16. 여우들에게 글을 가르친 호박사(胡博士) ⋯ / 416
17. 사슴의 요괴를 잡은 사곤(謝鯤) ⋯ / 417
18. 암돼지가 여인이 되었다 ⋯ / 418
19. 양의 신을 잡은 양문(梁文) ⋯ / 418
20. 사람으로 변한 개를 잡은 전염(田琰) ⋯ / 419
21. 내계덕(來季德)으로 변한 늙은 개 ⋯ / 420
22. 문을 두드리는 개를 잡은 왕호(王瑚) ⋯ / 421
23. 갓을 쓴 개와 이숙견(李叔堅) ⋯ / 421
24. 수달이 여인이 되어 사람을 홀리다 ⋯ / 422
25. 쥐가 '왕주남이 죽는다'고 말을 하다 ⋯ / 423

18 수신기(搜神記)

26. 사람이 잠자면 죽는 안양성(安陽城)의 정자 … / 424
27. 요괴들이 산 여릉군(廬陵郡)의 정자 … / 426

제19권 요괴로 변화한 신(神) / 429
1. 범에게 시집간 이기(李寄) … / 429
2. 사람을 먹은 뱀을 잡은 위서(魏舒) … / 431
3. 사람으로 변장한 뱀을 잡은 장관(張寬) … / 432
4. 악어가 여인으로 둔갑하다 … / 432
5. 사당을 없앤 사비(謝非) … / 433
6. 사람 만한 메기를 잡게 한 공자(孔子) … / 435
7. 사람으로 변한 쥐며느리 … / 436
8. 천일 동안 잠자게 한 천일주(千日酒) … / 437
9. 이것이 운명이구나 탄식한 진중거(陳仲擧) … / 439

제20권 사람을 도운 동물의 신(神) / 441
1. 썩은 비가 내리게 한 병든 용 … / 441
2. 범의 새끼를 받아준 소역(蘇易) … / 442
3. 두루미에게 보답받은 쾌삼(噲參) … / 442
4. 서왕모(西王母)의 사자 … / 443
5. 밤을 밝게 밝히는 영사주(靈蛇珠) … / 444
6. 거북을 살려준 공을 받은 공유(孔愉) … / 444
7. 이 고기는 내 아들이다 … / 445
8. 보은을 한 개미왕 … / 446
9. 불에 타는 주인을 구한 개 … / 448
10. 뱀에게 죽게 된 주인을 살린 개 … / 449
11. 은혜갚은 땅강아지 … / 450
12. 죽은 원숭이의 앙갚음 … / 451
13. 죽은 사슴의 앙갚음 … / 452
14. 죽은 뱀의 앙갚음 … / 452
15. 한 고을을 망하게 한 뱀 … / 453
16. 고치자루를 훔친 부인(婦人)의 혹 … / 454

수신기제요(搜神記提要) / 457
『수신기(搜神記)』 원서(原序) / 460
『수신기(搜神記)』 / 462

제1권 백성을 계도(啓導)한 신(神)

1. 대자연을 가꾼 신농(神農)임금

　신농(神農)임금이 붉은 회초리를 가지고 온갖 풀들을 두드리며 독려하였다. 이로써 그 풀들이 가지고 있는 평범하고, 독이 있고, 차가우며, 따뜻한 것 같은 여러 가지 성질과, 그 온갖 풀들의 냄새와 맛의 주된 원인을 모두 파악하였다.
　모두 파악하고는 이러한 것을 주된 근본으로 삼아 온갖 곡식들을 파종하였다.
　이러한 연유로 하여 천하에서는 그를 신농(神農)이라고 높여 불렀다.

　神農[1]以赭鞭　鞭百草　盡知其平毒寒溫之性　臭味[2]所主　以播百穀　故天下　號神農也

1) 神農(신농) : 옛날 중국의 상고시대 성왕(聖王)이다. 농사짓는 법을 처음으로 가르치고 『주역(周易)』 8괘(卦)를 겹쳐 64괘를 만들었다고 한다. 염제(炎帝)라고도 한다. 『역경(易經)』 계사하(繫辭下)에서 말하기를 "포희씨가 죽고 신농씨가 일어나서 나무를 깎아 보습을 만들고 나무를 휘어 쟁기를 만들었다. 쟁기로 갈고 풀을 베는 이로움을 천하에 가르쳤다(包犧氏沒　神農氏作　斲木爲耜　揉木爲耒　耒耨之利　以敎天下)."고 했다.

2) 臭味(취미) : 왕소영은 오미(五味)로 보았다. 오미란 산(酸:신맛), 함(鹹:짠맛), 감(甘:단맛), 고(苦:쓴맛), 신(辛:매운맛)이며 병을 다스리는데 각각 주관하는 바가 있다. 예컨대 산주간(酸主肝:신맛은 간의 병을 주관한다), 감주비(甘主脾:단맛은 비장(脾臟)의 병을 주관한다),

고주심(苦主心 : 쓴맛은 심장의 병을 주관한다), 신주폐(辛主肺 : 매운맛은 허파의 병을 주관한다).

2. 비를 맡은 신, 적송자(赤松子)

적송자는 신농(神農)임금 때 비를 맡았던 신(神)이다.

수옥(水玉)가루를 복용하고 살았으며 그는 신농임금을 가르치기도 하였다. 그는 불 속에 들어가도 타지 않았다.

곤륜산(崑崙山)에 이르러 늘 서왕모(西王母)의 석실 안을 들락거렸는데 비나 바람을 따라 날마다 오르락 내리락 할 수 있었다.

염제(炎帝) 신농임금의 막내딸이 그를 따랐는데 또한 신선이 되어 함께 떠나갔다.

적송자는 고신(高辛)임금 때 이르러 다시 비를 맡은 신이 되어 인간세상에 노닐었다.

지금의 비를 맡은 신은 적송자에게 근본을 두고 있다.

赤松子者 神農時雨師也 服冰玉散[1] 以教神農 能入火不燒 至崑崙山[2] 常入西王母[3]石室中 隨風雨上下 炎帝少女追之 亦得僊俱去 至高辛時[4] 復爲雨師 遊人間 今之雨師本是焉

1) 冰玉散(빙옥산) : '빙옥(冰玉)'을 왕소영의 주에 따라 수옥(水玉)으로 고쳐서 번역하였다. 왕소영은 『포박자(抱朴子)』 내편(內篇) 선약(仙藥)을 인용하여 빙(冰)을 수(水)로 고쳐야 한다고 했다.
2) 崑崙山(곤륜산) : 신선이 사는 산. 요지(瑤池), 낭원(閬苑), 증성(增城), 현포(縣圃) 따위의 선경(仙境)이 있다.
3) 西王母(서왕모) : 곤륜산에 사는 뭇신선들의 여왕이다.

3. 꽃잎을 먹고 산 적장자여(赤將子轝)

적장자여는 황제(黃帝)임금 때 사람이다. 오곡을 먹지 않고 온갖 풀들의 꽃을 먹고 살았다.
　요(堯)임금 때 이르러 목공(木工)이 되어 비나 바람을 따라 오르락 내리락 할 수 있었다.
　때로는 시장의 안에서 주살을 팔았기에 또한 작보(繳父 : 주살을 처음 만든 사람)라고도 불렀다.

　赤將子轝者 黃帝[1]時人也 不食五穀而啗百草華 至堯[2]時 爲木工[3] 能隨風雨上下 時於市門中 賣繳[4] 故亦謂之繳父
1) 黃帝(황제) : 고대의 성왕(聖王)이다.
2) 堯(요) : 고대의 성왕(聖王)이다.
3) 木工(목공) : 옛날 목재를 맡아보던 벼슬아치.
4) 繳(작) : 주살로 줄을 매어서 쏘는 화살.

4. 자신을 불사른 영봉자(甯封子)

　영봉자는 황제(黃帝)임금 때 사람이다. 세상에서 전하기를 황제임금의 도정(陶正)이 되었다고 한다.
　어떤 이인(異人)이 그에게 가서 그를 위해 불을 맡아 오색의 연기를 피어나게 하였다. 그 이인이 오래동안 머물면서 그 기술을 영봉자에게 가르쳤다.
　영봉자는 뗄감을 쌓아 스스로를 태우고는 연기를 따라 오르락 내리락 하였다.
　사람들이 그 타고난 재를 보니 오히려 그의 뼈가 남아 있었다. 그당시 사람들이 함께 영(甯)땅의 북쪽 산에서 그의 장례를 치렀다. 그래서 그를 영봉자라고 한다.

　甯封子 黃帝時人也 世傳爲黃帝陶正[1] 有異人過之 爲其掌火 能出五色煙 久則以敎封子 封子積火自燒 而隨煙氣上下 視其灰燼 猶有其骨 時人共葬之甯北山中 故謂之甯封子
1) 陶正(도정) : 질그릇 만드는 일을 맡은 벼슬아치. 질그릇을 담당한 관리.

5. 솔방울을 먹고 산 악전(偓佺)

악전이라는 사람은 괴산(槐山)에서 약초를 캐는 노인이었다.

솔방울 따먹기를 좋아하였고, 그 몸에는 길이가 일곱 치나 되는 털이 나 있고, 두 눈은 모나 있었으며, 날아다니며 달리는 말을 따라잡을 수 있었다.

솔방울을 요(堯)임금에게 주었는데 요임금은 그것을 먹을 겨를이 없었다. 그 소나무는 큰 소나무였는데 그때 솔방울을 받아먹은 이들은 모두 3백살까지 살았다.

偓佺者 槐山採藥父也 好食松實 形體生毛 長七寸 兩目更方 能飛行 逐走馬以松子遺堯 堯不暇服 松者簡松也 時受服者 皆三百歲

6. 비나 바람을 담당한 팽조(彭祖)

팽조라는 사람은 은(殷)나라 때 대부(大夫)였다. 성은 전(籛)이요, 이름은 갱(鏗)이며 전욱(顓頊)임금의 손자요, 육종씨(陸終氏)의 둘째아들이다.

하(夏)나라를 거쳐 상(商)나라 말기까지 7백살을 살았다고 했다. 늘 계피와 지초를 먹었는데 역양(歷陽)땅에는 팽조의 사당이 있다.

앞세대 사람이 말하였다.

"팽조의 사당에 기도하여 비나 바람을 요청하면 문득 감응하지 않은 적이 없었다. 늘 두 마리의 범이 사당 좌우에 있었다. 오늘날 사당은 없어졌으나 그 터에는 두 마리 범의 자취가 남아있다."

彭祖者 殷¹⁾時大夫也 姓籛 名鏗 帝顓頊²⁾之孫 陸終氏之中子 歷夏而至商末 號七百歲 常食桂芝³⁾ 歷陽有彭祖僊室 前世云 禱請風雨莫不輒

應 常有兩虎在祠左右 今日祠之訖 地則有兩虎跡
1) 殷(은) : 성탕(成湯)이 하(夏)나라 걸(桀)을 내쫓고 세운 나라. 달리 상(商)이라고도 한다.
2) 顓頊(전욱) : 옛날의 제왕. 황제(黃帝)임금의 손자이며 창의(昌意)의 아들이다.
3) 桂芝(계지) : 영지(靈芝)의 하나. 계수나무와 지초.

7. 용을 부린 스승 사문(師門)

사문이라는 사람은 소보(嘯父)의 제자이다. 불을 부릴 수 있었고 복사꽃을 먹었다.

공갑(孔甲)의 용을 다스리는 스승이 되었는데 공갑이 그 자신의 마음을 잘 닦지 못한 관계로 사문을 죽여 들판에 묻었다.

어느날 비와 바람이 사문을 맞이해 갔는데 산의 나무들이 다 불타 버렸다. 공갑이 사당에 제사지내고 빌었으나 궁전에 돌아가지도 못하고 죽었다.

師門者 嘯父[1]弟子也 能使火 食桃葩 爲孔甲[2]龍師 孔甲不能修其心意 殺而埋之外野 一旦風雨迎之 山木皆燔 孔甲祠而禱之 未還而死

1) 嘯父(소보) : 신선의 이름.
2) 孔甲(공갑) : 하(夏)나라 14대 임금.

8. 제자들도 신선으로 이끈 갈유(葛由)

전주(前周) 때의 갈유는 촉(蜀)땅 서쪽 오랑캐 출신인데 주(周)나라 성왕(成王) 때 나무로 양을 새겨 팔기를 좋아했다.

어느날 나무로 새긴 양을 타고 촉땅으로 들어갔는데 촉땅의 왕후(王侯)와 귀인들이 그를 따라 수산(綏山)에 올라갔다.

수산은 복숭아가 많이 나고 아미산 서남쪽에 있는데 높이가 끝이 없다. 그를 따라 간 이들은 다시 돌아오지 않고 다 선도(仙

道)를 터득했다.
 그래서 마을의 속담에 이르기를 "수산의 복숭아 한 개를 얻으면 비록 신선은 될 수 없더라도 또한 호걸은 넉넉히 될 수 있다."라고 하였다.
 이들이 산 아래에 갈유의 사당을 세운 장소가 수십 곳이나 되었다.

 前周¹⁾葛由 蜀²⁾羌人也 周成王時 好刻木作羊賣之 一旦乘木羊 入蜀中 蜀中王侯貴人追之上綏山 綏山多桃 在峨眉山³⁾西南 高無極也 隨之者 不復還 皆得仙道 故里諺曰 得綏山一桃 雖不能仙 亦足以豪 山下立祠 數十處

1) 前周(전주) : 무왕(武王)부터 유왕(幽王)까지의 주(周)나라를 전주라고 한다.
2) 蜀(촉) : 지금의 사천성(四川省)
3) 峨眉山(아미산) : 사천성 아미산시 서남쪽에 있다. 아미(峨眉 : 누에 나방의 더듬이)같이 서로 마주보는 봉우리가 있어서 이렇게 이름지었다. 대아(大峨), 이아(二峨), 삼아(三峨)의 구분이 있으나 일반적으로 말하는 아미산은 대아산을 가리킨다. 주봉은 만불봉(萬佛峰)인데 해발 3,099미터이다. 중국 불교의 사대명산(四大名山) 중의 하나로 보현보살(普賢菩薩)의 도량이기도 하다. 오대산은 문수보살의 도량, 보타산은 관음보살의 도량, 구화산은 지장보살의 도량.

9. 새가 된 최문자(崔文子)

 최문자는 태산군(泰山郡)의 사람이다.
 왕자교(王子喬)에게 신선의 도를 배웠다. 왕자교가 흰 말매미로 변화하여 약을 가져다 최문자에게 주려고 할 때 최문자는 깜짝 놀라고 괴이하게 여겨 주살을 당겨 말매미를 쏘아 맞혔다. 이에 왕자교가 그 약을 떨어뜨렸다. 최문자가 머리를 숙여 자세히 보니 왕자교의 시체였다.

방안에 시체를 두고 낡은 광주리로 덮었는데 순식간에 큰 새로 변하였다. 광주리를 열어보자 그 새는 푸드득 날아가 버렸다.

崔文子者 泰山人也 學仙于王子喬[1] 子喬化爲白蜺 而持藥與文子 文子驚怪 引弋[2]擊蜺中之 因墮其藥 俯而視之 王子喬之尸也 置之室中 覆以敝筐 須臾化爲大鳥 開而視之 翻然飛去

1) 王子喬(왕자교) : 신선의 이름.
2) 弋(익) : 끝에 줄을 맨 화살.

10. 나라 사람들이 제사지낸 관선(冠先)

관선은 춘추전국시대 송(宋)나라 사람이다. 고기를 낚는 것을 일로 삼아 수수(睢水)가에서 백여년을 살았다. 고기를 잡으면 혹은 놓아주고 혹은 팔고 혹은 스스로 먹기도 하였다.

늘 갓을 쓰고 띠를 매었는데 여지(荔枝) 심기를 좋아하였고 그 꽃과 열매를 먹었다.

송나라 경공(景公)이 어느날 그에게 도를 물었으나 알려주지 않자 그를 바로 죽였다.

몇십년 뒤에 나타나 송나라 성문 위에 걸터앉아 거문고를 탔는데 수십일 뒤에는 곧 떠나갔다.

송나라 사람들이 집집마다 그를 받들어 제사지냈다.

冠先 宋人也 釣魚爲業 居睢水旁百餘年 得魚或放或賣或自食之 常冠帶 好種荔[1] 食其葩實焉 宋景公問其道 不告卽殺之 後數十年 踞[2]宋城門上 鼓琴數十日乃去 宋人家家奉祠之

1) 荔(여) : 『남방초목장(南方草木狀)』에 말하기를 "여지나무는 높이가 5, 6 길이다. 꽃은 푸르고 열매는 붉은데 열매의 크기는 달걀 만하다(荔枝樹 高五六丈 靑花朱實 實大如鷄子)"라고 하였다.
2) 踞(거) : 높은 곳에 궁둥이를 붙이고 두 다리를 늘어뜨리고 앉는 것. 곧 걸터앉다.

11. 잉어를 타고 다닌 금고(琴高)
 금고는 조(趙)나라 사람이다. 거문고를 잘 타서 송(宋)나라 강왕(康王)의 식객이 되었다.
 금고는 연자(涓子)와 팽조(彭祖)의 도술을 행하였으며 기주(冀州)의 탁군(涿郡) 사이에서 2백여년이나 떠돌아 다녔다.
 나중에 탁수(涿水)에 들어가 용새끼를 잡겠다고 말하며 뭇제자들과 기약하여 말하였다.
 "다음날 다 몸과 마음을 깨끗이 하고 재계하여 물가에서 기다리며 사당을 세워라."
 다음날 과연 붉은 잉어를 타고 나와 사당에 와서 앉아 있었다. 또 수많은 사람이 그를 보았는데 한 달을 머문 뒤 이에 다시 물속으로 들어가 버렸다.

 琴高趙人也 能鼓琴 爲宋康王舍人 行涓彭¹⁾之術 浮游冀州涿郡間 二百餘年 後辭入涿水中 取龍子 與諸弟子期之曰 明日皆潔齋 候于水旁 設祠屋 果乘赤鯉魚 出來坐祠中 且有萬人觀之 留一月 乃復入水去
1) 涓彭(연팽): 연자(涓子)와 팽조(彭祖). 다 신선의 이름이다.

12. 용을 타고 하늘로 올라간 도안공(陶安公)
 도안공은 육안현(六安縣)의 대장장이이다.
 자주 불을 썼는데 불이 어느날 흩어져 위로 올라가더니 자색의 불빛이 하늘로 솟았다.
 도안공이 풀무 아래 엎드려 하느님께 애걸했다.
 잠깐동안 붉은 공작이 풀무 위에 내려와 앉아 말하였다.
 "안공아, 안공아. 풀무질이 하늘과 통했구나. 7월 7일에 붉은 용으로써 너를 맞이하리라."
 때가 되자 도안공이 붉은 용을 타고 동남쪽에서 이륙하여 하늘로 올라갔다. 고을의 수만명의 사람들이 미리 길제사(길을 떠날 때 미리 지내는 제사)를 지내고는 편안히 그를 보냈다.
이것은 다 그와 미리 작별을 고한 것이었다.

　陶安公者 六安 鑄冶師也 數行火 火一朝散上 紫色衝天 公伏冶下求哀 須臾朱雀止冶上曰 安公安公 冶與天通 七月七日 迎汝以赤龍 至時安公騎之 從東南去 城邑數萬人 豫祖 安送之 皆辭訣

13. 신선이 되는 단약을 얻은 초산(焦山)의 도사
　어떤 사람이 초산에 들어간 지 7년만에 노군(老君)이 그에게 나무송곳을 주며 두께 다섯 자 되는 하나의 반석을 뚫게 하고는 말하였다.
　"이 돌이 뚫리면 마땅히 득도하리라."
　이 사람이 노력한 지 40년만에 돌이 뚫렸다. 그는 드디어 먹으면 신선이 되는 단약의 비결도 얻었다.

　有人入焦山[1]七年 老君[2]與之木鑽 使穿一盤石 石厚五尺曰 此石穿當得道 積四十年 石穿 遂得神仙丹訣
1) 焦山(초산) : 두 곳이 있다. 산서성(山西省) 문희현(聞喜縣)의 동쪽에도 있고, 강소성(江蘇省) 진강시(鎭江市)의 동북쪽 양자강(揚子江) 가운데도 있다. 어디의 초산인지는 자세하지 않다.
2) 老君(노군) : 노자(老子)에 대한 경칭.

14. 금지팡이를 짚은 노소천(魯少千)
　노소천은 산양현(山陽縣) 사람이다.
　한(漢)나라 문제(文帝)가 일찍이 미복을 입고(임금이 보통사람의 옷을 입어 변장하는 것) 금을 품고 그에게 가서 도를 물으려고 했다.

노소천은 금지팡이를 짚고 상아부채를 잡고 대문을 나와서 응대했다.

魯少千者 山陽人也 漢文帝 嘗微服懷金過之 欲問其道 少千拄金杖執象牙扇出應門

15. 회남왕(淮南王) 유안(劉安)과 8명의 도인

회남왕 유안이 도술을 좋아하여 집에 요리사를 두고 손님들을 맞이했다.

정월 상신일(上辛日)에 어떤 8명의 노인이 대문 앞에 이르러 왕을 만나기를 요구했다. 문지기가 왕에게 알렸다. 왕은 문지기 스스로 일을 처리하도록 하여 8명의 노인들을 곤란하게 하였다.

문지기가 말하였다.

"우리 왕께서는 장생(長生)을 좋아하시는데 선생님들은 노쇠를 멈추게 하는 도술이 없으시니 감히 왕께 알려드리지 못하겠습니다."

노인들은 왕을 만나지 못할 줄 알자 곧 형체를 바꾸어 8명의 아이가 되었는데 안색이 복사꽃 같았다.

회남왕이 바로 만나고서 성대한 예를 갖추고 음악을 준비케 하여 8명의 노인들을 즐겁게 해주었다.

왕이 거문고를 당겨 현(絃)을 뜯으며 노래하였다.

"밝고 밝으신 하느님께옵서 천하를 비쳐 보시나니,
내가 도를 좋아하는 것을 아시고
공(公)들을 내려오게 하셨도다.
공들께서 장차 나와 함께 몸에 깃털이 돋아나리니,
푸른 구름에 뛰어 오르고 양보산(梁甫山)을 밟으리라.
해, 달, 별을 구경하고 북두성을 만날 것이니,
바람 구름을 몰아 타고 옥녀(玉女)를 부리리라."

지금의 이른바 회남조(淮南操)라는 것은 바로 이 곡이다.

淮南王安 好道術 設廚宰 以候賓客 正月上午[1] 有八老公[2] 詣門求見 門吏白王 王使吏自以意難之 曰 吾王好長生 先生無駐衰之術 未敢以聞 公知不見 乃更形爲八童子 顔色桃花 王便見之 盛禮設樂以享八公 援琴而絃歌曰 明明上天 照下土兮 知我好道 公來下兮 公將與余 生毛羽兮 升騰靑雲 蹈梁甫[3]兮 觀見三光 遇北斗兮 驅乘風雲 使玉女[4]兮 今所謂淮南操是也

1) 上午(상오) : 왕소영은 『고금악록(古今樂錄)』에 상신(上辛)으로 되어 있다고 했다. 왕소영의 주에 따라 상신으로 번역하였다.
2) 八老公(팔노공) : 좌오(左吳), 이상(李尙), 소비(蘇飛), 전유(田由), 모피(毛披), 상피(霜被), 진창(晋昌), 오피(伍被)가 여덟 노인의 이름이다.
3) 梁甫(양보) : 태산(泰山) 아래에 있는 작은 산. 옛날 황제들은 늘 이곳에서 산천에 제사지냈다.
4) 玉女(옥녀) : 신선을 시중드는 여인. 또는 선녀(仙女).

16. 귀신을 부린 유근(劉根)

유근은 자(字)가 군안(君安)이고 한(漢)나라 수도인 장안(長安)의 사람이다.

한나라 성제(成帝) 때 숭산(崇山)에 들어가 도를 배우다 이인(異人)을 만났다. 이인이 그에게 비결을 주었는데 드디어 신선이 되어 귀신을 부릴 수 있었다.

영천군(潁川郡)의 태수 사기(史祈)가 요사스럽다고 생각하여 사람을 보내 유근을 불러 죽이고자 했다.

관청에 가자 태수가 유근에게 말하기를

"그대가 사람에게 귀신을 보여줄 수 있다하니 귀신의 형체가 나타나게 하여라. 만일 그렇게 하지 못하면 그대를 죽일 것이다."

하니, 유근이 말하였다.

"아주 쉽습니다. 태수님 앞에 있는 붓과 벼루를 빌려 쓰겠습니다."
 부적을 탁자에 두드려 붙이니 잠깐만에 문득 사기 앞에 두 죄수를 포박한 5, 6명의 귀신들이 보였다.
 사기가 눈여겨 보니 곧 자기 부모였다. 사기의 아버지귀신이 유근을 향해 머리를 조아리며 말하기를
 "어린아이가 무례하였으니 만번 죽어 마땅합니다."
 라고 하고는 그의 아들인 사기를 돌아보고 꾸짖었다.
 "너는 자손이 되어 조상을 영광스럽게 하지는 못할망정 어찌 신선에게 죄를 지어 이처럼 어버이에게 누를 끼치느냐?"
 사기가 슬프고 놀란 나머지 울면서 머리를 조아리고는 유근에게 자기를 처벌해 주도록 요청했다.
 유근은 말없이 문득 갔는데 그가 간 곳을 알지 못했다.

　　劉根字君安　京兆長安人也　漢成帝時　入嵩山[1]學道　遇異人授以祕訣　遂得仙　能召鬼　潁川太守史祈　以爲妖　遣人召根　欲戮之　至府語曰　君能使人見鬼　可使形見　不者加戮　根曰　甚易　借府君前筆硯　書符因以叩几　須臾忽見五六鬼縛二囚　於祈前　祈熟視　乃父母也　向根叩頭曰　小兒無狀　分當萬死　叱祈曰　汝子孫不能光榮先祖　何得罪神仙　乃累親如此　祈哀驚悲泣　頓首請罪　根默然忽去　不知所之

1) 嵩山(숭산) : 하남성 등봉현(登封縣) 북쪽에 있다. 오악(五岳)의 하나로 중악(中岳)이라고도 불린다. 산에는 삼첨봉(三尖峰)이 있으며 중(中)은 준극(峻極), 동(東)은 태실(太室), 서(西)는 소실(少室)이라고 한다.

17. 물오리를 타고 온 왕교(王喬)

 한(漢)나라 명제(明帝) 때 상서랑(尙書郞)의 벼슬을 지낸 하동군(河東郡)의 사람 왕교(王喬)가 예전에 섭현(葉縣)의 현령(縣令)이 되었을 때였다.
 왕교에게는 신기한 술법(術法)이 있었다. 그는 매달 초하루에 늘 섭현으로부터 상서대(尙書臺)로 나아갔다. 명제는 그가 자주

오면서 거마(車馬)가 보이지 않는 것을 괴이하게 여겨 태사(太史)에게 왕교의 동정을 엿보게 했다.

　태사의 이야기로는 왕교가 올 때 문득 한 쌍의 물오리가 동남쪽으로부터 날아오기에 엎드려서 엿보니 물오리가 보여 그물을 던져 물오리를 잡았건만 물오리는 간데없고 단지 한 켤레의 신만 있었다는 것이다.

　상서(尙書)에게 신을 알아보게 하였더니 그의 신은 명제 4년에 상서대 벼슬아치들에게 내려준 신이었다.

　漢明帝時 尙書郞[1]河東王喬 爲葉令 喬有神術 每月朔 嘗自縣詣臺[2] 帝怪其來數而不見車騎 密令太史[3] 候望之 言其臨至時 輒有雙鳧 從東南飛來 因伏伺見鳧 擧羅張之 但得一隻舃 使尙書[4]識視 四年中 所賜尙書官屬履也

1) 尙書郞(상서랑) : 상서대의 벼슬아치. 황제 주변에서 정무를 처리했다.
2) 臺(대) : 상서대를 말한다.
3) 太史(태사) : 사사(史事) 기재, 사서(史書) 엮음, 문서 기초를 장악했고, 아울러 국가의 서적과 천문(天文), 역법(曆法) 등을 관리했다.
4) 尙書(상서) : 벼슬 이름. 왕소영은 『풍속통(風俗通)』에 상서(尙書) 대신 상방(尙方)이라 되어 있어서 상방이라 고쳐야 한다고 했다. 상방은 황제를 위하여 기물을 만들던 관청.

18. 달리는 말보다 빠른 계자훈(薊子訓)

　계자훈은 어디서 온 사람인지를 모른다.

　후한(後漢) 때 수도 낙양(洛陽)에 이르러 높은 벼슬아치들 수십 집안을 찾아보고 각 집마다 다 한 말의 술과 한 조각 포를 가지고 대접하며 말하였다.

　"멀리서 왔는지라 가진 것이 없습니다. 작은 성의를 보이고자 합니다."

　그런데 자리에 있던 수백명이 종일토록 마시고 먹었으나 술과 포가 다 없어지지 않았다. 그가 간뒤 다 아침부터 저녁까지 흰구름이 일어나는 것을 보았다.

그때 백살된 노인이 말하였다.

"조그마한 아이 때 계자훈이 회계군(會稽郡)의 저자에서 약파는 것을 보았는데 안색이 현재와 같았다."

계자훈은 낙양에 머무는 것을 좋아하지 않고 드디어 그곳을 피해 다른 곳으로 갔다.

위(魏)나라 제왕(齊王) 정시(正始) 때 어떤 사람이 장안(長安)의 동쪽 패성(霸城)에서 한 노인과 더불어 동상을 쓰다듬는 것을 보았는데 계자훈이 그 노인에게 말하였다.

"마침 이것을 주조한 것을 본 지가 이미 5백년이 다 되어갑니다."

어떤 사람이 계자훈을 보고 부르기를

"계선생님 조금 멈추십시오"

라고 하니, 계자훈은 한편으로는 길가면서 한편으로는 대답했는데 그를 자세히 살펴보니 천천히 가는 것 같았으나 달리는 말이 그를 따라 잡지 못했다.

薊子訓 不知所從來 東漢時 到洛陽[1] 見公卿數十處 皆持斗酒片脯候之曰 遠來無所有 示致微意 坐上數百人 飮啖終日不盡 去後皆見白雲起 從旦至暮 時有百歲公說 小兒時 見訓賣藥會稽市 顏色如此 訓不樂住洛 遂遁去 正始中 有人於長安[2] 東霸城 見與一老公共摩娑銅人 相謂曰 適見鑄此 已近五百歲矣 見者呼之曰 薊先生小住 竝行應之 視若遲徐 而走馬不及

1) 洛陽(낙양) : 하남성(河南省) 서쪽에 있다. 동주(東周), 동한(東漢), 삼국(三國)의 위(魏), 서진(西晉), 북위(北魏), 수(隋 : 煬帝), 무주(武周), 후량(後梁), 후당(後唐) 등이 모두 여기에 도읍(都邑)했다. 평소 '구조고도(九朝古都)'라 부른다.

2) 長安(장안) : 한(漢)나라 고조(高租) 7년에 여기서 도읍을 정했다. 이 뒤로 후한(後漢) 헌제(獻帝) 초, 서진(西晋) 민제(愍帝), 전조(前趙), 전진

(前秦), 후진(後秦), 서위(西魏), 북주(北周), 수(隋), 당(唐)이 모두 여기서 도읍을 정했다. 당 이후 시문(詩文) 중에 늘 도성(都城)의 통칭으로 쓰였다.

19. 거지아이로 변한 음생(陰生)

한(漢)나라 때 음생은 장안(長安)의 위교(渭橋) 아래에서 걸인 행세를 하는 거지아이였는데 늘 저자에서 구걸을 했다.

저자의 사람이 그를 싫어하여 똥을 그에게 뿌렸으나 잠시후에 다시 저자에서 구걸하는데 보니 옷이 더럽혀져 있지 않았다.

관리가 알고서 형틀로 묶어 수갑과 차꼬를 채웠으나 계속하여 저자에서 구걸행세를 했다. 관리가 또 잡아서 그를 죽이려고 했으나 곧 가버렸다.

그에게 똥을 뿌렸던 이의 집은 집채가 저절로 무너져 열 몇명이 죽었다.

장안의 뜬소문에 이르기를 "거지아이를 보면 맛좋은 술을 주어 집채가 무너지는 재앙을 면하라."라고 하였다.

漢陰生者 長安渭橋下 乞小兒也 常於市中匃 市中厭苦 以糞灑之 旋復在市中乞 衣不見汚如故 長吏知之 械收繫 著桎梏 而續在市乞 又械欲殺之乃去 灑之者家屋室自壞 殺十數人 長安中謠言曰 見乞兒與美酒 以免破屋之咎

20. 비를 그치게 한 평상생(平常生)

곡성(穀城)고을의 평상생은 어느 곳 사람인지 모른다.

여러 번 죽었다가 다시 살아났으나 그때 사람들은 그렇지 않다고 여겼다.

나중에 큰 홍수가 나서 피해를 입은 곳이 한 곳이 아니었다.

그때 문득 평상생이 결문산(缺門山) 위에서 큰소리로 말했다.

"평상생이 여기에 있다. 다시 비가 내릴 것이나 물은 닷새 뒤에 반드시 그치리라."
 비가 그친 뒤 산에 올라 그를 구하여 제사지내려 했으나 다만 평상생의 옷과 지팡이와 가죽띠만 보였다.
 수십년 뒤에 다시 화음현(華陰縣)의 현성(縣城)의 문지기가 되었다.

　　穀城鄉平常生 不知何所人也 數死而復生 時人爲不然 後大水出 所害非一 而平輒在缺門山上大呼言 平常生在此云 復雨 水五日必止 止則上山求祠之 但見平衣杖革帶 後數十年 復爲華陰市門卒

21. 신통력으로 농어를 구한 좌자(左慈)

 좌자는 자(字)가 원방(元放)이고 여강군(廬江郡) 사람이다.
 젊어서 신통력이 있었다.
 일찍이 조조(曹操)가 연회를 베푼 자리에 있었는데 조조가 웃으며 뭇 손님들을 돌아보고 말하기를
 "오늘 높은 모임에 진수성찬이 대략 갖춰졌으나 부족한 것은 오(吳)땅의 송강(松江)에서 나는 농어로 만든 회로다."
 라고 하니, 좌자가 말하였다.
 "이것은 얻기 쉽습니다."
 바로 구리 대야를 구해 물을 담더니 낚시대의 낚시바늘에 미끼를 끼우고 대야에서 낚시질을 하여 잠깐만에 농어 한 마리를 건져냈다.
 조조는 크게 손뼉을 쳤으나 모였던 이들은 다 놀랐다.
 조조가 말하기를
 "한 마리로는 앉아 있는 손님들이 다 먹지 못하니 두 마리를 잡으면 좋겠도다."
 라고 하자 좌자가 곧 다시 미끼를 끼워 낚시질을 하여 잠깐만에 또 농어를 건져냈는데 두 마리가 다 석 자 남짓했고 싱싱하

고 먹음직스러웠다.
 조조가 곧 스스로 나아가서 회를 만들고는 두루 자리에 있던 이들에게 먹도록 주었다.
 조조가 말하기를
"이제 이미 농어를 얻었으나 촉(蜀)땅의 생강이 없는 것이 한(恨)일 따름이로다."
 라고 하자, 좌자가 말하였다.
"또한 얻을 수 있습니다."
 조조는 그가 가까운 길에서 살까 두려워하여 말하였다.
"내가 옛날 사자(使者)로 하여금 촉땅에 가서 비단을 사게 했는데, 그대가 다른 사람에게 명령하여 내 사자에게 비단 두 단(端 : 한 단은 두 길)을 더 사라고 알리는 것이 좋겠네."
 좌자가 부리는 사람이 갔다가 잠깐만에 돌아왔는데 생강을 얻어왔으며 또한 말하였다.
"비단가게에서 전하의 사자를 만났는데 이미 비단 두 단을 더 사라고 명령했습니다."
 나중에 한 해 남짓 지나서 조조의 사자가 돌아왔는데 과연 비단 두 단을 더 사왔다.
 그에게 묻자 대답하기를 "아무달 아무날 비단가게에서 사람을 만났는데 전하의 명령을 저에게 전했습니다." 라고 하는 것이었다.
 나중에 조조가 근교(近郊)에 나갔을 때 그를 수행한 사대부(士大夫)들이 백명이 넘었다. 좌자가 직접 술 한 독과 포 한 조각을 가지고 와서는 술을 따라 모든 관리들에게 주었는데 취하고 배부르지 않은 이가 없었다.
 조조가 괴이하게 여겨 그 까닭을 찾게 했다.
 사람들이 술 파는 집에 가보니 어제 그 집에 있던 술과 포를 모두 잃어버렸다고 했다. 조조가 대노(大怒)하여 좌자를 죽이고자 했다.
 좌자가 조조가 베푼 자리에 있을 때 곧 그를 잡으려 하니 물러서서 벽 속에 들어갔는데 휑하니 보이지 않았다. 곧 그를 잡으려고 널리 사람들을 구했다. 혹 저자에 나타나서 그를 잡으려고 하면 저자 사람들이 다 좌자와 같은 형체가 되어 누가 좌자인지 몰랐다.

나중에 사람들이 양성산(陽城山) 꼭대기에서 그를 만나자 다시 그를 쫓는데 마침내 양떼 속으로 달아났다.

조조가 잡을 수 없다는 것을 알고, 곧 양떼 속에 나아가 알리게 하기를 "조공(曹公)께서는 다시는 죽이지 않으실 것이니, 본래 당신의 도술을 시험해 봤을 따름입니다. 이제 이미 시험했으니 다만 서로 보고자 하십니다."라고 하였다.

문득 한 늙은 숫양이 앞의 두 무릎을 구부리고 사람처럼 서서 말하였다.

"급하니까 이처럼 말하는 거지."

이에 사람들이 곧 말하기를

"이 양이다."

라고 말하고는 앞다투어 그 양쪽으로 달려가니 뭇양 수백마리가 다 숫양으로 변하여 아울러 앞무릎들을 구부리고 사람처럼 서서 말하였다.

"급하니까 이처럼 말하는 거지."

드디어 어느 양을 잡아야 할지 알지를 못했다.

노자(老子)가 말하였다.

"내가 큰 근심을 하는 까닭은 내 몸이 있기 때문이다. 내 몸이 없다면 나에게 무슨 근심이 있겠는가?"

만약 노자와 짝할 만한 사람이라면 몸을 없앨 수 있다고 말할 수 있겠으나 어찌 아득하지 않으리오?

左慈 字元放 廬江人也 少有神通 嘗在曹公[1]座 公笑顧衆賓曰 今日高會 珍羞略備 所少者 吳松江鱸魚爲膾 放云 此易得耳 因求銅盤 貯水 以竹竿餌釣于盤中 須臾 引一鱸魚出 公大拊掌 會者皆驚 公曰 一魚不周座席 得兩爲佳 放乃復餌釣之 須臾 引出 皆三尺餘 生鮮可愛

公便自前膽之 周賜座席 公曰 今旣得鱸 恨無蜀中生薑耳 放曰 亦可得
也 公恐其近道買 因曰 吾昔使人至蜀買錦 可勅人告吾使 使增市二端
人去 須臾還 得生薑 又云 於錦肆下見公使 已勅增市二端 後經歲餘
公使還 果增二端 問之 云 昔某月某日 見人於肆下 以公勅勅之 後公
出近郊 士人從者百數 放乃齎酒一甖 脯一斤 手自傾甖 行酒百官 百官
莫不醉飽 公怪 使尋其故 行視沽酒家 昨悉亡其酒脯矣 公怒 陰欲殺放
放在公座 將收之 却入壁中 霍然不見 乃募取之 或見于市 欲捕之 而
市人皆放同形 莫知誰是 後人遇放于陽城山頭 因復逐之 遂走入羊群
公知不可得 乃令就羊中告之曰 曹公復不相ésed 本試君術耳 今旣驗 但
欲與相見 忽有一老羝 屈前兩膝 人立而言曰 遽如許 人卽云 此羊是
競往赴之 而群羊數百 皆變爲羝 竝屈前膝 人立云 遽如許 於是遂莫知
所取焉 老子曰 吾之所以爲大患者 以吾有身也 及吾無身 吾有何患哉
若老子之儔 可謂能無身矣 豈不遠也哉
1) 曹公(조공) : 위(魏)나라의 조조(曹操)를 말한다.

22. 손책을 죽인 우길(于吉)

손책(孫策)이 양자강(揚子江)을 건너 위(魏)나라의 수도 허창(許昌)을 습격하려고 했는데 우길과 더불어 함께 갔다.

그때 크게 가물어 사람들이 있는 곳이 찌는 듯이 더웠는데 손책이 모든 장병들을 재촉하여 빨리 배를 끌어대도록 했다.

혹 자신이 아침부터 나가 몹시 독려했으나 장수와 관리들은 많이 우길이 있는 쪽에 있었다.

손책이 이 때문에 격노하여 말하기를

"내가 우길만 못하단 말인가? 그래서 먼저 그에게 달려가서 빌붙는가."

하고는 바로 우길을 잡아오게 했는데, 우길이 오자 꾸짖었다.

"날이 가물어 비가 오지 않아 물길이 막혀 배가 지나갈 수 있는 때가 못되어서 아침부터 나왔다. 그런데 그대는 함께 근심하지 않고 편안히 배 안에 앉아 귀신같은 꼴을 하고 내 군대를 무너뜨리다니 지금 마땅히 그대를 없애리라."
 사람으로 하여금 우길을 묶어서 땅 위에 두어 볕을 쪼여 비를 빌게 했다. 만약 하늘을 감동시켜 한낮에 비를 내리게 하면 마땅히 그를 용서하고 그렇지 않으면 주살(誅殺)케 했다.
 잠깐만에 구름이 찌는 듯이 올라가더니 뭉게뭉게 합쳐졌다. 한낮이 되어 큰 비가 마구 동이로 퍼붓듯이 내렸는데 시내와 산의 골짜기가 넘쳐 흘렀다.
 장병들은 기뻐하여 우길이 반드시 용서 받으리라 여기고 나란히 그에게 가서 축하하고 위문했다. 그러나 손책은 마침내 그를 죽였다. 장병들이 애석하게 여겨 우길의 주검을 감추어 두었다. 그날밤 문득 다시 구름이 일더니 그의 주검을 덮었다. 다음날 아침에 가보았으나 주검이 있는 곳을 알지 못했다.
 손책이 이미 우길을 죽이고 나서 매양 혼자 앉아있을 때 좌우에서 우길을 보는 듯했다. 마음으로 그것을 아주 싫어하여 자못 제정신이 아니었다.
 나중에 상처를 치료하여 바로 나았는데 거울을 잡고 스스로를 비춰보니 우길이 거울 속에서는 보였지만 뒤돌아 보면 보이지 않았다.
 이같이 하기를 2, 3번 하더니 마침내 거울을 치며 크게 소리질렀는데 상처가 다 터져버려 잠깐만에 죽었다.
 〈우길은 낭야군(瑯邪郡) 사람으로 도사이다.〉

 孫策[1]欲渡江襲許 與于吉俱行 時大旱 所在熇厲 策催諸將士 使速引船 或身自早出督切 見將吏多在吉所 策因此激怒言 我爲不如吉耶 而先趣附之 便使收吉 至 呵問之曰 天旱不雨 道路艱澁 不時得過 故自早出 而卿不同憂戚 安坐船中 作鬼物態 敗吾部伍 今當相除 令人縛置地上 暴之 使請雨 若能感天 日中雨者 當原赦 不爾 行誅 俄而雲氣上蒸 膚寸而合 比至日中 大雨總至 溪澗盈溢 將士喜悅 以爲吉必見原 竝往慶慰 策遂殺之 將士哀惜 藏其尸 天夜 忽更興雲覆之 明旦往視 不知所在 策旣殺吉 每獨坐 彷彿見吉在左右 意深惡之 頗有失常 後治

瘡方差 而引鏡自照 見吉在鏡中 顧而弗見 如是再三 撲鏡大叫 瘡皆崩裂 須臾而死

〈吉瑯邪人道士〉

1) 孫策(손책) : 오(吳)의 임금, 손견(孫堅)의 큰아들, 손권(孫權)의 형, 용맹하여 소패왕(小霸王)이라 불렸다. 항우(項羽)가 초패왕(楚霸王)이라 불린 것과 비견된다.

23. 아이가 되었다 노인도 된 개염(介琰)

개염은 어느 곳 사람인지 모른다. 건안군(建安郡)의 방산(方山)에 살았다.

그의 스승 백양공(白洋公) 두씨(杜氏)를 따라서 현일(玄一)과 무위(無爲)의 도를 이어받아 변화하고 몸을 숨길 수 있었다.

일찍이 동해군(東海郡)으로 왕래하다가 잠깐 말릉(秣陵 : 오(吳)나라의 수도)으로 가서 오(吳)나라 임금인 손권(孫權)과 더불어 서로 이야기를 나누게 되었다.

오나라 임금이 개염을 머무르게 하고는 그를 위해 사당을 짓고 하루에도 몇차례나 사람을 보내 안부를 묻게 했다.

개염이 혹 아이가 되고 혹 노인이 되었는데 먹는 것이 없었고 남이 주는 음식을 받지 않았다. 오주가 그의 도술을 시험하고자 했으나 개염은 오주가 궁녀들이 많았기에 여러 달이 되어도 가르쳐 주지 않았다.

오주가 화를 내어 개염을 묶게 하고는 갑옷 입은 병사들을 나타나게 하여 쇠뇌를 쏘게 했다. 쇠뇌가 쏘아졌으나 그를 묶었던 새끼줄만 남았을 뿐 개염이 간 곳을 알지 못했다.

介琰者 不知何許人也 住建安方山 從其師白羊公杜[1] 受玄一無爲之道 能變化隱形 嘗往來東海 暫過秣陵 與吳主相聞 吳主留琰 乃爲琰架宮廟 一日之中 數遣人往問起居 琰或爲童子 或爲老翁 無所食啗 不受餉遺 吳主欲學其術 琰以吳主多內御 積月不敎 吳主怒 勅縛琰 著甲士

引弩²⁾射之 弩發而繩縛猶存 不知琰之所之
1) 杜(두) : 『열선전전(列仙全傳)』에는 백양공 두필(杜泌)이라고 되어있다.
2) 弩(노) : 여러 개의 화살을 쏘아 한꺼번에 나가게 하는 활의 하나.

24. 앉은 자리에서 참외를 키운 서광(徐光)

오(吳)나라 때 서광이라는 이가 있었는데 일찍이 시가(市街)와 골목에서 도술을 행했다.

그가 남에게 참외를 구걸했으나 참외 주인이 주지 않자, 바로 참외씨를 찾아내더니 지팡이로 땅을 후비고는 그것을 심었다.

잠깐만에 참외싹이 트고 덩굴이 뻗고 꽃이 피고 열매가 열렸는데 곧 참외를 따먹고는 구경하던 이들에게도 나눠주었다. 참외 팔던 이가 팔려고 한 참외를 돌아보니 다 없어져 버렸다.

서광이 무릇 큰 홍수와 가뭄을 말하면 아주 영험했다.

대장군(大將軍) 손침(孫綝)의 대문을 지나다가 옷을 걷고 잰걸음으로 가면서 좌우에 침을 뱉고는 발로 밟았다.

어떤 이가 그 까닭을 묻자 대답하였다.

"피가 흐르고 비린내가 풍기니 참을 수가 없도다."

손침이 그 말을 듣고는 미워하여 그를 죽였다. 그러나 그의 목을 베었는데 피는 나오지 않았다.

손침이 어린 황제 손량(孫亮)을 폐위시키고 다시 경제(景帝)인 손휴(孫休)를 임금 자리에 올리고는 장차 황릉의 경제에게 절을 올리게 하고자 수레에 올랐는데 큰 바람이 손침의 수레를 흔들어 수레가 기울어졌다.

손침은 다만 서광이 소나무 위에서 손뼉치고 손발을 휘저으며 그를 비웃는 것을 보았다. 손침이 시종들에게 서광을 보았느냐고 물어보았으나 다들 보지 못했다고 했다.

갑자기 경제가 손침을 주살했다.

吳時有徐光者 嘗行術於市里 從人乞瓜 其主勿與 便從索瓣 杖地種

之 俄而瓜生蔓延 生花成實 乃取食之 因賜觀者 謦者反視所出賣 皆亡
耗矣 凡言水旱 甚驗 過大將軍孫綝門 褰衣而趨 左右唾踐 或問其故
答曰 流血臭腥 不可耐 綝聞 惡而殺之 斬其首 無血 及綝廢幼帝 更立
景帝 將拜陵 上車 有大風盪綝車 車爲之傾 見光在松樹上 拊手指揮
嗤笑之 綝問侍從 皆無見者 俄而景帝誅綝

25. 씹던 밥으로 큰 벌을 만든 갈현(葛玄)

갈현은 자(字)가 효선(孝先)이다. 좌원방(左元放)을 따라 다니다가 구단액선경(九丹液仙經)을 받았다.

손님과 더불어 마주보고 밥을 먹다가 변화의 일에 말이 미치자 손님이 말하기를

"진지 다 잡수시고 선생님께서 특별히 구경할 만한 일 한 가지를 만들어 주십시오."

라고 하니, 갈현이 말하였다.

"그대는 곧바로 구경거리를 보고자 하지 않는가?"

말이 끝나자 곧 입 속의 밥을 뱉으니 모두 큰 벌 수백마리로 변화하여 손님의 몸에 앉았는데 사람을 쏘지는 않았다.

한참 지나서 갈현이 다시 입을 벌리자 벌들이 모두 입 속으로 날아 들어왔다.

갈현이 그것들을 씹어 먹는데 조금 전에 뱉었던 밥이었다.

또 두꺼비와 기어다니는 벌레, 제비, 참새 따위를 가리켜 춤추게 하면 사람처럼 박자를 맞추어 춤을 추었다. 겨울에 손님을 위하여 참외와 대추를 마련하고, 여름에 얼음과 눈을 손님에게 주었다. 또 수십개의 동전을 사람으로 하여금 우물 속에 뿌리게 하고는 갈현이 그릇 하나를 우물 위에 두고 그것들을 부르니 돈이 하나하나 우물 속에서부터 날아 나왔다.

손님들을 위하여 술자리를 마련하는 데 술잔을 전하는 사람이 없었으나 술잔이 저절로 사람 앞에 이르렀고 만일 술잔을 다 비우지 않으면 술잔이 가지 않았다.

일찍이 오(吳)나라 임금과 더불어, 누각 위에서 사람들이 비를 요청하는 흙사람을 만드는 것을 보았다.
임금이 말하기를
"백성들이 비를 생각하는 것이 간절한데, 차라리 비를 오게 하실 수 있으십니까?"
라고 말하자, 갈현이 말하였다.
"비를 오게 하기는 쉽습니다."
곧 부적을 써서 토지신(土地神) 사당에 붙이니 잠깐만에 천지가 어두워지며 큰 비가 내려 땅을 적시며 흘러갔다.
임금이 말하기를
"물 속에 고기가 있습니까?"
라고 하자 갈현이 다시 부적을 써서 물 속에 던지니 잠깐만에 큰 고기 수백마리가 생겼는데 사람을 시켜 그것들을 처리하게 했다.

葛玄 字孝先 從左元放[1]受九丹液仙經[2] 與客對食 言及變化之事 客曰 事畢 先生作一事特戱者 玄曰 君得無卽欲有所見乎 乃嗽口中飯 盡變大蜂數百 皆集客身 亦不螫人 久之 玄乃張口 蜂皆飛入 玄嚼食之 是故飯也 又指蝦蟆及諸行蟲燕雀之屬使舞 應節如人 冬爲客設生瓜棗 夏致氷雪 又以數十錢 使人散投井中 玄以一器于井上呼之 錢一一飛從井出 爲客設酒 無人傳杯 杯自至前 如或不盡 杯不去也 嘗與吳主坐樓上 見作請雨土人[3] 帝曰 百姓思雨 寧可得乎 玄曰 雨易得耳 乃書符著社中 頃刻間 天地晦冥 大雨流淹 帝曰 水中有魚乎 玄復書符擲水中 須臾 有大魚數百頭 使人治之

1) 左元放(좌원방) : 앞의 좌자(左慈)편에 나와 있다.
2) 九丹液仙經(구단액선경) : 왕소영은 『신선전(神仙傳)』에 '구단금액선경(九丹金液仙經)'이라 되어있다고 말한다.
3) 土人(토인) : 흙으로 빚은 인형.

26. 바람을 잠재운 오맹(吳猛)

오맹은 복양현(濮陽縣) 사람이다. 오나라에서 벼슬하여 서안현(西安縣)의 현령이 되었다. 이 때문에 집이 분녕현(分寧縣)에 있게 되었다.

그는 성품이 지극히 효성스러웠다.

도덕이 지극히 높은 사람인 정의(丁義)를 만났는데 정의가 신통한 방술을 그에게 주었다. 또 비법(祕法)과 신통한 부적을 얻어 도술이 크게 행해졌다.

일찍이 강풍이 부는 것을 보고 부적을 써서 지붕 위에 던지니 어떤 푸른 새가 물고 갔는데 바람이 곧 그쳤다.

어떤 이가 그 까닭을 물으니 그가 대답하였다.

"남호(南湖)에서 어떤 배가 이 바람을 만났는데 배를 탄 도사가 구제해 주기를 요청했습니다."

검사해 보니 과연 그런 일이 있었다.

서안현(西安縣)의 현령 간경(干慶)이 죽은 지 이미 사흘이 되었으나 오맹이 말하기를 "간경의 수명이 아직 다하지 않았으니 마땅히 하느님께 호소하리라."라고 하였다.

끝내 주검 곁에 누운 지 몇날이 지나서 간경과 함께 일어났다.

나중에 제자를 데리고 예장군(豫章郡)으로 돌아가는데 양자강(揚子江)의 물살이 너무 세서 사람들이 건널 수 없었다. 오맹이 곧 손에 쥔 백우선(白羽扇)으로 양자강을 긋자 물이 양쪽으로 갈라지더니 그가 그은 곳은 육로가 되었는데 그 육로를 천천히 걸어서 건너갔다.

건너기를 마치자 물은 다시 합쳐졌다. 구경꾼들은 놀라고 기이하게 여겼다.

일찍이 심양(潯陽) 땅에서 벼슬할 때 주참군(周參軍)의 집에 돌풍이 갑자기 일어났는데 오맹이 곧 부적을 써서 지붕에 던지니 잠깐만에 바람은 잠잠해졌다.

吳猛 濮陽人 仕吳 爲西安令 因家分寧 性至孝 遇至人丁義 授以神方 又得祕法神符 道術大行 嘗見大風 書符擲屋上 有靑鳥銜去 風卽止 或問其故 曰 南湖¹⁾有舟 遇此風 道士求救 驗之果然 西安令干慶 死已三日 猛曰 數未盡 當訴之于天 遂臥屍旁 數日 與令俱起 後將弟子回豫章 江水大急 人不得渡 猛乃以手中白羽扇畫江 水橫流 遂成陸路 徐行而過 過訖 水復 觀者駭異 嘗守潯陽 參軍周家有狂風暴起 猛卽書符擲屋上 須臾風靜

1) 南湖(남호) : 호수 이름.

27. 신녀(神女)와 함께 간 원객(園客)

원객은 제음군(濟陰郡) 사람이다.

얼굴이 잘 생겨서 고을 사람들이 많이 사위로 삼으려고 했으나 원객은 끝내 장가들지 않았다.

일찍이 다섯 가지 빛깔의 향초(香草)를 심어 수십년 동안 그 열매를 먹었다. 문득 다섯 가지 빛깔의 신령한 나비가 향초 위에 앉았다. 원객이 그것을 거두어서 베를 깔아 주었더니 누에알을 낳았다.

누에치기를 할 때 이르러 어떤 신녀(神女)가 원객의 누에치기를 도왔다. 또한 향초로써 누에를 먹이자 고치 120개를 얻었는데 크기가 독 만했다. 늘 고치 한 개를 켜는데 6, 7일이 걸렸다.

고치 켜기가 끝나자 신녀와 원객이 함께 신선이 되어 갔는데 간 곳을 알지 못했다.

園客者 濟陰人也 貌美 邑人多欲妻之 客終不娶 嘗種五色香草 積數十年 服食其實 忽有五色神蛾 止香草之上 客收而薦之以布 生桑蠶焉 至蠶時 有神女夜至 助客養蠶 亦以香草食蠶 得繭百二十頭 大如甕 每一繭 繰六七日乃盡 繰訖 女與客俱仙去 莫知所如

28. 직녀(織女)를 아내로 맞은 동영(董永)

한(漢)나라 때 동영은 천승현(千乘縣) 사람이다. 어려서 어머니를 여의고 아버지와 함께 살았다.

그는 힘을 다해 농사일을 했고 작은 수레에 아버지를 태우고는 스스로 그 수레를 따라갔다. 아버지가 죽자 장례를 치를 수 없어서 자기 몸을 팔아 종이 되어 장례비용에 충당코자 했다. 주인이 그가 현명한 것을 알고는 돈 만전을 주어 그를 보냈다.

동영이 가서 3년상을 마치고 주인에게 종살이 하려고 주인집으로 가는 길 위에서 한 부인을 만났다.

그 부인이 말하였다.

"당신의 아내가 되기를 원합니다."

드디어 아내와 더불어 함께 주인집에 갔다.

주인이 동영에게 말하기를

"돈은 그대에게 그냥 준 것입니다."

라고 하니, 동영이 말하였다.

"나리의 은혜를 입어 아버지 장례를 치를 수 있었습니다. 제가 비록 소인(小人)이나 부지런히 힘을 써서 두터운 은덕에 보답하고자 합니다."

"부인은 무엇을 할 수 있습니까?"

"베를 짤 수 있습니다."

"반드시 그렇게 하겠다면 다만 그대의 부인으로 하여금 나를 위해 합사비단 백필을 짜게 해주십시오"

그래서 동영의 아내가 주인집을 위하여 베를 짰는데 열흘 동안에 끝냈다.

아내가 주인집 문을 나서며 동영에게 말하였다.

"나는 하늘의 직녀입니다. 그대의 지극한 효성 때문에 하느님께옵서 나로 하여금 그대를 도와 그대의 빚을 갚게 하셨을 따름입니다."

말이 끝나자 하늘로 솟구쳐 갔는데 직녀가 있는 곳을 알지 못했다.

漢董永 千乘人 少偏孤 與父居 肆力田畝 鹿車載自隨 父亡 無以葬 乃自賣爲奴 以供喪事 主人知其賢 與錢一萬 遣之 永行三年喪畢 欲還主人 供其奴職 道逢一婦人 曰 願爲子妻 遂與之俱 主人謂永曰 以錢與君矣 永曰 蒙君之惠 父喪收藏 永雖小人 必欲服勤致力 以報厚德 主曰 婦人何能 永曰 能織 主曰 必爾者 但令君婦爲我織縑[1]百疋 於是永妻爲主人家織 十日而畢 女出門 謂永曰 我 天之織女也 緣君至孝 天帝令我助君償債耳 語畢 淩空而去 不知所在

1) 縑(직겸): 합사비단. 합사는 실올을 합하여 꼰 실 또는 그런 일.

29. 시체가 없는 구익부인(鉤弋夫人)

처음에 구익부인이 죄를 지어 한(漢)나라 무제(武帝)의 꾸지람을 받아 우울해 하다가 죽었다.

이미 입관하고 나서는 시체에서 썩는 냄새가 나지 않고 향기가 십여리나 풍겼는데 인하여 운릉(雲陵)에 묻었다.

임금이 애도하고 또 그가 비상한 사람이라 의심하여 곧 무덤을 파헤치고 널을 열어보니 널은 텅비어 시체가 없고, 오직 한 켤레 신만이 있었다.

일설(一說)에는 소제(昭帝)가 즉위하여 구익부인의 무덤을 이장(移葬)하려고 무덤을 팠더니 널은 비어 시체가 없고 오직 실로 만든 신만이 있었다고 한다.

初 鉤弋夫人[1]有罪 以譴死 旣殯 屍不臭 而香聞十餘里 因葬雲陵 上哀悼之 又疑其非常人 乃發冢開視 棺空無屍 惟雙履存 一云 昭帝[2]卽位 改葬之 棺空無屍 獨絲履存焉

1) 鉤弋夫人(구익부인): 한(漢)나라 하간(河間)땅 사람. 성은 조(趙), 무제(武帝)의 부인, 첩여(婕妤)에 봉해지고 구익궁(鉤弋宮)에 살았기에 구익

부인이라 부른다. 소제(昭帝)를 낳았고, 소제가 즉위해서는 황태후로 추존(追尊)했다.
2) 昭帝(소제) : 구익부인과 무제 사이의 아들.

30. 신랑을 찾아간 두란향(杜蘭香)

한(漢)나라 때 두란향이라는 이가 있었는데 스스로 남강현(南康縣) 사람이라고 했다.

건업(建業) 4년 봄에 자주 장전(張傳)에게 찾아갔다. 장전의 나이는 이때 17살이었다.

장전은 문밖에 있는 두란향의 수레를 바라보고 있었는데 두란향이 계집종을 통하여 말하였다.

"아모(阿母)님께서 저를 낳으시어 이곳으로 보내 그대의 짝이 되게 하셨으니 어찌 공경히 따르지 않을 수 있겠습니까?"

장전은 이름을 먼저 장석(張碩)으로 고쳤다. 장석이 여인을 불러 앞으로 오게 하여 보니 열여섯, 일곱 쯤 돼 보이고 일을 말하는데 아득한 옛날 이야기였다.

계집종 둘이 있는데 큰사람은 훤지(萱支)이고 작은사람은 송지(松支)였다. 푸른 소를 맨 보배로 꾸민 수레에 온갖 음식을 다 갖춰 놓았다.

두란향이 시(詩)를 지어 말하였다.

"아모님께서는 신령한 산악에 사시면서
 때로는 하늘가에 노니시네.
 뭇여인들이 기품(氣品) 많은 분을 시중들며
 용궁(墉宮) 밖을 나서지를 않네.
 표륜(飄輪)이 나를 보내 여기에 오게 하였으니,
 어찌 다시 인간 세상에 사는 것을 부끄러워 하리오?
 나를 따르면 복과 함께 할 것이요,
 나를 싫어하면 화(禍)와 더불어 만나리라."

그해 팔월 초하루가 되어 두란향이 다시 와서 시를 지었다.

"은하수 사이에서 소요하며,
구의산에서 호흡하도다.
그대를 구함에 길이 먼 것을 생각하지 않나니,
약수(弱水)를 어찌 가지 못하리오?"

달걀 만한 마 세 개를 꺼내 장석에게 주며 말하였다.
"이것을 먹으면 그대로 하여금 바람과 파도를 두려워하지 않게 하고 추위와 더위를 피하게 합니다."
장석이 두 개를 먹고 한 개를 남기려고 하자 좋아하지 않으며 다 먹게 했다.
또 말하였다.
"본래 그대를 위해 아내가 되기로 했으니 정은 소원함이 없습니다. 다만 팔자가 부합하지 못하여 그것이 조금 어그러질 뿐입니다. 태세(太歲)가 동방의 묘(卯) 방위에 있는 해에 마땅히 돌아와서 그대를 구하겠습니다."
두란향이 강림했을 때 장석이 묻기를
"기도하고 제사하면 어떻겠습니까?"
라고 하니, 두란향이 대답하기를
"마(魔)를 없애면 저절로 병을 없앨 수 있으니, 과분한 제사는 무익합니다."
라고 하고는 두란향은 약으로 마를 없앴다.

漢時有杜蘭香者 自稱南康人氏 以建業¹⁾四年春 數詣張傳 傳年十七 望見其車在門外 婢通言 阿母²⁾所生 遣授配君 可不敬從 傳先名改碩 碩呼女前視 可十六七 說事邈然久遠 有婢子二人 大者萱支 小者松支 鈿車青牛 上飲食皆備 作詩曰 阿母處靈嶽 時遊雲霄際 衆女侍羽儀 不出墉宮³⁾外 飄輪送我來 豈復恥塵穢 從我與福俱 嫌我與禍會 至其年 八月旦 復來 作詩曰 逍遙雲漢間 呼吸發九嶷⁵⁾ 流汝不稽路 弱水⁶⁾何不

之 出薯蕷子三枚 大如雞子 云 食此 令君不畏風波 辟寒溫 碩食二枚
欲留一 不肯 令碩食盡 言 本爲君作妻 情無曠遠 以年命未合 其小乖
大歲東方卯 當還求君 蘭香降時 碩問 禱祀何如 香曰 消魔自可愈疾
淫祀無益 香以藥爲消魔

1) 建業(건업) : 건업(建業)이라는 연호(年號)가 없다. 왕소영은 『예문유취(藝文類聚)』에 '건흥사년(建興四年)'이라 되어있다고 한다. 건흥은 진(晋)나라 민제(愍帝)의 연호이다.
2) 阿母(아모) : 서왕모(西王母)를 말한다.
3) 墉宮(용궁) : 서왕모가 사는 곳.
4) 飄輪(표륜) : 바람을 타고 가는 신령한 수레.
5) 九嶷(구의) : 순(舜)임금의 종묘(宗廟)가 있다.
6) 弱水(약수) : 곤륜산(崑崙山)에 있는 강. 물의 부력이 아주 약해서 기러기 털처럼 가벼운 물건도 가라앉는다고 한다.

31. 옥녀(玉女) 성공지경(成公知瓊)과 현초(弦超)

위(魏)나라 때 제북군(濟北郡)의 종사연(從事掾)인 현초는 자(字)가 의기(義起)이다.

위나라 제왕(齊王) 가평(嘉平) 때 밤에 혼자서 잠자는데 꿈속에서 어떤 신녀(神女)가 와 그를 따랐는데 그녀는 스스로 천상(天上)의 옥녀라고 했다.

또 그녀는 동군(東郡) 사람이며 성은 성공이며 자는 지경이며 일찍 부모를 여의어 하느님이 그 외롭고 괴로운 것을 불쌍히 여기시어 인간 세상에 내려가 시집가서 지아비를 따르게 하도록 하였다고 말했다.

현초가 그 꿈을 꾸었을 때 정신이 시원해지고 깨달음이 있었고 그의 아름답고 기이함을 좋게 여겼는데 보통 사람들의 용모는 아니었다.

그는 잠이 깨고 나서도 흠모하였으나 그런 일이 있었던 것 같기도 하고 없었던 것 같기도 했다. 이같이 하기를 사나흘 저녁이

나 되었다.
  어느날 뚜렷하게 와서 노닐었는데 사면에 포장을 친 수레를 타고 8명의 계집종을 따르게 하고 능라(綾羅)로 만든 수놓은 옷을 입었는데 자태와 얼굴이 비선(飛仙 : 날으는 신선)과 같았다.
  스스로 나이가 70살이라고 말하였으나 그를 보니 열다섯, 여섯쯤 되는 소녀같았다.
  수레에는 병, 물통 등 푸르고 흰 유리(琉璃)로 만든 기물 다섯 개가 있었다. 음식은 기이했는데 반찬과 단술을 갖추어 현초와 함께 먹고 마셨다.
  현초에게 말하였다.
  "나는 천상의 옥녀입니다. 인간 세상에 보내져 사람에게 시집가기로 돼 있어서 그대를 따르는 것입니다. 그대의 덕행을 생각해서가 아니라 전세(前世)에 혼인할 운명에 감응하여 마땅히 부부가 되는 것입니다. 그대에게 이익이 있을 수도 없지만 또한 손해가 되지는 않습니다. 그러나 왕래할 때 늘 가벼운 수레를 몰고 살찐 말을 탈 수 있으며, 먹고 마실 때 늘 먼 곳의 산해진미(山海珍味)와 기이한 반찬을 얻을 수 있으며, 비단은 늘 넉넉히 쓰고 부족하지 않을 것입니다. 나는 신인(神人)이라 그대를 위해 아이를 낳지는 못합니다. 또한 투기하는 성품이 없으니 그대가 다른 여인과 혼인하는 것을 방해하지 않겠습니다."
  이에 드디어 부부가 되었다.
  시 한 편을 현초에게 주었는데 그 시문에 말하였다.

  "표연(飄然)히 발해(渤海)의 봉래산(蓬萊山)에 노닐며,
  왁자지껄하니 구름 뚫은 큰 돌은 번성(蕃盛)하도다.
  영지(靈芝)는 비와 이슬이 필요없고,
  지극한 덕을 갖춘 이는 시기(時期)와 함께 하네.
  신선이 어찌 헛되이 느끼리오?
  운수(運數)에 응하여 와서 돕노라.
  나를 받아들이면 오족(五族)을 영화롭게 할 것이요,

나를 거스르면 재앙을 초래하리라."

이것이 그 시문의 대체적 내용이다. 그 글자가 2백자 남짓되나 다 적을 수 없다.

아울러 『역경(易經)』을 주낸 것이 7권인데 괘(卦)가 있고 상(象)이 있고 단사(彖辭)를 덧붙였다.

그래서 그 주낸 글에는 의리에 관한 것이 있고 또 그 글로써 길흉을 점칠 수 있었으니 양자(揚子)의 『태현경(太玄經)』 및 설씨(薛氏)의 『중경(中經)』과 같았다. 현초가 다 그 뜻에 능통하여 그것으로써 점후(일식, 월식, 별모양, 구름의 상태 따위를 보고 점치는 법)했다.

부부가 된 지 7, 8년을 지나 부모가 현초를 위하여 다른 색시를 맞이한 뒤 현초는 하루 낮은 색시와 즐기고 다른 하루 낮은 지경과 즐기며, 하루 밤은 색시와 자고 또다른 하루 밤은 지경과 잠잤다. 지경은 밤에 오고 새벽에 갔는데 오고가는 것이 나는 듯하여 오직 현초만이 보고 다른 사람은 보지 못했다. 비록 깊숙한 방에 살았지만 문득 사람 소리를 집안 사람들이 들었고, 늘 지경의 자취를 보지만 그의 형체를 보지는 못했다.

나중에 사람들이 괴이하게 여겨 물으니, 현초가 그 일을 누설해 버렸다.

옥녀가 드디어 떠나갈 것을 요구하며 말하였다.

"나는 신인(神人)입니다. 비록 그대와 사귀었으나 남들이 알기를 원하지 않습니다. 그러나 그대의 성품이 너무 소탈하여 내가 지금 정체가 드러나고 말았으니 다시는 그대와 더불어 동침하지 않을 것입니다. 여러 해 동안 정을 나누어 사랑과 의리가 가볍지 않은데 하루아침에 이별해야 하니 어찌 슬프고 한(恨)스럽지 않겠습니까? 형편상 그렇지 않을 수 없으니 각자 노력하십시다."

또 하인을 불러 술을 따르게 하고는 함께 이별주를 마셨다. 대로 짠 둥근상자를 열어 견직물로 만든 아래옷과 적삼 두 벌을 현초에게 주고 또 시 한 수를 주었다.

현초의 팔을 잡고 고별하고는 눈물을 펑펑 흘리더니 숙연히 수레에 올랐는데 수레가 가는 것이 번개처럼 빨랐다.

현초는 날마다 그리워하는 마음에 우울하여 거의 병들어 누워야 할 지경에까지 이르렀다.

지경이 떠나간 지 5년이 지나서 현초가 군(郡)의 사명을 받들어 낙양(洛陽)으로 가는 길에 제북군(濟北郡)의 어산(魚山) 아래의 작은 길에 이르러 서쪽으로 가면서 멀리 바라보니 굽은 길 모퉁이에 한 대의 거마(車馬)가 있는데 탄 사람이 지경같았다.

말을 달려 앞에 가보니 과연 지경이었다. 드디어 휘장을 헤쳐 서로 보았는데 슬픔과 기쁨이 심하게 엇갈렸다. 지경은 수레 왼쪽에 타서 수레 고삐를 현초에게 주어 그것을 잡고 오르게 하고는 같이 낙양에 이르러 드디어 집을 마련하고는 옛날의 좋은 생활을 회복할 수 있었다.

진나라 무제 태강(太康) 때까지도 지경은 오히려 있었는데 다만 날마다 오고갈 수 없어서 매양 3월 3일, 5월 5일, 7월 7일, 9월 9일, 매달 초하루 및 보름날에는 문득 와서 하룻밤을 자고는 갔다.

장무선(張茂先)이 지경을 위하여 『신녀부(神女賦)』를 지었다.

魏濟北郡從事掾[1]弦超 字義起 以嘉平中夜獨宿 夢有神女來從之 自稱天上玉女[2] 東郡人 姓成公 字知瓊 早失父母 天帝哀其孤苦 遺令下嫁從夫 超當其夢也 精爽感悟 嘉其美異 非常人之容 覺寤欽想 若存若亡 如此三四夕 一旦 顯然來遊 駕輜軿車 從八婢 服綾羅[3]綺繡之衣 姿顔容體 狀若飛仙 自言年七十 視之如十五六女 車上有壺 榼 靑 白瑠璃[4]五具 飮啗奇異 饌具醴酒 與超共飮食 謂超曰 我 天上玉女 見遺下嫁 故來從君 不謂君德 宿時感運 宜爲夫婦 不能有益 亦不能爲損 然往來常可得駕輕車 乘肥馬 飮食常可得遠味異饍 繪素常可得充用不乏 然我神人 不爲君生子 亦無妬忌之性 不害君婚姻之義 遂爲夫婦 贈詩一篇 其文曰 飄[5]浮勃逢[6]敖 曹雲石滋芝 一英不須潤 至德與時期 神仙豈虛感 應運來相之 納我榮五族[7] 逆我致禍菑 此其詩之大較 其文二百

餘言 不能悉錄 兼註易七卷 有卦[8]有象[9] 以象[10]爲屬 故其文言 旣有義
理 又可以占吉凶 猶揚子[11]之太玄 薛氏之中經也 超皆能通其旨意 用之
占候 作夫婦經七八年 父母爲超娶婦之後 分日而燕 分夕而寢 夜來晨
去 倏忽若飛 唯超得見之 他人不見 雖居闇室 輒聞人聲 常見蹤跡 然不
睹其形 後人怪問 漏泄其事 玉女遂求去 云 我 神人也 雖與君交 不願
人知 而君性疎漏 我今本末已露 不復與君通接 積年交結 恩義不輕 一
旦分別 豈不愴恨 勢不得不爾 各自努力 又呼侍御 下酒飲啗 發篋 取
織成裙衫兩副遺超 又贈詩一首 把臂告辭 涕泣流離 肅然昇車 去若飛
迅 超憂感積日 殆至委頓 去後五年 超奉郡使至洛 到濟北魚山下陌上
西行遙望 曲道頭有一車馬 似知瓊 驅馳前至 果是也 遂披帷相見 悲喜
交切 控左援綏 同乘至洛 遂爲室家 剋復舊好 至太康中猶在 但不日日
往來 每於三月三日 五月五日 七月七日 九月九日 旦 十五日 輒下往
來 經宿而去 張茂先爲之作神女賦

1) 從事掾(종사연): 문서를 주관하며 불법자를 검거하던 관리.
2) 玉女(옥녀): 선녀.
3) 綾羅(능라): 무늬있는 비단과 엷은 비단.
4) 瑠璃(유리): 옥의 하나.
5) 飄(표): 왕소영은 『법원주림(法苑珠林)』『예문유취(藝文類聚)』에 의거
   하여 원문의 표(飄)자 아래에 요(床)를 더하고, 지(芝) 아래의 일(一)을
   뺐다. 왕씨의 교주(校主)에 따랐다.
6) 浮勃逢(부발봉): 방장(方丈), 영주(瀛州)와 더불어 세 신산(神山)의 하
   나인 봉래산(蓬萊山)을 말한다.
7) 五族(오족): 다섯 등급의 상복을 입는 친족.
8) 卦(괘): 건(乾), 곤(坤), 감(坎), 리(離), 손(巽), 진(震), 간(艮), 태(兌)
   를 팔괘(八卦)라 하고 팔괘를 겹쳐서 64괘(六十四卦)를 만든다.
9) 象(상): 상(象)은 본뜬다는 뜻이다. 사물의 동작을 본뜬 것이다. 대상
   (大象)과 소상(小象)이 있는데 괘사를 해석한 것은 대상이요, 각 괘의
   효사를 해석한 것이 소상이다.
10) 彖(단): 괘사를 판단한 말을 단사(彖辭)라고 한다. 『역경(易經)』 64괘
    에는 괘마다 단사가 있다.

11) 揚子(양자) : 전한(前漢)의 유학자(儒學者) 양웅(揚雄)을 말한다. 저서에는 『태현경(太玄經)』『양자법언(揚子法言)』『양자방언(揚子方言)』따위가 있다.

제2권 사람으로 태어난 신(神)

I. 귀신을 포박한 수광후(壽光侯)
　수광후는 한(漢)나라 장제(章帝) 때 사람이다. 온갖 귀신들을 핵실(劾實 : 일의 실상을 조사하다)하여 귀신들이 스스로를 포박하여 형체를 드러내게 할 수 있었다.
　그가 사는 고을의 어떤 부인(婦人)이 도깨비 때문에 병이 들었는데 수광후가 핵실하자 몇길이나 되는 큰 뱀이 문 밖에서 죽었고 부인은 편안해졌다.
　또 어떤 큰 나무에 요괴가 있어서 사람이 그 아래에 머물면 죽고 새가 거기를 지나가면 떨어졌다. 수광후가 핵실하자 나무가 한 여름인데도 말라서 잎이 떨어지고 길이 일곱이나 여덟 길 되는 큰 뱀이 나무 사이에서 걸려 죽었다.
　장제가 소문을 듣고 불러서 물으니, 대답하였다.
　"그런 일이 있었습니다."
　"궁전 섬돌 아래에 요괴가 있는데 한밤이 지난 뒤 늘 몇사람이 붉은옷을 입고 머리를 풀어헤치고 횃불을 들고 서로 따르오 어떻게 그것들을 핵실할 수 있겠소?"
　"이것은 작은 요괴이니 없애기 쉬울 따름입니다."
　장제가 거짓으로 세 사람을 시켜 요괴로 가장토록 했다. 수광후가 곧 법술을 베풀자 세 사람은 당장에 자리에 자빠지더니 기운이 없었다.
　장제가 놀라며 말하기를
　"요괴가 아니오 짐(朕)이 시험했을 따름이오"

라고 하자 곧 그들을 풀어주게 했다.
혹 말하기를, 한(漢)나라 무제(武帝) 때 궁전의 섬돌 아래에 요괴가 있었는데 늘 붉은 옷을 입고 머리를 풀어헤치고 서로 따라 다니며 촛불을 가지고 가는 것이 보였다.
무제가 유빙(劉憑)에게 말하기를
"경이 이것을 없앨 수 있오?"
라고 하니, 유빙이 말하기를
"그러하옵니다."
라고 하고는, 유빙이 곧 푸른 부적을 던지자 여러 귀신들이 땅에 자빠지는 것이 보였다.
무제가 놀라며 말하기를
"시험해 보았을 따름이오"
라고 하자 유빙이 법술을 풀었는데 귀신으로 꾸몄던 사람들이 되살아났다.

壽光侯者 漢章帝時人也 能劾百鬼衆魅 令自縛見形 其鄕人有婦爲魅所病 侯爲劾之 得大蛇數丈 死於門外 婦因以安 又有大樹 樹有精 人止其下者死 鳥過之亦墜 侯劾之 樹盛夏枯落 有大蛇長七八丈 懸死樹間 章帝聞之 徵問 對曰 有之 帝曰 殿下有怪 夜半後 常有數人 絳衣披髮 持火相隨 豈能劾之 侯曰 此小怪 易消耳 帝僞使三人爲之 侯乃設法 三人登時仆地無氣 帝驚曰 非魅也 朕相試耳 卽使解之 或云 漢武帝時 殿下有怪 常見朱衣披髮相隨 持燭而走 帝謂劉憑曰 卿可除此否 憑曰 可 乃以靑符擲之 見數鬼傾地 帝驚曰 以相試耳 解之而甦

2. 호산(壺山)도사 번영(樊英)
번영이 호산에 숨었는데 일찍이 폭풍이 서남쪽으로부터 일어나자 번영이 제자들에게 말하기를
"성도(成都)의 저자에 불길이 아주 치열하구나."
라고 하고는 물을 입에 머금고 뿜었다. 그리고 곧 그 시일을

적어두도록 명령했다.
 나중에 촉(蜀)땅으로부터 온 사람이 말하였다.
 "이날 큰 불이 났는데 구름이 동쪽으로부터 일어나더니 잠깐만에 큰 비가 내려 불이 드디어 꺼졌습니다."

樊英隱於壺山¹⁾ 嘗有暴風從西南起 英謂學者曰 成都²⁾市火甚盛 因含水噀之 乃命計其時日 後有從蜀來者云 是日大火 有雲從東起 須臾大雨 火遂滅

1) 壺山(호산) : 대호산(大弧山) 또는 대호산(大湖山)이라고도 부른다. 하남성(河南省) 노산현(魯山縣) 남쪽에 있다.
2) 成都(성도) : 촉(蜀)땅에 있다.

3. 지붕 위에 솥을 건 서등(徐登)

민중군(閩中郡)에 서등(徐登)이라는 사람이 있었는데 여자가 변화하여 남자로 된 사람이다.
 동양(東陽)땅의 조병(趙昞)과 더불어 나란히 방술(方術)을 잘 했다. 그때 병란을 당해 서로 시내에서 만나 각자 그 잘하는 방술을 자랑했다.
 서등이 먼저 시냇물을 금제하니 시냇물이 흐르지 않았고, 조병이 다음으로 버드나무를 금제하니 버드나무에 가라지가 돋아났다. 두 사람이 서로 보고 웃었다. 서등이 나이가 많아서 조병이 그를 스승으로 섬겼다.
 나중에 서등이 죽자 조병이 동쪽에서 장안(長安)에 들어갔으나 백성들이 알지 못했다.
 조병이 곧 띠집의 지붕에 올라 솥을 걸고 오동나무로 불을 피우자 주인이 놀라고 괴이하게 여겼으나 조병은 웃고 응대하지 않았는데 띠집은 조금도 손상되지 않았다.

閩中¹⁾有徐登者 女子化爲丈夫 與東陽趙昞 竝善方術 時遭兵亂 相遇

於溪 各矜其所能 登先禁溪水爲不流 昞次禁楊柳爲生梯 二人相視而笑
登年長 昞師事之 後登身故 昞東入長安 百姓未知 昞乃昇茅屋 梧鼎而
爨 主人驚怪 昞笑而不應 屋亦不損
1) 閩中(민중) : 복건성(福建省) 일대.

4. 바람을 부르는 조병(趙昞)

조병이 일찍이 물가에 다다라서 건네주기를 구했으나 뱃사공이 허락하지 않았다.

조병이 곧 수레의 휘장과 덮개를 펴서 그 속에 앉더니 길게 휘파람을 불어 바람을 부르고는 물을 건너갔다. 그래서 백성들이 공경스럽게 복종하여 그를 따라 간 사람들이 집에 돌아가는 것처럼 많았다.

장안현(長安縣)의 현령이 그가 사람들을 현혹시키는 것을 미워하여 잡아 죽였다.

백성들이 영강현(永康縣)에 사당을 세웠는데 지금도 모기들은 이 사당 속에 들어갈 수 없다.

趙昞嘗臨水求渡 船人不許 昞乃張帷盖 坐其中 長嘯呼風 亂流而濟
於是百姓敬服 從者如歸 長安令惡其惑衆 收殺之 民爲立祠於永康 至
今蚊蚋不能入

5. 뽕나무로 포(脯)를 만든 서등(徐登)과 조병(趙昞)

서등과 조병은 청렴과 검소를 숭상했는데 동쪽으로 흐르는 물로써 신에게 제사지내고 뽕나무 껍질을 깎아 포를 만들었다.

徐登 趙昞 貴尙淸儉 祀神以東流水 削桑皮以爲脯

6. 신(神)들을 방문한 진절(陳節)

진절이 모든 신들을 방문했는데 동해군(東海君)은 그에게 견직물로 만든 푸른 저고리 한 벌을 주었다.

陳節訪諸神 東海君[1]以織成靑襦一領遺之

1) 東海君(동해군) : 동해(東海)의 용왕(龍王).

7. 앞을 내다본 한우(韓友)

선성현(宣城縣) 사람 변홍(邊洪)이 광양현(廣陽縣)의 영교(領校)가 되었다.

그는 어머니가 죽어 집으로 돌아가게 되었는데 그를 대신하여 한우가 그의 집에 가서 묵었다.

그때 날이 이미 저물었는데 한우가 나와서 종자에게 말하기를

"빨리 짐을 꾸려라. 우리들은 오늘밤에 떠나야 한다."

하니, 종자가 말하였다.

"이제 날이 이미 저물었는데 수십리 되는 풀밭길을 어찌 급하게 다시 가시렵니까?"

"이곳에는 피가 땅을 덮는데 어찌 다시 머물 수 있겠느냐?"

종자가 괴롭도록 만류했으나, 한우의 뜻을 바꿀 수 없었다.

그날밤 변홍이 문득 미쳐버려 두 아들을 목졸라 죽이고 아울러 아내를 죽이고 또 아버지의 계집종 두 사람을 베었는데 두 사람 다 상처를 입었다.

변홍도 이 일로 말미암아 달아났다.

몇날이 지나 집 앞의 수풀 속에서 변홍을 발견했는데 이미 스스로 목매 죽어 있었다.

宣城邊洪 爲廣陽領校 母喪歸家 韓友往投之 時日已暮 出告從者 速

裝束 吾當夜去 從者曰 今日已暝 數十里草行 何急復去 友曰 此間血
覆地 寧可復住 苦留之 不得 其夜 洪歘發狂 絞殺兩子 幷殺婦 又斫父
婢二人 皆被創 因走亡 數日 乃於宅前林中得之 已自經死

8. 남의 눈을 속이는 기술을 가진 국도룡(鞠道龍)

국도룡은 환술(幻術 : 남의 눈을 속이는 기술)을 잘했다.
그가 일찍이 말하였다.
"동해군 사람 황공(黃公)은 남의 눈을 속이는 기술을 잘하여 뱀을 제압하고 범을 다스렸다. 늘 적금도(赤金刀)도 찼다. 노쇠해서는 술을 지나치게 마셨다. 진(秦)나라 말엽에 흰 범이 동해군에 나타나자 황제가 조서(詔書)를 내려 황공이 적금도를 가지고 흰 범을 진압하게 했다. 그러나 도술이 이미 행해지지 못하여 드디어 흰 범에게 물려 죽었다."

鞠道龍善爲幻術 嘗云 東海人黃公 善爲幻 制蛇御虎 常佩赤金¹⁾刀
及衰老 飮酒過度秦末 有白虎見於東海 詔遣黃公以赤刀往厭之 術旣不
行 遂爲虎所殺

1) 赤金(적금) : 붉은 금. 또는 구리.

9. 부적을 써 잉어를 잡은 사규(謝糺)

사규가 일찍이 손님들에게 밥을 먹일 때 주사(朱砂)로써 부적을 써서 우물 속에 던지자 한 쌍의 잉어가 뛰어나왔다. 사규가 곧 회를 만들도록 명령하여 온 자리의 사람들이 다 두루 먹을 수 있었다.

謝糺嘗食客 以朱書符投井中 有一雙鯉魚跳出 卽命作膾 一坐皆得遍

10. 혀를 잘랐다 붙인 인도(印度)의 술객(術客)

 진(晋)나라 회제(懷帝) 영가(永嘉) 때 어떤 인도 사람이 강남(江南)에 왔다.
 그 사람은 술수(術數)가 있어 혀를 잘랐다가 다시 붙이고 불을 입으로 토할 수 있었는데, 그곳의 사람들이 모여서 구경했다.
 장차 혀를 자를 때 먼저 혀를 토해서 관객들에게 보였다. 그런 뒤 칼로써 자르면 피가 흘러 땅을 덮었다. 곧 자른 혀를 그릇 속에 두고 사람들에게 돌려가며 보인다. 그의 혀를 보면 반쯤 잘린 혀는 여전히 입속에 있다. 그리고 나서 그릇 속의 혀를 돌려주면 그것을 거두어 입에 붙이고는 잠깐 앉았는데 자리의 사람들이 그의 혀를 보면 원래의 혀와 같았으니 그가 실제로 혀를 잘랐는지 안 잘랐는지는 몰랐다.
 그는 다른 것도 잘랐다가 붙일 수가 있었다. 비단을 꺼내 사람들에게 각각 한 끝을 잡게 하고는 가위로 가운데를 잘랐다. 그런 다음 두 개의 잘린 것을 합쳤는데 비단을 보면 여전히 붙어 있었고 원래의 것과 다름이 없었다.
 그때 사람들이 많이 의심하여 사람의 눈을 속이는 술수라고 생각하여 몰래 시험했으나 진짜로 비단을 잘랐던 것이다.
 그가 불을 토할 때 먼저 그릇 속에 약이 있었는데 불탈 수 있는 약 한 조각을 꺼내 기장으로 만든 엿과 합친 뒤 입 속에 넣고 2, 3번 불고서 입을 벌리면 불이 입 속에 가득했는데, 인하여 입 속에서 불타는 것을 가지고 밥을 지으면 진짜 불이었다.
 또 책, 종이 및 새끼실 따위를 불 속에 던졌는데, 사람들이 함께 관찰하여 그것들이 다 타는 것을 보았다.
 그러나 그가 곧 재 속을 뒤적여 그것들을 꺼내면 원래의 물건이었다.

 晉永嘉中 有天竺胡人來渡江南 其人有數術 能斷舌復續 吐火 所在

人士聚觀 將斷時 先以舌吐示賓客 然後刀截 血流覆地 乃取置器中 傳
以示人 視之舌頭 半舌猶在 旣而還 取含續之 坐有頃 坐人見舌則如故
不知其實斷否 其續斷 取絹布 與人各執一頭 對剪 中斷之 已而取兩斷
合視 絹布還連續 無異故體 時人多疑以爲幻 陰乃試之 眞斷絹也 其吐
火 先有藥在器中 取火一片 與黍饘合之 再三吹呼 已而張口 火滿口中
因就爇取以炊 則火也 又取書紙及繩縷之屬投火中 衆共視之 見其燒爇
了盡 乃撥灰中 擧而出之 故向物也

11. 죄지은 자를 악어에게 준 부남왕(扶南王)

부남왕 범심(范尋)은 산에서 범을 길렀다.

죄를 지은 자가 있으면 범에게 던져 주었는데 범이 그를 물지 않으면 곧 그를 용서해 주었다.

그래서 산 이름을 대충(大蟲)이라 하고 또한 대령(大靈)이라고도 했다.

또 그는 악어 열 마리를 길렀다.

만약 죄를 지은 자가 있으면 그 자를 악어에게 던졌는데 악어가 그를 물지 않으면 곧 그를 사면해 주었다.

그 악어는 죄가 없는 사람은 다 물지 않았다. 그래서 악어지(鱷魚池)가 있다.

또 일찍이 물을 데워 끓게 하고는 금반지를 끓는 물 속에 던졌다.

그런 뒤 사람들로 하여금 손을 끓는 물 속에 넣어 금반지를 찾게 했는데 정직한 이는 손이 익지 않았고, 죄가 있는 이는 끓는 물 속에 넣자마자 손이 익어 그을려졌다.

扶南王范尋養虎於山 有犯罪者 投與虎 不噬 乃宥之 故山名大蟲 亦
名大靈 又養鱷魚十頭 若犯罪者 投與鱷魚 不噬 乃赦之 無罪者皆不噬
故有鱷魚池 又嘗煮水令沸 以金指環投湯中 然後以手探湯 其直者手不
爛 有罪者 入湯卽焦

12. 궁녀로서 시집간 가패란(賈佩蘭)

한(漢)나라 고조(高祖)의 애첩인 척부인(戚夫人)의 시녀 가패란은 나중에 출궁하여 부풍군(扶風郡) 사람 단유(段儒)의 아내가 되었다.

궁중에 있을 때의 일을 말했는데, 일찍이 현악기와 관악기를 연주하고 노래하고 춤추어 서로 즐기면서 다투어 요사스러운 옷을 입고 좋은 때를 쫓았다.

10월 보름에는 함께 영녀묘(靈女廟)에 들어가 돼지와 기장으로써 신을 즐겁게 하고 피리 불고 축(筑)을 두드리며 '상령곡(上靈曲)'을 불렀다. 그리고 나서 서로 팔을 이어 땅을 밟고 박자를 맞추며 '적봉황래(赤鳳凰來 : 붉은 봉황이 오도다)'라는 노래를 불렀는데 곧 무속(巫俗)이었다.

7월 7일이 되면 백자지(百子池)에 임해서 우전국(于闐國)의 음악을 연주했다. 음악이 끝나면 오색(五色)의 실로써 서로 얽어매었는데 그것을 '상련수(相連綬)'라고 말했다.

8월 4일에는 무늬를 새긴 방의 북쪽 문을 나서서 대나무숲에서 바둑을 두었는데 이긴 이는 그해 내내 복을 받고 진 이는 그해 내내 병이 들었다. 실을 거두어 북극성에 장수를 빌면 곧 병이 면제되었다.

9월 9일에는 수유(茱萸)를 몸에 꽂고 쑥떡을 먹고 국화주를 마시는데 사람으로 하여금 장수하게 했다. 국화가 필 때 아울러 줄기와 잎을 따서 기장쌀을 섞어서 술을 빚는데 다음해 9월 9일에 이르러 처음으로 술이 익으면 곧 마셨으니 그래서 국화주라고 말했다.

정월 상순(上旬)의 진일(辰日)에 못가에 나가 씻고 빨고 쑥떡을 먹어서 요사스러움을 물리쳤다.

3월 상순의 사일(巳日)에 흐르는 물가에서 음악을 연주했다. 이같이 하여 한 해를 마쳤다.

戚夫人[1]侍兒賈佩蘭 後出爲扶風人 段儒妻 說在宮內時 嘗以弦管歌舞相歡娛 競爲妖服 以趣良時 十月十五日 共入靈女廟 以豚黍樂神 吹笛擊筑[2] 歌上靈之曲 旣而相與連臂 踏地爲節 歌赤鳳凰來 乃巫俗也 至七月七日 臨百子池 作于闐[3]樂 樂畢 以五色縷相羈 謂之相連綬 八月四日 出雕房北戶 竹下圍棊 勝者終年有福 負者終年疾病 取絲縷 就北辰星求長命 乃免 九月九日 佩茱萸 食蓬餌 飮菊花酒 令人長命 菊花舒時 幷採莖葉 襍黍米釀之 至來年九月九日始熟 就飮焉 故謂之菊花酒 正月上辰 出池邊盥濯 食蓬餌 以祓妖邪 三月上巳 張樂於流水 如此終歲焉

1) 戚夫人(척부인) : 고조(高祖)의 애첩. 고조가 죽은 뒤 고조의 황후 여씨(呂氏)에게 죽임을 당했다.
2) 筑(축) : 악기 이름.
3) 闐(전) : 옛날 서역국(西域國)의 이름. 지금 신강성(新彊省) 화전현(和田縣) 일대(一帶). 일명 오랑캐의 나라.

13. 영혼을 불러온 이소옹(李少翁)

한(漢)나라 무제(武帝) 때 무제가 이부인(李夫人)을 사랑했다. 이부인이 죽고 나서도 무제의 이부인에 대한 그리움은 끝이 없었다.

방사(方士)인 제(齊)땅 사람 이소옹(李少翁)이 이부인의 영혼을 불러올 수 있다고 말했다. 곧 밤에 장막을 치고 등촉을 밝히고 무제로 하여금 다른 장막에 있게 하고는 멀리서 바라보게 했다.

장막 안에 있는 미녀가 보이는데 이부인의 모양과 같았다. 장막에 돌아와서 앉았다가 걸었다가 했으나 또한 나아가서 자세히 볼 수 없었기에 무제는 더욱더 슬픔을 느껴 시를 지었다.

"이부인이오? 아니오?
서서 바라보니 너무나도 가냘프도다!"

어찌 사뿐사뿐 오는 것이 그리 더딘가?"

무제는 악부(樂府)의 음악가에게 이 시에 현을 뜯고 곡을 지어 노래 부르도록 했다.

漢武帝時 幸李夫人 夫人卒後 帝思念不已 方士[1]齊人李少翁 言能致其神 乃夜施帷帳 明燈燭 而令帝居他帳 遙望之 見美女居帳中 如李夫人之狀 還幄坐而步 又不得就視 帝愈益悲感 爲作詩曰 是耶 非耶 立而望之 偏娜娜 何冉冉其來遲 令樂府[2]諸音家絃歌之

1) 方士(방사) : 도사(道士). 방사(方士)를 높여서 도사라고 한다. 같은 식으로 방술(方術)을 높여서 도술(道術)이라고 한다.
2) 樂府(악부) : 음악을 관장하던 기관.

14. 죽은 사람을 만나게 한 영릉(營陵)의 도인(道人)

한(漢)나라 때 북해군(北海郡)의 영릉현(營陵縣)에 도인이 있었다. 그는 사람으로 하여금 이미 죽은 사람과 서로 만날 수 있게 할 수 있었다.

같은 북해군의 어떤 사람이 아내가 죽은 지 이미 몇해가 지났는데, 소문을 듣고서 도인에게 가서 말하기를

"원컨대 저로 하여금 한번 죽은 아내를 만나게 해 주신다면 죽어도 한(恨)이 없겠습니다."

라고 하자, 도인이 말하였다.

"그대가 죽은 아내를 가서 만날 수 있습니다마는 북소리를 들으면 곧 나오고 머무르지 마십시오."

곧 그 사람에게 아내를 만나는 술법을 이야기해 주었다. 그 사람은 잠깐만에 아내를 만날 수 있었는데 아내와 더불어 이야기하니 슬픔과 기쁨, 사랑과 정이 살았을 때와 똑같았다. 한참 지나서 북소리가 들리자 한이 사무쳤으나 머무를 수가 없었다.

문을 나올 때 문득 그의 옷 뒷자락이 문틈에 걸려 옷자락을

당기니 찢어졌으나 그대로 문을 나갔다.
 그뒤 한 해가 좀 지나서 이 사람이 죽었다.
 가족들이 이 사람의 아내와 이 사람을 합장하려고 아내의 무덤을 파헤치니 아내의 널 뚜껑 아래에 이 사람의 옷 뒷자락이 있었다.

 漢北海營陵有道人 能令人與已死人相見 其同郡人 婦死已數年 聞而往見之曰 願令我一見亡婦 死不恨矣 道人曰 卿可往見之 若聞鼓聲 卽出勿留 乃語其相見之術 俄而得見之 於是與婦言語 悲喜恩情如生 良久 聞鼓聲恨恨 不能得住 當出戶時 忽掩其衣裾戶間 掣絶而去 至後歲餘 此人身亡 家葬之 開冢 見婦棺蓋下有衣裾

15. 무덤 속을 알아맞춘 박수

 오(吳)나라 경제(景帝)인 손휴가 병이 들어 박수(남자무당)를 구해보려고 했는데 한 사람의 박수를 찾고는 그를 시험하고자 했다.
 이에 거위를 죽여 나라 동산에 묻고는 그 위에 작은 집을 짓고 침상과 탁자를 두고 부인의 신과 옷과 물건을 그 작은 집에 두도록 했다.
 박수로 하여금 거위무덤을 투시하게 하며 말하였다.
 "만약 그대가 이 무덤 속의 부인귀신의 형상을 말할 수 있다면 마땅히 두터운 상을 주고 곧 그대를 믿겠노라."
 이 박수는 온종일 말이 없었다.
 경제가 재촉하여 묻자, 박수가 말하였다.
 "실제로 부인귀신이 보이지 않고 다만 한 마리 대가리가 흰 거위만이 무덤에 서 있는 것이 보입니다. 따라서 곧바로 아뢰지 못하는 것이니 귀신이 이 모양으로 변화했는지 의심하는 것입니다. 마땅히 귀신의 진짜 형체가 고정되어 다시 바뀌지 않기를 기다립니다. 무슨 까닭인지 잘 알지도 못하면서 감히 폐하께 사실을 아뢸 수 있겠습니까?"

吳孫休有疾 求覡視者 得一人 欲試之 乃殺鵝而埋于苑中 架小屋 施牀几 以婦人履履服物著其上 使覡視之告曰 若能說此家中鬼婦人形狀者 當加厚賞 而卽信矣 竟日無言 帝推問之急 乃曰 實不見有鬼 但見一白頭鵝立墓上 所以不卽白之 疑是鬼神變化作此相 當候其眞形 而定不復移易 不知何故 敢以實上

16. 손호(孫皓)와 두 무당
오(吳)나라 손준(孫峻)이 주주(朱主)를 죽여 석자강(石子岡)에 묻었다.
귀명후(歸命侯) 손호(孫皓)가 즉위해 주주의 무덤을 이장(移葬)하려 했으나 무덤들이 서로 엇비슷하여 식별할 수가 없었다. 다만 궁녀 중에 주주가 죽을 때 입었던 옷을 아는 이가 있었다.
곧 두 무당으로 하여금 찾아보게 하였는데 각자 한 곳에 남아 주주의 영혼을 살피게 하고, 아랫사람들에게 무당들을 감찰하여 그들이 서로 접근하지 못하게 했다.
한참 지나서 두 무당이 함께 보고하였다.
"한 여인이 보이는데 나이는 서른 남짓하고 위에는 푸른 비단으로 머리를 묶었고, 겉은 자색이요, 안은 백색인 겹치마를 입고, 붉은 두터운 비단신을 신고 석자강으로부터 위로 올라갔습니다. 석자강의 절반쯤 되는 곳에서 손으로 무릎을 누르며 길게 탄식하며 조금 머무르더니 다시 한 무덤 위로 나아가서 멈추고는 한참 배회한 뒤 문득 보이지 않았습니다."
두 무당의 말은 서로 맞추려고 꾀하지 않았으나 부합하였다.
그 무덤을 파보니 주주의 옷은 무당들이 말한 바와 같았다.

吳孫峻殺朱主[1] 埋於石子岡 歸命[2]卽位 將欲改葬之 冢墓相亞 不可識別 而宮人頗識主亡時所著衣服 乃使兩巫各住一處 以伺其靈 使察鑒

之 不得相近 久時 二人俱白 見一女人 年可三十餘 上著靑錦束頭 紫白
袷裳 丹綈絲履 從石子岡上 半岡而以手抑膝 長太息 小住須臾 更進一冢
上便止 徘徊良久 奄然不見 二人之言 不謀而合 於是開冢 衣服如之
1) 朱主(주주) : 오(吳)나라 선제(先帝) 손권(孫權)의 딸.
2) 歸命(귀명) : 귀명후. 오(吳)나라 마지막 임금으로 진(晋)나라에 항복했
다. 손권의 손자이니 주주의 조카이다.

17. 귀신과 대화하는 하후홍(夏侯弘)

하후홍이 스스로 말하기를 귀신을 만나면 귀신과 말한다고 했
다. 진서장군(鎭西將軍) 사상(謝尙)은 타던 말이 문득 죽어버려
근심과 번뇌가 극심했다.
사상이 하후홍에게 말하기를
"그대가 만약 이 말을 살아나게 할 수 있다면, 그대는 진짜로
귀신을 보는 것입니다."
라고 하였다. 하후홍이 갔다가 한참 지나서 돌아와 말하였다.
"사당의 신이 장군의 말을 좋아하여 끌고 갔는데 지금 마땅히
살아날 것입니다."
사상이 죽은 말을 대하고 앉아 있으려니 순식간에 어떤 말이
문득 문 밖에서부터 달려와 죽은 말쪽으로 가더니 곧 없어지는
데 죽은 말이 당장 움직이고 일어나서 걸을 수 있었다.
사상이 말하였다.
"나에게 대(代)를 이을 아들이 없으니 이것은 내 한 몸이 받
는 벌입니다."
하후홍이 한참이 지나도록 알려주는 것이 없다가 말하였다.
"아까 본 것은 작은귀신일 따름이니 반드시 이 연유를 변별
할 수 없을 것입니다."
후에 문득 한 귀신을 만났는데 새 수레를 타고 종자가 열명쯤
되고 푸른 비단도포를 입고 있었다.
하후홍이 앞으로 나아가 수레 끄는 소의 코를 들어 올리자, 수

레 탄 사람이 하후홍에게 말하기를
"어찌하여 길을 막습니까?"
하자 하후홍이 말하였다.
"여쭈어 볼 것이 있습니다. 진서장군 사상에게는 아들이 없습니다. 이 사람은 훌륭하고 아름다운 명망이 있으니 그로 하여금 조상에 대한 제사를 끊게 해서는 안됩니다."
수레 속의 사람이 얼굴을 씰룩이며 말하였다.
"그대가 말하는 사람은 바로 저의 아들입니다. 나이 젊었을 때 그 애는 집안의 계집종과 사통하고는 다른 여인과 혼인하지 않는다고 서약했는데 서약을 어겼습니다. 이제 이 계집종이 죽어 하늘에 호소하여 하느님의 지시 때문에 아들이 없습니다."
하후홍이 귀신에게 들은대로 사상에게 알려주자, 사상이 말하였다.
"제가 젊었을 때 정말로 그런 일이 있었습니다."
하후홍이 강릉땅에서 한 큰귀신을 만났는데 창을 들고 있고 작은귀신 몇명이 그를 따르고 있었다.
하후홍이 두려워서 길가로 내려가 그를 피했다. 큰귀신이 지나간 뒤 작은귀신 한 사람을 붙잡고 물었다.
"이것은 무엇입니까?"
"사람을 죽이는데 쓰이는 창입니다. 만약 심장과 배를 이 창으로 찌른다면 죽지 않는 사람이 없습니다."
"이 병을 치료하는데 방법이 있습니까?"
"검은 닭으로써 환부를 덮으면 곧 낫습니다."
"이제 어디로 갑니까?"
"마땅히 형주(荊州)와 양주(揚州)로 가야합니다."
그때 날마다 심장이나 배에 병이 나는 것이 유행했는데 병 걸리는 자로서 죽지 않는 사람이 없었다. 하후홍이 곧 사람들에게 검은 닭을 잡아서 환부에 붙이게 하니 십중팔구(十中八九)는 병이 나았다.
지금 갑자기 발생하는 병을 치료할 때 문득 검은 닭을 잡아서 환부에 붙이는 것은 하후홍으로부터 말미암는다.

　夏侯弘自云見鬼 與其言語 鎭西謝尙所乘馬忽死 憂惱甚至 謝曰 卿若能令此馬生者 卿眞爲見鬼也 弘去 良久還 曰 廟神樂君馬 故取之 今當活 尙對死馬坐 須臾 馬忽自門外走還 至馬尸間便滅 應時能動 起行 謝曰 我無嗣 是我一身之罰 弘經時無所告 曰 頃所見 小鬼耳 必不能辨此源由 後忽逢一鬼 乘新車 從十許人 著靑絲布袍 弘前提牛鼻 車中人謂弘曰 何以見阻 弘 欲有所問 鎭西將軍謝尙無兒 此君風流令望不可使之絶祀 車中人動容曰 君所道 正是僕兒 年少時 與家中婢通 誓約不再婚 而違約 今此婢死 在天訴之 是故無兒 弘具以告 謝曰 吾少時誠有此事 弘於江陵 見一大鬼 提矛戟 有隨從小鬼數人 弘畏懼 下路避之 大鬼過後 捉得一小鬼問 此何物 曰 殺人以此矛戟 若中心腹者 無不輒死 弘曰 治此病有方否 鬼曰 以烏鷄薄之 卽差 弘曰 今欲何行 鬼曰 當至荊 揚二州 爾時比日行心腹病 無有不死者 弘乃敎人殺 烏鷄以薄之 十不失八九 今治中惡 輒用烏鷄薄之者 弘之由也

제3권 학문에 밝은 신(神)

1. 공자의 사당을 수리한 종리의(鍾離意)

  후한(後漢) 명제(明帝) 영평(永平) 때 회계군(會稽郡) 사람 종리의는 자(字)가 자아(子阿)인데 노국(魯國)의 재상이 되었다.
  부임해서는 자기의 개인 돈 1만3천문(文)을 내어 호조(戶曹) 벼슬인 공흔(孔緒)에게 주고는 공부자(孔夫子)의 수레를 수리하게 했다.
  자신은 공자의 사당에 들어가 탁자, 자리, 검(劍), 신을 닦았다.
  장백(張伯)이라는 남자가 대청 아래의 풀을 없애다가 흙 속에서 둥근 옥 7개를 발견했다. 장백은 그중의 하나를 품에 감추고 6개를 종리의에게 가져다 바쳤다. 종리의는 주부(主簿)에게 탁자 앞에 둥근 옥을 안치하게 했다.
  공자가 가르침을 주었던 강당 아래의 침상 머리에는 독이 하나 걸려 있었는데 종리의가 공흔을 불러 묻기를
  "이것은 무슨 독입니까?"
  라고 하자 공흔이 대답하였다.
  "공자님의 독입니다. 안에 단사로 쓴 글이 있어 감히 열어보지 못합니다."
  "공부자님께서는 성인(聖人)이시니 독을 남기신 까닭은 그것을 걸어 두시어 나중의 현인(賢人)들에게 보이고자 하셨기 때문입니다."
  인하여 독을 열어보니 안에 흰 비단에 쓴 글이 있었는데 그 말이 "후세에 내 저서를 연구하는 이는 동중서(董仲舒)요, 내 수

레를 지키고 내 신을 문지르고 내 상자를 여는 이는 회계군(會稽郡) 사람 종리의로다. 둥근 옥이 7개 있는데 장백이 그중의 하나를 감추리라."라고 쓰여 있었다.
 종리의가 곧 장백을 불러
 "둥근 옥이 7개인데 어찌 하나를 감추었는가?"
 라고 추궁하자 장백이 머리를 조아리며 둥근 옥 한 개를 꺼내 바쳤다.

 漢永平中 會稽鍾離意 字子阿 爲魯相¹⁾到官 出私錢萬三千文 付戶曹孔訢 修夫子車 身入廟 拭几席劍履 男子張伯 除堂下草 土中得玉璧七枚 伯懷其一 以六枚白意 意令主簿安置几前 孔子教授堂下牀首有懸甕 意召孔訢問 此何甕也 對曰 夫子甕也 背有丹書 人莫敢發也 意曰 夫子 聖人 所以遺甕 欲以懸示後賢 因發之 中得素書 文曰 後世修吾書 董仲舒 護吾車 拭吾履 發吾笥 會稽鍾離意 璧有七 張伯藏其一 意卽召問 璧有七 何藏一耶 伯叩頭出之
1) 魯相(노상) : 지위는 군(郡)의 태수(太守)에 상당한다. 제후국(諸侯國)의 실제 집정자(執政者).

2. 앞일을 미리 알고 처방한 단예(段翳)

 단예는 자(字)가 원장(元章)이고 광한군(廣漢郡) 신도현(新都縣) 사람이었다.
 그는 『역경(易經)』에 익숙했고 풍각(風角)에 밝았다. 어떤 한 학생이 그에게 와서 여러 해 동안 배우고는 스스로 대략 중요한 방술을 다 연구했다고 말하며 작별인사를 하고 자기 고향으로 돌아가려고 했다.
 단예가 고약을 배합해 주고 아울러 죽간(竹簡)에 글을 써서 대통에 넣어 봉하고는 학생에게 주며 말하였다.
 "급할 때 열어 보게."
 학생이 가맹현(葭萌縣)의 백수강(白水江)가에 이르러 관리와 강 건너기를 다투다가, 나루터를 관장하는 관리가 학생의 종자의 머리를 쳐서 머리가 깨졌다. 학생이 대통을 열어 보니 글이 있었는데 그 글에 이르기를 "가맹현에 이르면 관리와 싸울 것이요, 그로 인하여 머리가 깨진 자는 이 고약을 바른 뒤 머리를 싸매라."라고 쓰여 있었다.

학생이 그 말대로 하니 상처가 곧 나았다.

段翳 字元章 廣漢新都人也 習易經 明風角[1] 有一生來學積年 自謂略究要術 辭歸郷里 翳爲合膏藥 幷以簡書[2]封於筒中 告生曰 有急 發視之 生到葭萌 與吏爭度 津吏撾破從者頭 生開筒得書 言 到葭萌 與吏鬪 頭破者 以此膏裹之 生用其言 創者卽愈

1) 風角(풍각) : 사방의 바람을 궁(宮), 상(商), 각(角), 치(徵), 우(羽)의 다섯 가지 음(音)으로 감별해서 길흉을 점치는 방술.
2) 簡書(간서) : 대나무 쪽에 쓴 글.

3. 집안의 푸른 개와 허계산(許季山)

우부풍(右扶風)땅의 장중영(臧仲英)이 시어사(侍御史)가 되었다.

집안 사람들이 음식을 만들어 상을 차리면 깨끗하지 못한 먼지와 흙이 상에 던져져 상을 더럽혔다. 밥을 지어 밥이 다 되면 솥이 어디로 가버렸는지 알지를 못했다.

또 병기와 쇠뇌가 저절로 움직였다. 불이 상자 속에서 일어나 옷과 물건을 다 태웠으나 상자는 괜찮았다. 부녀와 계집종들이 하루아침에 다 그들의 거울들을 잃어버렸는데 몇날이 지나 대청 아래서 뜰로 거울들이 던져졌고 어떤 사람이 소리내어 말하기를 "너희들의 거울들을 돌려준다."라고 하였다.

서너살 된 손녀가 없어졌는데 찾아보아도 있는 곳을 알지 못했다. 2, 3일 지나서야 뒷간의 똥 아래서 울고 있는 것을 발견했다. 이같은 일이 한 번이 아니었다.

여남군(汝南郡)의 허계산(許季山)이라는 이가 본래 점을 잘 쳤는데 점을 치고 나서 말하였다.

"집에 늙고 푸른 개가 있으며 집안에 익희(益喜)라는 종이 개와 더불어 함께 이 일을 합니다. 정말로 이 괴상한 일을 끊으시려면 이 개를 죽이시고 익희를 그의 고향으로 보내십시오"

장중영이 허계산의 말을 따르자 드디어 집안에 괴상한 일이 끊어졌다.

나중에 태위장사(太尉長史)를 지냈고 노(魯)나라 재상으로 옮겨졌다.

右扶風臧仲英 爲侍御史 家人作食 設案 有不淸塵土投汚之 炊臨熟 不知釜處 兵弩[1]自行 火從篋簏中起 衣物盡燒 而篋簏故完 婦女婢使 一旦盡失其鏡 數日 從堂下擲庭中 有人聲言 還汝鏡 女孫年三四歲 亡之 求不知處 兩三日 乃於圂中糞下啼 若此非一 汝南許季山者 素善卜卦 卜之曰 家當有老靑狗物 內中侍御者名益喜 與共爲之 誠欲絶 殺此狗 遣益喜歸鄕里 仲英從之 怪遂絶 後徙爲太尉長史[2] 遷魯相

1) 兵弩(병노) : 한꺼번에 열대의 화살을 쏠 수 있는 활의 하나.
2) 長史(장사) : 태위(太尉)의 보좌관.

4. 남의 앞일을 훤히 내다본 동언흥(董言興)

태위(太尉) 교현(喬玄)의 자(字)는 공조(公祖)이며, 양국(梁國)땅 사람이었다.

처음에 사도장사(司徒長史)가 되었다. 5월 말에 가운데 문에서 누워잤는데 한밤이 지난 뒤 동쪽 벽을 보니 바로 희어지더니 문을 여는 것처럼 밝아졌다.

좌우에 있는 사람들을 불러서 물어보아도 모두 그것을 보지 못했다고 하였다. 인하여 일어나 스스로 동쪽 벽으로 가 손으로 문질러보니 벽은 여전하였다. 그러나 침상에 돌아오면 다시 보였다. 마음에 크게 두려워했다.

그의 벗 응소(應劭)가 말하였다.

"우리 고을 사람으로 동언흥(董彥興)이라는 이가 있는데 곧 허계산(許季山)의 외손자이네. 그는 깊숙하고 은밀한 것을 찾으며 신을 궁구하며 변화를 아는 사람이니, 비록 휴맹(眭孟)과 경방(京房)일지라도 그보다 나을 수는 없네. 그러나 천성이 편협하여 점치는 것을 부끄러워하네. 근래 그의 스승 왕숙무(王叔茂)를 만나러 왔으니 청컨대 내가 가서 그를 맞이하여 오겠네."

잠깐만에 응소와 동언흥이 함께 왔다.

교현(喬玄)이 겸허한 예를 갖추고 성대한 음식을 마련하여 아랫자리에서 술을 따라 주었다.

동언흥이 스스로 말하였다.

"시골의 서생(書生)이 남다른 분수가 없는데도 예물 주시는 것이 융숭하고 말을 달게 하시니 정말로 몸둘 바를 모르겠습니다. 자못 남다른 것을 할 수 있다면 원컨대 부군(府君)님을 위해 일하고 싶습니다."

교현이 두, 세번 사양하다가 그의 말을 들었다.

동언흥이 말하기를

"부군님께 마땅히 괴사가 있었다면 문을 열 때처럼 밝은 흰 빛이었을 것입니다. 그러나 해롭지는 않습니다. 6월 상순(上旬)에 닭이 울 때 남쪽 집에서 곡하는 소리를 들으시면 곧 길합니다. 가을이 되면 북쪽으로 옮겨 군(郡)으로 가실텐데 군 이름에 쇠금(金)자가 들어갈 것입니다. 지위는 장군(將軍)과 삼공(三公)에 이를 것입니다."

라고 하자, 교현이 말하였다.

"괴이한 것이 이와 같아서 가족을 구제할 겨를도 없거늘 어찌 꾀하지 않는 바를 희망할 수 있겠습니까? 이 경우라면 분수에 넘칠 따름입니다."

이런 일이 있은 후 6월 9일 날이 밝지도 않아서 태위 양병(楊秉)이 갑자기 죽었다.

7월 7일 교현이 거록태수(鉅鹿太守)에 임명되었는데 거(鉅)

자에는 쇠금(金) 변(邊)이 있다. 나중에 도료장군(度遼將軍)이 되고 삼공을 두루 거쳤다.

太尉¹⁾橋玄 字公祖 梁國人也 初爲司徒長史²⁾五月末 於中門臥 夜半後 見東壁正白 如開門明 呼問左右 左右莫見 因起自往 手捫摸之 壁自如故 還牀復見 心大怖恐 其友應劭適往候之 語次相告 劭曰 鄕人有董彦興者 卽許季山外孫也 其探賾索隱 窮神知化 雖眭孟³⁾ 京房⁴⁾ 無以過也 然天性褊狹 羞以卜筮者 間來候師王叔茂 請往迎之 須臾便與俱來 公祖虛禮盛饌 下席行觴 彦興自陳 下土諸生 無他異分 幣重言甘 誠有跼蹐 頗能別者 願得從事 公祖辭讓再三 爾乃聽之 曰 府君當有怪 白光如門明者 然不爲害也 六月上旬雞明時 聞南家哭 卽吉 到秋節 遷北行郡 以金爲名 位至將軍三公⁵⁾ 公祖曰 怪異如此 救族不暇 何能致望於所不圖 此相饒耳 至六月九日未明 太尉楊秉暴薨 七月七日 拜鉅鹿太守 鉅邊有金 後爲度遼將軍 歷登三事

1) 太尉(태위) : 진(秦)에서 전한(前漢) 때까지 두었는데 전국(全國)의 군정의 수뇌이며 승상(丞相). 어사대부(御史大夫)와 더불어 삼공(三公)이라 불렀다. 한(漢)나라 무제(武帝) 때 대사마(大司馬)로 개칭했다.
2) 長史(장사) : 사도(司徒)의 보좌관.
3) 眭孟(휴맹) : 춘추(春秋)에 밝았던 술객(術客).
4) 京房(경방) : 『역경(易經)』에 정통했던 술객.
5) 三公(삼공) : 태위(太尉), 사도(司徒), 사공(司空).

5. 『주역』으로 점을 잘 친 관로(管輅)

관로는 자(字)가 공명(公明)이고 평원현(平原縣) 사람이다. 『역경(易經)』으로 점을 잘 쳤다.
안평군(安平郡)의 태수(太守)인 동래군(東萊郡) 사람 왕기(王基)는 자가 백여(伯興)인데 집에 자주 괴상한 일이 있어서 관로로 하여금 점을 치게 했다.
점괘가 이루어지자 관로가 말하였다.

"태수님의 점괘에는 마땅히 어떤 천한 부인이 한 아들을 낳는데 그 아들이 땅에 떨어지자 바로 걸어서 부엌 속에 들어가 죽습니다. 또 침상 위에 마땅히 붓을 문 큰뱀 한 마리가 있는데 어린이와 어른들이 함께 보면 잠깐만에 바로 가버립니다. 또 까마귀가 집안에 날아 들어와 제비와 함께 싸우는데 제비가 죽자 까마귀는 갑니다. 이런 세 점괘가 나왔습니다."

왕기가 크게 놀라며 말하기를

"정밀한 뜻의 극치가 곧 이 경지까지 이르렀습니다그려. 그 길흉을 점쳐 주시기 바랍니다."

하니, 관로가 말하였다.

"다른 화(禍)는 없습니다. 다만 객사가 아주 오래되어 귀신들이 함께 괴상한 일을 저지를 따름입니다.

아이가 나서 바로 걷는 것은 스스로 걸을 수 있는 것이 아니라 다만 불의 요괴인 송무기(宋無忌)의 요사스러움 때문이니, 그것이 아이를 부엌으로 끌고 가는 것입니다. 붓을 문 큰뱀은 다만 늙은 서기일 따름입니다. 까마귀가 제비와 싸우지만 다만 늙은 호위하는 병졸일 따름입니다.

대저 신명(神明)의 바른 것을 요괴가 해칠 수 없습니다. 만물의 변화를 말이 그치게 할 수 없습니다. 오래 묵은 미혹하는 요괴는 반드시 그것의 운수(運數)를 정할 수 있습니다. 지금 점괘 속에서 형상이 보이나 그 흉함이 보이지 않습니다. 그래서 가탁(假托)의 운수를 아는 것이니 요사스러운 재앙의 조짐이 아니므로 근심할 바가 없습니다.

옛날 고종(高宗)의 솥은 꿩이 우는 곳이 아니며 태무(太戊) 임금님의 섬돌은 뽕나무가 나는 곳이 아니었습니다(옛날에는 꿩이 솥에 앉아 울고 뽕나무와 곡식이 조정에서 나면 불길한 조짐으로 여겼다). 그러나 꿩이 한번 울자 무정(武丁)께서는 고종이 되셨고 뽕나무와 곡식이 잠깐 나자 태무임금님께서 흥성하셨습니다. 세 가지 일이 길함과 상서로움이 되지 않을 줄 어찌 알겠습니까? 원컨대 태수님께서는 몸을 편안히 하여 덕을 기르시고 조용히 광명정대하게 처신하시고 귀신의 간사함 때문에 본래면목을 더럽히고 그것에 누를 끼치지 마십시오"

이런 일이 있은 후 왕기에게 다른 일이 없었고 벼슬이 안남독군(安南督軍)으로 옮겨갔다.

그후 관로와 같은 고을 사람인 태원(太原)이 관로에게 묻기를 "그대는 옛날 왕태수를 위하여 괴상한 일을 논했는데 늙은 서기는 뱀이고 늙은 호위하는 병졸은 까마귀라고 말했습니다. 이들은 본래 다 사람들인데 어떻게 미물로 변화했습니까? 괘효의 형상에서 본 것입니까? 그대의 뜻에서 나온 것입니까?"

라고 하자, 관로가 말하였다.

"진실로 내 뜻은 완전무결한 본성과 천도(天道)가 아닐진대 무슨 까닭에 괘효에 나타난 형상을 저버리고 내 뜻에 맡기겠습니까? 대저 만물은 변화하여 영원한 형태가 없고, 사람도 변화하여 고정된 몸이 없으니 혹 큰것이 작게 되고 혹 작은것이 크게 되니 진실로 우열이 없습니다. 만물의 변화는 일률적인 도입니다. 이 까닭에 우(禹)임금의 아버지 곤(鯀)은 천자(天子)의 아버지이고 조왕(趙王) 유여의(劉如意)는 한(漢)나라 고조(高祖)의 아들이었는데도 곤은 황능(黃能: 누런 곰)이 되고 유여의는 푸른 개가 되었으니 이들은 또한 살았을 때 지존(至尊)의 지위를 가졌지만 짐승의 무리가 되고 말았습니다. 하물며 뱀은 12지지(十二地支) 중에서 진(辰), 사(巳)와 배합되고 까마귀는 태양의 정령(精靈)이니, 이들은 곧 등사성(騰蛇星)의 밝은 형상이요, 태양의 남긴 그림자입니다. 서기와 호위하는 병졸은 각자 미천한 몸으로써 뱀과 까마귀로 변화했으니 또한 과분하지 않습니까?"

管輅 字公明 平原人也 善易卜 安平太守東萊王基 字伯輿 家數有怪 使輅筮之 卦成 輅曰 君之卦 當有賤婦人 生一男 墮地便走 入竈 中死 又牀上當有一大蛇銜筆 小大共視 須臾便去 又烏來入室中 與燕共鬪 燕死烏去 有此三卦 基大驚曰 精義之致 乃至於此 幸爲占其吉凶 輅曰

非有他禍 直客(一作官)舍¹⁾久遠 魑魅罔兩 共爲怪耳 兒生便走 非能自走 直宋無忌之妖 將其入竈也 大蛇銜筆者 直老書佐耳 烏與鸛鬪者 直老鈴下耳 夫神明之正 非妖能害也 萬物之變 非道所止也 久遠之浮精必能之定數也 今卦中見象而不見其凶 故知假托之數 非妖咎之徵 自無所憂也 昔高宗²⁾之鼎 非雉所雊 太戊³⁾之階 非桑所生 然而野鳥一雉 武丁爲高宗 桑穀暫生 太戊以興 焉知三事不爲吉祥 願府君安身養德 從容光大 勿以神奸 汚累天眞 後卒無他 遷安南督軍 後輅鄕里乃太原問輅 君往者爲王府君論怪 云老書佐爲蛇 老鈴下爲烏 此本皆人 何化之微賤乎 爲見於爻象 出君意乎 輅言 苟非性與天道 何由背爻象而任心胸者乎 夫萬物之化 無有常形 人之變異 無有定體 或大爲小 或小爲大 固無優劣 萬物之化 一例之道也 是以夏鯀 天子之父 趙王如意 漢高之子 而鯀爲黃能⁴⁾ 意爲蒼狗 斯亦至尊之位 而爲黔喙之類也 況蛇者協辰巳之位 烏者棲太陽之精⁵⁾ 此乃騰黑⁶⁾之明象 白日之流景 如書佐 鈴下各以微軀 化爲蛇烏 不亦過乎

1) 客舍(객사) : 관사(官舍).
2) 高宗(고종) : 상(商)나라 22대 임금.
3) 太戊(태무) : 상(商)나라 9대 임금.
4) 鯀爲黃能(곤위황능) : 『술이기(述異記)』 권상에 "요(堯)임금이 곤(鯀)으로 하여금 홍수를 다스리게 하였으나 그 임무를 감당하지 못하여 드디어 우산(羽山)에서 곤을 죽이니 황능(黃能)으로 변화하여 우천에 들어갔다. 지금도 회계군에서 우임금의 사당에 제사지낼 때 곰을 쓰지 않으니 황능(黃能)은 황웅(黃熊 : 누런 곰)이다. 곰이 뭍에 살면 웅(熊)이라 하고 물에 살면 능이라 한다(堯使鯀治洪水 不勝其任 遂誅鯀於羽山 化爲黃能 入於羽泉 今會稽祭禹廟不用熊 曰黃能 卽黃熊也 陸居曰熊 水居曰能).
5) 太陽之精(태양지정) : 태양을 쇠까마귀라고 한다.
6) 騰黑(등흑) : 천사성(天蛇星)이라고도 한다. 22개의 별로 이루어졌다. 수충(水蟲)을 주관한다. 오행으로는 수(水)에 배합되고 오색으로는 흑색에 배합된다.

6. 관로(管輅)의 또다른 이야기들

관로가 평원현(平原縣)에 이르러 안초(安超)의 얼굴을 보고 그가 요절할 것이라고 말했다. 안초의 아버지가 곧 관로에게 안초의 목숨을 늘려줄 것을 요구했다.

관로가 안초에게 말하였다.

"그대는 돌아가서 청주(淸酒) 한 통과 사슴포 한 근을 마련하여 묘일(卯日)에 보리를 벤 땅 남쪽의 큰 뽕나무 아래로 가게. 거기에는 어떤 두 사람이 차례대로 바둑을 두고 있을 것인데 그대는 다만 술을 따라 주고 사슴포를 두기만 하되 마시기를 다하면 다시 따르고 술이 바닥날 때까지 따라 주게. 만약 그대에게 말을 묻더라도 그대는 다만 절하고 말하지는 말게. 그러면 반드시 합당하게 어떤 사람이 그대를 구제해 주리라."

안초가 관로의 말대로 그곳에 갔더니 과연 두 사람이 앉아 바둑을 두는 것이 보였다.

안초가 그들 앞에서 사슴포를 놓아두고 술을 따라 주었다.

그 사람들은 놀이에 정신이 팔려 다만 술 마시고 사슴포를 먹을 뿐 안초를 돌아보지 않았다.

몇잔의 술을 마시고 나서 북쪽에 앉은 이가 문득 안초가 있는 것을 보고 꾸짖었다.

"무슨 까닭에 여기에 있는가?"

안초는 오직 절만 했다. 남쪽에 앉은 이가 말하였다.

"마침 그의 술과 사슴포를 먹었으니 어찌 무정히 대하겠습니까?"

북쪽에 앉은 이가 말하기를

"문서에 이미 정해졌습니다."

하니, 남쪽에 앉은 이가 말하였다.

"문서를 빌려 보십시다."

안초의 수명이 다만 19살까지 살도록 되어있는 것을 보고 곧 붓을 잡아 문서 위에 점을 찍고는 말하였다.
"그대를 구제하여 90살까지 살게 했노라."
안초는 절하고 돌아왔다.
관로가 안초에게 말하였다.
"크게 그대를 도왔도다. 나도 또한 그대가 수명이 늘어날 수 있어서 기쁘네. 북쪽에 앉은 이는 북두성(北斗星)이고 남쪽에 앉은 이는 남두성(南斗星)이라네. 남두성은 삶을 주관하고 북두성은 죽음을 주관한다네. 무릇 사람의 운명은 어머니 뱃속에서부터 다 남두성의 관장에서부터 북두성의 관장으로 옮겨 간다네. 모든 기원은 다 북두성에게 해야 한다네."

신도현의 현령의 집에 부녀(婦女)들이 놀라고 두려워하다가 다시 서로 병이 생겨서 관로로 하여금 점치게 했다.
관로가 말하였다.
"현령님의 북쪽 집 서쪽 끝에 죽은 두 남자가 있습니다. 한 남자는 창을 잡고 있고 한 남자는 활과 화살을 잡고 있는데 그들의 머리는 벽 안쪽에 있고 발은 벽 바깥쪽에 있습니다. 창을 잡은 이는 머리를 찌르는 것을 주관하니 머리가 심하게 아파서 들 수 없고 활과 화살을 잡은 이는 가슴과 배를 쏘는 것을 주관하니 심장이 아파서 먹고 마실 수 없습니다. 낮에는 떠돌아다니고 밤에는 와서 사람들에게 병을 주어서 부녀들로 하여금 놀라고 두렵게 하는 것입니다."
집 안을 팠는데 땅으로 깊이 여덟 자 들어가니 과연 두 널이 나왔다. 한 널에는 창이 있고 한 널에는 뿔활과 화살이 있었다.
화살은 오래되어 나무가 다 썩었으나 다만 화살 촉과 활의 뿔만은 온전하게 있었다.
곧 해골을 옮겨 성에서 20리 떨어진 곳에 묻어주자 다시는 질병이 생기지 않았다.

이조구(利漕口)의 백성 곽은(郭恩)은 자(字)가 의박(義博)이다. 형제 세 사람이 다 절름발이 병을 얻었다.
 관로로 하여금 그 원인을 점치게 하자 관로가 말하였다.
 "점괘를 보니 그대의 친족의 무덤이 있고 그 무덤에는 여자 귀신이 있는데 그대의 백모가 아니면 마땅히 숙모입니다. 옛날 흉년이 들었을 때 마땅히 그 몇되의 쌀을 이롭게 여기는 이가 있었을 것인데 그대의 백모나 숙모를 우물 속에 밀쳐넣고 음-음 소리를 내자 큰돌 한 개를 우물 속에 밀어넣어 그의 머리를 깨버렸습니다. 외로운 혼(魂)이 원통하여 스스로 하느님께 호소하였기에 그대들이 절름발이 병을 앓는 것입니다."

 管輅至平原 見顏超貌主夭亡 顏父乃求輅延命 輅曰 子歸 覓淸酒一榼 鹿脯一斤 卯日 刈麥地南大桑樹下 有二人圍碁次 但酌酒置脯 飮盡更斟 以盡爲度 若問汝 汝但拜之 勿言 必合有人救汝 顏依言而往 果見二人圍碁 顏置脯斟酒于前 其人貪戲 但飮酒食脯 不顧 數巡 北邊坐者忽見顏在 叱曰 何故在此 顏惟拜之 南邊坐者語曰 適來飮他酒脯 寧無情乎 北坐者曰 文書已定 南坐者曰 借文書看之 見超壽止可十九歲 乃取筆挑上 語曰 救汝至九十年活 顏拜而回 管語顏曰 大助子 且喜得增壽 北邊坐人是北斗 南邊坐人是南斗 南斗注生 北斗注死 凡人受胎 皆從南斗過北斗 所有祈求 皆向北斗

 信都令家 婦女驚恐 更互疾病 使輅筮之 輅曰 君此堂西頭有兩死男子 一男持矛 一男持弓箭 頭在壁內 脚在壁外 持矛者主刺頭 故頭重痛不得擧也 持弓箭者主射胸腹 故心中懸痛 不得飮食也 晝則浮游 夜來病人故使驚恐也 於是掘其室中 入地八尺 果得二棺 一棺中有矛 一棺中有角弓及箭 箭久遠 木皆消爛 但有鐵及角完耳 乃徙骸骨 去城二十里埋之 無復疾病

 利漕民郭恩 字義博 兄弟三人 皆得躄疾 使輅筮其所由 輅曰 卦中有君本墓 墓中有女鬼 非君伯母 當叔母也 昔饑荒之世 當有利其數升米者 排著井中 噴噴有聲 推一大石下 破其頭 孤魂冤痛 自訴於天耳

1) 利漕(이조) : 『수경주, 기수(水經注, 淇水)』 주(注)에 "백구(白溝)가 또 동북쪽으로 흘러 나륵성(羅勒城) 동쪽에 이르고 또 동북쪽으로 가면 장수(漳水)가 백구에 물을 댄다. 그곳을 이조구라 한다(白溝又東北逕羅勒城東 又東北漳水注之, 謂之利漕口)."라고 하였다.

7. 점을 잘 친 순우지(淳于智)

　순우지는 자(字)가 숙평(叔平)이고 제북군(濟北郡) 노현(盧縣) 사람이다. 성품이 아주 침착하고 의리를 중시했다. 젊어서 서생이 되어서는 『역경(易經)』으로 점을 잘 쳤고 저주로서 사람과 물건을 제압하는 도술을 잘했다.
　고평현의 유유(劉柔)가 밤에 누워 자는데 쥐가 그의 왼손 손가락을 깨물었다. 마음으로 아주 그것을 싫어하여 순우지에게 물었다.
　순우지가 점을 치고 나서 말하였다.
　"쥐가 본래 그대를 죽이려고 하다가 죽일 수 없었으니 마땅히 그것으로 하여금 도리어 죽게 해야 합니다."
　곧 주사(朱砂)로써 유유의 손목의 가로무늬 난 곳 뒤쪽 3치쯤 되는 곳에 밭전(田)자를 썼는데 가로 세로 1치 2푼쯤 되었다. 유유의 손을 드러내고 눕게 하였는데 나중에 큰 쥐가 유유의 앞에서 엎어져 죽어 있었다.

　상당군(上黨郡) 사람 포원(鮑瑗)의 집에 죽고 병드는 이가 많아 가난하고 괴로웠다.
　순우지가 점을 치고 나서 말하였다.
　"그대의 사는 집이 이롭지 못합니다. 그래서 그대로 하여금 곤란하게 합니다. 그대 집의 동북쪽에 큰 뽕나무가 있습니다. 그대는 곧 저자에 가시오 저자의 문을 수십걸음 들어서면 마땅히 어떤 사람이 말채찍을 팔 것입니다. 바로 이 말채찍을 사서 집에 돌아와 그것을 세 해 동안 뽕나무에 걸어두면 마땅히 갑작스럽게 재물을 얻을 것입니다."
  포원이 말을 듣고 저자에 나아가 과연 말채찍을 얻었다. 그것을 뽕나무에 세 해 동안 걸고난 뒤 우물을 준설(浚渫)하다가 돈 수십만전(錢)을 얻고 구리와 쇠그릇을 다시 2만여점을 얻었다. 그래서 집안의 일에 쓰기에 넉넉했고 환자들도 다시는 탈이 없었다.

  초현(譙縣) 사람으로 하후조(夏侯藻)라는 이가 있었는데 그의 어머니가 병이 들어 곤란해지자 장차 순우지에게 점을 치러 나가려고 했다.
  문득 여우 한 마리가 대문을 막고 그를 향해 울부짖었다. 하후조가 크게 놀라고 두려워하여 말을 달려 순우지에게 나아갔다.
  순우지가 말하였다.
  "그 화(禍)가 아주 급합니다. 그대는 빨리 돌아가 여우가 울부짖던 곳에서 가슴을 치며 곡을 하여 집안 사람들로 하여금 놀라고 괴이하게 여기도록 하여 남녀노소 모든 사람들이 다 나오게 하되 한 사람이라도 나오지 않으면 곡을 멈추지 마십시오 그렇게 하면 그 화는 겨우 면할 수 있습니다."
  하후조가 돌아가서 그 말과 같이 하니 어머니도 또한 앓는 몸으로 나왔다. 집 사람들이 다 모이자 다섯 칸의 집채가 와르르 무너졌다.

  중호군(中護軍)에 사는 장소(張劭)의 어머니의 병이 위독해졌다.
  순우지가 점을 치고 나서 서쪽 저자로 가 원숭이를 사서 어머니 팔에 매고 곁의 사람으로 하여금 원숭이를 매질하여 늘 소리지르도록 하되 사흘만에 놓아 주도록 했다.
  장소가 그 말을 따라 했더니 그 원숭이가 대문을 나서다 곧 개에게 물려 죽고 어머니의 병은 드디어 나았다.

淳于智 字叔平 濟北廬¹⁾人也 性深沈 有思義 少爲書生 能易筮 善厭勝之術 高平劉柔夜臥 鼠嚙其左手中指 意甚惡之 以問智 智爲筮之 曰 鼠本欲殺君而不能 當爲使其反死 乃以朱書手腕橫文後三寸 爲田字 可方一寸二分 使夜露手以臥 有大鼠伏死於前

上黨鮑瑗 家多喪病 貧苦 淳于智卜之曰 君安宅失宜 故令君困爾 君舍東北有大桑樹 君徑至市 入門數十步當有一人賣新鞭者 便就買還 以懸此樹 三年 當暴得財 瑗承言詣市 果得馬鞭 懸之三年 浚井 得錢數十萬 銅鐵器復二萬餘 於是業用旣展 病者亦無恙

譙人夏侯藻 母病困 將詣智卜 忽有一狐 當門向之嘷叫 藻大愕懼 遂馳詣智 智曰 其禍甚急 君速歸 在狐嘷處拊心啼哭 令家人驚怪 大小畢出 一人不出 啼哭勿休 然其禍僅可免也 藻還 如其言 母亦扶病而出 家人旣集 堂屋五間 拉然而崩

護軍²⁾張劭 母病篤 智筮之 使西出市沐猴³⁾ 繫母臂 令傍人搥拍 恒使作聲 三日放去 劭從之 其猴出門 卽爲犬所咋死 母病遂差

1) 廬(여) : 『진서(晋書)』 순우지전(淳于智傳)에 원문의 여(廬)가 노(盧)로 되어있다. 『진서(晋書)』 지리서(地理書)에 연주(兗州) 제북국(濟北國)에 노현이 있다라고 한다. 이상은 왕소영의 교주(校主).
2) 護軍(호군) : 장교의 선발과 중앙군대를 맡았다.
3) 沐猴(목후) : 원숭이.

8. 도술을 부려 계집종을 얻은 곽박(郭璞)
곽박은 자가 경순(景純)이다.
여강군(廬江郡)에 가서 태수(太守) 호맹강(胡孟康)에게 권하여 급히 남쪽으로 돌아가 강을 건너게 했으나 호맹강이 말을 듣지 않았다.
곽박은 급하게 짐을 꾸려 떠나가려 했는데 다만 호맹강의 계집종을 사랑하여 얻을 방법이 없자, 곧 팥 세 되를 거두어 호맹강의 집 주위에 뿌렸다.

호맹강이 새벽에 일어나 붉은 옷 입은 사람 수천명이 그의 집을 둘러싸고 있는 것이 보여 나아가 자세히 보니 곧 없어졌다. 호맹강이 그것을 아주 싫어하여 곽박에게 점치게 했다.

곽박이 말하였다.

"태수님의 집에는 이 계집종을 기르는 것이 마땅치 않으니 가히 동남쪽 20리 되는 곳에 계집종을 팔되 삼가 값을 다투지 않는다면 이 요사스러움을 없앨 수 있습니다."

곽박이 몰래 사람을 시켜 이 계집종을 싼값에 사게 하고 다시 우물 속에 부적을 던지니 수천명의 붉은 옷 입은 사람들이 하나씩 하나씩 스스로 우물에 몸을 던졌다. 호맹강은 크게 기뻐하고 곽박은 계집종을 데리고 떠나갔다.

몇십일 뒤에 여강군은 함락되었다.

조고(趙固)가 타던 말이 문득 죽어서 몹시 슬프고 아까와하며 곽박에게 물으니, 곽박이 말하였다.

"대막대기를 쥔 수십명의 사람을 동쪽으로 30리쯤 가게 하면 산림의 능(陵)가에 심은 나무가 있습니다. 바로 그것을 마구 때리게 하면 마땅히 한 물건이 나올 것이니 급히 그 물건을 가지고 집으로 돌아오게 하십시오."

곽박의 말대로 하여 과연 한 물건을 얻었는데 원숭이 같았다. 물건을 가지고 집에 돌아왔는데 대문으로 들어서자 곧 죽은 말이 있었다. 그의 죽은 말을 본 순간 뛰어가서 죽은 말 머리쪽으로 달려가더니 죽은 말의 코에 숨을 불어넣기도 하고 숨을 빨아들이기도 하였다.

잠깐만에 죽은 말이 곧 일어나서 떨치고 빨리 움직이고 울부짖으면서 평상시처럼 여물을 먹고 물을 마실 수 있었다. 또한 조금 앞의 원숭이 같은 물건은 다시 보이지 않았다. 조고가 곽박을 기이하게 여겨 두텁게 보수를 주었다.

양주별가종사사(揚州別駕從事史)인 고구(顧球)의 누나가 태어난 지 10년만에 바로 병이 들었는데 나이 오십 여 살에 곽박에게 점을 치게 하여 대과괘(大過卦)의 오름을 얻었다.

그 괘사에 이르기를 "대과괘란 뜻이 아름답지 못하니, 무덤가 마른 버드나무에 꽃이 없도다. 진동된 노니는 혼이 용수레를 보내니, 몸은 중병을 앓고 요사스러움에 걸리도다. 연유는 제사를 끊고 신령한 뱀을 죽였기 때문이니, 자기의 허물이 아니라 죽은 아버지의 잘못이로다. 괘(卦)를 따라 논하노니 어찌할 수 있으리오?"라고 하였다.

고구가 곧 그의 집안 일을 추적해 보니 아버지가 일찍이 큰 나무를 찍다가 큰 뱀을 잡아 죽이고 나서 누나가 곧 병이 들었다. 병이 든 뒤 새떼 수천마리가 지붕 위를 빙빙 돌아 날았는데 사람들이 다 괴이하게 여겼으나 무슨 까닭인지 알지는 못했다.

같은 현(縣)의 농민이 그의 집 주위를 지나다가 우러러보니 용이 끄는 수레가 보였는데 오색이 찬란하며 그 크기가 굉장했는데 잠깐만에 드디어 없어졌다.

의흥군(義興郡)의 방숙보(方叔保)가 상한병(傷寒病)을 얻어 거의 죽게 되었는데 곽박으로 하여금 점을 치게 하였으나 그것도 불길하였다.

곽박이 그로 하여금 흰 소를 구하여 병을 제압하려고 하였는데 방숙보가 흰 소를 구했지만 얻지는 못했다.

오직 양자원(羊子元)에게 흰 소 한 마리가 있었으나 빌려주려 하지 않았다.

곽박이 방숙보를 위하여 법술을 써서 흰 소를 오게 하니 그날로 어떤 큰 흰소가 서쪽에서 와 곧 방숙보에게 갔다. 방숙보는 놀라고 두려워하다가 병이 곧 나았다.

郭璞 字景純 行至廬江 勸太守胡孟康急回南渡 康不從 璞將促裝去之 愛其婢 無由得 乃取小豆三斗 繞主人宅散之 主人晨起 見赤衣人數

千圍其家 就視則滅 甚惡之 請璞爲卦 璞曰 君家不宜畜此婢 可于東南
二十里賣之 愼勿爭價 則此妖可除也 璞陰令人賤買此婢 復爲投符於井
中 數千赤衣人一一自投於井 主人大悅 璞攜婢去 後數旬而廬江陷

趙固所乘馬忽死 甚悲惜之 以問郭璞 璞曰 可遣數十人持竹竿 東行
三十里 有山林陵樹 便攪打之 當有一物出 急宜持歸 於是如言 果得一
物 似猿 持歸 入門見死馬 跳梁走往死馬頭 噓吸其鼻 頃之 馬卽能起
奮迅嘶鳴 飮食如常 亦不復見向物 固奇之 厚加資給

揚州別駕[1]顧球姊 生十年便病 至年五十餘 令郭璞筮 得大過[2]之升
其辭曰 大過卦者義不嘉 冢墓枯楊無英華 振動遊魂見龍車 身被重累嬰
妖邪 法由斬祀殺靈蛇 非己之咎先人瑕 案卦論之可奈何 球乃迹訪其家
事 先此曾伐大樹 得大蛇殺之 女便病 病後 有群鳥數千 廻翔屋上 人
皆怪之 不知何故 有縣農行過舍邊 仰視 見龍牽車 五色晃爛 其大非常
有頃遂滅

義興方叔保得傷寒[3] 垂死 令璞占之 不吉 令求白牛厭之 求之不得
唯羊子元有一白牛 不肯借 璞爲致之 卽日有大白牛從西來 徑往臨 叔
保驚惶 病卽愈
1) 別駕(별가) : 벼슬이름.
2) 太過(태과) : 『역경(易經)』 대과괘(大過卦) 단사(彖辭)에 "대과괘는 큰
   것은 지나친다는 것이다. 기둥이 꺾이는 것은 밑둥과 끝이 약하기 때문
   이다. 강한 것이 지나치지만 가운데 있고 유순하여 기쁘게 가는 것이다.
   갈 데가 있는 것이 이로우니 바로 형통하다. 대과괘의 때는 크도다(大
   過 大者過也 棟橈 本末弱也 剛過而中 巽而說行 利有攸往 乃亨 大過之時
   大矣哉).
3) 傷寒(상한) : 상한병(傷寒病). 추위로 인하여 생긴 병(감기, 급성열병, 폐
   렴 따위) 또는 방사의 과도나 성욕의 억제로 생기는 병의 한 가지.

9. 비효선(費孝先)의 점괘의 효험이 드러나다

서천(西川)땅의 비효선은 사람들의 출생시일에 근거하여 그림을 써서 길흉을 예측하는 점복술을 잘했다. 그래서 세상 사람들이 다 그의 이름을 알았다.

대약현(大若縣) 사람으로 왕민(王旻)이라는 이가 있었는데 장사 때문에 성도(成都)땅으로 갔다가 비효선에게 점쳐 주기를 구했다.

비효선이 말하기를

"머무르게 해도 머무르지 말며 씻으라고 해도 씻지 말라. 한 섬 곡식을 찧으면 세 말의 쌀을 얻으리라. 밝은 이를 만나면 살고 어두운 이를 만나면 죽으리라."

라고 하며 2, 3번 왕민을 훈계하면서 이 말만 넉넉하게 외우도록 했다.

왕민은 마음 속에 이 말을 새겼다.

길을 떠나 도중에 큰 비를 만나 어떤 집 아래에서 쉬었는데 길가던 사람이 가득찼다. 왕민이 곧 생각하기를 "머무르게 해도 머무르지 말라는 것은 이 경우가 아닐 수 있겠는가?" 하고는 드디어 비를 무릅쓰고 길을 떠났다. 얼마되지 않아서 그 집이 무너져 왕민 혼자만 화를 면할 수 있었다.

왕민의 아내는 이미 이웃 사람과 사통하여 평생토록 그 이웃 사람만을 사랑하고자 왕민이 돌아오기를 기다려 독살하려 했다.

왕민이 집에 오자 그의 아내가 사통한 사람에게 약속하기를 "오늘 저녁 새로 목욕할 사람은 곧 남편입니다." 라고 하였다.

아내는 저물 무렵에 왕민을 불러 목욕하게 하고 수건과 빗을 바꿔주었다. 왕민이 깨닫고 생각하기를 "씻으라고 해도 씻지 말라는 것은 이 경우가 아닐 수 있겠는가?" 하고는 굳이 아내의 말을 듣지 않았다.

아내는 화를 내며 목욕할 물에 독을 탄 일을 살피지 않고 스스로 목욕하고는 한밤이 지난 뒤 죽고 말았다.
   왕민이 이미 깨닫고 나서는 놀라서 부르짖으니 이웃 사람들이 함께 가 보았으나 다 그 이유를 헤아리지는 못했다.
   드디어 왕민은 관청에 붙잡혀가 고문당했다. 살인범으로 판단이 났으나 스스로를 변명할 수 없었다.
   군수(태수)가 죄상을 기록하게 하자 왕민이 울면서 말하였다.
   "죽는 것은 죽는 것이로되 다만 비효선이 말한 바가 끝에 가서는 효험이 없도다."
   좌우에 있는 사람들이 이 말을 군수에게 보고했다. 군수는 사형을 집행하지 말도록 명령하고 왕민을 불러 물었다.
   "그대의 이웃집 사람은 누구인가?"
   "강칠(康七)입니다."
   군수가 드디어 사람을 보내 강칠을 잡아오게 하고는 말하기를
   "그대의 아내를 죽인 자는 바로 이 사람일세."
   라고 하였다. 그러고 보니 과연 그러했다.
   군수가 인하여 보좌관들에게 말하였다.
   "한 섬 곡식을 찧어 세 말 쌀을 얻도다라고 했으니 강칠이 아닐 수 있겠는가?"
   이로 말미암아 왕민은 누명을 씻었다. 참으로 "밝은 이를 만나면 살리라"고 한 말의 효험이 드러났던 것이다.

　　西川費孝先 善軌革 世皆知名 有大若人王旻 因貨殖至成都 求爲卦 孝先曰 教住莫住 教洗莫洗 一石穀擣得三斗米 遇明卽活 遇暗卽死 再三戒之 令誦此言足矣 旻志之 及行 途中遇大雨 憩一屋下 路人盈塞 乃思曰 教住莫住 得非此耶 遂冒雨行 未幾 屋遂顚覆 獨得免焉 旻之妻已私隣比 欲媾終身之好 俟旋歸 將致毒謀 旻旣至 妻約其私人曰 今夕新沐者 乃夫也 將晡 呼旻洗沐 重易巾幗 旻悟曰 教洗莫洗 得非此也 堅不從 妻怒 不省 自沐 夜半反被害 旣覺 驚呼 隣里共視 皆莫測其由 遂被囚繫拷訊獄就 不能自辨 郡守錄狀 旻泣言 死卽死矣 但孝先所言終無驗耳 左右以是語上達 郡守命未得行法 呼旻問曰 汝隣比何人也

曰 康七¹⁾ 遂遣人捕之 殺汝妻者 必此人也 已而果然 因謂僚佐曰 一石
穀搗得三斗米 非康七乎 由是辨雪 誠遇明卽活之效
1) 康七(강칠) : 곧 강칠(糠七)이니 겨 일곱 말의 뜻.

10. 자신이 죽은 뒤도 점친 외소(隗炤)

외소는 여음군(汝陰郡) 홍수정(鴻壽亭) 백성인데 『역경(易
經)』에 정통했다.
그가 죽을 때 판자에 글을 써서 그의 아내에게 주며 말하였다.
"내가 죽은 뒤 마땅히 크게 흉년이 들 것이오 5년이 지난 뒤
봄에 황제께서 보내는 사자가 우리 정에 와서 머물 것인데 그의
성은 공(龔)이오 이 사람은 나에게 금을 빚졌으니 곧 이 판자를
가지고 가서 그에게 빚독촉을 하오 내 말을 저버리지 마오"
외소가 죽은 뒤 과연 집안이 크게 곤란해져서 그의 아내가 집
을 팔려고 한 것이 여러 차례였으나 남편의 말을 기억하고는 문
득 그만두었다. 기한이 되어 공사자(龔使者)가 과연 홍수정에 머
물렀다.
외소의 아내가 드디어 판자를 주고는 그에게 빚독촉을 했다.
공사자가 판자를 잡고는 한참 동안 말할 바를 몰라하다가 이
르기를
"내가 평생 돈을 빚진 적이 없는데 이것이 무슨 연유입니까?"
하니, 외소의 아내가 말하였다.
"남편이 임종할 때 손수 판자에 글을 써주며 이같이 하도록
명령한 것이지 제가 감히 망령되게 빚독촉하는 것이 아닙니다."
공사자가 심사숙고하더니 한참 지나서는 깨달았다.
곧 시초(蓍草)로 점을 치게 하고는 점괘가 나오자 손뼉을 치
면서 탄식하며 말하였다.
"묘하시도다! 외선생이여! 밝음을 머금고도 자취를 숨기시어
당신에 대해서 소문 들은 이가 없었으니 곤궁과 영달을 비추고
길흉을 통찰한 분이라고 말할 수 있겠도다."

그리고는 곧 그 아내에게 알려 주었다.
"저는 금을 빚지지 않았습니다. 현명하셨던 남편께서는 스스로 금을 가지고 있었으나 당신이 돌아가신 뒤 마땅히 잠시 부인이 곤궁하실 줄 아시고 일부러 금을 감춰두고 태평시대를 기다리셨던 것입니다. 아이들과 아내에게 알리시지 않은 까닭은 금이 다 떨어지면 끝없이 곤란당할까 두려워해서입니다. 제가 『역경(易經)』을 잘 안다는 것을 아시고 일부러 판자에 글을 써서 뜻을 맡겼을 따름입니다. 금 500근을 푸른 독에 담고 구리쟁반으로 덮어서 집채의 동쪽 끝 벽에서 한 길 떨어지고 땅 속 깊이 9자 되는 곳에 묻어 두셨습니다."
아내가 집에 돌아와서 땅을 판 뒤 과연 금을 얻었는데 다 점친 바와 같았다.

隗炤 汝陰鴻壽亭¹⁾民也 善易 臨終書板 授其妻曰 吾亡後 當大荒 雖爾困 愼莫賣宅也 到後五年春 當有詔使來頓此亭 姓龔 此人負吾金 卽以此板往責之 勿負言也 亡後 果大困 欲賣宅者數矣 憶夫言 輒止 至期 有龔使者果止亭中 妻遂齎板責之 使者執板 不知所言 曰 我平生不負錢 此何緣爾邪 妻曰 夫臨亡 手書板 見命如此 不敢妄也 使者沈吟良久而悟 乃命取蓍²⁾筮之 卦成 抵掌歎曰 妙哉隗生 含明隱迹而莫之聞 可謂鏡窮達而洞吉凶者也 於是告其妻曰 吾不負金 賢夫自有金 乃知亡後當暫窮 故藏金以待太平 所以不告兒婦者 恐金盡而困無已也 知吾善易 故書板以寄意耳 金五百斤 盛以靑罌 覆以銅柈 埋在堂屋東頭 去壁一丈 入地九尺 妻還掘之 果得金 皆如所卜

1) 鴻壽亭(홍수정) : 진(秦)·한(漢) 때 향(鄕) 이하, 이(里) 이상의 행정기구. 10리가 1정(一亭)이고 10정(十亭)이 1향(一鄕)이다.
2) 蓍(시) : 시초점 치는데 쓰는 풀.

11. 도깨비를 잡은 한우(韓友)
한우는 자(字)가 경선(景先)이고 여강서현(廬江舒縣) 사람이다.

점을 잘 쳤고 또한 경방(京房)의 저주로써 사람과 물건을 제압하는 도술을 행했다.

유세칙(劉世則)의 딸이 도깨비 때문에 병이 든 지 여러 해가 되어 무당이 북을 쳐 기도하여 사악한 기운을 몰아내고 옛 성에서 빈 무덤을 파헤쳐 여우와 악어 수십마리를 잡았으나 병이 오히려 낫지 않았다.

한우가 점을 치고 나서 베로 자루를 만들도록 명령하고는 딸이 발작할 때를 기다려 자루를 벌려 창 사이에 붙여 두었다. 한우가 문을 닫고 기(氣)를 써서 뭔가를 몰아대는 것 같았다. 잠깐 사이에 자루가 크게 부풀어 오르는 것이 보였는데 기를 불어넣은 듯했다.

그러나 자루가 갈라졌기 때문에 일이 실패하여 딸은 여전히 크게 발작했다. 한우가 곧 다시 가죽자루 두 개를 만들게 해서 그것을 포개고는 조금 전처럼 창에다 가죽자루를 벌려 놓으니 자루가 다시 팽팽하게 부풀어 올랐다.

인하여 급히 자루 주둥이를 묶고 자루를 나무에 20일쯤 매달아 두었더니 점점 자루는 쭈그러들었다. 자루를 열어보니 두 근의 여우털이 있었고 딸의 병은 드디어 나았다.

韓友 字景先 廬江舒人也 善占卜 亦行京房[1]厭勝之術 劉世則女病魅積年 巫爲攻禱 伐空冢故城間 得狸鼉數十 病猶不差 友筮之 命作布囊 俟女發時 張囊著窓牖間 友閉戶作氣 若有所驅 須臾間 見囊大脹 如吹 因決敗之 女仍大發 友乃更作皮囊二枚 沓張之 施張如前 囊復脹滿 因急縛囊口 懸著樹 二十許日 漸消 開視 有二斤狐毛 女病遂差

1) 京房(경방) : 한(漢)나라 때 『역학(易學)』에 정통했던 술객의 이름.

12. 집안의 재앙을 막아준 엄경(嚴卿)

회계군(會稽郡) 사람 엄경은 점을 잘 쳤다.

같은 고을 사람 위서(魏序)가 동쪽으로 가려고 했는데 흉년에 강도가 많았기 때문에 엄경으로 하여금 점을 치게 했다.
  엄경이 말하였다.
  "그대는 삼가 동쪽으로 가지 마십시오. 반드시 포악한 죽임을 당하지 단순하게 강도만 당하는 것이 아닙니다."
  위서가 믿지 않자 엄경이 다시 말하였다.
  "이미 반드시 가야 한다면 마땅히 재난을 물리쳐야 합니다. 서쪽 교외의 과부댁의 흰 숫캐를 찾아서 배 앞에 매어두는 것이 좋겠습니다."
  위서가 흰 숫캐를 구했으나 다만 얼룩개를 얻고 흰 숫캐를 얻지는 못했다.
  엄경이 말하였다.
  "얼룩개도 또한 쓸 만하나 오히려 그 색깔이 순수하지 못한 것이 한(恨)스럽습니다. 마땅히 작은 해독이 남을 것인데 다만 그 해독이 육축(六畜)의 무리에게 미칠 따름이니 다시 근심하실 것 없습니다."
  위서가 길을 가는 도중에 개가 문득 아주 급하게 소리를 지르는데 사람이 그것을 때리는 것 같았다.
  가까이 가보니 이미 죽었는데 검은 피를 한 말 남짓하게 토해 내었다.
  그날 저녁에 위서의 별장에서 흰 거위 몇마리가 까닭없이 저절로 죽었으나 위서의 집안 사람들은 탈이 없었다.

  會稽嚴卿 善卜筮 鄉人魏序欲東行 荒年多抄盜 令卿筮之 卿曰 君愼不可東行 必遭暴害 而非劫也 序不信 卿曰 旣必不停 宜有以禳之 可索西郭外獨母家白雄狗 繫著船前 求索止得駁狗 無白者 卿曰 駁者亦足 然猶恨其色不純 當餘小毒 止及六畜輩[1]耳 無所復憂 序行半路 狗忽然作聲甚急 有如人打之者 比視已死 吐黑血斗餘 其夕 序墅上白鵝數頭 無故自死 序家無恙

1) 畜輩(축배) : 소, 말, 양, 개, 돼지, 닭 등의 집에서 기르는 가축을 말한다.

13. 모든 병을 다 고치는 화타(華佗)

패국(沛國)땅 화타는 자(字)가 원화(元化)이고 또다른 이름은 부(旉)이다.

낭야군 사람 유훈(劉勳)이 하내군(河內郡)의 태수(太守)가 되었고 거의 20살 된 딸이 있었다. 그의 딸은 왼쪽 무릎 속에 부스럼이 나서 괴로워했는데 가렵기만 했지 아프지는 않았다.

부스럼이 나왔다가도 수십일만에 다시 도졌는데 이같이 하기를 7, 8년 계속되었다.

이때 화타를 맞이하여 병세를 보게 하니, 화타가 말하기를

"이것은 치료하기 쉽습니다."

라고 하고는 왕겨처럼 누런 개 한 마리와 좋은 말 두 마리를 얻어 새끼줄을 개의 목에 매고 말을 달려 개를 끌고 가되 말이 지치면 문득 말을 바꾸게 했다.

말이 30여리(里)를 달렸다고 헤아렸을 때 개는 갈 수 없었다.

다시 걷는 사람으로 하여금 개를 끌게 했는데 50리를 갔다고 헤아렸을 때 곧 약을 딸에게 마시게 하니 딸은 곧 편안히 눕더니 사람을 몰라보았다.

이에 큰 칼을 잡고 뒷다리 앞쪽과 가까운 개의 배를 째고는 쨴 곳을 딸의 부스럼 자리를 향하게 하되 두, 세치쯤 떨어져 멈추게 했다.

잠깐만에 뱀같은 것이 부스럼에서 나왔는데 쇠송곳으로 뱀 대가리를 가로 꿰니 뱀은 딸의 살갗 속에서 한참동안 꿈틀거렸고 뱀이 움직이지 않을 때 끄집어내니 길이가 세자쯤 되었는데 순전히 뱀이었다. 다만 눈은 있으나 눈동자가 없고 또 비늘이 거꾸로 나 있었다.

화타가 고약을 부스럼에 붙이자 이레만에 부스럼이 나았다.

화타가 일찍이 길을 가다가 목구멍이 병든 사람을 만났는데

음식을 좋아했으나 삼킬 수가 없었다.
 집안 사람이 환자를 수레에 태우고 의사에게 가려고 했다.
 화타가 그의 신음소리를 듣고는 수레를 멈추게 하고 가 보고 서 그에게 말하였다.
 "조금 전에 오던 길가에 떡을 파는 집이 있었고 그곳에 마늘을 다져넣은 많은 초(酢)가 있던데 그곳에 가서 초 세 되를 얻어 마시면 병은 저절로 마땅히 없어질 것입니다."
 화타의 말과 같이 하여 환자는 당장에 뱀 한 마리를 토해냈다.

 沛國華佗 字元化 一名旉 瑯邪劉勳爲河內太守 有女年幾二十 苦脚左膝裏有瘡 癢而不痛 瘡愈 數十日復發如此七八年 迎佗使視 佗曰 是易治之 當得稻糠黃色犬一頭 好馬二匹 以繩繫犬頸 使走馬牽犬 馬極輒易.計馬走三十餘里 犬不能行 復令步人拖曳 計向五十里 乃以藥飮女 女卽安臥 不知人 因取大刀 斷犬腹近後脚之前 以所斷之處向瘡口 令去二三寸停之 須臾 有若蛇者從瘡中出 便以鐵椎橫貫蛇頭 蛇在皮中動搖良久 須臾不動 乃牽出 長三尺許 純是蛇 但有眼處 而無童子 又逆鱗耳 以膏散著瘡中 七日愈

 佗嘗行道 見一人病咽 嗜食不得下 家人車載 欲往就醫 佗聞其呻吟聲 駐車往視 語之曰 向來道邊 有賣餠家蒜齏大酢 從取三升飮之 病自當去 卽如佗言 立吐蛇一枚

제4권 사람에게 이로운 신(神)·상

1. 풍백(風伯)과 우사(雨師)
풍백(風伯)과 우사(雨師)는 별 이름이다. 풍백은 기성(箕星)이고 우사는 필성(畢星)이다.
정현(鄭玄)이 말하였다.
"사중(司中)과 사명(司命)은 문성(文星)의 제사(第四)와 제오(第五)의 별이다. 우사는 일명(一名) 병예(屛翳)이고 일명 호병(號屛)이고 일명 현명(玄冥)이다."

風伯[1] 雨師[2] 星也 風伯者 箕星[3]也 雨師者 畢星[4]也 鄭玄謂司中 司命 文星[5]第四 第五星也 雨師一曰屛翳 一曰號屛 一曰玄冥

1) 風伯(풍백) : 바람을 맡은 신(神).
2) 雨師(우사) : 비를 맡은 신(神).
3) 箕星(기성) : 이십팔수(二十八宿)의 하나. 창룡칠수(蒼龍七宿)의 말수(末宿). 네 개의 별로 이루어져 있으며 모두 인마궁(人馬宮)에 속한다.
4) 畢星(필성) : 이십팔수의 하나. 백호칠수(白虎七宿)의 제오수(第五宿). 모두 9개의 별로 이루어졌다. 그 모양이 토끼그물 같아서 그렇게 이름하였다. 이 별은 전쟁과 비를 주관한다.
5) 文星(문성) : 문창성(文昌星), 문곡성(文曲星)이라고도 한다. 모두 여섯 개의 별로 이루어졌다. 북두(北斗)의 첫째별 앞에 있고 반달 모양이다. 『사기(史記)』 천관서(天官書)에 "북두의 첫째별은 문창궁이라 불리는 바른 여섯 별을 이고 있다. 첫째는 상장(上將), 둘째는 차장(次將), 셋째는 귀상(貴相), 넷째는 사명(司命), 다섯째는 사중(司中), 여섯째는 사록

(司祿)이다(斗魁戴匡六星曰文昌宮 一曰上將 二曰次將 三曰貴相 四曰司命 五曰司中 六曰司祿)라고 하였다.

2. 젖의 길이가 일곱 자 되는 여인을 안 장관(張寬)

촉군(蜀郡)의 장관(張寬)은 자(字)가 숙문(叔文)이고 한(漢)나라 무제(武帝) 때 시중(侍中)이 되었다.

무제를 따라 감천궁(甘泉宮)에서 제사지내려고 위교(渭橋)에 이르렀다. 그때 어떤 여자가 위수(渭水)에서 목욕하는데 젖의 길이가 일곱 자였다.

무제가 괴이하게 여겨 사람을 보내 묻자 여자가 말하였다.

"황제 뒤의 일곱 번째 수레에 탄 사람이 내가 온 바를 알 것입니다."

그때 장관이 일곱 번째 수레에 있었는데 대답하였다.

"제사를 주관하는 하늘의 별인데 재계가 깨끗하지 못하면 이런 여인이 되어 나타납니다."

蜀郡張寬 字叔文 漢武帝時爲侍中[1] 從祀甘泉 至渭橋 有女子浴于渭水 乳長七尺 上怪其異 遣問之 女曰 帝後第七車者 知我所來 時寬在第七車 對曰 天星主祭祀者 齋戒不潔則女人見

1) 侍中(시중) : 진(秦)나라 때 처음으로 두었다. 황제 좌우에서 황제를 시중들었다. 진나라 이후 재상에 상당했다.

3. 용왕의 아내도 두려워한 태공망(太公望)

주(周)나라 문왕(文王)이 태공망을 관단령(灌壇令)으로 삼은 뒤로 1주년 된 뒤에는 나뭇가지에 바람소리도 들리지 않았다.

문왕의 꿈에 얼굴이 아주 고운 한 부인이 길을 막고 울었다.

문왕이 그 까닭을 묻자 말하였다.

"저는 태산신(泰山神)의 딸인데 시집가서 동해용왕(東海龍王)

의 아내가 되었습니다. 집으로 돌아가려고 하는데 지금 관단령
에게 길이 막혔습니다. 그는 덕이 있는지라 제가 가는 것을 방해
하고 있습니다. 제가 가면 반드시 강풍과 폭우가 생깁니다. 강풍
과 폭우가 생기면 이는 그의 덕을 훼손시키는 것입니다."
 문왕이 잠을 깨고 나서 태공망을 불러 이 일에 대해 물어보았
다. 이날 과연 강풍과 폭우가 태공망이 다스리는 고을 밖을 지나
갔다. 문왕은 곧 태공망을 대사마(大司馬)에 임명했다.

 文王以太公望[1]爲灌壇令[2] 期年 風不鳴條 文王夢一婦人 甚麗 當道
而哭 問其故 曰 吾泰山之女 嫁爲東海婦 欲歸 今爲灌壇令當道 有德
廢我行 我行必有大風疾雨 大風疾雨 是毁其德也 文王覺 召太公問之
是日果有疾雨暴風 從太公邑外而過 文王乃拜太公爲大司馬[3]
1) 太公望(태공망) : 여상(呂尙), 강태공(姜太公)이라고도 한다.
2) 灌壇令(관단령) : 제단의 술 뿌리는 곳에서 강신을 주관하다.
3) 大司馬(대사마) : 군정(軍政)의 수뇌.

4. 저승의 아버지를 구한 호모반(胡母班)

 호모반은 자(字)가 계우(季友)이고 태산군(泰山郡) 사람이다.
 일찍이 태산의 곁에 이르러 문득 나무사이에서 한 붉은 옷을
입은 기사(騎士)를 만났는데 호모반을 불러 말하였다.
 "태산부군(泰山府君)께서 그대를 부르십니다."
 호모반이 놀라서 우물쭈물하며 대답하지 못했는데 다시 어떤
한 기사가 그를 불렀다. 드디어 기사를 따라 수십걸음을 가니 기
사가 호모반에게 잠깐 눈을 감도록 요청했다.
 조금 지나서 궁전이 보였는데 의장은 아주 위엄이 있었다. 호
모반이 곧 누각으로 들어가 태산부군에게 절하고 뵈었다.
 태산부군은 음식을 마련하게 하고 그에게 말하였다.
 "그대를 만나고자 한 것은 다름이 아니라 편지를 사위에게 부
치고자 했기 때문입니다."

"따님은 어디에 있습니까?"
"딸은 하백(河伯)의 아내가 되었습니다."
"갑자기 서신을 가져가게 되었는데 어떻게 하면 거기에 도달할 수 있을지 모르겠습니다."
"지금 황하(黃河)의 중앙에 가서 바로 배를 두드려 종을 부르면 마땅히 저절로 편지를 받으러 오는 이가 있을 것입니다."
호모반이 곧 작별하고 나오니 조금 앞의 기사가 다시 눈을 감게 했는데 잠깐만에 문득 옛 길로 갔다.
드디어 서쪽으로 가서 태산신의 말처럼 종을 불렀더니 잠깐만에 과연 어떤 계집종이 나오더니 편지를 받고 나서 물에 잠겼다.
잠깐만에 그 계집종이 다시 나오더니 말하였다.
"하백께서 잠깐 그대를 만나시고자 합니다."
계집종이 또한 눈을 감도록 요청했다. 드디어 하백에게 절하여 만났다. 하백이 곧 크게 주연을 베풀었는데 자기의 뜻을 말하는 것도 은근하였다.
호모반이 떠날 때 하백이 그에게 말하기를
"그대가 멀리서 편지를 보내준 데 대해서 감사합니다만 드릴 예물이 없습니다."
라고 하고는 좌우 사람들에게 명령하기를
"푸른 실로 만든 내 신을 가져오너라."
하여 그 신을 호모반에게 주었다.
호모반이 나올 때도 눈을 감았는데 문득 배로 돌아올 수 있었다. 드디어 장안에서 한 해를 보내고 집으로 돌아갔다.
태산 곁에 이르러 감히 몰래 지나갈 수 없어서 드디어 나무를 두드리며 스스로 성명을 말하고는
"장안으로부터 돌아왔는데 소식을 아뢰고자 합니다."
라고 이야기했다. 잠깐만에 옛날의 기사가 나왔는데 호모반을 데리고 옛날의 방법 대로 들어갔다. 인하여 태산부군에게 글을 바쳤다. 태산부군이 호모반을 만날 것을 요청한 뒤 말하였다.
"마땅히 달리 보답하겠습니다."

호모반이 말을 끝마치자 뒷간에 갔다. 문득 그의 아버지가 형구(刑具)를 차고 강제노동하고 있는 것을 보았는데 이런 무리가 수백명이었다.
　호모반이 나아가서 절하고 눈물을 흘린 뒤 묻기를
　"아버지께서 무엇 때문에 이런 일을 하십니까?"
　하니, 아버지가 말하였다.
　"내가 죽고 나서 불행하여 3년 동안 이런 일 하도록 되어있는데 지금 이미 2년이 되었지만 곤란하고 괴로워서 살 수가 없구나. 너는 지금 태산부군의 지우(知遇)를 받는 것으로 알고 있다. 나를 위하여 태산부군께 말씀드려 이 고역을 면제하도록 요구해다오. 바로 사공(社公) 자리를 얻고자 할 따름이다."
　호모반이 곧 아버지의 가르침대로 머리를 조아리며 태산부군에게 애걸하자, 태산부군이 말하였다.
　"산 사람과 죽은 사람은 차원이 다르니 서로 가까이 해서는 안됩니다. 나 자신에게는 아까울 것이 없습니다마는."
　호모반이 괴롭도록 요청하자 태산부군이 바로 허락했다. 그래서 태산부군에게 작별을 고하고 집으로 돌아갔다.
　한 해 남짓 지나서 아이들이 다 죽었다. 호모반이 매우 두려워서 다시 태산에 나아가 나무를 두드려 태산부군을 만나기를 요구했다. 옛날의 기사가 드디어 그를 맞이해 태산부군을 만났다.
　호모반이 곧 스스로 말하였다.
　"옛날에 졸렬하게 말씀드리고 나서 집에 돌아갔더니 아이들이 다 죽었습니다. 이제 재앙이 아직 끝나지 않은 것을 두려워하여 문득 와서 뵙고 아뢰는 것이니 불쌍히 여기시어 구제해 주시기를 바랍니다."
　태산부군이 손뼉치고 크게 웃으며 말하였다.
　"옛날에 그대에게 '산 사람과 죽은 사람은 차원이 다르므로 서로 가까이 하면 안된다.'라고 말한 까닭은 바로 이 일을 염두에 두었기 때문입니다."
　곧 바깥의 부하에게 명령하여 호모반의 아버지를 불러들이게

했다. 잠깐만에 호모반의 아버지가 이르자 그에게 묻기를

"옛날 마을의 토지신(土地神) 자리로 돌아갈 것을 요구했으면 마땅히 가문을 위해서 복을 지어야지 손자들이 다 죽은 것은 무엇 때문이오?"

라고 하자 호모반의 아버지가 대답하였다.

"오래도록 고향을 이별했다가 돌아갈 수 있게 된 것이 스스로 기뻤고 또 술과 먹을 것을 만난 것이 넉넉하여 실로 모든 손자들이 생각나서 그들을 불렀습니다."

태산부군은 호모반의 아버지의 자리를 대체시켰다. 아버지는 울면서 나갔다. 호모반이 드디어 집에 돌아왔고 나중에 아이들을 낳으니 다 탈이 없었다.

胡母班 字季友 泰山人也 曾至泰山之側 忽于樹間逢一絳衣騶 呼班云 泰山府君[1]召 班驚愕 逡巡未答 復有一騶出 呼之 遂隨行數十步 騶請班暫瞑 少頃 便見宮室 威儀甚嚴 班乃入閤拜謁 主爲設食 語班曰 欲見君 無他 欲附書與女壻耳 班問 女郞何在 曰 女爲河伯[2]婦 班曰 輒當奉書 不知緣何得達 答曰 今適河中流 便扣舟呼靑衣 當自有取書者 班乃辭出 昔騶復令閉目 有頃 忽如故道 遂西行 如神言而呼靑衣 須臾 果有一女僕出 取書而沒 少頃復出云 河伯欲暫見君 婢亦請瞑目 遂拜謁河伯 河伯乃大設酒食 詞旨殷勤 臨去 謂班曰 感君遠爲致書 無物相奉 於是命左右 取吾靑絲履來 以貽班 班出 瞑然 忽得還舟 遂於長安經年而還 至泰山側 不敢潛過 遂扣樹 自稱姓名 從長安還 欲啓消息 須臾 昔騶出 引班如向法而進 因致書焉府君請曰 當別再報 班語訖 如厠 忽見其父著械徒作 此輩數百人.班進拜流涕問 大人何因及此 父云 吾死不幸 見遣三年 今已二年矣 困苦不可處 知汝今爲明府所識 可爲吾陳之 乞免此役 便欲得社公[3]耳 班乃依敎 叩頭陳乞 府君曰 生死異路 不可相近 身無所惜 班苦請 方許之 於是 辭出還家 歲餘 兒子死亡略盡 班惶懼 復詣泰山 扣樹求見 昔騶遂迎之而見 班乃自說 昔辭曠拙 及還家 兒死亡至盡 今恐禍故未已 輒來啓白 幸蒙哀救 府君拊掌大笑曰 昔語君 死生異路 不可相近 故也 卽勅外召班父 須臾

至庭中 問之 昔求還里社 當爲門戶作福 而孫息死亡至盡 何也 答云 久別鄕里 自忻得還 又遇酒食充足 實念諸孫 召之 於是代之 父涕泣 而出 班遂還 後有兒 皆無恙

1) 泰山府君(태산부군) : 태산신. 죽은 사람의 영혼을 불러들여 다스린다고 한다.
2) 河伯(하백) : 황하(黃河)를 다스리는 신.
3) 社公(사공) : 토지신의 하나.

5. 하백(河伯)이 된 풍이(馮夷)

송(宋)나라 때 홍농군(弘農郡)의 풍이는 화음현(華陰縣) 동향(潼鄕) 황하(黃河)의 둑가에 사는 사람이었다.
8월 상순(上旬)의 경일(庚日)에 황하를 건너다가 빠져 죽었다. 하느님이 그를 하백(河伯)에 임명하였다.
또한 『오행서(五行書)』에는 "하백이 경진일(庚辰日)에 죽었기 때문에 이날은 배를 몰고 멀리 가면 안된다. 그렇게 하면 물에 빠져 죽고 돌아오지 못한다."라고 쓰여 있다.

宋時 弘農馮夷 華陰潼鄕隄首人也 以八月上庚日渡河 溺死 天帝署 爲河伯 又五行書曰 河伯以庚辰日死 不可治船遠行 溺沒不返

6. 하백(河伯)의 사위가 된 사람

오군(吳郡) 여항현(餘杭縣) 남쪽에 상호(上湖)가 있는데 그 호수 중앙에 둑을 만들어 놓았다.
어떤 사람이 말을 타고 연극을 보다가 서너 사람을 데리고 둑가 마을에 이르러 술을 마셨는데 조금 취하여 저물 때 집에 돌아가려고 했다.
때는 타는 듯이 더워서 말에서 내려 물가로 내려가 돌을 베고 잠을 잤다. 말이 고삐를 끊고 달려서 집으로 돌아가자 종자(從

者)들이 다 말을 쫓아가서 저물 때가 되어도 돌아오지 않았는데 잠을 깨고나니 날은 이미 저물었고 사람과 말은 보이지 않았다.
 한 부인이 오는 것이 보였는데 나이는 열여섯, 일곱쯤 돼 보였다. 그녀가 그에게 말하기를
 "소녀(小女)가 인사 올립니다. 날이 이미 저물어가고 이곳은 크게 두려운 곳인데 선생님께서는 무엇을 하시려고 하십니까?"
 그 사람이 인하여 물었다.
 "아가씨는 성이 무엇입니까? 어떻게 문득 여기에 올 수 있었습니까?"
 다시 한 소년이 있었는데 나이는 열 서너 살쯤 되고 아주 똑똑하게 생겼으며 새 수레를 탔고, 수레 뒤에 20명이 뒤따르는데 가까이 와서 그 사람을 불러 수레에 오르도록 하고는 말하였다.
 "저의 아버지께서 잠시 만나시고자 하십니다."
 인하여 수레를 돌려 함께 갔다.
 도중에 횃불이 죽 이어졌는데 성곽과 고을의 집들이 보였다. 이미 성에 들어서서 마루 위에 나아가니 '하백신(河伯信)'이라고 쓴 깃발이 있었다.
 잠깐만에 한 사람을 만났는데 나이는 서른쯤 돼 보이고 안색은 그린 듯했다. 그를 시중들고 호위하는 사람은 아주 많았다. 주인이 유쾌하게 그 사람을 대하면서 술자리를 마련하도록 부하들에게 명령하고는 웃으며 말하였다.
 "저에게 막내딸이 있는데 제법 총명합니다. 그대에게 주어 키질 하고 비질 하도록 하고자 합니다."
 이 사람은 그가 신인줄 알았기에 감히 거역하지 못했다. 하백은 곧 혼례식을 준비하도록 명령했고 마침내 혼례식을 치렀다. 인사하는 것이 다 끝나자, 드디어 날실은 면사 씨실은 견사로 짠 홑옷과 가볍고 가는 비단으로 만든 겹옷, 비단으로 짠 아래옷, 가볍고 가는 비단으로 만든 적삼과 바지, 신을 그 사람에게 주었는데 다 훌륭하고 좋았다.
 또 하급관리 10명과 종 수십명을 주었다. 아내의 나이는 열 여

덟, 아홉쯤 되었는데 자태와 얼굴이 예쁘고 상냥했다.
 혼례식을 치르고 난 뒤 사흘째 되는 날 성대한 연회를 베풀어 손님들이 많이 모였는데 사위는 누각에서 절을 했다.
 나흘째 되는 날 하백이 말하였다.
 "혼례는 한도가 있으니 그를 떠나보내야 한다."
 그 아내는 금사발과 사향주머니를 남편에게 주면서 눈물을 흘리며 헤어졌다. 또 돈 10만전과 약방문 3권을 주며 말하였다.
 "이것으로 공덕을 베푸실 수 있습니다."
 그리고는 다시 말하였다.
 "10년이 지난 뒤 마땅히 저를 맞이하러 오셔야 합니다."
 이 사람이 집에 돌아가서 드디어 달리 혼인하려고 하지 않고 어버이를 작별하여 집을 나서 도인이 되었다.
 아내한테서 얻은 3권의 약방문이란 첫째 맥경(脉經), 둘째 탕방(湯方), 셋째 환방(丸方)이다. 그가 두루 다니면서 환자들을 구제하고 치료했는데 다 영험하였다.
 나중에 어머니가 늙고 형이 죽자 집에 돌아와 장가들고 벼슬살이 했다.

　　吳餘杭縣南有上湖 湖中央作塘 有一人乘馬看戲 將三四人至岑村飲酒 小醉 暮還 時炎熱 因下馬入水中 枕石眠 馬斷走歸 從人悉追馬 至暮不返 眠覺 日已向晡 不見人馬 見一婦來 年可十六七 云 女郎再拜 日旣向暮 此間大可畏 君作何計 因問 女郎何姓 那得忽相聞 復有一少年 年十三四 甚了了 乘新車 車後二十人 至 呼上車云 大人暫欲相見 因廻車而去 道中繹絡把火 見城郭邑居 旣入城 進廳事上 有信幡 題云 河伯信 俄見一人 年三十許 顏色如畫 侍衛煩多 相對欣然 勅行酒笑云 僕有小女 頗聰明 欲以給君箕箒 此人知神 不敢拒逆 便勅備辦 會就郞中婚 承白已辦 遂以絲布單衣及紗袷 絹裙 紗衫褌 履屐 皆精好 又給十小吏 靑衣數十人 婦年可十八九 姿容婉媚 便成 三日 經大會客拜閣 四日云 禮旣有限 發遣去 婦以金甌 麝香囊與婿別 涕泣而分 又與錢十萬 藥方三卷云 可以施功布德 復云 十年當相迎 此人歸家 遂不肯別婚

辭親 出家作道人 所得三卷方 一卷脉經 一卷湯方 一卷丸方 周行救療
皆致神驗 後母老兄喪 因還婚宦

7. 화산(華山) 사자(使者)의 심부름을 한 정용

진시황(秦始皇) 36년에 사자인 정용(鄭容)이 함곡관(函谷關) 동쪽으로부터 와서 장차 함곡관으로 들어가려고 했다.
서쪽으로 화음현(華陰縣)에 이르자 흰말을 맨 흰수레가 화산 위에서부터 내려오는 것이 보였는데 수레에 탄 이가 사람이 아니라 생각하고 길을 멈추어 그를 기다렸다.
드디어 그가 다가와서는 정용에게 물었다.
"어디로 가십니까?"
"함양(咸陽)으로 갑니다."
"저는 화산의 사자입니다. 원컨대 그대에게 편지 한 통을 주고자 하오니 호지군(鎬池君)에게 주시기 바랍니다. 그대가 함양으로 가시면 호지를 지나실텐데 거기에 한 그루 큰 가래나무가 보일 것이고 무늬가 새겨진 돌이 있을 것입니다. 돌을 주워서 가래나무를 두드리면 마땅히 응하는 이가 나올 것이니 곧 이 편지를 그에게 주십시오."
정용이 그의 말처럼 돌로써 가래나무를 두드리니 과연 어떤 사람이 편지를 받아갔다. 다음해 진시황이 죽었다.

秦始皇三十六年 使者鄭容從關東來 將入函關 西至華陰 望見素車白馬 從華山上下 疑其非人 道住 止而待之 遂至 問鄭容曰 安之 答曰 之咸陽[1] 車上人曰 吾華山使也 願託一牘書 致鎬池君[2]所 子之咸陽 道過鎬池 見一大梓 下有文石 取以款梓 當有應者 卽以書與之 容如其言 以石款梓樹 果有人來取書 明年 祖龍死

1) 咸陽(함양) : 진(秦)나라 수도(首都).
2) 鎬池君(호지군) : 호지를 다스리는 신.『태평환우기(太平寰宇記)』25에서
   『묘기(廟記)』를 인용하여 말하기를 "장안성(長安城) 서쪽에 호지(鎬池)

가 있다. 곤명지(昆明池) 북쪽에 있는데 둘레가 22리다. 2,300이랑에 물을 댈 수 있다(長安城西有鎬池 在昆明池北 周匝二十二里 漑地二十三頃)."라고 하였다.

8. 자신의 딸을 물에 던진 장박(張璞)

장박은 자(字)가 공직(公直)인데 어디 사람인지 모른다.
오군(吳郡)의 태수(太守)가 되었다가 조정에 소환당해 돌아가는 길에 여산(廬山)을 경유했다.
자녀들이 사당을 구경하다가 계집종이 신상을 가리키며 장난삼아 말하였다.
"이 사람으로 아가씨 짝을 삼으세요."
그날밤 장박의 아내의 꿈에 여산신(廬山神)이 예물을 주며 말하였다.
"저는 현명하지 못한데 고맙게도 사위로 채택해 주시니 이것으로써 작은 성의를 표시하고자 합니다."
아내가 잠에서 깨어 괴이하게 여기자 계집종이 그 실정을 말했다. 아내는 두려워서 장박을 재촉하여 빨리 길을 떠나게 했다.
장박 일행이 탄 배가 강 중앙에 오자 나아가지를 못했다. 배 안의 모든 사람들이 두려워하여 곧 모두 강물에 물건을 던졌으나 배는 오히려 나아가지 않았다.
어떤 이가 말하기를
"태수님의 따님을 던지면 배가 나아갈 것입니다."
라고 하니, 모두가 말하였다.
"신의 뜻을 이미 알 수 있으니 딸 한 명 때문에 한 가문을 멸망시킨다면 어찌되겠습니까?"
장박이 말하기를
"나는 차마 보지 못하겠다."
라고 하며, 곧 배의 꼭대기 누각에 올라가 누워버리고 아내에게 딸을 물에 던지게 했다.

아내는 이에 장박의 죽은 형의 외로운 딸로 자기 딸을 대신해 물 속에 자리를 펴고 그 자리 위에 앉게 하니 배는 곧 나아갈 수 있었다.

장박이 딸이 배 안에 있는 것을 보고 성내며 말하기를
"무슨 면목으로 세상 사람들을 대하겠소?"
라고 하고 곧 다시 자기의 딸을 강물에 던졌다.

강을 건너자 딸과 조카딸이 강가에 있는 것이 멀리서 보였다. 어떤 관리가 강가에 서서 말하였다.

"저는 여산신의 주부(主簿)입니다. 여산신께서 당신에게 감사하며 귀신은 따님과 혼인할 수 없다는 것을 아십니다. 또 당신의 의리를 공경하여 따님과 조카따님을 다 돌려보냅니다."

나중에 딸에게 물어보니 말하였다.
"다만 좋은 집과 관리와 병사들만 보았지 물 속에 있다는 것을 느끼지 못했습니다."

張璞 字公直 不知何許人也 爲吳郡太守 徵還 道由廬山 子女觀於祠室 婢使指像人以戱曰 以此配汝 其夜 璞妻夢廬君致聘曰 鄙男不肖 感垂採擇 用致微意 妻覺 怪之 婢言其情 於是妻懼 催璞速發 中流 舟不爲行 闔船震恐 乃皆投物於水 船猶不行 或曰 投女則船爲進 皆曰 神意已可知也 以一女而滅一門 奈何 璞曰 吾不忍見之 乃上飛廬臥 使妻沈女于水 妻因以璞亡兄孤女代之 置席水中 女坐其上 船乃得去 璞見女之在也 怒曰 吾何面目於當世也 乃復投己女 乃得渡 遙見二女在下 有吏立於岸側曰 吾廬君主簿[1]也 廬君謝君 知鬼神非匹 又敬君之義 故悉還二女 後問女 言 但見好屋 吏卒 不覺在水中也

1) 主簿(주부) : 문서를 주관하고 사무를 처리한 낮은 벼슬아치.

9. 여산신의 딸과 결혼한 조저(曹著)

건강군(建康郡)의 하급관리 조저가 여산신의 사자(使者)에게 초빙되어 여산신의 딸 완(婉)과 혼인했다.

그러나 조저는 몸과 마음이 불안하여 여러 차례 집으로 돌려
보내 줄 것을 요청했다.
완이 줄줄 눈물을 흘리며 시를 지어 고별하고는 아울러 비단
으로 만든 바지와 적삼을 주었다.

建康小吏曹著 爲廬山使所迎 配以女婉 著形意不安 屢屢求請退 婉
潛然垂涕 賦詩序別 幷贈織成襌衫

10. 궁정호(宮亭湖)의 두 여자

궁정호(宮亭湖)가에 고석묘(孤石廟)라는 사당이 있다.
일찍이 어떤 상인이 도성으로 가는 길에 그 사당 아래를 경유
하다가 두 여자를 만났는데 그들이 그에게 말하였다.
"두 켤레의 비단실로 만든 신을 사다 주실 수 있다면 두텁게
보답하겠습니다."
상인이 도성에 이르러 좋은 비단실로 만든 신을 사고는 아울
러 상자에 그것을 담았다. 자신은 서도(書刀)를 사서 또한 상자
안에 담았다. 사당에 돌아와서 상자와 향을 사당 속에 두고는 떠
나면서 서도를 가져가는 것을 잊어버렸다.
강 중앙에 이르러 문득 잉어가 배 안으로 뛰어들었다. 그가 잉
어의 배를 갈라보니 서도가 거기에 있었다.

宮亭湖¹⁾孤石廟 嘗有估客下都 經其廟下 見二女子 云 可爲買兩量絲
履 自相厚報 估客至都 市好絲履 幷箱盛之 自市書刀²⁾亦內箱中 旣還
以箱及香置廟中而去 忘取書刀 至河中流 忽有鯉魚跳入船內 破魚腹
得書刀焉

1) 宮亭湖(궁정호) : 팽택호(彭澤湖).
2) 書刀(서도) : 대쪽이나 나무쪽에 글자를 새기거나 깎아서 지워버리는데
   쓰는 칼.

11. 남주인(南州人)의 무소뿔 비녀

남주(南州)땅의 어떤 사람이 관리를 보내 무소뿔 비녀를 손권(孫權)에게 바치려고 했다. 그 배가 팽택호가의 궁정묘(宮亭廟)쪽에 가자 그 관리는 신에게 자신의 배를 보살펴 주기를 빌었다.
신이 문득 가르침을 내렸다.
"그대의 무소뿔 비녀를 필요로 하노라."
관리는 두렵고 급하여 감히 응하지 못했다.
잠시후에 무소뿔 비녀가 이미 앞에 놓여 있었다.
신이 다시 가르침을 내렸다.
"그대가 석두성(石頭城)에 이르기를 기다려 비녀를 돌려 주리라."
관리는 부득이하여 드디어 떠나갔다. 스스로 분별해도 비녀를 잃어버리면 곧 죽을 죄를 짓게 된다고 여겼다.
배가 석두성에 이르렀을 때 문득 길이 세 자나 되는 큰 잉어가 배에 뛰어들었는데 잉어의 배를 갈라보니 비녀가 나왔다.

南州人有遣吏獻犀簪於孫權¹⁾者 舟過宮亭廟而乞靈焉 神忽下敎曰 須汝犀簪 吏惶遽 不敢應 俄而犀簪已前列矣 神復下敎曰 俟汝至石頭城返汝簪 吏不得已 遂行 自分失簪且得死罪 比達石頭 忽有大鯉魚 長三尺 躍入舟 剖之得簪

1) 孫權(손권) : 오(吳)나라 대제(大帝). 손견(孫堅)의 아들.

12. 여산신의 사자 여서(驢鼠)

곽박(郭璞)이 양자강(揚子江)을 건너자 선성군(宣城郡)의 태수(太守)인 은우(殷祐)가 끌어들여 참군(參軍)으로 삼았다.
그때 한 물건이 있었는데 크기는 무소같고, 색깔은 회색이고, 다리는 짧아 코끼리같고, 가슴 앞과 꼬리 위가 모두 희고, 힘은 세고 동작은 느렸는데 성 아래까지 왔다.

사람들이 다 괴이하게 여겼다. 은우가 사람들을 매복시켜 그것을 잡게 하고 곽박으로 하여금 점을 치게 하니 '둔괘(遯卦)'와 '고괘(蠱卦)'를 만났는데 이름은 '여서(驢鼠)'라 했다.

점이 마침 끝나자 매복한 사람들이 창으로 깊이 한 자 남짓하게 그것을 찔렀다. 군(郡)의 주부(主簿)가 사당으로 올라가서 그것을 죽이도록 요청했다.

무당이 말하였다.

"사당신께서 기뻐하시지 않습니다. 이것은 궁정호(宮亭湖)가의 여산신(廬山神)의 사자입니다. 형산(荊山)으로 가려다가 잠깐 저에게 온 것입니다. 그것을 건드릴 필요는 없습니다."

드디어 그 물건은 가고 다시는 보이지 않았다.

郭璞過江 宣城太守殷祐引爲參軍[1] 時有一物 大如水牛 灰色 卑脚 脚類象 胸前尾上皆白 大力而遲鈍 來到城下 衆咸怪焉 祐使人伏而取之 令璞作卦 遇遯之蠱[2] 名曰驢鼠 卜適了 伏者以戟刺 深尺餘 郡紀綱[3] 上祠請殺之 巫云 廟神不悅 曰此是邾亭[4]驢山君鼠 使至荊山 暫來過我 不須觸之 遂去 不復見

1) 參軍(참군) : 벼슬이름. 후한말(後漢末)에 처음으로 참모모군사(參某某軍事)라는 이름이 있었고 군사(軍事)에 참모역을 하는 것을 말한다.
2) 遯之蠱(둔지고) : 둔괘(遯卦)와 고괘(蠱卦)는 각자 64괘의 하나.
3) 紀綱(기강) : 낮은 벼슬 이름.
4) 邾亭(궁정) : 『수경주(水經注)』 309에 "여산(廬山)에 사당이 있는데 궁정묘라 이름한다. 그래서 팽택호를 또한 궁정이라 칭한다(廬山有神廟 號曰宮亭廟 故彭湖亦有宮亭稱焉)."라고 하였다.

13. 여원(如願)이라는 종을 얻은 구명(歐明)

여릉군(廬陵郡) 사람 구명은 상인이다. 팽택호를 지날 때마다 배 안의 물건을 혹 많게 혹 적게 호수에 던지며 말하기를 "예물로 생각하십시오"라고 했는데 그렇게 하기 여러 해가 되었다.
 나중에 다시 지날 때 문득 호수 속에 큰 길이 있는 것이 보였는데 길 위에는 바람에 날리는 먼지와 흙이 많았다.
 몇명의 관리가 거마를 타고 구명을 영접하며 말하였다.
 "청홍군(靑洪君)께서 그대를 요청케 하셨습니다."
 관리들과 함께 구명이 잠깐만에 목적지에 도달했는데 관청이 보이고 대문에는 관리와 병졸이 있어 구명이 아주 두려워했다.
 관리가 말하였다.
 "두려워하실 것 없습니다. 청홍군께서는 선생이 앞뒤로 늘 예물을 주신 것에 대하여 고맙게 여기십니다. 그래서 선생을 요청한 것입니다. 반드시 선생에게 귀중한 물품을 주실 것입니다. 선생은 다른 것을 취하지 말고 다만 '여원(如願)'을 구하십시오"
 구명이 이미 청홍군을 만나고 나서 곧 '여원'을 구하니 청홍군이 '여원'으로 하여금 구명을 따라 가게 했다. '여원'은 청홍군의 계집종이다.
 구명이 곧 돌아와서는 원하는 바를 문득 얻어 수년만에 큰 부자가 되었다.

 廬陵歐明 從賈客 道經彭澤湖 每以舟中所有 多少投湖中云 以爲禮 積數年 後復過 忽見湖中有大道 上多風塵 有數吏 乘車馬來候明 云是靑洪君[1]使要 須臾達 見有府舍 門下吏卒 明甚怖 吏曰 無可怖 靑洪君感君前後有禮 故要君 必有重遺君者 君勿取 獨求如願耳 明旣見靑洪君 乃求如願 使逐明去 如願者 靑洪君婢也 明將歸 所願輒得 數年大富
1) 靑洪君(청홍군) : 팽택호를 다스리는 신.

 14. 사당의 석실 안에 있는 황공(黃公)
 익주(益州)땅의 서쪽, 운남(雲南)땅의 동쪽에 사당이 하나 있다. 이 사당은 산의 돌을 깎아 집채를 만들었는데 거기에 신이 있어 그를 받들어 제사지낸다.
 그 신은 자칭 황공이라고 한다. 인하여 이 신은 장량(張良)이 배움을 받은 황석공(黃石公)의 영혼이라고 말하는데 청정하여 짐승을 잡아 제사지내지 않는다.
 모든 기도자들은 돈 1백전(錢), 붓 두 자루, 먹 한 개를 석실(石室) 속에 두고 나아가서 빌면 먼저 석실 속에서 소리가 들린다. 잠깐사이에 빌러 온 사람에게 무엇을 하고자 하는지를 묻는다. 그렇게 말하고 나서는 바로 구체적으로 길흉을 말하는데 그 신의 형체는 보이지 않는다. 지금도 이와 같다.

 益州之西 雲南之東 有神祠 剋山石爲室 下有神奉祠之 自稱黃公 因言此神 張良[1]所受黃石公[2]之靈也 淸淨不宰殺 諸祈禱者 持一百錢 一雙筆 一丸墨 置石室中 前請乞 先聞石室中有聲 須臾 問來人何欲 旣言 便具語吉凶 不見其形 至今如此

1) 張良(장량) : 한(漢)나라 고조(高祖) 유방(劉邦)의 최고 모사.
2) 黃石公(황석공) : 진(秦)나라 때의 은사(隱士). 장량(張良)이 진시황(秦始皇)을 창해역사(滄海力士)로 하여금 저격케 했으나 실패하자 하비(下邳)의 다리 위에서 어떤 노인을 만났는데 그는 태공병법(太公兵法)을 전수하면서 말하기를 이것을 읽으면 왕자(王者)의 스승이 될 수 있다고 했다. 또 나중에 제북(濟北)땅 곡성산(谷城山) 아래에서 자기의 화신(化身)인 황석을 찾게 했다. 그래서 장량의 스승인 이 노인을 황석공이라 한다.

15. 번도기(樊道基)와 성부인(成夫人)

 영가(永嘉) 때 어떤 신이 연주(兗州)에 나타났는데 자칭 번도기라고 했다. 어떤 할머니는 성부인이라 이름했다.
 성부인은 음악을 좋아하여 공후(箜篌)를 탄주할 수 있었다.
 사람들이 그가 현을 뜯고 노래하는 것을 들으면 문득 일어나 춤을 추었다.

永嘉¹⁾中 有神見兗州 自稱樊道基 有嫗 號成夫人 夫人好音樂 能彈
箜篌²⁾ 聞人絃歌 輒便起舞
1) 永嘉(영가) : 후한(後漢) 질제(質帝)의 연호.
2) 箜篌(공후) : 현악기 이름. 수식(竪式)과 와식(臥式) 두 종류가 있다. 『구
   당서(舊唐書)』 음악지(音樂志)에 "와공후(臥箜篌)는 형체가 슬(瑟)과 같
   으나 작고 7현이다. 채를 써 탄주한다 … 수공후는 한(漢) 영제(靈帝)가
   좋아했는데 몸체가 굽고 길다. 22개(또는 23개)의 현이 있는데 세워서
   품에 안고 두 손으로 가지런히 탄주한다. 속칭 벽공후(擘箜篌)라 한다
   (臥箜篌形似瑟而小 七弦 用撥彈之 … 竪箜篌漢靈帝好之 體曲而長 二十
   有二(一作三)弦 竪抱于懷 用兩手齊奏 俗謂之擘箜篌)."라고 쓰여 있다.

16. 하느님의 사자를 의심한 대문(戴文)

패국(沛國)땅 사람 대문이 양성산(陽城山) 속에 은거할 것을
꾀했다. 일찍이 객실에서 밥 먹고 있을 때 문득 어떤 신이 부르
는 소리가 들렸다.
"나는 하느님의 사자(使者)로서 강림하여 그대에게 의지하고
자 하는데 괜찮겠습니까?"
대문이 듣고 매우 놀라자 또 말하기를
"그대는 나를 의심합니까?"
라고 하니, 대문이 곧 무릎 꿇고 말하기를
"사는 것이 가난하여 강림하시기에 마땅치 않을까 두려울 따
름입니다."
라고 하고 나서 물뿌리고 비로 쓸고 신위를 마련하여 아침과
저녁마다 아주 조심스럽게 음식물을 올렸다.
나중에 방 안에서 몰래 아내에게 이 일을 말하자 아내가
"이것은 아마도 요괴가 빙자했을 따름입니다."
라고 하여, 대문이 말하였다.
"나도 또한 의심하오."
제사지낼 때가 되자 신이 곧 말하였다.

"내 그대를 쫓아 바로 그대에게 이익을 주려고 했으나 그대가 나를 의심하고 나에 대해 이의를 가질 줄은 생각하지 못했다."

대문이 사과하려 할 때 문득 객실 위에서 수십명의 사람들이 부르는 소리가 났다. 나가보니 한 마리 오색의 큰 새가 보이고 흰 비둘기 수십마리가 그것을 따랐는데 동북의 구름 속으로 들어 가더니 드디어 보이지 않았다.

沛國戴文 謀隱居陽城山中 曾於客堂食際 忽聞有神呼曰 我天帝使者 欲下憑君 可乎 文聞甚驚 又曰 君疑我也 文乃跪曰 居貧 恐不足降下耳 旣而灑掃設位 朝夕進食甚謹 後於室內竊言之 婦曰 此恐是妖魅憑依耳 文曰 我亦疑之 及祠饗之時 神乃言曰 吾相從 方欲相利 不意有疑心異議 文辭謝之際 忽堂上如數十人呼聲 出視之 見一大鳥五色 白鳩數十隨之 東北入雲而去 遂不見

17. 하늘의 사자를 수레에 태워준 미축(麋竺)

미축은 자(字)가 자중(子仲)이고 동해군(東海郡) 구현(朐縣) 사람이다.

조상 대대로 장사를 하여 집안에 재물이 아주 많았다.

일찍이 낙양(洛陽)으로부터 집으로 돌아오다가 집에서 수십리 떨어진 길에서 한 명의 아름다운 신부를 만났는데 미축에게 수레에 태워 주기를 요구했다.

그를 태우고 20여 리를 가자 신부가 작별하며 말하기를

"나는 하느님의 사자(使者)인데 마땅히 동해군의 미축의 집을 불태우러 갑니다. 그대가 수레에 태워준 것에 감사하여 말해 주는 것입니다."

하여 미축이 인하여 사정하자 신부가 말하였다.

"불태우지 않을 수 없습니다. 이와 같으니 그대는 빨리 가는 것이 좋겠고 나는 마땅히 천천히 가겠습니다. 한낮에 반드시 불이 일어날 것입니다."

미축이 곧 급히 집으로 돌아가서 바로 재물들을 옮겼는데 한 낮에 불이 크게 일어났다.

麋竺 字子仲 東海朐人也 祖世貨殖 家貲巨萬 常從洛歸 未至家數十里 見路次有一好新婦 從竺求寄載 行可二十餘里 新婦謝去 謂竺曰 我天使也 當往燒東海麋竺家 感君見載 故以相語 竺因私請之 婦曰 不可得不燒 如此 君可快去 我當緩行 日中必火發 竺乃急行歸 達家 便移出財物 日中而火大發

18. 황양(黃羊)을 바쳐 제사지낸 음자방(陰子方)

한(漢)나라 선제(宣帝) 때 남양군(南陽郡) 사람 음자방은 성품이 지극히 효성스럽고, 은혜를 쌓고 남에게 베풀어 주기를 좋아하고, 부엌신에게 제사지내는 것을 좋아했다.

납일(臘日)에 아침밥을 지을 때 부엌신이 형체를 나타내자 음자방이 두 번 절하고 부엌신으로부터 복을 받았다.

집에 황양(黃羊)이 있었는데 그것을 잡아서 제사지냈다.

이 뒤로부터 갑자기 거부가 되어 경작지가 7만여 이랑이나 되고 수레와 말과 종들이 제후(諸侯)와 비견되었다.

음자방이 일찍이 말하였다.

"내 자손들은 반드시 장차 강대해지리라."

제3대 음식(陰識) 때 이르러 드디어 가문이 번창해졌다.

집안에 무릇 네 명이 후작(侯爵)에 봉해지고 주(州)와 군(郡)의 장관이 된 사람은 수십명이었다. 그래서 나중의 자손들도 일찍이 납일에 부엌신에게 제사지내고 황양을 바쳤다.

漢宣帝時 南陽陰子方者 性至孝 積恩好施 喜祀竈 臘日[1]晨炊 而竈神形見 子方再拜受慶 家有黃羊[2] 因以祀之 自是已後 暴至巨富 田七百餘頃 輿馬僕隸 比於邦君 子方嘗言 我子孫必將彊大 至識三世 而遂繁昌 家凡四侯 牧守數十 故後子孫嘗以臘日祀竈 而薦黃羊焉

1) 臘日(납일) : 동지(冬至) 뒤의 셋째 술일(戌日). 이날은 묘사(廟祠)에 제사한다.
2) 黃羊(황양) : 『형초세시기(荊楚歲時記)』에 "누런 개로써 제사지내고 그것을 누런 양이라고 한다(以黃犬祭之 謂之黃羊)."하였고, 『고금주(古今注)』에 "개를 일명 황양이라 한다(狗一名黃羊)."라고 하였다.

19. 잠실(蠶室)의 신을 섬긴 장성(張成)
오현(吳縣) 사람 장성이 밤에 일어나 문득 한 부인이 집 남쪽 모서리에 서 있는 것을 보았다.
그 여인이 손을 들어 장성을 불러서 말하였다.
"여기는 그대 집의 잠실(蠶室)입니다. 나는 이 땅의 신입니다. 다음해 정월 보름에 마땅히 흰죽을 쑤어 위에다 기름을 띄우십시오"
그 뒤로 해마다 크게 고치를 얻었다.
현재 흰죽을 쑤어 기름을 띄우는 풍습은 이것을 본받았다.

吳縣張成 夜起 忽見一婦人立於宅南角 舉手招成曰 此是君家之蠶室 我卽此地之神 明年正月十五 宜作白粥 泛膏於上¹⁾ 以後年年大得蠶 今之作膏糜像此
1) 膏於上(고어상) : 왕소명은 『속제해기(續齊諧記)』에 "그리고 나서 나를 제사하면 마땅히 그대의 잠업을 백배로 만들어서 주겠습니다. 말이 끝나자 없어졌다(祭我也 必當令君蠶桑百倍 言絶失之)."라는 내용이 이 말 끝에 있다고 한다.

20. 사당을 지어 돌을 모신 대씨(戴氏)의 딸
예장군(豫章郡)에 대씨의 딸이 있었는데 오랫동안 병이 들어 낫지 않았다.
그가 돌 한 개를 보았는데 형상이 사람과 비슷했다.

이에 대씨의 딸이 말하였다.
"네게 사람 형체가 있으니 어찌 신령하지 않느냐? 나의 오래된 병을 낫게 해 준다면 내가 장차 너를 중시하리라."
그날밤 꿈에 어떤 사람이 대씨의 딸에게 알려주었다.
"내가 장차 너를 도우리라."
그뒤로 병이 점점 나았다.
드디어 산 아래에 사당을 세우고 대씨의 딸은 무당이 되었다. 그래서 그 사당을 대후사(戴侯祠)라고 한다.

豫章有戴氏女 久病不差 見一小石 形像偶人 女謂曰 爾有人形 豈神能差我宿疾者 吾將重汝 其夜 夢有人告之 吾將祐汝 自後疾漸差 遂爲立祠山下 戴氏爲巫 故名戴侯祠

21. 죽어서 신(神)이 되겠다고 한 유기(劉玘)

한(漢)나라 때 양선현의 현장(縣長) 유기가 일찍이 말하였다.
"내가 죽으면 마땅히 신이 되리라."
그는 어느날 저녁, 술을 마시고 취하여 병 없이 죽었다.
비바람이 일어나는 가운데 그의 널이 없어졌다. 밤에 형산(荊山)에서 수천명의 사람들이 지르는 함성이 들려 고을 사람들이 가 보았더니 그의 관이 이미 무덤 속에 묻혀 있었다.
드디어 형산을 군산(君山)으로 이름을 고치고 사당을 세워 그를 제사지냈다.

漢陽羨長劉玘嘗言 我死當爲神 一夕飮醉 無病而卒 風雨失其柩 夜聞荊山有數千人噉¹⁾聲 鄕民往視之 則棺已成冢 遂改爲君山 因立祠祀之

1) 噉(담) : 왕소영은 『풍토기(風土記)』에 '함(喊)'이라 되어 있으니 그렇게 고쳐야 한다고 했다. 왕씨를 따랐다.

제5권 사람에게 이로운 신(神)·하

1. 자신을 섬기게 한 장자문(蔣子文)

장자문은 광릉(廣陵)땅 사람이다. 술 좋아하고 여색 좋아하고 경박하고 방자하고 법도가 없었다. 늘 스스로 말하기를 자기는 뼈가 맑기 때문에 죽으면 마땅히 신이 되리라 했다.

한(漢)나라 말기에 말릉현(秣陵縣)의 현위(縣尉)가 되었다. 그가 도적을 쫓아 종산(鍾山) 아래까지 이르렀는데 도적이 이마를 쳐서 상처를 내어 인끈을 풀어 매었지만 잠깐만에 죽었다.

오(吳)나라 선주(先主) 손권(孫權) 때 그의 옛 부하가 장자문을 길에서 보았는데 흰 말을 타고 백우선(白羽扇)을 잡고 있었고 시종(侍從)들은 평소 살아있을 때와 같았다.

부하가 놀라 달아나자 장자문이 그를 쫓으며 말하였다.

"나는 마땅히 이 땅의 토지신이 되었으니 복을 너희 백성들에게 주겠다. 너는 백성들에게 선포하여 나를 위해 사당을 세우도록 하는 것이 좋겠다. 그렇지 않으면 장차 큰 재앙이 있으리라."

이 해 여름에 크게 염병이 번지니 백성들은 몰래 두려워하고 마음이 흔들려 자못 은밀하게 그에게 제사지내는 이가 생겼다.

장자문이 또 무당에게 강림하여 말하였다.

"내가 장차 크게 손씨를 보우해 줄테니 마땅히 나를 위해 사당을 세우라. 그렇지 않으면 곧 벌레를 사람들의 귀 속에 들어가게 해서 재앙이 되게 하리라."

잠깐만에 시끄러운 소리를 내는 등에같은 작은 벌레가 사람의 귀 속에 들어가서 사람들이 다 죽고 의사가 치료할 수 없었다.

백성들은 더욱 두려워했다.
 손권이 여전히 믿지 않자 또 무당에게 강림하여 말하였다.
 "만약 나에게 제사지내지 않으면 장차 또 큰 불로써 재앙을 만들겠다."
 이해에 화재가 크게 일어나 하루에도 수십군데나 불이 나고 궁정에까지 옮겨 붙었다.
 의론하던 이들은 생각하기를 귀신은 돌아갈 곳이 있어야 곧 사납지 않으니 마땅히 그를 달래야 한다고 여겼다. 그래서 사자(使者)로 하여금 장자문을 중도후에 봉하고 다음에는 그의 아우 장자서를 장수교위(長水校尉)에 봉하고 모두 관인(官印)과 인끈을 주게 했다.
 그의 사당을 세우고 종산의 이름을 장산(蔣山)으로 고쳤는데 지금 건강(健康) 동북쪽의 장산이 이 산이다. 이로부터 재앙이 그쳤는데 백성들이 드디어 크게 그를 섬겼다.

 유적보(劉赤父)의 꿈에 장자문이 그를 불러 주부(主簿)를 삼았다.
 기일이 촉박해지자 곧 사당에 가서 사정하기를
 "어머니는 늙고 자식은 어려서 사정이 아주 딱하니 용서해 주시기를 바랍니다. 회계군(會稽郡) 사람 위과(魏過)가 재능이 많고 신을 잘 섬깁니다. 청컨대 위과를 추천하오니 저를 대신케 하소서."
 라고 하며 곧바로 머리를 찧으며 피를 흘렸다.
 무당이 말하였다.
 "장후(蔣侯)께서는 다만 그대가 복종하기를 원하오. 위과가 어떤 사람이길래 이런 사람을 추천하오?"
 유적보가 굳이 요청했으나 끝내 허락하지 않았다. 잠깐 뒤에 유적보는 죽었다.

 진(晋)나라 무제 함녕(咸寧) 때 태상경(太常卿) 한백(韓伯)의 아들 아무개와 회계내사(會稽內史) 왕온(王蘊)의 아들 아무개와 광록대부(光祿大夫) 유탐(劉耽)의 아들 아무개가 함께 장산(蔣山)의 사당에 놀러갔다.

사당에는 몇명의 부인상(婦人像)이 있었는데, 아주 단정했다. 그들이 취하여 각자 부인상들을 가리켜 희롱하며 스스로 배필로 삼았다.

곧 그날 저녁에 세 사람이 똑같이 장후가 사자를 보내 말하는 것을 들었는데 그 말이란 "우리집 딸들이 다 못생겼는데 제가 외람스러울 정도로 여러분들이 영광스럽게 돌봐주셨습니다. 곧 아무 날짜를 잡아 여러분들을 다 받들어 모시겠습니다."라고 하는 것이었다.

세 사람은 꿈의 가리킴이 마침 이상하여 시험삼아 가서 서로 물어보니 과연 각자 이 꿈을 꾸었는데 하나처럼 부합하였다.

그래서 크게 두려워하여 소, 양, 돼지를 잡아 사당에 나아가 신에게 사죄하고 애걸했다.

또 함께 꿈을 꾸었는데 장후가 몸소 강림하여 말하였다.
"그대들이 이미 우리 딸들을 돌보았기에 나는 진실로 그대들이 우리 딸들과 부부가 되기를 탐냈다. 굳게 정한 기일이 닥쳐왔는데 어찌 도중에 변덕부리는 것을 용납할 수 있겠는가?"

얼마 지나지 않아서 세 사람은 나란히 다 죽었다.

회계군 무현(鄮縣) 동쪽들 마을에 여자가 살았는데 성은 오(吳)이고 자(字)는 망자(望子)이고 나이는 열 여섯이고 자태와 얼굴은 사랑스러웠다.

그 고을에 신을 고무시킬 줄 아는 이가 오망자를 초청하여 망자가 곧 그곳으로 갔다.

강둑을 따라서 가는 도중에 문득 한 귀인을 만났는데 아주 단정했다. 귀인은 배에 탔고 그의 종자 십여명은 몸가짐이 정돈되어 있었다.

사람을 시켜 오망자에게 묻기를

"어디로 가고자 합니까?"
라고 하자 오망자가 구체적으로 대답하니 귀인이 말하였다.
"나도 지금 바로 저기로 가고자 하니 곧 내 배에 타서 함께 가는 것이 좋겠습니다."
오망자는 사양하였으나 강력하게 하지는 못했다. 그러다가 문득 귀인은 보이지 않았다.
오망자가 이미 신의 자리에 절하고 나서 조금 앞의 배 안의 귀인을 보았는데 엄숙하고 단정하게 앉아 있었으니 곧 장후의 상(像)이었다.
장후가 오망자에게 묻기를 "오는 것이 어찌 그리 더딘가?"라고 하며 귤 두 개를 던져주었다.
장자문이 자주 몸을 나타내어 드디어 두 사람은 정이 두터워졌다. 오망자의 마음에 바라는 바가 있으면 문득 공중에서 그 바라는 바가 내려왔다. 일찍이 잉어를 먹고 싶어하니 두 마리 잉어가 마음에 맞춰 왔다.
오망자의 아름다운 소문은 널리 멀리까지 퍼졌고 그에게 자못 영험함이 있어서 온 고을 사람이 함께 그를 받들어 섬겼다.
3년이 지나 오망자가 문득 딴 생각을 품자 신이 바로 왕래를 끊어버렸다.

진군(陳郡) 사람 사옥(謝玉)이 낭야군의 내사(內史)가 되어 경성(京城)에 있었다. 그가 있는 곳에서는 범이 사납게 굴어 사람을 죽이는 일이 아주 많았다.
어떤 사람이 작은 배에 나이 젊은 아내를 싣고 큰 칼을 배에 꽂고 저물 때 순라 초소까지 왔다.
순라하는 장교가 나와서 말하였다.
"여기는 근래 더러운 풀이 아주 많은데 그대가 아내를 싣고 이렇게 가볍게 다니다니 크게 위험합니다. 초소에서 자고 가는 것이 좋겠습니다."
묻는 것이 끝나자 순라장교는 마침 돌아갔다. 그 사람의 아내가 언덕에 오르다가 바로 범에게 물려갔다. 그 남편은 칼을 뽑아 큰 소리를 지르며 쫓고자 했다. 이 일에 앞서 그가 장자문을 받들어 섬겼기에 곧 신을 불러 도와 주기를 요구했다.

이와 같이 하여 10리를 갔을 때 문득 어떤 검은옷 입은 사람이 인도하는 듯했다. 그 사람이 검은옷 입은 사람을 따라 다시 20리를 가니 큰 나무가 보이고 잠깐 뒤에 한 굴에 왔는데 범 새끼들이 발소리를 듣고 그 어미가 온 줄 알고 다 뛰어나왔다. 그 사람이 곧 그 자리에서 그것들을 죽이고 바로 칼을 뽑아 나무 곁에 숨었다.

한참 지나서 범이 바로 왔는데 곧 아내를 땅에 내려놓고는 거꾸로 끌고 굴로 들어갔다. 그 사람이 칼로써 범의 허리를 베어 죽였다. 범이 이미 죽고 그 아내가 그래서 살아났는데 새벽무렵에는 말을 할 수가 있었다.

아내에게 물어보니, 아내가 말하였다.

"범이 처음에 물더니 바로 자기 등에 태웠습니다. 여기에 온뒤 바로 내려 놓았습니다. 저의 사지는 멀쩡하고 다만 초목에 상처를 좀 입었을 따름입니다."

그 사람은 아내를 부축하여 배로 돌아갔다. 다음날 밤 꿈에 한 사람이 나타나 그에게 말하였다.

"장후께서 돕게 하신 일을 그대는 아는가?"

그후로 그 사람은 집에 이르러 돼지를 잡아 장후에게 제사를 지냈다.

蔣子文者 廣陵人也 嗜酒好色 佻達無度 常自謂己骨淸 死當爲神 漢末爲秣陵尉[1] 逐賊至鍾山下 賊擊傷額 因解綬縛之 有頃遂死 及吳先主之初 其故吏見文于道 乘白馬 執白羽 侍從如平生 見者驚走 文追之 謂曰 我當爲此土地神 以福爾下民 爾可宣告百姓 爲我立祠 不爾 將有大咎 是歲夏 大疫 百姓竊相恐動 頗有竊祠之者矣 文又下巫祝 吾將大啓祐孫氏 宜爲我立祠 不爾 將使蟲入人耳爲災 俄而小蟲如塵虻 入耳皆死 醫不能治 百姓愈恐 孫主未之信也 又下巫祝 若不祀我 將又以大

火爲災 是歲 火災大發 一日數十處 火及公宮 議者以爲鬼有所歸 乃不爲厲 宜有以撫之 於是使使者封子文爲中都侯 次弟子緒爲長水校尉 皆加印綬 爲立廟堂 轉號鍾山爲蔣山 今建康東北蔣山是也 自是災厲止息 百姓遂大事之

劉赤父者 夢蔣侯召爲主簿 期日促 乃往廟陳請 母老子弱 情事過切 乞蒙放恕 會稽魏過 多材藝 善事神 請舉過自代 因叩頭流血 廟祝曰 特願相屈 魏過何人 而有斯舉 赤父固請 終不許 尋而赤父死焉

咸寧中 太常卿韓伯子某 會稽內史王蘊子某 光祿大夫劉耽子某 同遊蔣山廟 廟有數婦人像 甚端正 某等醉 各指像以戲 自相配匹 即以其夕 三人同夢蔣侯遣傳教相聞曰 家子女並醜陋 而猥垂榮顧 輒刻某日 悉相奉迎 某等以其夢指適異常 試往相問 而果各得此夢 符協如一 於是大懼 備三牲 詣廟謝罪乞哀 又俱夢蔣侯親來降己曰 君等既已顧之 實貪會對 剋期垂及 豈容方更中悔 經少時並亡

會稽鄮縣東野 有女子 姓吳 字望子 年十六 姿容可愛 其鄉里有解鼓舞神者 要之便往 緣塘行 半路 忽見一貴人 端正非常 貴人乘船 挺力十餘 整頓 令人問望子 欲何之 具以事對 貴人云 今正欲往彼 便可入船共去 望子辭不敢 忽然不見 望子既拜神座 見向船中貴人 儼然端坐 即蔣侯像也 問望子 來何遲 因擲兩橘與之 數數形見 遂隆情好 心有所欲 輒空中下之 嘗思噉鯉 一雙鮮鯉隨心而至 望子芳香 流聞數里 頗有神驗 一邑共事奉 經三年 望子忽生外意 神便絶往來

陳郡謝玉爲瑯邪內史 在京城 所在虎暴 殺人甚衆 有一人 以小船載年少婦 以大刀插著船 挾暮來至邏所 將出語云 此間頃來甚多草穢 君載細小 作此輕行 大爲不易 可止邏宿也 相問訊既畢 邏將適還去 其婦上岸 便爲虎將去 其夫拔刀大喚 欲逐之 先奉事蔣侯 乃喚求助 如此當行十里 忽如有一黑衣爲之導 其人隨之 當復二十里 見大樹 既至一穴 虎子聞行聲 謂其母至 皆走出 其人即其所殺之 便拔刀隱樹側住 良久

虎方至 便下婦著地 倒牽入穴 其人以刀當腰斫斷之 虎既死 其婦故活
向曉能語 問之 云 虎初取 便負著背上 臨至而後下之 四體無他 止爲
草木傷耳 扶歸還船 明夜 夢一人語之曰 蔣侯使助 汝知否 至家 殺猪
祠焉

1) 秣陵尉(말릉위) : 말릉현의 현위. 현위는 현령(縣令)이나 현장(縣長) 아래서 치안을 맡은 관리.
2) 中都侯(중도후) : 수도(首都)의 시장.
3) 校尉(교위) : 장군에 버금가는 군인.
4) 蔣侯(장후) : 장자문.
5) 太常卿(태상경) : 종묘(宗廟)의 제사와 예악을 맡았던 벼슬아치.
6) 內史(내사) : 제후왕국(諸侯王國)에서 민정을 맡았던 벼슬아치.
7) 光祿大夫(광록대부) : 중앙의 요직으로 황제의 고문.
8) 瑯邪內史(낭야내사) : 한(漢) 초(初) 제후국(諸侯國)에 내사를 두어 민정을 장악케 했고 역대에 두었으나 수(隋) 때 비로소 폐지했다.

2. 배를 타고 강을 건넌 귀신, 정구(丁嫗)

회남(淮南)땅 전초현(全椒縣)에 정씨(丁氏) 신부(新婦)가 있었다.
본래 단양현(丹陽縣) 정씨의 딸인데 나이 열 여섯에 전초현의 사씨(謝氏) 집으로 시집왔다.
그의 시어머니는 아주 가혹하여 일을 시킬 때 한도를 정해놓고 만일 한도를 채우지 못하면 곧 매질했다. 정씨는 그 매질을 견디지 못하여 9월 9일에 곧 스스로 목매어 죽었는데 드디어 영험함이 있어 민간에 소문이 퍼졌다.
정씨가 무당에게 강림하여 말하였다.
"남의 집 부녀들이 쉬어서 고달프지 않도록 배려하여 9월 9일을 피하게 하니 이 날은 일을 하지 말도록 하라."
정씨가 형체를 나타냈는데 담청색 옷을 입고 푸른 일산(日傘)을 받쳐들고 계집종 한 명을 뒤따르게 하고 우저진(牛渚津)에 이르러 건널 길을 찾았다.
 마침 어떤 두 남자가 함께 배를 타고 고기를 잡기에 인하여 그들을 불러 배에 태워주기를 요청했다.
 두 남자가 웃으며 함께 조롱하여 말하였다.
 "우리 말을 들어 우리 마누라가 되면 마땅히 건너게 해주겠소" 하니, 정씨가 말하였다.
 "그대들이 좋은 사람이라 생각했는데 교양이 없도다. 그대들이 사람이라면 마땅히 그대들로 하여금 진흙에 쳐박혀 죽게 할 것이요, 귀신이라면 물 속에 들어가게 하리라."
 정씨가 곧 물러나서 풀 속에 들어갔다.
 잠깐만에 어떤 노인이 갈대 실은 배를 타고 왔는데 정씨가 건너게 해주도록 요구했다.
 노인이 말하기를
 "배에 객실이 없으니 어찌 노천(露天)으로 건너게 할 수 있겠습니까? 타시기에 적합하지 않을까 두려울 따름입니다."
 라고 하였다. 정씨가 말하기를
 "괜찮습니다."
 라고 하자 노인은 갈대를 반쯤 꺼내 배 안에 편안하게 자리잡게 하고는 곧 강을 건너 남쪽 강가에 도달했다.
 정씨가 떠나갈 때 노인에게 말하였다.
 "저는 귀신이지 사람이 아닙니다. 스스로 강을 건널 수 있습니다. 그러나 제가 이렇게 하는 것은 마땅히 민간 백성들로 하여금 거칠게나마 저에 대해서 소문 듣고 알도록 하기 위해서입니다. 어르신께서 후의로 갈대를 꺼내고 건너게 해주시니 깊이 부끄러운 생각이 듭니다. 제가 마땅히 사례할 것입니다. 만약 어르신께서 빨리 돌아가신다면 반드시 보시는 바가 있을 것이고 또한 마땅히 얻는 바가 있을 것입니다."
 노인이 말하기를
 "문안(問安)인사도 제대로 하지 못했을까 두려운데 어찌 감히 사례를 받겠습니까?"

라고 하고 노인이 서쪽 강가로 돌아가자 두 남자가 물 속에 엎드러져 있는 것이 보였다. 다시 몇리를 나아가자 고기 천수백 마리가 물가로 뛰어올랐는데 바람이 불어 고기를 강둑 위로 올려 놓았다. 노인이 드디어 갈대를 버리고 고기를 싣고 돌아갔다. 이에 정씨는 드디어 단양현으로 돌아갔는데 강남땅 사람들은 다 정구(丁嫗)라고 불렀다.

9월 9일에는 일을 하지 않고 다 쉬는 날로 여긴다. 지금도 정고의 출생지에서는 정구를 제사지낸다.

淮南全椒縣有丁新婦者 本丹陽丁氏女 年十六 適全椒謝家 其姑嚴酷 使役有程 不如限者 仍便笞捶不可堪 九月九日 乃自經死 遂有靈嚮 聞於民間 發言于巫祝曰 念人家婦女 作息不倦 使避九月九日 勿用作事 見形 著縹衣 戴青蓋 從一婢 至牛渚津 求渡 有兩男子 共乘船捕魚 仍呼求載 兩男子笑 共調弄之言 聽我爲婦 當相渡也 丁嫗曰 謂汝是佳人 而無所知 汝是人 當使汝入泥死 是鬼 使汝入水 便却入草中 須臾 有一老翁乘船載葦 嫗從索渡 翁曰 船上無裝 豈可露渡 恐不中載耳 嫗言無苦 翁因出葦半許 安處不著船中¹⁾ 徑渡之至南岸 臨去 語翁曰 吾是鬼神 非人也 自能得過 然宜使民間粗相聞知 翁之厚意 出葦相渡 深有慙感 當有以相謝者 若翁速還去 必有所見 亦當有所得也 翁曰 恐燥濕不至 何敢蒙謝 翁還西岸 見兩男子覆水中進前數里 有魚千數 跳躍水邊 風吹至岸上 翁遂棄葦 載魚以歸 於是丁嫗遂還丹陽 江南人皆呼爲丁嫗 九月九日 不用作事 咸以爲息日也 今所在祠之

1) 安處不著船中(안처불착선중) : 왕소영은 『태평광기(太平廣記)』에는 '불(不)' 자가 없으므로 빼야한다고 한다. 왕씨를 따랐다.

3. 귀신의 도움으로 살아난 왕우(王祐)

산기시랑(散騎侍郎) 왕우(王祐)가 병들어 곤란해지자 어머니와 더불어 결별했다. 그후 어떤 손님이 통보하는 소리를 들었는데 "아무군(郡) 아무마을 아무개입니다." 라고 했다.

그 사람은 일찍이 별가종사사(別駕從事史)를 지냈었기에 왕우도 또한 그의 이름을 바르게 들은 적이 있었다.
잠깐만에 문득 다가와서 말하였다.
"저는 그대와 같은 사족(士族)으로 우리들은 자연적인 연분이 있습니다. 또 같은 고을 사람이라 정이 바로 두텁습니다. 올해 국가에 큰 일이 있어서 세 장군을 내보내 각지로 가서 인력과 물자를 징발케 했습니다. 우리들 십여명은 조공명(趙公明) 장군의 부하들인데 창졸간에 여기까지 와서 그대 집이 웅장한 것을 보고 의지하러 왔습니다. 그대와 더불어 서로 사귈 수는 있지만 그것을 크게 말할 수는 없습니다."
왕우는 그가 귀신이라는 것을 알고 말하였다.
"불행하게도 병이 위독하여 죽음이 눈 앞에 닥쳐왔습니다. 그대를 만났으니 제 생명을 부탁합니다."
"사람이 태어나서 죽는 것은 필연적인 일입니다. 죽은 사람은 살았을 때의 귀하고 천한 것에 얽매이지 않습니다. 저는 지금 병사 3천명을 거느리고 있는데 그대를 필요로 하니 병사들을 다스리는 장부를 그대에게 건네줄 수 있습니다. 이같은 지위는 얻기 어려우니 마땅히 사양하지 마십시오."
"늙으신 어머니는 연세가 많고 형제는 없는데 하루아침에 제가 죽으면 앞으로 어머니를 모실 사람이 없습니다."
드디어 왕우가 흐느껴 울며 스스로를 주체하지 못했다.
이에 그 사람이 슬퍼하며 말하였다.
"그대의 지위가 산기시랑인데도 집에는 남아있는 재물이 없습니다. 아까 존부인(왕우의 어머니)과 결별하는 말씀을 들었는데 정말 애절했습니다. 곧 그대는 이 나라 최고의 선비이시니, 어찌 돌아가시게 할 수 있겠습니까? 제가 마땅히 돕겠습니다."
그리고는 일어나 가면서 또 말하였다.
"내일 다시 오겠습니다."
그 다음날 귀신이 또 왔다.
왕우가 말하였다.

"그대가 저를 살려주시기로 허락하셨으니 마땅히 은혜를 다 베풀어 주실 수 있겠습니까?"
"나이 많은 이 몸이 이미 그대에게 허락했거늘 마땅히 다시 속이겠습니까?"
그의 종자 수백명을 보니 다 키가 두 자쯤 되고 검은 군복을 입고 붉은 기름칠을 하여 표지를 했다. 왕우의 집에서 북을 치고 기도하며 제사했는데 뭇 귀신들이 북소리를 듣고 다 박자에 맞춰 덩실덩실 춤을 추며 옷소매를 떨치니 펄럭펄럭 소리가 났다.
왕우가 곧 주연을 마련하려고 했으나 사양하며 말하기를
"필요없습니다."
라고 하였다. 인하여 다시 일어나 가면서 왕우에게 말하였다.
"병이 사람 몸 속에 있을 때는 불과 같으니 마땅히 물로써 낫게 해야 합니다."
그리고는 한 잔의 물을 취하여 이불을 펴고 부었다.
그렇게 하고는 또 말하였다.
"그대를 위하여 붉은 붓을 열 자루 남짓 자리 아래에 남겨두니 사람들에게 주어 비녀로 쓰게 하십시오. 그것을 꽂고 다니면 나들이 할 때 나쁜 재앙을 피하고 모든 일에 다 탈이 없습니다."
또 말하기를
"왕(王) 아무개와 이(李) 아무개와는 제가 다 사귀었습니다."
라고 하고는 귀신은 드디어 왕우의 손을 잡고 작별했다.
그때 왕우는 편안하게 잠잘 수 있었는데 밤중에 문득 잠이 깨어 곧 종자들을 불러 이불을 펴게 하며 말하였다.
"신이 물을 이불에 부었으니 곧 크게 젖었을 것이다."
이불을 펴보니 정말로 이불과 담요 사이에 물이 있었는데 이슬이 연잎에 있는 것처럼 적셔지지는 않았다. 물을 되보니 3되 7홉이었다. 그래서 병은 3분의 2가 나았고 며칠 지나서 완전하게 나았다.
무릇 귀신이 마땅히 데리고 가야한다고 이야기했던 이들은 다 죽었는데 오직 왕문영(王文英)만은 반년 뒤에 곧 죽었다.

귀신이 말한 바대로 붉은 붓을 주었던 사람들은 다 질병과 병란을 거쳤으나 또한 탈이 없었다.
처음에 어떤 요서(妖書)에 말하였다.
"상제(上帝)가 세 장군 조공명(趙公明), 종사계(鍾士季) 등으로써 각자 수만명의 귀신들을 감독하여 세상에 내려와 사람들을 잡아가도록 하였다."
그러나 귀신들이 있는 곳을 아는 사람이 없었다. 왕우가 병이 다 나아 이 요서를 보니 귀신이 말했던 바의 조공명 장군과 부합했다.

散騎侍郎[1]王祐 疾困 與母辭訣 旣而聞有通賓者曰 某郡某里某人 當爲別駕[2] 祐亦雅聞其姓字 有頃 奄然來至曰 與卿士類 有自然之分 又州里 情便款然 今年國家有大事 出三將軍 分布徵發 吾等十餘人 爲趙公明[3]府參佐 至此倉卒 見卿有高門大屋 故來投 與卿相得 大不可言 祐知其鬼神 曰 不幸疾篤 死在旦夕 遭卿 以性命相託 答曰 人生有死 此必然之事 死者不繫生時貴賤 吾今見領兵三千 須卿 得度簿相付 如此地難得 不宜辭之 祐曰 老母年高 兄弟無有 一旦死亡 前無供養 遂欷歔不能自勝 其人愴然曰 卿位爲常伯 而家無餘財 向聞與尊夫人辭訣 言辭哀苦 然則卿國士也 如何可令死 吾當相爲 因起去 明且更來 其明日又來 祐曰 卿許活吾 當卒恩否 答曰 大老子業已許卿 當復相欺耶 見其從者數百人 皆長二尺許 烏衣軍服 赤油爲誌 祐家擊鼓禱祀 諸鬼聞鼓聲 皆應節起舞 振袖 颯颯有聲 祐將爲設酒食 辭曰 不須 因復起去 謂祐曰 病在人體中 如火 當以水解之 因取一杯水 發被灌之 又曰 爲卿留赤筆十餘枝 在薦下 可與人 使簪之 出入辟惡災 擧事皆無恙 因道曰 王甲李乙 吾皆與之 遂執祐手 與辭 時祐得安眠 夜中忽覺 乃呼左右 令開被 神以水灌我 將大沾濡 開被而信 有水在上被之下 下被之上 不浸 如露之在荷 量之 得三升七合於是疾三分愈二 數日大除 凡其所道當取者 皆死亡 唯王文英 半年後乃亡 所道與赤筆人 皆經疾病及兵亂 皆亦無恙 初有妖書云 上帝以三將軍趙公明 鍾士季[4] 各督數[5]鬼下取人 莫知所在 祐病差 見此書 與所道趙公明合焉

1) 散騎侍郞(산기시랑) : 황제의 근신(近臣).
2) 別駕(별가) : 벼슬 이름.
3) 趙公明(조공명) : 도교의 신. 성은 조(趙), 이름은 랑(朗), 자(字)가 공명(公明)이다. 종남산(終南山) 사람이다. 진(秦)나라 때부터 세상을 피해 산중에서 경건하고 정성스럽게 수도했다. 한(漢)나라 때 장도릉(張道陵) 천사(天師)가 학명산(鶴鳴山)에 들어가 수도할 때 그를 거두어서 제자로 삼았다. 아울러 그에게 검은 범을 타고서 단실(丹室)을 지키게 했다. 장천사가 단(丹)을 만든 뒤 그에게도 먹게 하니 드디어 무궁하게 변화할 수 있었다.
4) 鍾士季(종사계) : 위(魏)나라 사람인 종회(鍾會)의 자(字)가 사계(士季)였다.
5) 數(수) : 왕소영은 『태평광기(太平廣記)』에 원문의 '수(數)' 자 아래에 '만(萬)' 자가 있으므로 그렇게 고쳐야 한다고 하였다. 왕씨를 따랐다.

4. 죽을 사람들의 명부를 본 주식(周式)

한(漢)나라 때 하비현(下邳縣)의 주식이란 사람이 일찍이 동해군(東海郡)으로 가다가 길에서 한 하급관리를 만났다. 그 관리는 책 한 권을 가지고 있었으며 배에 태워주기를 구했다.

십여리쯤 가서 주식에게 말하였다.

"내가 잠깐 가볼 곳이 있어서 책을 그대의 배 안에 남기고 가오니 삼가 펴보지 마십시오"

그 사람이 간뒤 주식이 몰래 책을 펴보니 다 죽을 사람들을 적어놓았다. 아래 조목에는 주식의 이름도 있었다.

잠깐만에 하급관리가 돌아왔으나 주식은 오히려 책을 보고 있었다. 하급관리가 성내며 말하였다.

"일부러 알려 주었는데도 문득 그것을 봅니까?"

주식이 머리를 땅에 찧어서 피를 흘리며 사과했다.

한참 지나서 하급관리가 말하였다.

"그대가 먼 길을 배에 태워준 것에 대해서 감사합니다만 이 책에서 그대 이름을 없앨 수는 없습니다. 오늘은 이미 가되 집에 돌아가서 3년 동안 대문을 나서지 않으면 이 재난을 넘길 수 있습니다. 내 책을 봤다는 이야기는 하지 마십시오."

주식이 집에 돌아와서 대문을 나서지 않은 지가 이미 2년이 넘어 집안 사람들이 다 괴이하게 여겼다.

이웃집 사람이 갑자기 죽었는데 주식의 아버지가 화를 내며 가서 조문케 했다. 주식이 부득이하여 마침내 대문을 나서다가 바로 그 하급관리를 만났다.

하급관리가 말하였다.

"내가 그대에게 3년 동안 대문을 나서지 말라고 했는데 이제 대문을 나섰고 내가 알았으니 다시 어찌할 수 있겠습니까? 내가 그대를 만나지 않은 것으로 꾸미면 연루되어 채찍을 맞을 것입니다. 이제 이미 그대를 만났으니 어찌할 수 없습니다. 사흘 뒤 한낮에 그대를 데리러 오겠습니다."

주식이 돌아가 눈물을 흘리면서 이 말을 구체적으로 집안 사람들에게 말했다. 아버지는 짐짓 믿지 않았으나 어머니는 밤낮으로 그를 지켰다. 사흘째 되는 날 한낮에 과연 주식을 데리러 온 사람을 보았는데 주식은 바로 죽었다.

漢下邳周式 嘗至東海 道逢一吏 持一卷書 求寄載 行十餘里 謂式曰 吾暫有所過 留書寄君船中 愼勿發 去後 式盜發視書 皆諸死人錄 下條有式名 須臾 吏還 式猶視書 吏怒曰 故以相告 而忽視之 式叩頭流血 良久 吏曰 感卿遠相載 此書不可除卿名 今日已去 還家 三年勿出門 可得度也 勿道見吾書 式還不出 已二年餘 家皆怪之 隣人卒亡 父怒 使往弔之 式不得已 適出門 便見此吏 吏曰 吾令汝三年勿出 而今出門 知復奈何 吾求不見 連累爲鞭杖 今已見汝 無可奈何 後三日日中當相取也 式還 涕泣具道如此 父故不信 母晝夜與相守 至三日日中時 果見來取 便死

5. 신이 깃들었다는 오얏나무를 베어버린 장조(張助)

남돈현(南頓縣) 사람 장조가 밭에서 곡식을 심다가 오얏씨를 보고는 가지고 가려고 했다.

돌아다보니 뽕나무 파여진 곳에 흙이 있어서 오얏씨를 거기에 심고 남은 음료를 부었다.

나중에 사람들이 뽕나무에 도리어 다시 오얏이 생긴 것을 보고는 돌아가면서 서로 이야기를 전했다.

어떤 눈병 난 이가 그 오얏나무 그늘에서 쉬다가 말하였다.

"오얏나무 신이시여, 제 눈병을 낫게 해 주신다면 돼지 한 마리로써 사례하겠습니다."

눈의 아픔은 작은 병인지라 날이 갈수록 저절로 나았다.

한 마리 개가 짖으면 뭇 개들이 따라서 짖는 것처럼 눈병이 나은 걸 가지고 장님이 눈을 떴다는 헛소문이 돌아 원근의 사람들이 다 놀랐다.

오얏나무 아래에는 거마가 늘 수천 수백대 있었고, 술과 고기가 넘칠 정도였다. 1년 남짓 지나서 장조가 멀리 나갔다 돌아와서는 그것을 보고 놀라며 말하기를

"여기에 무슨 신이 있겠는가? 곧 내가 심은 오얏나무일 따름이로다."

라고 하고는 곧 오얏나무를 베어버렸다.

南頓張助 於田中種禾 見李核 欲持去 顧見空桑中有土 因植種 以餘漿灌漑 後人見桑中反復生李 轉相告語 有病目痛者 息陰下 言 李君令我目愈 謝以一豚 目痛小疾 亦行自愈 衆犬吠聲 盲者得視 遠近翕赫 其下車騎常數千百 酒肉滂沱 間一歲餘 張助遠出來還 見之驚云 此有何神 乃我所種耳 因就斫之

6. 우물 속에 우물이 있다고 한 유경(劉京)

왕망(王莽)이 섭정할 때 유경이 진언(進言)했다.

"제군(齊郡) 임치현(臨淄縣)에 있는 창흥(昌興)의 정장(亭長)인 신당(辛當)이 자주 꿈을 꾸었는데 그 꿈 속에서 어떤 사람이 신당에게 말하기를 '나는 하느님의 사자인데 황제를 섭정하는 사람이 마땅히 진짜 황제가 되리라. 곧 내 말을 믿지 못한다면 이 정(亭) 속에 마땅히 새 우물이 나오리라.'라고 하여 정장이 일어나보니 정 속에 과연 새 우물이 생겼는데 땅 속 깊이가 백 자나 되었다고 하옵니다."

王莽[1]居攝 劉京上言 齊郡臨淄縣昌興亭[2]長辛當 數夢人謂曰 吾天使也 攝皇帝當爲眞 卽不信我 此亭中當有新井出 亭長起視 亭中果有新井 入地百尺

1) 王莽(왕망) : 전한(前漢)의 마지막 황제를 섭정하다가 황제 자리를 빼앗아 전한을 망하게 하고 신(新)을 세웠다.
2) 亭(정) : 진(秦)·한(漢) 때 향(鄕) 이하 이(里) 이상의 행정기구.

제6권 기괴한 요정(妖精)들·상

1. 정기가 물건에 의지하여 발생하는 요괴(妖怪)

 요괴란 대개 정기가 물건에 의지하여 발생한다. 기(氣)가 물건 속에서 어지러워지면 물건이 외형에서 변화한다.
 형체와 정신, 기(氣)와 물질은 속과 겉의 작용을 한다. 그것들은 오행(五行)을 근본으로 하고 오사(五事)에 통(通)한다.
 비록 소멸하고 불어나고 오르고 내리고 만가지를 변화시켜 움직일지라도 그것이 길흉의 조짐에 있어서는 다 경계를 지어 논할 수 있다.

 妖怪者 蓋精氣之依物者也 氣亂於中 物變於外 形神氣質 表裏之用也 本於五行[1] 通於五事[2] 雖消息升降 化動萬端 其於休咎[3]之徵 皆可得域而論矣
 1) 五行(오행) : 목(木), 화(火), 토(土), 금(金), 수(水).
 2) 五事(오사) : 얼굴, 말, 봄, 들음, 생각.
 3) 休咎(휴구) : 길흉(吉凶).

2. 산(山)이 저절로 옮겨가다

 하(夏)나라 걸(桀)임금 때 여산(厲山)이 없어졌다.
 진시황(秦始皇) 때 삼산(三山)이 없어졌다.
 주(周)나라 현왕(顯王) 32년에 송(宋)땅의 대구사(大丘社)가 없어졌다.

한(漢)나라 소제(昭帝) 말기에 진류군(陳留郡) 창읍현(昌邑縣)의 토지신의 사당이 없어졌다.
경방(京房)의 『역전(易傳)』에 말하였다.
"산이 말 없이 저절로 옮겨가면 천하에 병란이 생기고 국가가 망한다. 옛날 회계군(會稽郡) 산음현(山陰縣) 낭야에 괴산(怪山)이 있었는데 세상에서 전하기를 본래 낭야군 동무현(東武縣)의 바다에 있던 산이라고 한다.
그때 밤에 비바람치고 어두웠는데 다음날 아침에 동무현의 산이 있는 것이 보였다. 백성들이 괴이하게 여겨 인하여 괴산이라고 이름했다. 그때 동무현의 산 또한 하루저녁에 저절로 없어졌다. 그 형체를 아는 이가 곧 그 산이 옮겨왔음을 알았다.
지금 괴산 아래에 동무리(東武里)라는 마을이 있으니 대개 산이 저절로 온 바를 기념하여 이름을 지은 것이리라.
또 교주(交州)의 취주산(脆州山)이 청주(靑州)까지 옮겨갔다.
무릇 산이 옮겨가는 것은 다 정상이 아닌 괴이함인 것이다.
이 두 가지 일은 그 시대가 상세하지 않다.
『상서(尙書)』 금등(金縢)편에는 다음과 같이 쓰여있다.
"산이 옮겨가는 것은 임금이 도덕있는 선비를 쓰지 않고 현자가 일어나지 못하기 때문이다. 혹은 녹이 왕실을 떠나고 상벌이 임금으로 말미암지 않고 사사로운 가문이 무리를 만들어 이러한 국면을 구제할 수 없기 때문이니 마땅히 세대를 바꾸고 이름(나라 이름 또는 연호)을 변화시켜야 한다."
어떤 이가 말하였다.
"하늘을 잘 말하는 이는 반드시 사람에 바탕을 두고, 사람을 잘 말하는 이는 반드시 하늘에 근본을 둔다. 그래서 하늘에는 봄, 여름, 가을, 겨울이 있고 해와 달이 번갈아 뜨고, 추위와 더위가 바뀐다. 그것들이 운전할 때 조화로우면 비가 되고, 성내면 바람이 되고, 흩어지면 이슬이 되고, 어지러워지면 안개가 되고, 엉기면 서리와 눈이 되고, 서면 무지개가 되니 이것은 하늘의 영원한 이치이다. 사람에게는 사지와 오장이 있어서 한 번 잠깨고 한 번 잠자며, 호흡하여 묵은 것을 토하고 새 것을 받아들이며, 정기가 왕래하는데 유동하면 혈기가 되며, 드러내면 기색이 되며, 발출하면 목소리가 된다. 이는 또한 사람의 영원한 이치이다.

 만약 사계절이 정상적인 운행을 잃고, 추위와 더위가 어그러지면 금(金), 목(木), 수(水), 화(火), 토(土)의 다섯 별의 운행이 앞서거나 뒤처지고, 성진(星辰)이 얽혀 움직이고, 일식과 월식이 생기고, 혜성이 나타나니 이는 천지가 위험하다는 증거이다. 추위와 더위가 때에 맞지 않으면 이는 천지가 찌고 막히는 것이다. 돌이 서고 토지가 뛰면 이는 천지의 혹이 생긴 것이다. 산이 무너지고 땅이 꺼지면 이는 천지의 헌데(종기)가 생긴 것이다. 광풍이 불고 폭우가 내리면 이는 천지가 기가 달리고 날뛰는 것이다. 비와 이슬이 내리지 않아 내와 강이 마르면 이는 천지가 타고 마르는 것이다."

 夏桀[1]之時 属山亡 秦始皇之時 三山亡 周顯王三十二年 宋大丘社[2]亡 漢昭帝之末 陳留昌邑社亡 京房易傳曰 山默然自移 天下兵亂 社稷亡也 故會稽山陰瑯邪[3]中有怪山 世傳本瑯邪東武海中山也 時天夜風雨晦冥 旦而見武山在焉 百姓怪之 因名曰怪山 時東武縣山 亦一夕自亡去 識其形者 乃知其移來 今怪山下見有東武里 蓋記山所自來 以爲名也 又交州脆州山移至靑州 凡山徙 皆不極之異也 此二事 未詳其世 尙書金縢曰 山徙者 人君不用道士 賢者不興 或祿去公室 賞罰不由君 私門成群 不救 當爲易世變號 說曰 善言天者 必質於人 善言人者 必本於天 故天有四時 日月相推 寒暑迭代 其轉運也 和而爲雨 怒而爲風 散而爲露 亂而爲霧 凝而爲霜雪 立而爲虹霓 此天之常數也 人有四肢五臟 一覺一寐 呼吸吐納 精氣往來 流而爲榮衛 彰而爲氣色 發而爲聲音 此亦人之常數也 若四時失運 寒暑乖違 則五緯盈縮 星辰錯行 日月薄蝕 彗孛流飛此天地之危診也 寒暑不時 此天地之蒸否也 石立土踊 此天地之瘤贅也 山崩地陷 此天地之癰疽也 衝風暴雨 此天地之奔氣也 雨澤不降 川瀆涸竭 此天地之焦枯也

1) 桀(걸) : 하(夏)나라의 마지막 임금.

2) 社(사) : 토지신(土地神) 또는 그의 사당. 여기서는 토지신의 사당.
3) 瑯邪(낭야) : 낭야군을 본뜬 지명인 듯하다.

3. 거북에 털이 나고 토끼에 뿔이 나다

상(商)나라 주(紂)임금(마지막 임금) 때 큰 거북에게서 털이 나고, 토끼에게서 뿔이 났다. 전쟁이 장차 일어날 조짐이었다.

商紂之時 大龜生毛 兎生角 兵甲將興之象也

4. 말이 여우로 변하다

주(周)나라 선왕(宣王) 33년에 유왕(幽王)이 태어났다. 이 해에 어떤 말이 여우로 변했다.

周宣王三十三年 幽王生 是歲有馬化爲狐

5. 사람이 물여우로 변하다

진(晉)나라 헌공(獻公) 2년에 주(周)나라 혜왕(惠王)이 정(鄭)나라에 살았는데 정나라 사람들이 혜왕의 관저에 들어가 대부분 허물을 벗어 물여우가 되어 사람을 쏘았다.

晉獻公二年 周惠王居於鄭 鄭人入王府 多蛻化爲蜮¹⁾射人

1) 蜮(역) : 다른 이름은 단호(短狐). 모래를 머금어 사람을 쏘아 해를 끼치는 동물이다.

6. 땅이 갑자기 늘어나다

주(周)나라 은왕(隱王) 2년 4월에 제(齊)나라 땅이 갑자기 늘

어났는데 길이 한 길 남짓 높이 한 자 다섯 치나 늘어났다.
경방(京房)의 『역요(易妖)』에 쓰여있다.
"땅이 사계절로 늘어나는데 점을 치면 봄과 여름에는 길함이 많고 가을과 겨울에는 흉함이 많다."
역양군(歷陽郡)이 하루저녁에 땅 속에 꺼져 못이 되었으니 지금의 역호(歷湖)가 이것이다. 어느 때인지는 모른다.
『운두추(運斗樞)』에 쓰여있다.
"고을이 꺼지는 것은 음이 양을 삼켜 땅 아래에서 서로 도살하기 때문이다."

周隱王二年四月 齊地暴長 長丈餘 高一尺五寸 京房易妖曰 地四時暴長 占 春夏多吉 秋冬多凶 歷陽之郡 一夕淪入地中而爲水澤 今曆湖是也 不知何時 運斗樞曰 邑之淪 陰吞陽 下相屠焉

7. 한 부인이 40명의 아이를 낳았다

주(周)나라 애왕(哀王) 8년에 정(鄭)땅의 어떤 부인이 40명의 아이를 낳았는데 그 20명은 사람이 되고, 20명은 죽었다.
애왕 9년에 진(晋)땅에서 돼지가 사람을 낳았다.
오(吳)나라 적오(赤烏) 7년에 어떤 부인이 한꺼번에 세 아이를 낳았다.

周哀王八年 鄭有一婦人 生四十子 其二十人爲人 二十人死 其九年 晉有豕生人 吳赤烏七年 有婦人 一生三子

8. 사람이 용을 낳았다

주(周)나라 열왕(烈王) 6년에 임벽양군(林碧陽君)의 시첩이 두 마리의 용을 낳았다.

周烈王六年 林碧陽君之御人 産二龍

9. 돼지를 쏘고 수레에서 떨어진 양공(襄公)

노(魯)나라 장공(莊公) 8년에 제(齊)나라 양공(襄公)이 패구(貝丘)에서 사냥하다가 돼지를 보았다.
종자가 말하였다.
"공자 팽생입니다."
양공이 성내어 그것을 쏘았는데 돼지가 사람처럼 서서 울부짖었다. 양공이 두려워서 수레에서 떨어지며 신을 잃어버렸다.
유향(劉向)은 돼지의 화(禍)에 가깝다고 생각했다.

魯莊公八年 齊襄公田於貝丘 見豕 從者曰 公子彭生也 公怒 射之 豕人立而啼公懼 墜車傷足 喪屨劉向以爲近豕禍也

10. 성밖의 범과 성안의 뱀들이 싸우다

노(魯)나라 장공 때 성(城) 안쪽의 뱀과 성 바깥쪽의 뱀이 정(鄭)나라 남문에서 싸우다가 성 안쪽의 뱀이 죽었다.
유향(劉向)은 뱀의 재앙에 가깝다고 생각했다.
경방(京房)의 『역전(易傳)』에 쓰여있다.
"후계자를 세우고서 그를 의심하는 일이 생기려고 그 요사스러운 뱀들이 나라 문에서 싸웠도다."

魯莊公時 有內蛇與外蛇鬪鄭南門中 內蛇死 劉向以爲近蛇孼也 京房易傳曰 立嗣子疑 厥妖蛇居國門鬪

11. 용들이 서로 싸우다

노(魯)나라 소공(昭公) 19년에 정(鄭)나라 시문(時門)의 바깥의 유연(洧淵)에서 용들이 싸웠다.
 유향(劉向)은 용의 재앙에 가깝다고 생각했다.
 경방(京房)의 『역전(易傳)』에 쓰여있다.
 "사람들의 마음이 불안하여 그 요사스러운 용들이 그 고을 안에서 싸웠도다."

魯昭公十九年 龍鬪於鄭時門之外洧淵 劉向以爲近龍孼也 京房易傳曰 衆心不安 厥妖龍鬪其邑中也

12. 아홉 뱀이 기둥을 감쌌다

 노(魯)나라 정공(定公) 원년(元年)에 아홉 마리 뱀이 기둥을 감쌌다. 점을 친 뒤 9세(九世) 조상의 사당에 제사를 지내지 않았기 때문에 이런 일이 생겼다고 여겼다.
 곧 양궁(煬宮)을 세웠다.

魯定公元年 有九蛇繞柱 占以爲九世廟不祀 乃立煬宮

13. 말이 사람을 낳았다

 진(秦)나라 효공(孝公) 21년에 어떤 말이 사람을 낳았다.
 진나라 소왕(昭王) 20년에 숫말이 새끼를 낳았으나 죽었다.
 유향(劉向)은 다 말의 화(禍)라고 생각했다.
 경방(京房)의 『역전(易傳)』에 쓰여있다.
 "한 지방의 제후(諸侯)의 우두머리들이 위세를 나누느라 그 요사스러운 숫말이 새끼를 낳았도다. 위로 천자(天子)가 없고 제후들이 서로 정벌하므로 그 요사스러운 말이 사람을 낳았도다."

秦孝公二十一年 有馬生人 昭王二十年 牡馬生子而死 劉向以爲皆馬禍也 京房易傳曰 方伯分威 厥妖牡馬生子 上無天子 諸侯相伐 厥

妖馬生人

14. 여자가 남자로 변하다

위(魏)나라 양왕(襄王) 13년에 어떤 여자가 남자로 변화하여 아내를 얻어 아이를 낳게 했다.

경방의 『역전(易傳)』에 쓰여있다.

"여자가 남자로 변화하면 이를 음이 창성하다고 하니 천한 사람이 임금이 되리라. 남자가 여자로 변화하면 이를 음이 양을 이긴다고 하니 그 재앙은 나라가 망하는 것이다."

일설(一說)에는 이런 말이 있다.

"남자가 여자로 변화하는 것은 생식기를 거세하는 궁형(宮刑)이 남용되는 것이요, 여자가 남자로 변화하는 것은 부인이 정치에 참여하기 때문이다."

魏襄王十三年 有女子化爲丈夫 與妻生子 京房易傳曰 女子化爲丈夫 玆謂陰昌 賤人爲王 丈夫化爲女子 玆謂陰勝陽 厥咎亡 一曰 男化爲女 宮刑濫 女化爲男 婦政行也

15. 발이 다섯 개나 달린 소

진나라 효문왕(孝文王) 5년에 왕이 구연(朐衍)땅으로 여행하니 어떤 이가 다섯 개의 발이 달린 소를 바쳤다.

그때 진나라는 백성들을 대대적으로 부려먹어 천하가 모두 배반했다.

경방의 『역전(易傳)』에 쓰여있다.

"요역을 일으키고 백성들의 농사철을 빼앗으니 그 요사스러운 소에게 발이 다섯 개 달렸도다."

秦孝文王五年 遊朐衍 有獻五足牛 時秦世大用民力 天下叛之 京房

易傳曰 興繇役 奪民時 厥妖牛生五足

16. 대인(大人)의 생김새

진시황(秦始皇) 26년에 대인이 나타났는데 키가 다섯 길이요, 신의 크기가 여섯 자였다.

다 외국인 복장을 했는데 모두 12명이 임조현(臨洮縣)에 나타났다. 곧 동상 12개를 만들어 그들을 본떴다.

秦始皇二十六年 有大人 長五丈 足履六尺 皆夷狄¹⁾服 凡十二人 見於臨洮 乃作金人十二 以象之

1) 夷狄(이적) : 동방과 북방민족.

17. 용이 우물에서 나타나다

한(漢)나라 혜제(惠帝) 2년 정월 계유일(癸酉日) 아침에 두 마리 용이 난릉현(蘭陵縣) 정동리(廷東里) 온릉(溫陵)의 우물 속에서 나타나더니 을해일(乙亥日) 밤에야 떠나갔다.

경방(京房)의 역전(易傳)에 쓰여있다.

"덕 있는 사람이 해를 입으니 그 요사스러운 용이 우물 속에서 나왔도다."

또 달리 쓰여있다.

"행형이 포악하니 검은 용이 우물에서 나왔도다."

漢惠帝二年 正月癸酉旦 有兩龍現於蘭陵廷東里溫陵井中 至乙亥夜去 京房易傳曰 有德遭害 厥妖龍見井中 又曰 行刑暴惡 黑龍從井出

18. 말에 뿔이 났다

한나라 문제(文帝) 12년에 오(吳)땅에서 어떤 말이 귀 앞쪽에 뿔이 났는데 그 뿔이 위로 향했다.

오른쪽 뿔의 길이는 세 치, 왼쪽 뿔의 길이는 두 치요, 둘다 크기는 두 치였다.

유향(劉向)은 말에게 뿔이 난 것은 마땅치 않은 것이며 이것은 오(吳)땅에서 병사(兵士)들을 거느리고 임금에게로 향하는 것이 마땅치 않음과 같다고 여겼다.

오땅에서 장차 반란을 일으킬 변화를 이른 것이다.

경방의 『역전(易傳)』에 쓰여있다.

"신하가 임금을 바꾸려 하고 정치가 순조롭지 못하여 그 요사스러운 말에게 뿔이 났도다. 이를 '현사(賢士)가 만족하지 못한다'라고 한다."

또 달리 쓰여있다.

"천자(天子)가 몸소 정벌하니 말에게 뿔이 났도다."

漢文帝十二年 吳地有馬生角 在耳前 上向 右角長三寸 左角長二寸 皆大二寸 劉向以爲馬不當生角 猶吳不當擧兵向上也 吳將反之變云 京房易傳曰 臣易上 政不順 厥妖馬生角 玆謂賢士不足 又曰 天子親伐 馬生角

19. 개에게서도 뿔이 났다

문제(文帝) 후원(後元) 5년 6월에 제옹성(齊雍城) 문 밖에서 어떤 개가 뿔이 났다.

경방의 『역전(易傳)』에 쓰여있다.

"정권을 잡은 사람이 실정하여 신하가 장차 그를 해치려고 그 요사스러운 개에게서 뿔이 났도다."

文帝後元五年六月 齊雍城門外有狗生角 京房易傳曰 執政失 下將害之 厥妖狗生角

20. 사람에게서도 뿔이 나다

한(漢)나라 경제(景帝) 2년 9월에 교동군(膠東郡) 하밀현(下密縣) 사람이 나이 칠십 여 살에 뿔이 났는데 뿔에 털이 있었다.

경방(京房)의『역전(易傳)』에 쓰여있다.

"재상이 정치를 마음대로 하니 그 요사스러운 사람에게서 뿔이 났도다."

『오행지(五行志)』에서는 사람에게 뿔이 나는 것이 마땅치 않음은 제후(諸侯)가 감히 군대를 거느리고 수도로 향하지 못하는 것과 같다고 여겼다.

그뒤 드디어 7국(七國)의 난(難)이 있었다.

진(晋)나라 무제(武帝) 태시(泰始) 5년에 이르러 원성(元城)땅 사람이 나이 70살에 뿔이 났는데 아마도 조왕(趙王) 사마륜(司馬倫)이 황제의 권력을 빼앗을 일에 조응한 것이리라.

漢景帝二年九月 膠東下密人年七十餘 生角 角有毛 京房易傳曰 冢宰專政 厥妖人生角 五行志以爲人不當生角 猶諸侯不敢擧兵以向京師也 其後遂有七國之難 至晉武帝泰始五年 元城人年七十 生角 殆趙王倫[1]篡亂之應也

1) 趙王倫(조왕륜) : 사마의(司馬懿)의 아홉째아들.

21. 개가 돼지와 교미하다

한(漢)나라 경제(景帝) 3년에 한단(邯鄲)땅에서 어떤 개가 돼지와 교미했다. 이때 조왕이 반란을 일으키더니 드디어 여섯 나라와 더불어 배반하였다.

경방의『역전(易傳)』에 쓰여있다.

"부부의 관계가 엄하지 않아 그 요사스러운 개가 돼지와 교미했으니 이를 덕을 배반하는 것이라 말하는 것으로 나라에 전쟁이 있으리라."

　漢景帝三年 邯鄲有狗與彘交 是時趙王悖亂 遂與六國反 京房易傳曰 夫婦不嚴 厥妖狗與豕交 玆謂反德 國有兵革

22. 까마귀들이 떼지어 서로 싸우다

　한(漢)나라 경제(景帝) 3년 11월에 목이 흰 까마귀가 검은 까마귀와 무리를 지어 초국(楚國)땅 여현(呂縣)에서 싸웠다.
　목이 흰 까마귀가 이기지 못하여 사수(泗水)에 떨어져 죽었는데 수천마리나 되었다.
　유향(劉向)은 백색과 흑색의 조짐에 가깝다고 여겼다.
　그때 초왕(楚王) 유술(劉戌)이 포악무도하여 형벌로써 신공(申公)을 모욕하고 오왕(吳王)과 더불어 모반했다.
　까마귀들이 떼지어 싸운 것은 군대가 싸울 상징이었다. 목이 흰 까마귀가 몸집이 작으니 작은 쪽이 패배할 것을 밝힌 것이다.
　물에 떨어진 것은 초왕이 장차 물가 고을에서 죽을 것을 나타낸 것이다.
　초왕 유술이 깨닫지 못하고 드디어 군대를 거느리고 오나라와 호응하여 한나라와 싸웠지만 군대가 패배하여 단도현(丹徒縣)으로 갔으나 월(越)땅의 사람들에게 죽임을 당하였으니 목이 흰 까마귀가 사수에 떨어져 죽은 것이 효험을 나타낸 것이다.
　경방(京房)의 『역전(易傳)』에 쓰여있다.
　"친족을 친해야 할 것을 거슬렀으니 그 요사스러운 희고 검은 까마귀가 나라 속에서 싸웠도다."
　연왕(燕王) 유단(劉旦)이 모반을 꾀하였다. 또 한 마리의 까마귀와 한 마리의 까치가 연왕의 궁전 못 위에서 싸우다가 까마귀가 못에 떨어져 죽었다.
　『오행지(五行志)』에서는 초왕과 연왕은 다 한나라 황실(皇室)의 골육의 제후들이었으나 교만하고 방자하게 불의를 꾀하여 다

까마귀와 까치가 싸우다가 죽는 조짐이 있었다고 여겼다.
 행위가 같고 점이 부합하니 이는 천상(天象)과 인사(人事)는 서로 부합한다는 것을 분명히 나타낸 것이다.
 연왕의 음모가 적발되지 않아서 오직 연왕 혼자서 궁전에서 자살했기에 한 마리 흑색의 까마귀가 죽었다.
 초왕(楚王)은 도도하게 군대를 일으켰으나 군대가 들에서 패배하였기에 까마귀떼들이 백색을 띠고 죽었다.
 천도의 정밀하고 미묘한 효험이 나타난 것이다.
 경방의 『역전(易傳)』에 쓰여있다.
 "멋대로 정벌하고 겁탈하고 죽이려고 그 요사스러운 까마귀와 까치가 싸웠도다."

 景帝三年十一月 有白頸烏與黑烏群 鬪楚國呂縣 白頸不勝 墮泗水中 死者數千 劉向以爲近白黑祥也 時楚王戊暴逆無道 刑辱申公 與吳謀反 烏群鬪者 師戰之象也 白頸者小 明小者敗也 墮於水者 將死水地 王戊不悟 遂擧兵應吳 與漢大戰 兵敗而走 至於丹徒 爲越人所斬 墮泗水之效也 京房易傳曰 逆親親 厥妖白黑烏鬪於國中 燕王旦之謀反也 又有一烏一鵲 鬪於燕宮中池上 烏墮池死 五行志以爲楚 燕皆骨肉藩臣 驕恣而謀不義 俱有烏鵲鬪死之祥 行同而占合 此天人之明表也 燕陰謀未發 獨王自殺于宮 故一烏而水色者死 楚炕陽擧兵 軍師大敗于野 故烏衆而金色者死 天道精微之效也 京房易傳曰 顓征劫殺 厥妖烏鵲鬪

23. 소의 발이 등 위에 나다

 한(漢)나라 경제(景帝) 16년에 양국(梁國)의 효왕(孝王)이 북산(北山)에서 사냥했는데 등 위로 발이 난 소를 바치는 이가 있었다. 유향(劉向)은 소의 화(禍)에 가깝다고 생각했다.
 안으로는 사려가 어둡고 어지러우며 밖으로는 토목공사가 과도했으니 소의 재앙이 난 것이다. 다리가 등 위로 난 것은 신하가 임금을 침범할 조짐이다.

景帝十六年 梁孝王田北山 有獻牛足上出背上者 劉向以爲近牛禍 內則思慮霧亂 外則土功過制 故牛禍作 足而出于背 下奸上之象也

24. 뱀들이 서로 싸우다

한(漢)나라 무제(武帝) 태시(太始) 4년 7월에 조(趙)땅에서 어떤 뱀이 성곽 바깥에서 들어와 성곽 안쪽의 뱀과 효문제(孝文帝)의 사당(祠堂) 아래서 싸우다가 성곽 안쪽의 뱀이 죽었다.
2년뒤 가을에 위태자(衛太子) 사건이 있었는데 이 일은 조(趙)땅 사람인 강충(江充)이 일으킨 것이다.

漢武帝太始四年七月 趙有蛇從郭外入 與邑中蛇鬪孝文廟下 邑中蛇死 後二年秋 有衛太子事 自趙人江充起

25. 쥐가 춤을 추었다

한(漢)나라 소제(昭帝) 원봉(元鳳) 원년(元年) 9월에 연(燕)땅에서 어떤 누런 쥐가 그의 꼬리를 물고 연왕(燕王)의 궁전 남쪽의 정문 안에서 춤을 추었다.
연왕이 가보았을 때 쥐는 여전히 춤을 추었다.
연왕이 관리를 시켜 술과 포로써 제사지내게 했으나 쥐는 춤을 멈추지 않고 하루 낮 하루 밤을 계속하다가 죽었다.
그때 연왕 유단은 모반했으니 그가 장차 죽을 조짐이었다.
경방의 『역전(易傳)』에 쓰여있다.
"주살함에 사정을 봐주지 않았기에 그 요사스러운 쥐가 문에서 춤을 추었도다."

漢昭帝元鳳元年九月 燕有黃鼠 銜其尾 舞王宮端門中 王往視之 鼠舞如故 王使吏以酒脯祠 鼠舞不休 一日一夜死 時燕王旦謀反 將死之象也 京房易傳曰 誅不原情 厥妖鼠舞門

26. 큰 돌이 저절로 서다

한(漢)나라 소제(昭帝) 원봉(元鳳) 3년 정월에 태산군(泰山郡) 무래산(蕪萊山) 남쪽 기슭에 웅성웅성 수천명의 사람소리가 났다. 백성들이 가보니 어떤 큰 돌이 저절로 서 있었다.

높이는 한 길 다섯 자, 크기는 마흔 여덟 아름, 땅 속으로 여덟 자 들어갔는데 세 돌이 발이 되었다. 돌이 선 곳 곁에 흰 까마귀 수천마리가 앉았다.

선제(宣帝)가 중흥할 상서로움이었다.

昭帝元鳳三年正月 泰山蕪萊山南 洶洶有數千人聲 民往視之 有大石自立 高丈五尺 大四十八圍 入地深八尺 三石爲足 石立處 有白烏數千集其旁 宣帝中興之瑞也

27. 버드나무가 잘라졌다가 다시 서다

한(漢)나라 소제(昭帝) 때 상림원(上林苑)의 한 그루 큰 버드나무가 잘라져 땅에 쓰러졌다.

어느 날 그것이 스스로 서서 가지와 잎을 내었다. 벌레가 그 잎을 갉아먹어 글자를 만들었는데 "공손병(公孫病)이립(已立 : 귀족 자제들의 병폐가 이미 형성되었도다)"이라고 하였다.

昭帝時 上林苑中大柳樹斷 仆地 一朝起立 生枝葉 有蟲食其葉 成文字曰 公孫病已立

28. 개가 갓을 쓰고 다니다

한(漢)나라 소제(昭帝) 때 창읍왕(昌邑王) 유하(劉賀)가 방산(方山)갓을 쓴 꼬리가 없는 큰 흰개를 보았다.

후한(後漢) 영제(靈帝) 희평(熹平) 때 이르러 황궁 안에서 개에게 갓을 씌우고 인끈을 차게 하고는 웃고 즐겼는데 어떤 한 마리 개가 문득 뛰쳐 나아 사공(司空)의 관저로 달려 들어갔다.
혹 그 광경을 본 이들 중에 놀라고 괴이하게 여기지 않은 이가 없었다.
경방의 『역전(易傳)』에 쓰여있다.
"임금이 바르지 않아서 신하가 임금 자리를 빼앗으려고 하니 그 요사스러운 개가 갓을 쓰고 조정의 궁문을 나섰도다."

昭帝時 昌邑王賀見大白狗冠方山冠¹⁾而無尾 至熹平中 省內冠狗帶綬 以爲笑樂 有一狗突出 走入司空²⁾府門 或見之者 莫不驚怪 京房易傳曰 君不正 臣欲篡 厥妖狗冠出朝門

1) 方山冠(방산관) : 종묘에 제사지낼 때 음악인이 쓰는 갓.
2) 司空(사공) : 한(漢)나라 때 어사대부(御史大夫)를 고쳐 대사공(大司空)으로 하여 대사마(大司馬), 대사도(大司徒)와 더불어 나란히 삼공(三公)이 되었다. 나중에 '대(大)' 자를 없애고 사공(司空)이 되었다. 공사(工事)를 관장했다.

29. 장닭이 뿔이 돋아나다

한(漢)나라 선제(宣帝) 황룡(黃龍) 원년(元年)에 미앙전(未央殿)의 수레 곳간에서 암탉이 장닭으로 변했다. 그 암탉은 털도 변했으나 장닭처럼 울지 않고 씩씩하지 않고 뒷발톱도 없었다.
한나라 원제(元帝) 초원(初元) 원년에 승상의 부사(府史)집에서 암탉이 알을 품다가 점점 변화하여 장닭이 되었는데 장닭의 벼슬도 있고 뒷발톱도 있고 장닭처럼 울기도 하고 씩씩했다.
한나라 영광(永光) 때 이르러 뿔이 난 장닭을 바치는 이가 있었다.
『오행지(五行志)』에서는 왕망(王莽)이 황제 자리를 빼앗을 일에 조응했다고 여겼다.

경방(京房)의 『역전(易傳)』에 쓰여있다.
"현자가 암군(暗君)이 다스리는 시대에 살아 때를 안 것이지만 도리어 상해를 입거나, 간악한 무리들이 높은 지위에 있었으니 그 요사스러운 닭에게서 뿔이 났도다."
또 달리 쓰여있다.
"부인이 정치를 마음대로 하면 나라가 고요하지 못하고, 암탉이 장닭처럼 울면 임금이 영화롭지 못하다."

漢宣帝黃龍元年 未央殿輅輅中雌雞化爲雄 毛衣變化 而不鳴不將 無距 元帝初元元年 丞相府史¹⁾家 雌雞伏子 漸化爲雄 冠距鳴將 至永光中 有獻雄雞生角者 五行志以爲王氏之應 京房易傳曰 賢者居明夷之世 知時而傷 或衆在位 厥妖雞生角 又曰 婦人專政 國不靜 牝雞雄鳴 主不榮

1) 府史(부사) : 재화와 문서의 출납을 관리하는 낮은 벼슬아치.

30. 세 남자가 한 아내를 공유하다

한(漢)나라 선제(宣帝) 때 연(燕)과 대(岱)땅 사이에 어떤 세 남자가 함께 한 아내를 얻어 네 아이를 낳았는데 아내와 아이를 분배할 처지에 이르러 공평하게 할 수가 없었기에 곧 소송하게 되었다.
법관 범연수(范延壽)가 판단하여 말하였다.
"이는 사람의 경우가 아닌지라 마땅히 짐승의 방식대로 어머니를 따르게 하고 아버지를 따르게 할 수 없습니다. 청컨대 세 남자를 죽이고 아이를 어머니에게 돌려주시기를 바라옵니다."
선제가 탄식하며 말하였다.
"일을 하필 옛날을 따라야 할까? 이와 같이 하면 이치에 마땅하고 인정을 만족시킬 수 있다고 말할 수 있겠도다."
범연수는 인사를 보고 형벌을 쓸 줄만 알았지 사람의 요사스러움이 장래에 효험을 나타낼 것을 따질 줄은 몰랐다.

宣帝之世 燕 岱之間 有三男共取一婦 生四子 及至將分妻子而不可
均 乃致爭訟 廷尉范延壽斷之曰 此非人類 當以禽獸 從母不從父也 請
戮三男 以兒還母 宣帝嗟嘆曰 事何必古 若此 則可謂當於理而厭人情
也 延壽蓋見人事而知用刑矣 未知論人妖將來之驗也

31. 하늘에서 풀이 내려오다

한(漢)나라 원제(元帝) 영광(永光) 2년 8월에 하늘에서 풀이 내려왔는데 잎이 서로 얽혀있고 크기가 탄환 만했다.
한나라 평제(平帝) 원시(元始) 3년 정월에 이르러 하늘에서 풀이 내려왔는데 모양이 영광 때와 같았다.
경방의 『역전』에 쓰여있다.
"임금이 녹에 인색하고 신의가 쇠퇴하며 현인이 떠나가니 그 요사스러운 하늘에서 풀이 내려왔도다."

漢元帝永光二年八月 天雨草而葉相摎結 大如彈丸 至平帝元始三年
正月 天雨草 狀如永光時 京房易傳曰 君吝於祿 信衰賢去 厥妖天雨草

32. 나무를 베었는데 하루만에 되살아나다

한(漢)나라 원제(元帝) 건소(建昭) 5년에 연주자사(兗州刺史) 호상(浩賞)이 백성들이 사사로이 토지신 사당 세우는 것을 금지시켰다.
산양현(山陽縣) 탁모향(橐茅鄉)의 토지신 사당에 큰 홰나무가 있었는데 관리가 그것을 베어버렸다.
그날밤 홰나무가 다시 원래 자리에서 섰다.
어떤 이가 말하였다.
"무릇 마른 나무가 잘렸다가 다시 살아나는 것은 다 폐망했다가 다시 흥성할 조짐이다. 이는 세조(世祖)인 광무제(光武帝)에게 조응할 따름이다."

元帝建昭五年 兗州刺史浩賞 禁民私所自立社 山陽 橐茅鄉社 有大槐樹 吏伐斷之 其夜 樹復立故處 說曰 凡枯斷復起 皆廢而復興之象也 是世祖[1]之應耳

1) 世祖(세조) : 후한(後漢)의 첫째임금 이름은 유수(劉秀).

33. 쥐가 나무 위에 집을 짓다

한(漢)나라 성제(成帝) 건시(建始) 4년 9월에 장안성(長安城) 남쪽에 쥐들이 누런 볏짚과 잣나무 잎을 물고 백성들의 무덤가 잣나무 및 느릅나무에 올라가 집을 지었는데 동백산(桐栢山)에서 그런 일이 많았다.

쥐집에는 새끼가 없고 다 마른 쥐똥 수십개만 있었다. 그때 의론하던 신하들은 아마도 수재(水災)가 나리라 생각했다.

쥐는 훔치는 작은 동물로 밤에 나오고 낮에는 숨는다. 지금 바로 낮에 굴을 떠나 나무에 올랐으니 천한 사람이 장차 고귀한 지위를 차지할 것을 상징한다.

동백산은 위사후(衛思后)의 동산의 소재지이다. 그뒤 조후(趙后)가 미천한 지위에서 지존(至尊)의 자리에 올랐으니 위사후의 경우와 같다.

조후는 끝내 아들이 없었기에 해를 입었다. 다음해 솔개가 집을 태우고 새끼를 죽이는 현상이 있었다.

경방(京房)의 『역전(易傳)』에 쓰여있다.

"신하가 녹을 사사롭게 하고 국가로부터 녹을 구하지 않았으니 그 요사스러운 쥐가 나무 위에 집을 지었도다."

漢成帝建始四年九月 長安城南 有鼠銜黃蘽 栢葉上民冢栢及楡樹上 爲巢 桐栢尤多 巢中無子 皆有乾鼠矢數十 時議臣以爲恐有水災 鼠盜竊小蟲 夜出晝匿 今正晝去穴而登木 象賤人將居貴顯之占 桐栢 衛思后[1]園所在也 其後趙后[2]自微賤登至尊 與衛后同類 趙后終無子而爲害 明年 有鳶焚巢殺子之象云 京房易傳曰 臣私祿罔干 厥妖鼠巢

1) 衛思后(위사후) : 한(漢)나라 무제의 황후인 위자부(衛子夫)의 시호가 사후다.
2) 趙后(조후) : 한나라 성제의 황후 조비연(趙飛燕).

34. 개가 사람으로 둔갑하다

한(漢)나라 성제(成帝) 하평(河平) 원년(元年)에 장안(長安)의 남자 석량(石良)과 유음(劉音)이 함께 살았다.

사람같은 물건이 그들의 방 안에 있기에 그것을 때렸더니 개가 되어 달아났다. 개가 간 뒤 몇사람이 갑옷을 입고 활과 쇠뇌를 들고 석량의 집에 왔다.

석량 등이 치고 때리니 혹은 죽고 혹은 상처 입었는데 다 개였다. 2월부터 시작해서 6월에 이르러서야 그쳤다.

그것이 『홍범(洪範)』에 있어서는 다 개의 화(禍)이니 말을 따르지 않은 재앙인 것이다.

成帝河平元年 長安男子石良 劉音相與同居 有如人狀在其室中 擊之爲狗 走出 去後 有數人披甲持弓弩至良家 良等格擊 或死或傷 皆狗也 自二月至六月乃止 其於洪範[1] 皆犬禍 言不從之咎也

1) 洪範(홍범) : 『서경(書經)』의 편명(篇名). 상(商)나라 말(末) 기자(箕子)가 주(周)나라 무왕(武王)에게 진술했다는 천지(天地)의 대법(大法)이다. 거북과 산가지로 인사의 길흉화복을 점칠 수 있다고 인정했다. 나중에 한(漢)나라 때 천인감응(天人感應)의 이론적 근거가 된다.

35. 솔개가 둥지를 불 태우다

한(漢)나라 성제(成帝) 하평(河平) 원년(元年) 2월 경자일(庚子日)에 태산군(泰山郡)의 산상곡(山桑谷)에서 어떤 솔개가 그 둥지를 불태웠다.

남자 손통(孫通) 등이 산 속에서 뭇새와 솔개와 까치의 소리가 나는 것을 듣고 가보니 둥지가 불타서 다 못속에 떨어졌는데 세 마리 솔개 새끼가 타서 죽은 것이 보였다.

나무의 크기는 네 아름이고 둥지는 땅에서 다섯 길, 다섯 자나 떨어져 있었다.

『역경(易經)』에 쓰여있다.

"새가 그 둥지를 불태우니 나그네가 먼저 웃고 나중에 울부짖도다."

나중에 마침내 조대(朝代)를 바꾸는 화(禍)가 일어났다.

成帝河平元年二月庚子 泰山山桑谷 有鸛焚其巢 男子孫通等 聞山中群鳥鸛鵲聲 往視之 見巢蕪 盡墮池中 有三鷇 燒死 樹大四圍 巢去地五丈五尺 易曰 鳥焚其巢 旅人先笑 後號咷 後卒成易世之禍[1]云

1) 易世之禍(역세지화) : 왕망(王莽)이 전한의 황제 자리를 빼앗아 전한을 망하게 하고 신(新)나라를 세운 일을 말한다.

36. 하늘에서 고기가 떨어지다

한(漢)나라 성제(成帝) 홍가(鴻嘉) 4년 가을에 신도군(信都郡)에서 하늘로부터 고기가 떨어졌는데 길이는 다섯 치 안쪽이었다.

한나라 성제 영시(永始) 원년(元年) 봄에 이르러 북해에서 큰 고기가 나왔는데 길이 여섯 길, 높이 한 길이며 모두 네 마리였다.

한나라 애제(哀帝) 건평(建平) 3년에 동래군(東萊郡) 평도현(平度縣)에서 큰 고기가 나왔는데 길이 여덟 길, 높이 한 길 한 자이며 모두 7마리였다. 모두 죽었다.

후한(後漢) 영제(靈帝) 희평(熹平) 2년에 동래군 바다에서 큰 고기 두 마리가 나왔는데 길이 여덟이나 아홉 길 쯤 되었고 높이 두 길 남짓했다.

경방의 『역전(易傳)』에 쓰여있다.

"바다에서 자주 큰 고기가 나타나는 것은 간사한 사람이 등용되고 현인이 소외당하기 때문이다."

成帝鴻嘉四年秋 雨魚於信都 長五寸以下 至永始元年春 北海出大魚 長六丈 高一丈 四枚 哀帝建平三年 東萊平度出大魚 長八丈 高一丈一尺 七枚 皆死 靈帝熹平二年 東萊海出大魚二枚 長八九丈 高二丈餘 京房易傳曰 海數見巨魚 邪人進 賢人疎

37. 나무에서 사람 머리를 닮은 가지가 나오다

한(漢)나라 성제(成帝) 영시(永始) 원년(元年) 2월에 하남군(河南郡) 가우현(街郵縣)의 가죽나무에서 사람머리를 닮은 가지가 나왔는데 눈썹과 눈과 수염이 다 갖춰졌으나 머리털이 없을 따름이었다.

한나라 애제(哀帝) 건평(建平) 3년 10월에 이르러 여남군(汝南郡) 서평현(西平縣) 수양향(遂陽鄉)에서 어떤 나무가 땅에 쓰러져 사람 형태같은 가지를 내었는데 몸은 푸르면서 누런색이고 얼굴은 희고 머리에는 수염과 머리털이 생겼는데 조금 자라서 모두 길이가 여섯 치 한 푼이었다.

경방의 『역전(易傳)』에 쓰여있다.

"임금의 덕이 쇠퇴해져 아랫사람이 장차 대두하려고 할 때 곧 나무에 사람 모양이 생긴 것이다."

그뒤 왕망(王莽)의 찬탈이 있었다.

成帝永始元年二月 河南街郵樗樹生枝如人頭 眉目鬚皆具 亡髮耳 至哀帝建平三年十月 汝南西平遂陽鄉有材仆地 生枝如人形 身青黃色 面白 頭有髭髮 稍長大 凡長六寸一分 京房易傳曰 王德衰 下人將起 則有木生爲人狀 其後有王莽之簒

38. 말에 뿔이 나다

한(漢)나라 성제(成帝) 수화(綏和) 2년 2월에 큰 마굿간에서 말의 왼쪽 귀 앞에 뿔이 났는데 둘레와 길이가 각각 두 치였다.

이때 왕망(王莽)이 대사마(大司馬)였는데 황제를 해칠 싹이 이로부터 텄던 것이다.

成帝綏和二年二月 大廐馬生角 在左耳前 圍長各二寸 是時王莽爲大司馬 害上之萌 自此始矣

39. 제비알에서 참새를 까다

한(漢)나라 성제(成帝) 수화(綏和) 2년 3월에 천수군(天水郡) 평양현(平襄縣)에서 제비가 알을 까서 참새를 나오게 했는데 먹이를 물려주어 키워서는 함께 날아갔다.
경방의 『역전(易傳)』에 쓰여있다.
"임금을 해치는 신하가 나라에 있으니 그 재앙스러운 제비가 알을 까서 참새를 나오게 하고 제후들이 멸망당했도다."
또 달리 쓰여있다.
"자신과 같은 종류가 아닌 물건을 낳았으니 아들이 대(代)를 잇지 못하리라."

成帝綏和二年三月 天水平襄 有燕生雀 哺食至大 俱飛去 京房易傳曰 賊臣在國 厥咎燕生雀 諸侯銷 又曰 生非其類 子不嗣世

40. 숫말이 망아지를 낳다

한(漢)나라 애제(哀帝) 건평(建平) 3년에 정양군(定襄郡)에서 숫말이 망아지를 낳았는데 발이 셋이었고 뭇 말들을 따라 먹고 마셨다.
『오행지(五行志)』에 말은 나라에서 전쟁 때에 쓰는 도구인데 세 발 뿐이니 임용되지 못할 조짐이다 라고 하였다.

漢哀帝建平三年 定襄有牡馬生駒 三足 隨群飮食 五行志以爲 馬 國

之武用 三足 不任用之象也

41. 자빠진 나무가 다시 서다

한(漢)나라 애제(哀帝) 건평(建平) 3년에 영릉현(零陵縣)에서 어떤 나무가 땅에 자빠졌는데 둘레가 한 길 여섯 자, 길이가 열 길 일곱자였다. 백성들이 그 뿌리를 자르니 길이가 아홉 자가 넘었는데 다 말라버렸다.

석 달이 지나 나무가 갑자기 저절로 원래의 곳에서 섰다.

경방(京房)의 『역전(易傳)』에 쓰여있다.

"정도(正道)를 버리고 음란한 짓을 하니 그 요사스러운 나무가 잘렸다가 스스로 붙었도다. 후비가 총애를 독차지하니 나무가 자빠졌다 도리어 서고 잘리고 말랐다가 다시 살아나도다."

哀帝建平三年 零陵有樹僵地 圍一丈六尺 長十丈七尺 民斷其本 長九尺餘 皆枯 三月 樹卒自立故處 京房易傳曰 棄正作淫 厥妖木斷自屬 妃后有顓 木仆反立 斷枯復生

42. 아기가 배 속에서 울다

한(漢)나라 애제(哀帝) 건평(建平) 4년 4월에 산양현(山陽縣) 방여(方與)땅의 여자 전무색(田無嗇)이 아이를 낳았다.

먼저 아이를 낳기 2달 전에 아이가 어머니 배 속에서 울었다. 아이가 태어났을 때 그를 기르지 않고 길가에 묻어버렸다.

사흘 뒤 어떤 사람이 지나가다가 아이 울음소리를 듣고 소문을 내니 아이 어머니가 인하여 땅을 파서 아이를 꺼내 길렀다.

哀帝建平四年四月 山陽方與女子田無嗇生子 先未生二月前 兒啼腹中 及生 不擧 葬之陌上 後三日 有人過 聞兒啼聲 母因掘收養之

43. 서왕모(西王母)에게 제사를 지내다

한(漢)나라 애제(哀帝) 건평(建平) 4년 여름, 수도와 지방의 백성들이 골목과 길에 모여 도박에 필요한 도구를 설치해 놓고 노래하고 춤추며 서왕모에게 제사지냈다.

또 글쓴 쪽지를 전하면서 말하였다.

"서왕모께서 백성들에게 고하셨는데 이 글쓴 쪽지를 차면 죽지 않습니다. 내 말을 믿지 못하겠다면 문 지도리 아래를 보십시오. 마땅히 흰 머리털이 있을 것입니다."

가을이 되어서 곧 그런 일이 그쳤다.

哀帝建平四年夏 京師郡國民 聚會里巷阡陌 設張博具歌舞 祠西王母 又傳書曰 母告百姓 佩此書者不死 不信我言 視門樞下 當有白髮 至秋乃止

44. 남자가 여자로 변화하다

한(漢)나라 애제(哀帝) 건평(建平) 때 예장군(豫章郡)의 어떤 남자가 여자로 변화하여 시집가서 남의 아내가 되어 한 아이를 낳았다.

장안(長安) 사람 진봉(陳鳳)이 말하였다.

"양이 음으로 변화하니 장차 후계자를 잃을 것이며 스스로를 살릴 조짐이다."

일설(一說)에는 이렇게 말했다.

"시집가서 남의 아내가 되어 한 아이를 낳았으니 장차 한 세대를 지나서 세습이 끊어지리라."

그래서 나중에 애제가 죽고 또 평제(平帝)가 죽고 나서 왕망(王莽)이 황제 자리를 빼앗았다.

哀帝建平中 豫章有男子化爲女子 嫁爲人婦 生一子 長安陳鳳曰 陽
變爲陰 將亡繼嗣 自相生之象 一曰 嫁爲人婦 生一子者 將復一世乃絶
故後哀帝崩 平帝沒 而王莽簒焉

45. 여자가 죽었다가 살아나다
 한(漢)나라 평제(平帝) 원시(元始) 원년(元年) 2월에 삭방군
(朔方郡) 광목현(廣牧縣)의 여자 조춘(趙春)이 병들어 죽어서
이미 염하고 입관한 지 이레만에 널 밖으로 나왔다.
 스스로 죽은 시아버지를 만났는데 시아버지가 말하기를 "나이
스물 일곱에 너는 죽는 것이 마땅치 않다."라고 했다고 태수(太
守) 담(譚)이 이 사건을 말했다.
 어떤 사람이 말하였다.
 "지극한 음이 양이 되고 아랫사람이 임금이 되려고 그 요사스
러운 사람이 죽었다가 다시 살아났도다."
 그뒤 왕망이 황제 자리를 빼앗았다.

漢平帝元始元年二月 朔方廣牧女子趙春病死 旣棺殮 積七日 出在棺
外 自言見夫死父 曰 年二十七 汝不當死 太守譚以聞 說曰 至陰爲陽
下人爲上 厥妖人死復生 其後王莽簒位

46. 머리 둘 달린 아이를 낳다
 한(漢)나라 평제(平帝) 원시(元始) 원년(元年) 6월에 장안에서
여자가 아이를 낳았는데 머리가 둘이고 목이 둘이고 얼굴이 서
로 마주보고 네 팔이 한 가슴에 나서 나란히 앞을 향하고 등뼈
의 끝에 눈이 자랐는데 길이가 두 치쯤 되었다.
 경방(京房)의 『역전(易傳)』에 쓰여있다.
 "'배반을 당하고 고립되니 돼지가 진흙을 진 것을 보도다.' 라
고 했으니 그 요사스러운 사람에게 두 머리가 생겼다. 아랫사람

이 서로 선(善)을 배척하면 요사스러움이 또한 서로 같다. 사람이 만약 소, 말, 개, 돼지, 양, 닭처럼 머리와 눈이 아래에 난다면 이것을 위가 없다고 말하니 정권이 장차 변경되리라. 그 요사스러움이 일어남은 임금이 정도(正道)를 잃음을 꾸짖는 것이니 각자 그것에 상응되는 잘못을 상징한다. 두 목은 아랫사람들이 일치하지 않는 것이요, 손이 많음은 임명된 사람들이 사악한 것이요, 발이 적음은 아랫사람들이 임무를 감당하지 못하거나 임금이 아랫사람을 임용하지 못하는 것이다. 무릇 하체가 상체에 나는 것은 불경을, 상체가 하체에 나는 것은 외설을, 자신과 다른 종류를 낳는 것은 음란을, 사람이 나서 곧 장대해지는 것은 임금이 빨리 성공함을, 태어나서 말할 줄 아는 것은 임금이 허무를 좋아함을 각각 상징한다. 뭇 요사스러움은 이것을 미루어 유추해 볼 수 있다. 잘못을 고치지 않으면 곧 흉함이 되는 것이다."

漢平帝元始元年六月 長安有女子生兒 兩頭異頸 面俱相向 四臂共胸 俱前向 尻上有目 長二寸所 京房易傳曰 睽孤 見豕負塗 厥妖人生兩頭 下相攘善 妖亦同 人若六畜首目在下 茲謂亡上 政將變更 厥妖之作 以譴失正 各象其類 兩頸 下不一也 手多 所任邪也 足少 下不勝任 或不任下也 凡下體生于上 不敬也 上體生于下 媟瀆也 生非其類 姪亂也 人生而大 上速成也 生而能言 群好虛也 妖推此類 不改 乃成凶也

47. 세 발 달린 아이를 낳다
한(漢)나라 장제(章帝) 원화(元和) 원년(元年)에 대군(代郡)에서 고류오(高柳烏)가 아이를 낳았다.
그 아이는 발이 셋 달리고 크기는 닭 만하고 살갗은 붉고 머리에는 뿔이 났는데 길이가 한 치 남짓했다.

漢章帝元和元年 代郡高柳烏生子 三足 大如雞 色赤 頭有角 長寸餘

48. 큰 뱀이 궁전에 나타나다

후한(後漢)의 환제(桓帝)가 즉위하자 큰 뱀이 덕양전(德陽殿) 위에 나타났다.

낙양(洛陽)의 시령(市令) 순우익(淳于翼)이 말하기를

"뱀에게 비늘이 있으니 갑옷과 병기를 상징한다. 황궁에 나타났으니 장차 황후편의 대신이 군대에 의해 죽임을 당할 것을 상징한다."

라고 하고 곧 벼슬을 버리고 피해갔다.

후한 환제 연희(延熹) 2년에 대장군 양기(梁冀)를 주살하고 가족들을 잡아 다스리고 수도에서 병력을 동원했다.

漢桓帝卽位 有大蛇見德陽殿上 洛陽市令¹⁾淳于翼曰 蛇有鱗 甲兵之象也 見于省中 將有椒房大臣受甲兵之象也 乃棄官遁去 到延熹二年 誅大將軍梁冀 捕治家屬 揚兵京師也

1) 市令(시령) : 저자를 관장한 벼슬아치.

49. 하늘에서 양갈비가 내려오다

한(漢)나라 환제(桓帝) 건화(建和) 3년 가을 칠월에 북지군(北地郡) 염현(廉縣)의 하늘에서 고기가 내려왔는데 양갈비같고 어떤 것은 크기가 손 만했다.

이때 양태후(梁太后)가 섭정하여 양기가 권력을 마음대로 휘둘렀는데 태위(太尉) 이고(李固), 두교(杜喬)를 죽이자 천하 사람들이 그들이 원통하다고 여겼다.

그뒤 양씨(梁氏)들은 주살되었다.

漢桓帝建和三年 秋七月 北地廉縣雨肉 似羊肋 或大如手 是時梁太后攝政 梁冀專權 擅殺誅太尉李固 杜喬 天下冤之 其後梁氏誅滅

50. 부녀들이 근심하는 눈썹을 유행시키다

한(漢)나라 환제(桓帝) 원가(元嘉) 때 수도의 부녀들이 근심하는 눈썹, 우는 화장, 타마계(墮馬髻), 허리를 꺾는 걸음, 이를 앓는 듯한 웃음을 유행시켰다.

근심하는 눈썹이란 눈썹을 가늘고 구부러지게 그린 것이다.

우는 화장이란 눈 아래를 엷게 화장하여, 울었던 것처럼 하는 것이다.

타마계란 머리를 한쪽으로 치우치게 묶는 것이다.

허리를 꺾으며 걷는 것이란 다리가 하체를 주체하지 못하는 듯 걷는 것이다.

이를 앓는 듯이 웃는 것이란 이가 아픈 듯이 비록 즐거워도 표정을 다하지 않고 웃는 것이다.

처음에는 대장군 양기(梁冀)의 아내 손수(孫壽)가 이렇게 하였는데 수도의 부녀들이 다 따라하더니 나중에 모든 중국의 부녀들이 다 본받았다.

하느님이 훈계하여 "말을 탄 병사들이 장차 부녀들을 잡으러 감에 부녀들이 근심하여 눈썹을 찌푸리고 우는데 관병들이 부녀들을 끌고가서 쓰러뜨리고는 그들의 허리를 꺾고 그들의 두 발을 비뚤어지게 하니 비록 부녀들이 억지로 말하고 웃으나 다시 무슨 의미가 없다."라고 말하는 것과 같다.

후한(後漢) 환제 연희(延熹) 2년에 이르러 양기의 모든 종족이 다 주살되었다.

漢桓帝元嘉中 京都婦女作愁眉 啼粧 墮馬髻 折腰步 齲齒笑 愁眉者細而曲折 啼粧者 薄拭目下 若啼處 墮馬髻者 作一邊 折腰步者 足不在下體 齲齒笑者 若齒痛 樂不欣欣始自大將軍梁冀妻孫壽所爲 京都翕然 諸夏效之 天戒若曰 兵馬將往收捕 婦女憂愁 踧眉啼哭 吏卒掣頓折其腰脊 令髻邪傾 雖强語笑 無復氣味也 到延熹二年 冀擧宗合誅

51. 소가 닭을 낳다

후한(後漢) 환제(桓帝) 연희(延熹) 5년에 임원현(臨沅縣)에서 소가 닭을 낳았는데 대가리가 둘이고 발이 넷이었다.

桓帝延熹五年 臨沅縣有牛生雞 兩頭四足

52. 옛날 책의 예언

후한(後漢) 영제(靈帝) 때 황제가 자주 서원(西園) 속에서 유희했다. 그때마다 후궁의 하등궁녀(下等宮女)로 하여금 여관의 주인이 되게 하고 황제 자신은 저자에서 파는 낡은 옷을 입고 여관에 와서 하등궁녀로 하여금 술과 먹을 것을 내오게 하고는 함께 먹고 마시며 이런 일로 오락을 삼았다.

이는 천자가 장차 지위를 잃어 종의 자리로 강등될 것을 암시했다. 그뒤 천하가 크게 어지러워졌다.

옛 기록에 말하기를 "적액(赤厄)이 삼칠이로다." 라고 하였는데 삼칠(三七)이란 210년을 지나면 마땅히 외척의 찬탈과 붉은 눈썹의 요물이 생길 것을 말한다.

황제 자리를 빼앗은 도적은 복이 짧아 18년만에 운이 끝나고 마땅히 하늘을 나는 용같이 현명한 임금인 유수(劉秀)가 나서 조상의 왕업을 부흥시켰다.

또 210년을 지나서 마땅히 다시 누런 두건을 쓴 요물이 생겨나 천하가 크게 어지러워졌다.

고조(高祖) 유방(劉邦)이 왕업을 세우고부터 평제(平帝) 말년까지 210년인데 왕망(王莽)의 찬탈은 대개 그가 황태후의 친족이었기에 가능했다.

왕망의 통치 18년이 지난 뒤 산동(山東)땅의 강도 번숭(樊崇)과 조자도(趙子都) 등이 기병했는데 실제로 그 눈썹을 붉게 칠

하였으니 천하에서 적미(赤眉)라 이름했다.

그래서 광무제(光武帝)가 한나라의 국통(國統)을 중흥시켰는데 그 이름이 수(秀)이다.

후한(後漢) 영제 중평(中平) 원년(元年)에 이르러 장각(張角)이 기병했는데 스스로 황천(黃天)이라 부르고 따르는 무리 36만명이 황건(黃巾)을 썼었기에 천하 사람들이 황건적이라 불렀다.

지금 도교의 옷은 이로부터 말미암았다. 처음에는 업현(鄴縣)에서 기병하고 나중에 진정군(眞定郡)에서 군사들을 모았는데 백성들을 속이고 미혹시키며 말하였다.

"창천(蒼天)은 이미 죽고 황천이 서도다. 해가 갑자년(甲子年)이 될 때 천하는 크게 길하리라."

업현에서 기병한 것은 천하가 업(業)을 시작했음을 상징한다.

진정군(眞定郡)에서 군사들을 모았을 때 백성들이 그들을 향해서 무릎꿇어 절하고 그들의 가르침을 신봉했는데 형주(荊州)와 양주(揚州)에서는 더욱 심하여 곧 재산을 버리고 도로에 유랑하여 죽은 사람이 무수했다.

장각(張角) 등이 처음 2월에 기병하여 그해 12월에 다 패망했다. 광무제가 중흥하고부터 황건적이 일어날 때까지 210년이 차지 않았으나 천하가 크게 어지러워지고 한(漢)나라의 복이 끊어진 것은 바로 삼칠(三七)의 운수에 조응하는 것이다.

漢靈帝數遊戲於西園中 令後宮采女爲客舍主人 身爲估服 行至舍間 采女下酒食 因共飮食 以爲戲樂 是天子將欲失位 降在皂隷之謠也 其後天下大亂 古志有曰 赤厄三七 三七者 經二百一十載 當有外戚之篡 丹眉之妖 篡盜短祚 極于三六 當有飛龍之秀 興復祖宗 又歷三七 當復有黃首之妖 天下大亂矣 自高祖建業 至於平帝之末 二百一十年 而王莽篡 蓋因母后之親 十八年而山東賊樊子都等起 實丹其眉 故天下號曰 赤眉 於是光武以興祚 其名曰秀 至於靈帝中平元年而張角起 自稱黃天 有衆三十六萬 皆是黃巾 故天下號曰黃巾賊 至今道服由此而興 初起於鄴 會於眞定 誑感百姓曰 蒼天已死 黃天立 歲名甲子年 天下大吉

起於鄴者 天下始業也 會於眞定也 小民相向跪拜趣信 荊揚尤甚 乃棄
財産 流沈道路 死者無數 角等初以二月起兵 其冬十二月悉破 自光武
中興 至黃巾之起 未盈二百一十年 而天下大亂 漢祚廢絕 實應三七之運

53. 음양을 따르지 않는 옷모양새

후한(後漢) 영제(靈帝) 건녕(建寧) 때 남자의 옷은 길게 만든
것을 좋아했으나 아래 옷은 아주 짧았다.

여자는 긴 옷뒷자락 만드는 것을 좋아했으나 웃옷은 아주 짧
았다. 이는 양은 아래가 없고 음은 위가 없으니 천하가 태평하고
자 하지 않음이다.

나중에 드디어 천하가 크게 어지러워졌다.

靈帝建寧中 男子之衣 好爲長服 而下甚短 女子好爲長裾 而上甚短
是陽無下而陰無上 天下未欲平也 後遂大亂

54. 아내가 남편을, 남편이 아내를 잡아먹다

후한(後漢) 영제(靈帝) 건녕(建寧) 3년 봄에 하내군(河內郡)에
서 어떤 아내가 남편을 잡아먹고, 하남군(河南郡)에서 어떤 남편
이 아내를 잡아먹었다.

부부는 음양 쌍방이 배합한 사물 중에서 가장 정이 깊은 존재
인데 지금 도리어 서로 잡아먹었다.

음양이 서로 침범했으니 어찌 다만 일월의 허물이리오?

영제가 죽고 나서 천하가 크게 어지러워져 임금에게는 망령되
게 주살하는 포악함이 있었고 신하에게는 강탈하고 임금을 죽이
는 반역이 있었다.

전쟁을 일으켜 서로 죽이고 친족끼리 원수가 되어 백성들의
화(禍)가 지극했다. 그래서 사람 요물이 먼저 일어났다.

한(恨)이 되는 것은 신유(辛有)와 도승(屠乘)의 이론을 만나

서 그 사정을 헤아리지 못한 것이다.

靈帝建寧三年春 河內有婦食夫 河南有夫食婦 夫婦陰陽二儀 有情之
深者也 今反相食 陰陽相侵 豈特日月之眚哉 靈帝既沒 天下大亂 君有
妄誅之暴 臣有劫弑之逆 兵革相殘 骨肉爲讐 生民之禍極矣 故人妖爲
之先作 恨而不遭辛有 屠乘之論 以測其情也

55. 호분사(虎賁寺)의 황인(黃人)

후한(後漢) 영제(靈帝) 희평(熹平) 2년 6월에 낙양(雒陽)의 백성들이 와전하기를 호분사(虎賁寺) 동쪽 벽 속에 황인이 있는데 형체와 얼굴과 수염과 눈썹이 똑바로 생겼다고 했다. 구경꾼들이 수만명이었고 황궁 안에서도 다 나가 도로가 막혔다.

후한 영제 중평(中平) 원년(元年) 2월에 이르러 장각(張角)의 형제들이 기주(冀州)에서 기병하여 스스로 황천(黃天)이라 이름했다. 그들은 36방(方)의 군대를 두었는데 사방에서 나와 호응하고 장수들은 별처럼 포진하고 관리들도 그들에게 외부에서 귀속했다.

나중에 그들이 피곤하고 굶주렸을 때를 틈타 관군이 그들을 견제하여 이겼다.

靈帝熹平二年六月 雒陽民訛言 虎賁寺東壁中有黃人 形容鬚眉良是
觀者數萬 省內悉出 道路斷絶 到中平元年二月 張角兄弟起兵冀州 自
號黃天 三十六方 四面出和 將帥星布 吏士外屬 因其疲餒 牽而勝之

56. 나무가 사람모양을 내다

후한(後漢) 영제(靈帝) 희평(熹平) 3년에 우교별작(右校別作) 중에 두 그루 가죽나무가 있었는데 다 높이가 넉 자쯤 되었다.

그중 한 그루가 하룻밤 자고 나자 길이 한 길 남짓 굵기는 한 아름 정도가 갑자기 자랐는데 사람모양을 했고 머리와 눈과 수염과 머리털이 다 갖추어져 있었다.

영제 희평 5년 10월 임오일(壬午日)에 정전(正殿) 곁에 모두 둘레가 여섯, 일곱 아름되는 홰나무가 있었는데 스스로 뽑혀 거꾸로 서서 뿌리가 위로 가고 가지가 아래로 내려갔다.

또 영제 중평 때 장안성(長安城) 서북쪽 6, 7리 되는 곳에 속이 빈 나무가 있었는데 사람얼굴이 있었고 귀밑머리가 났다.

그것들이 『홍범(洪範)』에 있어서는 다 나무가 올바르지 못한 것이다.

靈帝熹平三年 右校別作中 有兩樗樹 皆高四尺許 其一枝 宿昔暴長 長一丈餘 麤大一圍 作人狀 頭目鬢髮俱具 其五年十月壬午 正殿側 有槐樹 皆六七圍 自拔倒豎 根上枝下 又中平中 長安城西北六七里 空樹中有人面 生鬢 其於洪範 皆爲木不曲直

57. 암탉이 장닭으로 변화하다

후한(後漢) 영제(靈帝) 광화(光和) 원년(元年)에 남궁(南宮)의 시중(侍中) 관사 안에서 암탉이 장닭으로 변화하려고 했는데 온몸의 털이 다 장닭같았으나 다만 머리의 벼슬만은 아직 변하지 않았다.

靈帝光和元年 南宮侍中寺 雌雞欲化爲雄 一身毛皆似雄 但頭冠尙未變

58. 머리 둘 달린 아이가 상징한 것

후한(後漢) 영제(靈帝) 광화(光和) 2년에 낙양(洛陽) 상서문(上西門) 밖의 여자가 아이를 낳았는데 머리가 둘이고 상체 두 개가 한 가슴에 달렸는데 모두 앞을 향했다.

어머니는 상서롭지 못하다고 여겨 땅에 버렸다.

이뒤로부터 조정은 혼란스러워지고 정권은 사사로운 귀족의 가문에 떨어지고 상하의 구별이 없었으니 머리 둘 달린 아이가 이 일을 상징한 것이다.
 나중에 동탁(董卓)이 태후(太后)를 죽이고 불효의 이름을 뒤집어씌워 천자를 쫓아낸 뒤 다시 죽였으니 한(漢)나라 건국이래 재앙이 이보다 더한 것이 없었다.

 靈帝光和二年 洛陽上西門外女子生兒 兩頭 異肩共胸 俱前向 以爲不祥 墮地棄之 自是之後 朝廷霧亂 政在私門 上下無別 二頭之象 後董卓戮太后 被以不孝之名 放廢天子 後復害之 漢元以來 禍莫踰此

59. 궁전에 흰옷 입은 남자가 나타나다
 후한(後漢) 영제(靈帝) 광화(光和) 4년에 남궁(南宮)의 중황문(中黃門) 관사에 어떤 남자가 있었는데 키는 아홉 자 가량 되었고 흰옷을 입고 있었다.
 중황문이 걸어가서 꾸짖기를
 "그대는 어떤 사람이길래 흰옷을 입고 망령되게 궁정에 들어왔는가?"
 라고 하니, 그가 답하였다.
 "나는 양백하(梁伯夏)의 후손인데 하느님께옵서 나로 하여금 천자가 되게 하셨다."
 중황문이 걸어가서 그를 잡으려고 하니 문득 보이지 않았다.

 光和四年 南宮中黃門[1]寺 有一男子 長九尺 服白衣 中黃門解步呵問 汝何等人 白衣妄入宮掖 曰 我 梁伯夏後 天使我爲天子 步欲前收之 因忽不見
1) 中黃門(중황문) : 곧 내시(內侍).

60. 풀이 사람모양을 하다

후한(後漢) 영제(靈帝) 광화(光和) 7년에 진류군(陳留郡)의 제양현(濟陽縣), 장원현(長垣縣), 제음군(濟陰郡), 동군(東郡), 원구현(冤句縣), 이호현(離狐縣)의 경계의 길가에 풀이 났는데 다 사람 모양을 하고 병기와 쇠뇌를 잡고 있었다.

소, 말, 용, 뱀, 새, 짐승 형체를 한 것도 있었는데 흑백의 색깔이 각각 알맞게 되어 있었고 깃, 머리, 문, 발, 날개 등이 다 갖추어져 있었다.

비단 비슷할 뿐만 아니라 그것들을 닮은 것이 더욱 순수했다.
옛 이야기에 말하기를 "풀의 요괴에 가깝다."고 했다.
이 해에 황건적(黃巾賊)이 일어나고 한(漢)나라는 드디어 미약해졌다.

光和七年 陳留濟陽 長垣 濟陰 東郡 冤句 離狐界中 路邊生草 悉作人狀 操持兵弩 牛馬龍蛇鳥獸之形 白黑各如其色 羽毛 頭目 足翅皆備 非但彷彿 像之尤純 舊說曰 近草妖也 是歲有黃巾賊起 漢遂微弱

61. 한 몸에 머리가 둘 달린 아이를 낳다

후한(後漢) 영제(靈帝) 중평(中平) 원년(元年) 6월 임신일(壬申日)에 낙양(雒陽)의 남자 유창(劉倉)이 상서문(上西門) 밖에 살았는데 아내가 한 몸뚱이에 머리 둘 달린 사내아이를 낳았다.
후한(後漢) 헌제(獻帝) 건안(建安) 때에 이르러 여자가 아들을 낳았는데 또한 두 머리가 한 몸에 붙어있었다.

靈帝中平元年 六月壬申 雒陽男子劉倉 居上西門外 妻生男 兩頭共身 至建安中 女子生男 亦兩頭共身

62. 참새가 싸우다 목이 떨어지다

후한(後漢) 영제(靈帝) 중평(中平) 8월에 회릉(懷陵) 위에서 만여마리의 참새들이 먼저 지극히 슬피 울더니 이어서는 서로 어지럽게 싸우고 죽여서 다 목이 잘려 나뭇가지와 탱자가시에 걸렸다. 중평(中平) 6년에 이르러 영제가 죽었다.

대저 능이란 높고 큰 것을 상징한다.

작(雀)은 작(爵)이다. 하느님이 훈계하여 "모든 벼슬과 녹을 누리어 존귀해진 사람들이 또한 저절로 서로를 해치니 멸망에 이르리라." 라고 말하는 것과 같다.

中平三年八月中 懷陵上有萬餘雀 先極悲鳴 已因亂鬪相殺 皆斷頭懸著樹枝枳棘 到六年 靈帝崩 夫陵者 高大之象也 雀[1]者 爵[2]也 天戒若曰 諸懷爵祿而尊厚者 還自相害 至滅亡也

1) 雀(작) : 참새 작.
2) 爵(작) : 벼슬 작.

63. 술자리에서 만가(挽歌)를 부르다

한(漢)나라 때 수도에서 손님맞이와 혼례 등 좋은 모임에서 괴뢰곡(魁櫑曲)을 연주하고 술이 한창된 뒤 계속해서 만가를 불렀다. 괴뢰는 상가(喪家)의 음악이다. 만가는 상여줄을 잡고 서로 화답하며 부르는 노래이다.

하느님이 훈계하여 "국가가 마땅히 급하게 곤란을 겪으려면 모든 귀한 음악들이 다 죽게 된다." 라고 말하는 것과 같다.

영제(靈帝)가 죽은 뒤부터 수도는 괴멸되고 인가에는 시체 속의 벌레가 서로 잡아먹는 일이 생겼다.

괴뢰곡을 연주하고 만가를 불렀던 것은 이 일이 일어날 조짐이었던가?

漢時 京師賓婚嘉會 皆作魁㯩 酒酣之後 續以挽歌 魁㯩 喪家之樂 挽歌 執紼相偶和之者 天戒若曰 國家當急殄悴 諸貴樂皆死亡也 自靈帝崩後 京師壞滅 戶有兼屍蟲而相食者 魁㯩 挽歌 斯之效乎

64. 왕과 신하들이 북망(北邙)으로 올라가다

후한(後漢) 영제(靈帝) 말년에 수도의 뜬소문에 말하였다.
"제후가 제후가 아니요, 왕이 왕이 아니로다. 천승만기(千乘萬騎)가 북망(北邙)으로 올라가도다."
후한 영제 중평(中平) 6년에 이르러 사후(史侯)가 최고의 자리에 올랐고 헌제(獻帝)는 아직 작호(爵號)가 없이 중상시(中常侍) 단규(段珪) 등에게 겁략되어 모든 신하들이 그의 뒤를 따르다가 황하(黃河)가에 이르러 곧 돌아올 수 있었다.

靈帝之末 京師謠言曰 侯非侯 王非王 千乘萬騎上北邙[1] 到中平六年 史侯登躡至尊 獻帝未有爵號 爲中常侍[2]段珪等所執 公卿百僚 皆隨其後 到河上 乃得還

1) 北邙(북망) : 낙양성(洛陽城) 북쪽에 있다. 후한(後漢) 및 북위(北魏)의 왕후공경(王侯公卿)들이 대부분 죽은 뒤 여기에 묻혔다.
2) 中常侍(중상시) : 내시(內侍).

65. 죽은 사람이 되살아나다

후한(後漢) 헌제(獻帝) 초평(初平) 때 장사(長沙)땅에 성이 환씨(桓氏)인 사람이 살았는데 죽은 뒤 입관하고서 한 달이 넘어서 그의 어머니가 널 속에서 소리가 나는 것을 듣고 널을 열어 보니 드디어 살아났다.
점치는 이가 점친 뒤 말하였다.
"지극한 음이 양이 되니 아랫사람이 윗자리를 차지하리라."
그뒤 조조(曹操)가 보통의 군사 신분으로부터 크게 출세했다.

漢獻帝初平中 長沙有人姓桓氏 死 棺歛¹⁾月餘 其母聞棺中有聲 發
之 遂生 占曰 至陰爲陽 下人爲上 其後曹公由庶士起
1) 歛(함) : '염(斂)'자 또는 '염(殮)'자가 되어야 옳다고 본다.

66. 왕조가 바뀌려고 남자가 여자로 변하다

후한(後漢) 헌제(獻帝) 건안(建安) 7년에 월수군(越雟郡)에서 어떤 남자가 여자로 변화했다.
그때 주군(周群)이 보고하였다.
"애제(哀帝) 때에도 이런 괴변이 있었으니 장차 조대(朝代)가 바뀌는 일이 있을 것이옵니다."
건안 25년에 이르러 헌제는 지위가 강등되어 산양공(山陽公)에 봉해졌다.

獻帝建安七年 越雟有男子化爲女子 時周群上言 哀帝時亦有此變 將有易代之事 至二十五年 獻帝封山陽公¹⁾
1) 山陽公(산양공) : 조조(曹操)의 아들 조비(曹丕)가 황제라 칭하고, 후한의 헌제를 산양공으로 격하시켰다.

67. 큰 일이 있다고 예언한 화용(華容)의 여자

후한(後漢) 헌제(獻帝) 건안(建安) 초년(初年)에 형주(荊州)의 동요(童謠)에 이르기를 "8, 9년 사이에 비로소 쇠퇴하려 하고 13년에 이르러 남는 것이 없으리라." 라고 하였다.
광무제(光武帝)가 한(漢)나라를 중흥시킨 이래로 형주만이 오직 온전했는데 유표(劉表)가 형주자사(荊州刺史)가 되어서는 백성들이 풍족하고 즐거웠으며 건안(建安) 9년에 이르러 마땅히 처음으로 쇠퇴해진 것을 말한다.
처음으로 쇠퇴해진 것이란 유표의 아내가 죽고 모든 장수들이 아울러 영락(零落)했음을 말한다. 13년에 남는 것이 없다는 것은 유표가 또한 마땅히 죽고 인하여 쇠망해진 것을 말한다.
　이때 화용현(華容縣)에서 어떤 여자가 문득 울부짖기를
"장차 큰 상사(喪事)가 있으리라."
라고 말하는 것이 너무나 지나쳐서 현(縣)에서는 요사스러운 말이라 여겨 그 여자를 옥에 가두었다.
　한 달 남짓 지나서 문득 옥에서 그 여자가 울며 말하였다.
"유형주(劉荊州)가 오늘 죽었도다."
화용현에서 형주까지는 수백리나 떨어졌는데 곧 기병을 보내 조사해 보게 하니 유표는 과연 죽었다.
　현(縣)에서는 곧 그 여자를 옥에서 내보냈다.
　그 여자가 이어서 또 노래하였다.
"이립(李立)이 귀인이 될 줄은 몰랐도다."
　나중에 얼마 안되어 조조(曹操)가 형주를 평정하고 탁군(涿郡) 사람으로 자(字)가 건현(建賢)인 이립을 형주자사로 삼았다.

　建安初 荊州童謠曰 八九年間始欲衰 至十三年無孑遺 言自中興以來 荊州獨全 及劉表爲牧 民又豊樂 至建安九年當始衰始衰者 謂劉表妻死 諸將並零落也 十三年無孑遺者 表當又死 因以喪敗也 是時華容有女子 忽啼呼曰 將有大喪 言語過差 縣以爲妖言 繫獄 月餘 忽於獄中哭曰 劉荊州[1]今日死 華容去州數百里 卽遣馬里[2]驗視 而劉表果死 縣乃出之 續又歌吟曰 不意李立爲貴人 後無幾 曹公平荊州 以涿郡李立 字建賢 爲荊州刺史

1) 劉荊州(유형주) : 곧 유표.
2) 里(이) : 왕소영은 이(吏)가 되어야 옳다고 하였다. 왕소영을 따랐다.

68. 나무를 베니 피가 나오다

　후한(後漢) 헌제(獻帝) 건안(建安) 25년 정월에 위무제(魏武帝)가 낙양(洛陽)에서 건시전(建始殿)을 세우려고 탁룡수(濯龍樹)를 베니 피가 나왔다. 또 배나무를 파서 옮기다 뿌리에 상처를 내니 피가 나왔다. 위무제가 그것을 싫어하더니 드디어 병들어 눕고 그 달에 죽었다.
이 해는 위문제(魏文帝) 황초(黃初) 원년(元年)이다.

建安二十五年正月 魏武¹⁾在洛陽起建始殿 伐濯龍樹而血出 又掘徙梨根傷而血出 魏武惡之 遂寢疾 是月崩 是歲爲魏文黃初元年
1) 魏武(위무) : 곧 조조(曹操).

69. 제비집에서 매가 태어나다

위(魏)나라 문제(文帝) 황초(黃初) 원년에 미앙궁(未央宮) 속의 제비둥지에서 매가 태어났는데 부리와 발톱이 다 붉었다.
위(魏)나라 명제(明帝) 청룡(靑龍) 때 이르러 명제가 능소각을 지었는데 처음 지을 때 그 위에 까치가 둥지를 만들었다.
명제가 고당륭(高堂隆)에게 물어보자 대답하였다.
"『시경(詩經)』에 이르기를 '까치가 집을 지었건만 비둘기가 차지하여 사는도다.' 라고 했습니다. 지금 궁실을 지음에 까치가 와서 둥지를 트니 이 궁실이 완성되지 않아서 폐하께서 여기에 사실 수 없을 것을 상징합니다."

魏黃初元年 未央宮中有鷹生燕巢中 口爪俱赤 至靑龍中 明帝爲凌霄閣 始構有鵲巢其上 帝以問高堂隆 對曰 詩云 惟鵲有巢 惟鳩居之 今興起宮室 而鵲來巢 此宮室未成 身不得居之象也

70. 강에서 말이 나오다

위(魏)나라 제왕(齊王) 가평(嘉平) 초년(初年)에 백마하(白馬河)에서 요사스러운 말이 나와 밤에 관청의 마굿간을 지나 울부짖으니 뭇 말들이 다 응하여 울었다.
다음날 그것의 발자취를 보니 크기가 섬만 했는데 말이 몇리를 걸어간 뒤 다시 백마하에 들어간 흔적을 남겼다.

魏齊王嘉平初 白馬河出妖馬 夜過官牧邊鳴呼 衆馬皆應 明日 見其 跡大如斛 行數里 還入河

71. 제비가 매같은 새끼를 까다

위(魏)나라 명제(明帝) 경초(景初) 원년(元年)에 제비가 위국 (衛國)의 이개(李蓋)의 집에서 큰 새끼를 낳았는데 형체는 매같 고 부리는 제비같았다.

고당륭(高堂隆)이 말하였다.

"이것은 위(魏)왕조의 큰 이변이니 마땅히 궁정 안에서 위세 를 떨치는 대신을 막아야 한다."

그뒤 진(晋)나라 선제(宣帝) 사마의(司馬懿)가 홍기하여 조상 (曹爽)을 죽이고 드디어 위나라를 장악했다.

魏景初元年 有燕生巨鷇于衛國李蓋家 形若鷹 吻似燕 高堂隆曰 此 魏室之大異 宜防鷹揚之臣於蕭牆之內 其後宣帝起 誅曹爽 遂有魏室

72. 영험한 말을 한 초주(譙周)

촉(蜀)나라 후주(後主) 경요(景耀) 5년에 궁중에서 큰 나무가 까닭없이 저절로 부러졌다.

초주가 깊이 근심했으나 더불어 말할 사람이 없어서 곧 기둥 에 글 쓰기를 "많고도 크니 모일 것을 기약하도다. 갖추고도 주 었으니 회복할 수 있겠는가?" 라고 하였다.

이는 조씨(曹氏)의 강대함을 말한 것이다. 병력과 물자가 많아 서 강대하니 천하 사람들이 마땅히 조씨에게 모일 것이다. 조건 을 갖추고 하늘이 천하를 조씨에게 주었으니 어찌 다시 촉나라 왕실을 세울 사람이 있을 것인가?

촉나라가 망한 뒤 다 초주의 말이 영험하다고 여겼다.

蜀景耀五年 宮中大樹無故自折 譙周深憂之 無所與言 乃書柱曰 衆而大 期之會 具而授 若何復 言曹者 大也 衆而大 天下其當會也 具而授 如何復有立者乎 蜀旣亡 咸以周言爲驗

73. 손권(孫權)이 죽기 바로 전해의 조짐
오(吳)나라 손권 태원(太元) 원년 8월 초하루에 강풍이 불었다. 그 바람으로 인해 강과 바다가 넘치고 평지는 물 깊이가 여덟 자나 되고 고지(高地)의 능(陵)의 나무 2천그루가 뽑히고 비석이 비뚤어지고 오나라 성문 두 짝이 날아가 떨어졌다.
다음해 손권이 죽었다.

吳孫權太元元年八月朔 大風 江海涌溢 平地水深八尺 拔高陵樹二千株 石碑差動 吳城兩門飛落 明年 權死

74. 피가 벼로 변화하다
오(吳)나라 손량(孫亮) 오봉(五鳳) 원년(元年) 6월에 교지(交阯)의 피가 벼로 변화했다.
옛날 삼묘(三苗)가 장차 망할 때 오곡이 변종되었다. 이는 풀의 요사스러움이다.
그뒤 손량이 폐위되었다.

吳孫亮五鳳元年六月 交阯稗草化爲稻 昔三苗¹⁾將亡 五穀變種 此草妖也 其後亮廢

1) 三苗(삼묘) : 『사기(史記)』 오제기(五帝紀)에 "삼묘족은 강회(江淮)와 형주(荊州)에 있다.(三苗在江淮 荊州)."고 했다.

75. 손호(孫皓)가 제위를 회복할 조짐

오(吳)나라 손량 오봉(五鳳) 2년 5월에 양선현(陽羨縣)의 이리산(離里山)에서 큰 돌이 저절로 섰다. 이때 손호(孫皓)가 폐망한 가업을 계승했으니 그가 제위를 회복할 수 있을 조짐이었다.

吳孫亮五鳳二年五月 陽羨縣離里山大石自立 是時 孫皓承廢故之家 得復其位之應也

76. 무덤을 뚫고 나온 진초(陳焦)

오(吳)나라 손휴(孫休) 영안(永安) 4년에 안오현(安吳縣)의 백성 진초가 죽은 지 이레만에 되살아나 무덤을 뚫고 나왔다.
오정후(烏程侯) 손호(孫皓)가 폐망한 가업을 계승하여 제위를 얻을 조짐이었다.

吳孫休永安四年 安吳民陳焦 死七日復生 穿冢出 烏程孫皓承廢故之家 得位之祥也

77. 웃옷을 다섯 벌 입은 손휴(孫休)

오(吳)나라 3대(代) 임금 손휴 이후로 옷을 만드는 데 있어 웃옷은 길고 아래옷은 짧았다.
또 웃옷은 다섯, 여섯 벌을 입었고 아래옷은 한 두벌을 입었다. 대개 임금은 부요하고 사치하며 아랫사람들은 검소하고 궁핍하며, 임금은 여유있고 아랫사람들은 부족할 조짐이었다.

孫休後 衣服之制 上長下短 又積領五六 而裳居一二 蓋上饒奢 下儉逼 上有餘 下不足之象也

제7권 기괴한 요정(妖精)들·하

1. 앞 일을 아는 선비

처음에 한(漢)나라 원제(元帝)와 성제(成帝)시대에 앞날을 아는 선비가 말하였다.

"위(魏)나라 연호에 '화(和)' 자가 있을 때 마땅히 서쪽 3천여 리 되는 곳에서 갈라진 돌이 생길 것이며 거기에 다섯 필의 말을 매놓고 글을 써서 '크게 조씨를 치리라' 하리라."

위나라가 처음 흥기할 때에 이르러 장액군(張掖郡)의 유곡(柳谷)에 갈라진 돌이 있었다. 이 돌은 처음 후한(後漢) 헌제(獻帝) 건안(建安) 때에 나타나고 위나라 문제(文帝) 황초(黃初) 때에 형체가 이루어지고 위나라 명제(明帝) 태화(太和) 때 도형과 무늬가 갖춰졌다.

둘레는 쉰 여섯 자요, 가운데의 높이는 한 인(仞)이었다.

푸른바탕에 흰무늬를 했는데 용, 말, 기린, 사슴, 봉황, 신선의 형상이 뚜렷하게 다 드러났다.

이 일은 위나라와 진(晋)나라가 번갈아 흥성한 것과 부합한다.

진나라 무제(武帝) 태시(泰始) 3년에 이르러 장액군의 태수(太守) 초승(焦勝)이 보고하였다.

"군(郡)에 남아있는 본국(本國)의 도참(圖讖)으로써 지금의 돌 위의 도형을 비교해 보니 문자가 다소 다릅니다. 삼가 돌 위의 도형을 본떠서 올리나이다."

그 도형을 살펴보니 다섯 마리의 말의 형상이 있는데 그중의 한 마리에는 어떤 사람이 평상책(平上幘)을 쓰고 창을 잡고 말을 탔고, 또 한 마리는 말같은 형체가 있으나 완성되지는 않았다. 그 문자에는 '금(金)' 자가 있고, '중(中)' 자가 있고, '대사마(大司馬)' 자가 있고, '왕(王)' 자가 있고, '대길(大吉)' 자가 있고, '정(正)' 자가 있고, '개수(開壽)' 자가 있었으며 그중에는 한 글귀를 이룬 것도 있었으니 '금당취지(金當取之 : 금이 마땅히 그것을 거두리라)' 라는 것이었다.

　初 漢元 成之世 先識之士有言曰 魏年有和 當有開石於西三千餘里 繫五馬 文曰大討曹 及魏之初興也 張掖之柳谷有開石焉 始見於建安 形成於黃初 文備於太和 周圍七尋 中高一仞[1] 蒼質素章 龍馬 麟鹿 鳳皇 仙人之象 粲然咸著 此一事者 魏晉代興之符也 至晉泰始三年 張掖太守焦勝上言 以留郡本國圖[2]校今石文 文字多少不同 謹具圖上 案其文有五馬象 其一有人平上幘[3] 執戟而乘之 其一有若馬形而不成 其字有金 有中有大司馬 有王 有大吉 有正 有開壽 其一成行 曰 金當取之

1) 一仞(일인) : 한 인(仞)은 일곱 자 또는 여덟 자.
2) 圖(도) : 도참(圖讖). 미래의 길흉을 적은 책.
3) 平上幘(평상책) : 위진(魏晋) 때 무관(武官)이 쓰던 두건. 위가 평평하여 지붕같다.

2. 재앙을 받을 옷모양의 상징

　진(晋)나라 무제(武帝) 태시(泰始) 초년에 옷을 해입는 것이 웃옷은 짧고 작게 아래옷은 길고 크게 하고 웃옷을 입는 이는 다 옷의 허리를 작게 했다.
　이는 임금이 쇠약해지고 신하는 방종해질 조짐이었다.
　진나라 혜제(惠帝) 원강(元康) 말년에 이르러 부인들이 조끼를 내어 옷 깃위에 붙였으니 이는 속옷이 바깥으로 나온 것이다.
　수레를 만드는 이들은 구차스럽게 가볍고 가는 것을 귀하게 여기고 또 자주 수레의 형태를 바꾸고 다 흰 대오리로 테를 둘렀으니 대개 옛날 상여를 싣던 수레의 유풍이다.

이는 진나라가 재앙을 받을 조짐이었다.

　晋武帝泰始初 衣服上儉下豊 著衣者皆厭腰 此君衰弱 臣放縱之象也
至元康末 婦人出兩裆 加乎交領之上 此內出外也 爲車乘者 苟貴輕細
又數變易其形 皆以白篾爲純 蓋古喪車之遺象 晋之禍徵也

3. 제사지낼 때 숭상한 호상(胡床)
　호상과 맥반(貊槃)은 북적(北狄)의 기물이다.
　강자(羌煮)와 맥적(貊炙)은 북적의 음식물이다.
　진나라 무제 태시(太始) 이래로 중국에서 그것들을 숭상했다.
　귀인과 부자들은 반드시 그 기물을 비축하고 제사지낼 때나
손님을 맞이할 때 다 그 음식물을 먼저 내왔다.

　胡床[1] 貊槃[2] 翟之器也 羌煮[3] 貊炙[4] 翟之食也 自太始以來 中國尙
之 貴人富室 必畜其器 吉享嘉賓 皆以爲先兆也

1) 胡床(호상) : 뒤에 등받이가 있는 의자.
2) 貊槃(맥반) : 옛날 맥족이 음식물을 담던 그릇.
3) 羌煮(강자) : 강족의 요리법.
4) 貊炙(맥적) : 통돼지구이.

4. 게가 쥐가 되다
　진(晋)나라 무제(武帝) 태강(太康) 4년에 방게와 게가 다 쥐
로 변화했다.
　그 무리들이 들을 덮어 크게 벼를 먹어 재앙이 되었다.
　처음에는 쥐가 될 때 털과 살은 있었으나 뼈는 없었고 그것들
이 논두렁을 넘지는 못했다.
　몇날 뒤에는 곧 다 암컷으로 변화했다.

晉太康四年 會稽郡蟛蜞及蟹 皆化爲鼠 甚衆覆野 大食稻爲災 始成
有毛肉而無骨 其行不能過田畯 數日之後 則皆爲牝

5. 두 마리 용이 무고(武庫)의 우물에 나타나다

진(晋)나라 무제(武帝) 태강(太康) 5년 정월에 두 마리 용이 무고의 우물에 나타났다.

무고란 제왕의 위엄스러운 기물을 보배롭게 저장하는 곳이다. 무고의 집채는 깊숙하고 은밀하여 용이 살 곳이 아니다.

이 일이 있은 뒤 7년이 지나서 제후왕들이 서로 해쳤다.

28년이 지나서는 과연 유요(劉曜)와 석륵(石勒)이 참람하게도 황제 자리를 훔쳤는데 그들의 자(字)에 다 '용(龍)'자가 있었다.

太康五年正月 二龍見武庫井中 武庫者 帝王威御之器所寶藏也 屋宇邃密 非龍所處 是後七年 藩王相害[1] 二十八年 果有劉石僭竊神器 皆字曰龍

1) 藩王相害(번왕상해): 팔왕(八王)의 난(亂)을 가리킨다.

6. 두 발 달린 범

진(晋)나라 무제(武帝) 태강(太康) 6년에 남양군(南陽郡)에서 두 발 달린 범을 잡았다.

범이란 음의 정(精)으로 양에서 사는 금수(金獸)이다.

남양(南陽)에는 오행 중 불의 이름이 들어있다. 쇠의 정이 불에 들어가 그 형체를 잃었으니 왕실이 어지러워질 요사스러움인 것이다.

태강 7년 11월 병진일(丙辰日)에 네 뿔 달린 짐승이 하간(河間)땅에서 나타났다.

하느님이 훈계(訓戒)하여 "뿔은 병기의 상징이다. 넷이란 사방의 상징이다. 마땅히 사방에서 병란이 일어나리라."라고 말하는 것과 같다.
 나중에 하간왕 사마옹(司馬翁)이 드디어 사방의 군대를 연결하여 어지러움의 단계를 만들었다.

 晉武帝太康六年 南陽獲兩足虎 虎者 陰精而居乎陽 金獸也 南陽 火名也 金精入火而失其形 王室亂之妖也 其七年十一月景[1]辰 四角獸見於河間 天戒若曰 角 兵象也 四者 四方之象 當有兵革起于四方 後河間王遂連四方之兵 作爲亂階
1) 景(경) : 원문의 '경(景)'자를 왕소영에 의거하여 '병(丙)'자로 고쳤다.

7. 죽은 소대가리가 말을 하다
 진(晉)나라 무제(武帝) 태강(太康) 9년에 유주(幽州)의 변경 북쪽에서 죽은 소 대가리가 말을 했다.
 그때 무제는 병나는 때가 많았는데 깊이 뒷일을 염려했으나 지극히 공평한 태도로써 정권을 부탁하지는 않았다.
 죽은 소 대가리가 말한 것은 무제의 생각이 혼란스러워진 것과 상응한다.

 太康九年 幽州塞北有死牛頭語 時帝多疾病 深以後事爲念 而付託不以至公 思督亂之應也

8. 잉어가 지붕에 나타나다
 진(晉)나라 무제(武帝) 태강(太康) 때 잉어 두 마리가 무고(武庫)의 지붕에 나타났다. 무고란 병기를 저장하는 곳간이며 고기에는 비늘과 갑각이 있으니 또한 병기와 같은 종류이다.
 고기는 이미 지극한 음이고 지붕은 지극한 양인데 고기가 지붕에 나타났으니 지극한 음이 병란의 재앙으로써 지극한 양을 간섭한 것을 상징한다.

진나라 혜제(惠帝) 초년에 이르러 양황후(楊皇后)의 아버지 양준(楊駿)을 주살하고 화살이 궁전에서 교차했다. 또 양황후를 폐출시켜 서인으로 만들고 나서 유폐시킨 뒤 궁중에서 죽였다.
　진나라 혜제 원강 말년에 가황후(賈皇后)가 권력을 휘둘러 태자를 비방해 죽였는데 잠깐만에 또한 가황후도 피살당했다.
　10년 사이에 황후의 재난이 다시 일어났으니 이것이 그 조짐에 대한 응답이다.
　이로부터 재앙과 어지러움이 만들어졌다.
　경방(京房)의 『역요(易妖)』에 쓰여있다.
　"고기가 물을 떠나 길에 날아들면 병란이 장차 일어나리라."

　太康中　有鯉魚二枚現武庫屋上　武庫兵府　魚有鱗甲　亦是兵之類也　魚旣極陰　屋上太陽　魚現屋上　象至陰以兵革之禍干太陽也　及惠帝[1]初誅皇后[2]父楊駿　矢交宮闕　廢后爲庶人　死于幽宮　元康之末　而賈后[3]專制　謗殺太子　尋亦誅廢　十年之間　母后之難再興　是其應也　自是禍亂搆矣　京房易妖曰　魚去水　飛入道路　兵且作

1) 惠帝(혜제) : 무제(武帝)의 아들. 진(晋)나라 2대(代) 임금.
2) 皇后(황후) : 무제(武帝)의 황후인 양황후(楊皇后).
3) 賈后(가후) : 혜제(惠帝)의 황후.

9. 부인의 신이 남자의 신과 같아지다
　처음에 나막신을 만드는 이는 부인의 신은 신코를 둥글게 하고 남자의 신은 신코를 모나게 했다.
　대개 이렇게 만든 뜻은 남녀를 구별하고자 한 것이었다. 진(晋)나라 무제(武帝) 태강(太康) 때 이르러 부인의 신코도 모가 나 남자의 신코와 다를 바 없었다.
　이는 가황후(賈皇后)가 권력을 마음대로 휘두르고 질투할 조짐이었다.

初作屐者 婦人圓頭 男子方頭 蓋作意欲別男女也 至太康中 婦人皆方頭屐 與男無異 此賈后專妬之徵也

10. 힐자계(擷子髻)가 보여준 조짐
 진(晋)나라 때 부인들의 머리를 묶는 것이 이미 빗질하고는 비단으로써 바짝 머리의 고리를 묶었는데 힐자계라고 이름했다.
 처음에는 궁중에서 그렇게 했고 나중에 천하에서 다 그것을 본받았다.
 진나라 말년에 드디어 회제(懷帝)와 민제(愍帝)가 흉노(匈奴)에 잡혀가는 사건이 있었다.

晉時 婦人結髮者 旣成 以繒急束其環 名曰擷子髻 始自宮中 天下翕然化之也 其末年 遂有懷[1] 惠[2]之事
1) 懷(회) : 진(晋)의 3대 임금.
2) 惠(혜) : 『태평어람(太平御覽)』에서는 '민(愍)' 자라고 왕소영이 말하였다. 이것이 사실과도 부합한다.

11. 술잔을 엎었다 바로했다 하며 추는 진세녕(晉世寧)
 진(晋)나라 무제(武帝) 태강(太康) 때 천하에서 '진세녕(晉世寧 : 진나라 시대는 편안하도다)'라는 춤을 추었다.
 그 춤이란 손을 아래로 향하여 술잔과 접시를 잡고는 그것들을 엎었다 바로했다 하면서 노래하기를 "진나라 시대는 편안하도다. 술잔과 접시로 춤을 추도다." 라고 했다.
 술잔과 접시를 엎었다 바로했다 하여 극히 위험했다.
 술잔과 접시는 술 마시는데 쓰는 기물이다.
 이 춤을 '진세녕'이라 이름한 것은 그때의 사람들이 구차하게 먹고 마시는 사이, 술 마시는데 쓰이는 기물이 손에 있는 것과 같이 그 슬기가 멀리 미치지 못했던 것을 말한다.

太康中 天下爲晉世寧之舞 其舞 抑手以執杯盤而反覆之 歌曰 晉世寧 舞杯盤 反覆 至危也 杯盤 酒器也 而名曰晉世寧者 言時人苟且飮食之間 而其智不可及遠 如器在手也

12. 모포로 만든 두건

진(晉)나라 무제(武帝) 태강(太康) 때 천하에서는 다 모포로써 두건과 허리띠와 바지가랑이 끝을 만들었다.

그래서 백성들은 다 서로 장난삼아 말하기를 "중국은 반드시 호인(胡人)들에게 깨지리라."라고 하였다.

대저 모포란 호인들의 생산물인데 천하에서는 그것으로써 두건과 허리띠와 바지가랑이 끝을 만들었으며 호인이 이미 세 차례 중국을 제압한 적이 있었다.

어찌 패배하지 않을 수 있겠는가?

太康中 天下以氈爲絔[1]頭及絡帶 褲口 於是百姓咸相戲曰 中國其必爲胡所破也 夫氈 胡之所產者也 而天下以爲絔頭 帶身 褲口 胡旣三制之矣 能無敗乎

1) 絔(멱) : 융백(糸白).

※ 사고전서본(四庫全書本)에는 이 내용이 없으나 중국의 학림(學林) 출판사본에 의거해 이 내용을 삽입하였다.

13. 유행한 절양류(折楊柳)

진(晉)나라 무제(武帝) 태강(太康) 말년에 낙양(洛陽)에서는 '절양류(折楊柳 : 버들을 꺾도다)'라는 노래를 불렀다.

그 노래는 처음에는 병란과 고통의 가사가 있고 나중에는 사로잡음과 죽임의 일이 있다.

그뒤로부터 양준(楊駿)이 피살되고 양태후(楊太后)도 유폐되어 죽임을 당했으니 '절양류'라는 노래가 영험이 있었던 것이다.

太康末 京洛爲折楊柳之歌 其曲始有兵革苦辛之辭 終以擒獲斬截之
事 自後楊駿被誅 太后幽死 楊柳之應也

14. 진나라 왕실에 병란이 있으려고 말에 뿔이 나다

진(晋)나라 무제(武帝) 태희(太熙) 원년(元年)에 요동군(遼東
郡)에서 말의 양쪽 귀 아래에 뿔이 났는데 길이는 세 치였다.
무제가 죽고 나서 진나라 왕실은 병란의 재앙을 받았다.

晉武帝太熙元年 遼東有馬生角 在兩耳下 長三寸 及帝晏駕 王室毒
於兵禍

15. 다섯 가지 병기모양을 본뜬 오패병(五佩兵)

진(晋)나라 혜제(惠帝) 원강(元康) 때 부인들의 장식품에 오
패병이 있었다.
또 금, 은, 상아, 짐승뿔, 대모(玳瑁)의 껍질 따위로 작은도끼,
큰도끼, 창, 갈래진창을 만들어 머리에 찌르고는 비녀로 삼았다.
대개 남녀의 구별은 나라의 큰 절조다. 그래서 옷과 먹는 것이
다르다.
지금 부인들이 병기로써 장식했으니 대개 요사스러움이 심한
것이다. 그래서 드디어 가황후(賈皇后)의 일이 생겼다.

晉惠帝元康中 婦人之飾有五佩兵[1] 又以金銀象角瑇瑁[2]之屬 爲斧 鉞
戈戟而戴之 以當笄 男女之別 國之大節 故服食異等 今婦人而以兵器
爲飾 蓋妖之甚者也 於是遂有賈后之事

1) 五佩兵(오패병) : 다섯 가지 병기형상을 본떠 만든 머리 장식물.
2) 瑇瑁(독모) : 거북과 비슷하다.

16. 종(鐘)이 눈물을 흘리다

진(晋)나라 혜제(惠帝) 원강(元康) 3년 윤2월(閏二月)에 낙양(洛陽)의 태극전(太極殿) 앞의 6개 종들이 다 눈물을 흘렸는데 오각(五刻)쯤 지나서 그쳤다.

작년에 가황후(賈皇后)가 금용성(金墉城)에서 양태후(楊太后)를 죽였는데 가황후의 악을 저지름이 고쳐지지 않았기에 종이 눈물을 흘려 오히려 상심했던 것이다.

晉元康三年閏二月 殿前六鐘皆出涕 五刻¹⁾乃止 前年賈后殺楊太后於金墉城 而賈后爲惡不悛 故鐘出涕 猶傷之也

1) 五刻(오각) : 일각(一刻)은 15분(分)쯤 된다. 옛날에 하루를 백각(百刻)으로 나누었다.

17. 한 사람이 남녀 두 몸을 가지다

진(晋)나라 혜제(惠帝) 때 낙양(洛陽)의 어떤 사람이 한 몸에 남자와 여자의 생식기가 다 있었다. 또한 남자와도 여자와도 성교할 수 있었는데 성질이 특별히 음란한 것을 좋아했다.

천하의 병란은 남녀의 기가 어지러워져서 요사스러운 형체가 일어난 것으로 말미암은 것이다.

惠帝之世 京洛有人 一身而男女二體 亦能兩用人道 而性尤好淫 天下兵亂 由男女氣亂而妖形作也

18. 여자가 남자로 변했지만 아이가 없었다

진(晋)나라 혜제(惠帝) 원강(元康) 때 안풍군(安豊郡)에서 주세녕(周世寧)이라는 계집아이가 나이 8살에 점차 사내아이로 변화했다.

열 일곱, 여덟 살에 이르러 기질과 성품이 이루어졌다.

여자 몸이 변화하기는 했으나 다 변화하지 않았고 남자 몸으로 만들어지기는 했으나 철저하게 남자가 되지 못하여 아내를 두었지만 아이가 없었다.

惠帝元康中 安豊有女子曰周世寧 年八歳 漸化爲男 至十七八 而氣性成 女體化而不盡 男體成而不徹 畜妻而無子

19. 큰뱀이 작은뱀을 업다

진(晋)나라 혜제(惠帝) 원강(元康) 5년 3월에 임치현(臨淄縣)에서 길이가 열 길 남짓한 큰뱀이 작은뱀 두 마리를 업고 임치현 성(城) 북쪽 문을 들어와 곧 저자를 따라 한양성(漢陽城)의 경왕(景王)의 사당 속으로 들어가더니 보이지 않았다.

元康五年三月 臨淄有大蛇 長十許丈 負二小蛇 入城北門 巡從市入 漢城陽[1]景王祠中 不見

1) 陽(양) : 학림출판사본에는 '漢城陽' 대신 '漢陽城'이다. 학림출판사본에 의거하여 번역하다.

20. 난데없이 땅에 피가 흐르다

진(晋)나라 원강(元康) 5년 3월에 여현(呂縣)에서 동서로 백 걸음이 넘게 피가 흘렀다.

그뒤 8년이 지나 봉운(封雲)이 서주(徐州)를 어지럽혀 수만명의 사람들을 살상했다.

元康五年三月 呂縣有流血 東西百餘步 其後八載 而封雲[1]亂徐州 殺傷數萬人

1) 封雲(봉운) : 농민 반란군의 수령인 장창(張昌)의 부장.

21. 벼락이 사당을 때리다

진(晋)나라 혜제(惠帝) 원강(元康) 7년에 벼락이 황성(皇城) 남쪽의 고매사(高禖祠)의 돌을 깨었다.

고매사란 궁중에서 아들을 구하는 사당이다.

가황후(賈皇后)가 투기하여 장차 회제(懷帝)와 민제(愍帝)를 죽이려 했기에 하느님이 가황후에게 성내어 장차 그를 주살하려는 응험이었다.

元康七年 霹靂破城南高禖石 高禖 宮中求子祠也 賈后妬忌 將殺懷愍 故天怒賈后 將誅之應也

22. 진(晉)나라 때 만든 오장(烏杖)

진(晋)나라 혜제(惠帝) 원강(元康) 때 천하는 비로소 오장(烏杖)을 만들어 겨드랑이를 짚는 것을 서로 본받았다.

그뒤 조금씩 지팡이 끝에 바닥이 평평한 받침대를 달아 머무를 때는 그것을 써서 지탱했다.

회제(懷帝)와 민제(愍帝)시대에 이르러 왕실에 사고가 많았고 도성(都城)은 패망했다.

원제(元帝)가 제후왕(諸侯王)으로써 동방에 덕을 세워 천하를 유지했으니 겨드랑이를 짚은 것이 응험했던 것이다.

元康中 天下始相傚爲烏杖¹⁾以柱掖 其後稍施其鐓 住則植之 及懷 愍之世 王室多故 而中都喪敗 元帝²⁾以藩臣 樹德東方 維持天下 柱掖之應也

1) 烏杖(오장) : 윗부분을 까마귀 대가리 모양으로 만든 지팡이.
2) 元帝(원제) : 동진(東晋)의 첫째임금.

23. 진(晉)나라 때부터 생긴 산발(散髮)

진(晉)나라 혜제(惠帝) 원강(元康) 때 귀족자제들이 서로 더불어 머리를 풀어 헤치고 벌거숭이가 되어 술을 마시며 계집종과 첩들을 마주 대하고 희롱했다.

그들을 거스르는 이는 우호를 상하고 그들을 비난하는 이는 꾸짖음을 받았는데 세속에 영합하는 선비들도 부끄러워하며 그들에게 참여하지 않았다.

그뒤 드디어 유요(劉曜)와 석륵(石勒)의 난(亂)이 생겼다.

元康中 貴游子弟相與爲散髮倮身之飮 對弄婢妾 逆之者傷好 非之者負譏 希世之士 恥不與焉 其後遂有劉石[1]之亂

1) 劉石(유석) : 전조(前趙)의 5대 임금인 유요와 후조(後趙)의 첫째임금, 곧 고조(高祖)인 석륵을 말한다.

24. 돌이 떠서 언덕으로 올라오다

진(晉)나라 혜제(惠帝) 태안(太安) 원년(元年)에 단양군(丹陽郡) 호숙현(湖熟縣)의 하가호(夏架湖)에서 큰 돌이 2백걸음을 떠서 호수 언덕에 올라왔다.

백성들이 경탄하며 서로 고하였다.

"돌이 온다."

잠깐 뒤에 석빙(石冰)이 건업(建鄴)땅에 들어왔다.

惠帝太安元年 丹陽湖熟縣夏架湖有大石 浮二百步而登岸 百姓驚歎相告曰 石來 尋而石冰[1]入建鄴

1) 石冰(석빙) : 농민 반란군의 수령인 장창(張昌)의 부하장수.

25. 천인(賤人)이 궁궐에 들어오다

진(晋)나라 혜제(惠帝) 태안(太安) 원년(元年)에 어떤 사람이 운룡문(雲龍門)으로부터 궁궐의 대전(大殿) 앞까지 들어와 북쪽을 향해 두 번 절하고 말하였다.

"나는 마땅히 중서감(中書監)이 되리라.".

그래서 곧 그를 잡아 목을 베었다.

궁정은 존엄하고 비밀스러운 곳인데 지금 천한 사람이 마침내 들어와도 문지기가 깨닫지 못했으니 궁궐이 장차 비고 아랫사람이 임금을 넘어서서 세도를 부릴 요사스러움이었다.

이뒤로 혜제는 장안(長安)으로 옮겨가고 궁궐은 드디어 비었다.

太安元年四月 有人自雲龍門入殿前 北面再拜曰 我當作中書監[1] 卽收斬之 禁庭尊祕之處 今賤人竟入 而門衞不覺者 宮室將虛 下人踰上之妖也 是後帝遷長安 宮闕遂空焉

1) 中書監(중서감) : 중서성(中書省)의 장관.

26. 소와 개가 말을 하다

진(晋)나라 혜제(惠帝) 태안(太安) 때 강하군(江夏郡)의 공조(功曹)인 장빙(張騁)의 수레를 끌던 소가 문득 말하였다.

"천하가 장차 어지러워지려 하는데 나는 아주 급합니다. 내가 끄는 수레를 타고 어디로 가렵니까?"

장빙과 종자 몇사람은 다 놀라고 두려워했다.

이에 소를 속여서 말하였다.

"너를 돌아가게 할테니 다시는 말하지 말아라."

곧 도중에 집에 돌아왔는데 수레에서 소를 풀지도 않았을 때 개가 또 말하였다.

"어찌하여 빨리 돌아오십니까?"

장빙이 더욱 근심하고 두려워했으나 비밀로 하고 남에게 말을 하지는 않았다.

안륙현(安陸縣)에 점 잘치는 이가 있어 장빙이 그에게 가서 점을 쳤다. 점장이가 점을 치고 나서 말하였다.

"크게 흉합니다. 한 가문의 화(禍)가 아니라 천하에 장차 병란이 생겨 온 군(郡)이 다 깨어질 것입니다."

장빙이 집에 돌아오자 소가 또 사람처럼 서서 걸으니 백성들이 모여서 구경했다.

그해 가을 도적 장창(張昌)이 기병하여 먼저 강하군을 공략하고서 백성들을 속여서 미혹하기를 "한(漢)나라 왕통(王統)이 부흥하기에 봉황의 상서로움이 있느니 성인(聖人)이 세상을 담당하느니." 했다.

그들을 따라 군사가 된 이들은 붉은 두건을 매고 화덕(火德)의 상서로움을 나타내었다. 백성들로서 동요하여 그들을 따라 난(亂)을 일으킨 이들은 집으로 돌아가는 것처럼 많았다.

장빙 형제는 다 장군과 도위(都尉)가 되었는데 얼마 지나지 않아 패배했다. 그래서 온 군이 다 깨어졌는데 사상자가 반을 넘었고 장빙의 집 사람들은 몰살당했다.

경방(京房)의 『역요(易妖)』에 쓰여있다.

"소가 말할 수 있으면 그 말처럼 길흉을 점칠 수 있다."

太安中 江夏功曹¹⁾張騁所乘牛忽言曰 天下方亂 吾甚極爲 乘我何之 騁及從者數人皆驚怖 因紿之曰 令汝還 勿復言 乃中道還 至家 未釋駕 犬又言曰 歸何早也 騁益憂懼 祕而不言 安陸縣有善卜者 騁從之卜 卜者曰 大凶 非一家之禍 天下將有兵起 一郡之內 皆破亡乎 騁還家 牛又人立而行 百姓聚觀 其秋 張昌賊起先略江夏 誑曜百姓 以漢祚復興 有鳳凰之瑞 聖人當世 從軍者皆絳抹頭 以彰火德之祥 百姓波盪 從亂如歸騁兄弟竝爲將軍都尉²⁾ 未幾而敗 於是一郡破殘 死傷過半 而騁家族矣 京房易妖曰 牛能言 如其言 占吉凶

1) 功曹(공조) : 군(郡)의 인사를 맡은 벼슬아치. 군의 정무에 참여할 수 있

었다.
2) 都尉(도위) : 도위는 장군 아래의 무관.

27. 삼으로 만든 신이 저절로 길에 모이다

진(晉)나라 혜제(惠帝) 원강(元康)과 태안(太安) 사이에 강회(江淮)땅에서 낡은 삼신이 절로 길에 모였는데 많은 것은 40이나 50켤레가 되었다.

사람들이 혹 흩뿌려서 수풀 속에 던지더라도 다음날 보면 다 어제처럼 신들이 모여 있었다.

어떤 이는 살쾡이가 물어서 모아놓는 것을 봤다고 했다.

세상에서 말하는 바로는 다음과 같았다.

"삼신은 사람의 천한 복장이다. 수고와 욕을 맡으니 낮은 백성을 상징한다. 낡음이란 고달픔과 병폐를 상징한다. 길이란 땅의 무늬이니 사방에서 왕래하는 곳이요, 왕명이 전달되는 곳이다. 이제 낡은 삼신이 길에 모였으니 낮은 백성들이 고달프고 병들어 장차 서로 모여 난(亂)을 일으켜 사방의 왕래를 끊고 왕명의 전달을 막을 것을 상징한다."

元康 太安之間 江淮之域 有敗屨自聚於道 多者至四五十量 人或散去之 投林草中 明日視之 悉復如故 或云見貍銜而聚之 世之所說 屨者人之賤服 而當勞辱 下民之象也 敗者 疲弊之象也 道者 地里 四方所以交通 王命所由往來也 今敗屨聚於道者 象下民疲病 將相聚爲亂 絶四方而壅王命也

28. 창끝에서 불빛이 생기다

진(晉)나라 혜제(惠帝) 영흥(永興) 원년(元年)에 성도왕(成都王) 사마영(司馬穎)이 장사(長沙)땅을 공격하고 업(鄴)땅으로 회군하여 안팎으로 병기를 진열했다.

이날밤에 창 끝에서 불빛이 났는데 멀리서 바라보면 촛불을 걸어놓은 듯했으나 나아가서 보면 없었다.
그뒤 성도왕은 끝내 패망했다.

晉惠帝永興元年 成都王之攻長沙也 反軍於鄴 內外陳兵 是夜 戟鋒皆有火光 遙望如懸燭 就視則亡焉 其後終以敗亡

29. 새대가리 아이를 낳다
진(晋)나라 회제(懷帝) 영가(永嘉) 원년(元年)에 오군(吳郡) 오현(吳縣)에서 만상(萬詳)의 계집종이 한 아이를 낳았는데 그 아이는 새 대가리에 두 발은 말발굽을 했고 한 손에는 털이 없고 꼬리는 누런색이고 크기는 도마 만했다.

晉懷帝永嘉元年 吳郡吳縣萬詳婢生一子 鳥頭 兩足馬蹄 一手無毛 尾黃色 大如桄

30. 사람이 용과 거위를 낳다
진(晋)나라 회제(懷帝) 영가(永嘉) 5년에 포한현(抱罕縣)의 현령(縣令)인 엄근(嚴根)의 계집종이 용 한마리와 딸 한명과 거위 한마리를 낳았다.
경방(京房)의 『역전(易傳)』에 쓰여있다.
"사람이 딴 물건을 낳으면 사람이 보는 바가 아니니 다 천하에 큰 병란이 일어날 조짐이다."
그때 회제는 혜제(惠帝)의 뒤를 이었는데 사해(四海)가 물 끓듯했다. 잠깐 뒤에 평양(平陽)땅이 함락당하여 회제가 반역자 유요(劉曜)에게 죽임을 당했다.

永嘉五年 抱罕令嚴根婢產一龍 一女 一鵝 京房易傳曰 人生他物 非

人所見者 皆爲天下大兵 時帝承惠帝之後 四海沸騰 尋而陷於平陽 爲
逆曜所害

31. 개가 말을 하다
진(晋)나라 회제(懷帝) 영가 5년에 오군(吳郡) 가흥현(嘉興縣)
의 장림(張林)의 집에서 개가 사람들의 말을 하였다.
"천하 사람들이 다 굶어 죽으리라."
그리고 나서 과연 유요(劉曜)와 석륵(石勒)의 병란이 생겨 천
하에 흉년이 들었다.

永嘉五年 吳郡嘉興張林家 有狗忽作人言云 天下人俱餓死 於是果有
劉石之亂 天下饑荒焉

32. 곽박(郭璞)이 두더지를 점치다
회제(懷帝) 영가(永嘉) 5년 11월에 두더지가 연릉현(延陵縣)
에 나타났다. 곽박이 점치고서 임괘(臨卦)와 익괘(益卦)를 만났
는데 그가 말하였다.
"이 군(郡)의 동쪽의 현에 마땅히 제도를 말할 요사스러운 사
람이 나타날 것이나 잠깐만에 또한 저절로 죽을 것입니다."

永嘉五年十一月 有鼴鼠出延陵 郭璞筮之 遇臨¹⁾之益²⁾ 曰 此郡之東
縣 當有妖人欲稱制者 尋亦自死矣
1) 臨(임) : 역경(易經)의 64괘의 하나.
2) 益(익) : 역경(易經)의 64괘의 하나.

33. 나무가 얽혀서 자라다
진(晋)나라 회제(懷帝) 영가(永嘉) 6년 정월에 무석현(無錫縣)

에서 문득 4그루 수유(茱萸)나무가 서로 얽혀서 났다. 그 나무의 모양이 가지와 줄기가 이어져서 나는 연리지(連理枝) 같았다.
 이보다 앞서 곽박(郭璞)이 연릉현(延陵縣)의 두더지를 점쳐 임괘(臨卦)와 익괘(益卦)를 만나고서는 말하였다.
 "나중에 마땅히 다시 요사스러운 나무가 나리라. 상서로운 것 같으나 상서롭지 않으며 독가시가 있는 나무로다. 만약 이 나무가 생기면 동서 수백리 안쪽에 반드시 반역자가 나오리라."
 이때에 이르러 나무가 나고 그뒤 오흥군(吳興郡)의 공조(功曹) 서복(徐馥)이 난을 일으켜 태수(太守) 원수(袁琇)를 죽였다.

 永嘉六年正月 無錫縣欻有四株茱萸樹 相樛而生 狀若連理 先是 郭璞筮延陵㝱鼠 遇臨之益 曰 後當復有妖樹生 若瑞而非 辛螫之木也 儻有此 東西數百里 必有作逆者 及此木生 其後吳興徐馥作亂 殺太守袁琇

 34. 돼지가 사람을 낳다
 진(晉)나라 회제(懷帝) 영가(永嘉) 때 수춘성(壽春城) 안쪽에서 돼지가 머리 둘 달린 사람을 낳았는데 살지는 못했다.
 주복(周馥)이 거두어서 보았다.
 식자(識者)가 말하였다.
 "돼지는 북방의 짐승이다. 두 머리는 임금이 없음을 상징한다. 낳자마자 죽은 것은 일을 이루지 못함을 말한다. 하느님이 훈계하여 '쉽게 이익을 독차지할 꾀를 내지만 장차 스스로 멸망을 초래하리라.'라고 말하는 것과 같다."
 얼마 뒤에 북방민족은 동진(東晉)의 첫째임금인 원제(元帝)에게 패배당했다.

 永嘉中 壽春城內有豕生人 兩頭 而不活 周馥取而觀之 識者云 豕北方畜 兩頭者 無上也 生而死 不遂也 天戒若曰易生專利之謀 將自致傾覆也 俄爲元帝所敗

35. 생사(生絲)로 만든 홑옷

진(晉)나라 회제(懷帝) 영가(永嘉) 때 사대부들이 다투어 가는 생사 천으로 만든 홑옷을 입었다.

식자가 괴이하게 여기며 말하였다.

"이는 옛날 상복을 만들던 천으로써 제후가 천자를 위하여 복상할 때 입는 것이었다. 이제 까닭없이 그것을 입었으니 아마도 응험이 있을 것인가?"

그뒤 회제와 민제(愍帝)가 죽었다.

永嘉中 士大夫競服生箋單衣 識者怪之曰 此古練纕之布 諸侯所以服天子也 今無故服之 殆有應乎 其後懷 愍晏駕

36. 까닭없이 만든 흰 모자

옛날 위무제(魏武帝)의 군중(軍中)에서 까닭없이 흰 모자를 만들었다. 이는 흰 상복이니 불길한 조짐이었다.

처음에 가로로 그 앞쪽을 꿰매 뒤쪽과 구별하고는 안갑(顏帢)이라 이름했다. 그리고 그것을 전하여 유행시켰다.

진(晉)나라 회제(懷帝) 영가(永嘉) 때 이르러 조금씩 그 꿰매는 것을 없애고 무안갑(無顏帢)이라 이름했다.

부인들이 머리를 묶음에 그 느슨함이 더욱 심하여 묶은 머리가 스스로 설 수 없어서 머리가 이마를 덮고 눈만 나올 따름이었다.

무안(無顏)이란 부끄럽다는 말이다. 이마를 덮는 것은 부끄러운 모양이다.

그 느슨함이 더욱 심해진 것은 천하가 예(禮)와 의(義)를 잃어 마음을 방종케 하여 마침내는 큰 치욕을 당할 것을 말한다.

그뒤 2년만에 영가 때의 병란으로 천하는 나누어져 무너지고 백성들은 슬픔과 재난으로 살아갈 면목이 없었던 것이었다.

　昔魏武軍中 無故作白帢 此縞素 凶喪之徵也 初 橫縫其前以別後 名之曰顔帢[1] 傳行之 至永嘉之間 稍去其縫 名無顔帢[2] 而婦人束髮 其緩彌甚 紒之堅不能自立 髮被於額 目出而已 無顔者 愧之言也 覆額者 慙之貌也 其緩彌甚者 言天下亡禮與義 放縱情性 及其終極 至於大恥也 其後二年 永嘉之亂 四海分崩 下人悲難 無顔以生焉

1) 顔帢(안갑) : 모자창이 있는 모자.
2) 無顔帢(무안갑) : 모자창이 없는 모자.

37. 배가 서로 붙은 두 딸을 낳다

　진(晋)나라 민제(愍帝) 건흥(建興) 4년에 서진(西晋)의 도읍 장안(長安)이 멸망하고 원제(元帝)가 처음으로 동진(東晋)의 개국황제(開國皇帝)가 되니 천하 사람들이 심복했다.
　그해 10월 22일에 신채현(新蔡縣)의 아전인 임교(任喬)의 아내 호씨(胡氏)가 나이 스물 다섯 살에 두 딸을 낳았는데 얼굴이 마주보고 배와 심장(心臟)이 붙었고 허리 이상과 배꼽 이하는 각각 나누어졌다.
　이는 대개 천하가 아직 통일되지 않을 요사스러움이었다.
　내사(內史)인 여회(呂會)가 보고하였다.
　"『서응도(瑞應圖)』에서 말하는 바에 따르면 '뿌리가 다른데 줄기와 가지가 함께 자라는 것을 연리(連理)라 하고, 싹이 다른데 이삭이 합쳐져 자라는 것을 가화(嘉禾)라 한다.'고 했으니 초목 따위도 오히려 상서롭게 여기거늘 이제 두 사람이 심장을 합쳤으니 하늘에서 신령한 형상을 내려주신 것입니다. 그래서 『역경(易經)』에 말하기를 '두 사람의 마음이 같으면 그 날카로움이 쇠를 자르도다.'고 했습니다. 아름다운 조짐이 진(陳)땅의 동쪽지방에 나타났으니 대개 천하가 마음을 같이할 상서로움인 것입니다. 신(臣)이 기쁨을 주체하지 못하여 삼가 두 딸의 형상을 그려 올리나이다."
  그때 어떤 식자는 여회를 비웃었다.
  군자께서 말씀하셨다.
  "아는 것이 어렵도다. 장문중(臧文仲)의 재주로써도 오히려 원거(爰居)에게 제사지냈도다. 책에 기록하면 천년 동안 잊혀지지 않는다. 그래서 선비는 배우지 않으면 안된다. 옛 사람이 말씀하시기를 '나무에 가지가 없는 것을 외(瘣)라 하고, 사람이 배우지 않으면 장님이라고 한다.'라고 하셨다. 가리어져 모르는 바에 대해서는 대개 판단을 빠뜨려야 하니 힘쓰지 않을 수 있겠는가?"

  晉愍帝[1]建興四年 西都傾覆 元皇帝始爲晉王 四海宅心 其年十月二十二日 新蔡縣吏[2]任喬妻胡氏 年二十五 産二女 相向 腹心合 自腰以上 臍以下 各分 此蓋天下未一之妖也 時內史[3]呂會上言 按瑞應圖云 異根同體 謂之連理 異畝[4]同穎 謂之嘉禾 草木之屬 猶以爲瑞 今二人同心 天垂靈象 故易云 二人同心 其利斷金 體顯見生於陳東之國 蓋四海同心之瑞 不勝喜躍 謹畫圖上 時有識者哂之 君子曰 知之難也 以臧文仲之才 猶祀爰居[5]焉 布在方冊 千載不忘 故士不可以不學 古人有言 木無枝謂之瘣[6] 人不學謂之瞽 當其所蔽 蓋闕如也 可不勉乎

1) 愍帝(민제) : 서진(西晋)의 마지막 황제(皇帝).
2) 縣吏(현리) : 낮은 벼슬아치.
3) 內史(내사) : 서한(西漢) 초년에 제후국(諸侯國)에 내사를 두어 민정을 장악케 했고 역대에서 따라서 두었다. 수(隋) 때 비로소 폐지되었다.
4) 畝(묘) : 원문의 '묘(畝)'자를 『송서(宋書)』 오행지(五行志)에 의거하여 '묘(苗)'자로 고쳐 번역하였다.
5) 爰居(원거) : 바다새의 이름.
6) 瘣(외) : 나무혹.

38. 피가 거꾸로 흘렀다

  동진(東晉) 원제(元帝) 건무(建武) 원년(元年) 6월에 양주(揚

州)땅에서 큰 가뭄이 들었다.
 12월에 하동군(河東郡)에서 지진이 났다.
 작년 12월에 독운영사(督運令史)인 순우백(淳于伯)을 목베어 죽이니 피가 거꾸로 흘러 기둥에 두 길 세 자 올라갔다가 돌아서서 다시 내려와 땅에서 넉 자 다섯 치나 흘렀다.
 이때 순우백은 억울하게 죽어 드디어 3년 동안 자주 가물었다. 형벌을 망령되게 시행하면 뭇 음기가 붙지않아 곧 양기가 그걸 눌러버린다.
 3년 동안의 가뭄이라는 벌을 내린 것도 또한 원통한 기운이 응험한 것이다.

 晉元帝建武元年六月 揚州大旱 十二月 河東地震 去年十二月 斬督運令史淳于伯 血逆流 上柱二丈三尺 旋復下流四尺五寸 是時淳于伯冤死 遂頻旱三年 刑罰妄加 群陰不附 則陽氣勝之 罰又冤氣之應也

39. 소가 머리 둘 달린 송아지를 낳다

 동진(東晉) 원제(元帝) 건무(建武) 원년(元年) 7월에 진릉군(晉陵郡) 동문(東門)땅에서 소가 송아지를 낳았는데 한 몸에 머리가 둘 달렸다.
 경방(京房)의 『역전(易傳)』에 쓰여있다.
 "소가 송아지를 낳을 때 한 몸에 머리가 둘 달리면 천하가 장차 나눠질 조짐이다."

 晉元帝建武元年七月 晉陵東門有牛生犢 一體兩頭 京房易傳曰 牛生子 二首一身 天下將分之象也

40. 지진이 일어나면서 물이 용솟음치다

 동진(東晉) 원제(元帝) 태흥(太興) 원년(元年) 4월에 서평(西

平)땅에서 지진이 나면서 물이 용솟음쳤다.
　12월에 여릉(廬陵), 예장(豫章), 무창(武昌), 서릉(西陵)땅에서 각각 지진이 나면서 물이 용솟음치고 산이 무너졌다.
　이는 왕돈(王敦)이 황제를 능가할 응험이었다.

元帝太興元年四月 西平地震 涌水出 十二月 廬陵 豫章 武昌 西陵 地震 涌水出 山崩 此王敦陵上之應也

41. 소가 발이 여덟 개 달린 송아지를 낳다
　동진(東晋) 원제(元帝) 태흥(太興) 원년(元年) 3월에 무창군(武昌郡)의 태수(太守)인 왕량(王諒)의 소가 송아지를 낳았는데 머리가 둘이고 발이 여덟이고 두 꼬리가 한 배에 났다.
　스스로 낳을 수 없어서 10명도 넘는 사람들이 새끼로 묶어 끄집어냈다. 송아지는 죽고 어미소는 살았다.
　태흥(太興) 3년 집 뒤의 동산에서 소가 발이 하나고 꼬리가 셋인 송아지를 낳았으나 낳자마자 죽었다.

太興元年三月 武昌太守王諒有牛生子 兩頭八足 兩尾共一腹 不能自生 十餘人以繩引之 子死 母活 其三年後苑中有牛生子 一足三尾 生而卽死

42. 말이 머리가 둘 달린 망아지를 낳다
　동진(東晋) 원제(元帝) 태흥(太興) 2년에 단양군(丹陽郡)의 낮은 벼슬아치인 복양군(濮陽郡) 사람 양인(楊演)의 말이 머리가 둘 달린 망아지를 낳았는데 목 앞쪽부터 나누어졌다.
　낳자마자 죽었다. 이는 정권이 귀족의 손에 있고 우두머리가 둘이 될 조짐이었다.
　그뒤 왕돈(王敦)이 황제를 능가했다.

太興二年 丹陽郡吏濮陽¹⁾演馬生駒 兩頭 自項前別 生而死 此政在私
門 二頭之象也 其後王敦陵上
1) 陽(양) : 양(陽)자의 아래에 원문에는 '양(楊)'자가 빠졌으나 학림출판
사의 백화(白話) 번역본에 의거해 보충하였다.

43. 여자의 음문이 배꼽 아래에 나다

동진(東晋) 원제(元帝) 태흥(太興) 초년(初年)에 어떤 여자는
그의 음문이 배의 배꼽 아래에 났는데 중원(中原)에서 강동(江
東)땅으로 왔다.
그의 성질은 음란하고 아이를 낳지 못했다.
또 어떤 여자는 음문이 머리에 있었는데 양주(揚州)땅에 살며
또한 성질이 음란함을 좋아했다.
경방(京房)의 『역요(易妖)』에 쓰여있다.
"사람이 아이를 낳았을 때 음문이 머리에 있으면 천하가 크게
어지러워질 것이요, 만약 배에 있으면 천하에 일이 생길 것이요,
만약 등에 있으면 천하에 후계자가 없으리라."

太興初 有女子 其陰在腹 當臍下 自中國¹⁾來至江東 其性淫而不產
又有女子 陰在首 居在揚州 亦性好淫 京房易妖曰 人生子 陰在首 則
天下大亂 若在腹 則天下有事 若在背 則天下無後
1) 中國(중국) : 광의로는 황하유역(黃河流域), 협의로는 하남성(河南省) 일
대 지역.

44. 무창군(武昌郡)의 불

동진(東晋) 원제(元帝) 태흥(太興) 때 왕돈(王敦)이 무창군(武
昌郡)을 진수(鎭守)할 때 무창군에서 불이 났는데 무리들을 동
원하여 끄려고 했으나 여기서 끄면 저기서 불이 나며 동서남북
수십군 데서 다 불이 나 몇날이 지나도록 꺼지지 않았다.

옛 말씀에 이르는 바 "범람하는 재앙이 망령되게 일어나면 비록 군대를 동원할지라도 구제할 수 없다."라고 한 것이 이 경우에 해당된다.

이는 신하이면서 임금행세를 하여 지나친 양기가 절도를 잃어서 생긴 것이다. 이때 왕돈이 황제를 능가하여 임금을 무시하는 마음이 있었기에 불이 난 것이다.

太興中 王敦鎭武昌 武昌災 火起 興衆救之 救於此而發於彼 東西南北數十處俱應 數日不絶 舊說所謂 濫災妄起 雖興師不能救之 之謂也 此臣而行君 亢陽失節 是時王敦陵上 有無君之心 故災也

45. 붉은 자루로 상투를 묶다

동진(東晋) 원제(元帝) 태흥(太興) 때 병사들이 붉은 자루로 상투를 묶었다.

식자가 말하였다.

"상투란 머리에 있어서 건(乾)이 되니 임금의 도리를 상징하고, 자루란 곤(坤)이니 신하의 도리를 상징한다. 이제 붉은 자루로써 상투를 묶었으니 신하가 임금을 침범할 조짐이다."

옷을 만드는 이는 웃옷의 띠를 짧게 하여 바로 겨드랑이까지 이르렀다. 모자를 쓰는 이는 또 띠로써 목을 매었다. 이는 신하가 임금을 핍박하여 임금은 활동할 여지가 없음을 상징한다.

바지를 만드는 이는 바지 폭을 바지 가랑이 끝까지 같게 하고 폭을 줄이지 않았으니 신하가 커질 조짐이었다.

잠깐뒤에 왕돈(王敦)이 반역을 꾀하여 다시 수도를 공격했다.

太興中 兵士以絳囊縛紒 識者曰 紒在首爲乾 君道也 囊者爲坤 臣道也 今以朱囊縛紒 臣道侵君之象也 爲衣者 上帶短 纔至於掖 著帽者 又以帶縛項 下逼上 上無地也 爲袴者 直幅無[1]口 無殺 下大之象也 尋而王敦謀逆 再攻京師

1) 無(무) : 원문의 '무(無)'를 왕소영의 교주에 의거 '위(爲)'로 고쳐 번역하였다.

46. 병기에서 꽃이 피다

동진(東晋) 원제(元帝) 태흥(太興) 4년에 왕돈(王敦)이 무창군(武昌郡)에 있을 때 장수의 관사에 있는 의장대의 병기에 연꽃같은 꽃이 피더니 대엿새 지나서 시들어 떨어졌다.

어떤 이가 말하였다.

"『역경(易經)』에 이르기를 '마른 버들에 꽃이 피나 어찌 오래 갈 수 있으리오?' 라고 했다. 이제 미친 꽃이 마른 나무에 피고 또 장수의 관사에 있으니 위의의 넉넉함과 영화의 성대함을 말하나 다 미친 꽃이 핀 것과 같으니 오래 갈 수 없다."

그뒤 왕돈이 끝내 진나라 황제의 명령을 거역하다가 병들어 죽자 그의 시체에 벌을 주었다.

太興四年 王敦在武昌 鈴下儀仗生花 如蓮花 五六日而萎落 說曰 易說 枯楊生花 何可久也 今狂花生枯木 又在鈴閣之間 言威儀之富 榮華之盛 皆如狂花之發 不可久也 其後王敦終以逆命 加戮其尸

47. 깃부채를 만드는 사람

옛날에 깃부채의 자루를 만드는 이는 나무를 새겨 그것의 뼈대를 본뜬 뒤 10개의 깃을 배열했으니 완전한 숫자를 취한 것이다.

처음에 왕돈(王敦)이 남쪽으로 출정함에 비로소 그것을 고쳐서 긴 자루를 만들어 아래로 나오게 하여 손으로 잡을 수 있게 하고 그것의 깃의 수효를 줄여 8개를 썼다.

식자가 왕돈을 탓하며 말하였다.

"대개 깃부채는 날개를 표시하는 이름이다. 처음으로 긴 자루

를 만든 것은 장차 그 자루를 잡아서 그 날개를 제압하는 것이
요, 10을 고쳐 8로 한 것은 장차 갖춰지지 않음으로 이미 갖춰진
것을 빼앗은 것이다. 이는 아마도 왕돈이 권세를 마음대로 휘둘
러 조정의 권력을 제압하고 또 장차 덕없는 재주로써 차지하지
말아야 할 자리를 훔치고자 한 것이다."

舊爲羽扇柄者 刻木象其骨形 列羽用十 取全數也 初 王敦南征 始改
爲長柄 下出可捉 而減其羽 用八 識者尤之曰 夫羽扇 翼之名也 創爲
長柄 將執其柄 以制其羽翼也 改十爲八 將未備奪已備也 此殆敦之擅
權 以制朝廷之柄 又將以無德之材 欲竊非據也

48. 큰 뱀이 사람의 음식을 받아먹다

동진(東晉) 명제(明帝) 태녕(太寧) 초년(初年)에 무창군(武昌
郡)에 큰 뱀이 있었는데 늘 오래묵은 사당의 나무의 속 빈 곳에
살면서 매양 머리를 내밀어 사람으로부터 먹이를 받아 먹었다.
경방(京房)의 『역전(易傳)』에 말하였다.
"뱀이 고을에 나타나면 3년이 지나지 않아서 큰 병란이 나고
나라에 큰 근심거리가 생긴다."
얼마뒤에 왕돈(王敦)의 반역이 있었다.

晉明帝太寧初 武昌有大蛇 常居故神祠空樹中 每出頭 從人受食 京
房易傳曰 蛇見于邑 不出三年 有大兵 國有大憂 尋有王敦之逆

제8권 민중을 구원한 신(神)

1. 역산에서 밭을 갈던 순(舜)임금

순(舜)임금이 역산(歷山)에서 밭갈 때 황하(黃河)가의 바위에서 옥으로 된 세 발 달린 솥을 얻었다.

순임금은 천명(天命)이 자신에게 있다는 것을 알고, 도를 체현하는데 있어서 게으름을 피우지 않았다.

순임금은 용의 얼굴에 큰 입을 가졌고 손으로 옷 뒷자락을 잡았다.

송균(宋均)이 해석을 하여 말하였다.

"옷 뒷자락을 잡은 것은 손 가운데 '옷뒷자락포(褒)'자가 있는 것이다. 노고에 따라 포상과 칙서를 받고 큰 업적을 이룰 수 있는 것을 비유한 것이다."

虞舜耕於歷山[1] 得玉歷於河際之巖 舜知天命在己 體道不倦 舜龍顏大口 手握褒 宋均[2]註曰 握褒 手中有褒字 喻從勞苦 受褒飭 致大祚也

1) 歷山(역산): 산동성(山東省) 만남시(滿南市) 교외에 있다. 순경산(舜耕山), 천불산(千佛山)이라고도 한다.
2) 宋均(송균): 위(魏)나라 박사(博士), 정현(鄭玄)의 제자(弟子).

2. 자신을 제물로 삼은 탕(湯)임금

탕(湯)임금이 이미 하(夏)나라를 쳐서 이기고나자 7년 동안 크게 가물어 낙수(洛水)도 말라버렸다.

탕임금이 곧 몸소 상림(桑林)에서 기도하며 자신의 손톱과 머리를 깎고 스스로를 희생물로 삼아 하느님에게 복을 빌었다.
  그래서 큰 비가 곧 내려 천하를 넉넉히 적셨다.

  湯旣克夏 大旱七年 洛川竭 湯乃以身禱於桑林[1] 翦其爪髮 自以爲犧牲 祈福於上帝 於是大雨卽至 洽於四海
  1) 桑林(상림) : 땅 이름.

  ### 3. 문왕(文王)을 만난 여망(呂望)
  여망이 위수(渭水)의 북쪽에서 낚시질할 때 문왕(文王)이 사냥을 나갔다.
  사냥나가기 전에 점치는 이가 말하였다.
  "오늘 한번 사냥하시어 잡는 것이 있을 것인데 용도 아니고 교룡도 아니며, 곰도 아니고 큰곰도 아니며 합당한 제왕의 스승을 얻으실 것이옵니다."
  과연 위수의 북쪽에서 강태공(姜太公)을 얻었다.
  문왕이 강태공과 더불어 말하고는 크게 기뻐하여 함께 수레에 타고 궁궐로 돌아왔다.

  呂望[1] 釣於渭陽 文王出遊獵 占曰 今日獵得一狩 非龍非螭 非熊非羆 合得帝王師 果得太公於渭之陽 與語 大悅 同車載而還
  1) 呂望(여망) : 강태공(姜太公).

  ### 4. 누가 감히 나를 간섭하랴 한 무왕(武王)
  주(周)나라 무왕이 상(商)나라 주(紂)왕을 치려고 황하(黃河)가에 이르렀는데 비가 심하게 내리고 벼락이 빠르게 때리고 날이 어두워지고 황하에서는 파도가 일어났다.
  무리들이 아주 두려워하자 무왕이 말하기를

"내가 있는데 천하의 누가 감히 나를 간섭할 것인가?"
라고 하니 바람과 파도가 곧 잠잠해졌다.

武王伐紂 至河上 雨甚 疾雷 晦冥 揚波於河 衆甚懼 武王曰 余在 天下誰敢干余者 風波立濟

5. 후세의 제왕을 정한 공자(孔子)

노(魯)나라 애공(哀公) 14년에 공자가 밤에 꿈 속에서 3그루의 홰나무 사이를 보았다.

풍(豊)이나 패(沛)땅에서 붉은 천지의 기(氣)가 일어나는 것을 보고 안회(顔回) 자하(子夏)를 불러 함께 가보았다.

수레를 몰아 초(楚)땅의 서북쪽 범씨(范氏)의 거리에 이르니 꼴 베는 아이가 기린을 때려 그것의 왼쪽 앞발에 상처를 내어 한 묶음의 풀로써 그것을 덮는 것이 보였다.

공자가 말하기를
"아이야. 이리 오너라. 너의 성이 무엇이냐?"
라고 하자, 아이가 말하였다.
"제 성은 적송(赤松)이고 이름은 시교(時喬)이고 자(字)는 수기(受紀)입니다."
"너는 무엇을 본 것이 있느냐?"
"제가 한 마리 짐승을 보았는데 노루 같았으나 양 머리를 하고 머리 위에 뿔이 나고 뿔 끝에 살이 있었습니다. 바로 이쪽에서 서쪽으로 달아났습니다."
"천하에 이미 주인이 났으니 주인은 유방(劉邦)이요, 진섭(陳涉) 항우(項羽)가 보좌하리라. 오성(五星)이 정수(井宿)에 들어가더니 세성(歲星)을 따르도다."

아이가 풀 아래의 기린을 들춰 공자에게 보이자 공자는 잰 걸음으로 갔다. 기린이 공자를 향하여 공자의 귀를 덮더니 3장의 그림을 토해냈는데 넓이가 세 치요, 길이가 여덟 치요, 매 장마다 24글자가 쓰여져 있었다.
 그 글에 일러 말하였다.
 "화덕(火德)인 유방의 한(漢)나라가 마땅히 일어나는 날 주(周)나라는 망하리라. 붉은 기가 일어나 화덕이 빛나고 흥성하리라. 공자가 천명(天命)을 헤아려 정하니 황제될 사람은 묘금씨(卯金氏)로다."

 공자가 『춘추(春秋)』를 수찬(修撰)하고 『효경(孝經)』을 지었는데 이미 이루고 나서는 재계하고 북극성을 향하여 절하고 하늘에 춘추와 효경을 완비했음을 고하였다.
 하늘에서 곧 크고 자욱하게 흰 안개가 일어나 땅에 부딪치더니 붉은 무지개가 위에서 아래로 내려와 누런 옥으로 변화했는데 길이가 석 자이고 위에는 글이 새겨져 있었다.
 공자가 무릎 꿇고 받아서 읽으니 그 글에 일러 말하였다.
 "보배로운 글이 나오니 천하는 유방이 장악하리라. 묘금도는 초(楚)나라 북쪽에 있도다. 그의 자(字)는 화자(禾子)이니 천하 사람들이 그에게 귀복하리라."

 魯哀公十四年 孔子夜夢三槐[1]之間 豊沛[2]之邦 有赤氳氣起 乃呼顔回[3] 子夏[4]同往觀之 驅車到楚西北范氏街 見芻兒打麟 傷其左前足 束薪而覆之 孔子曰 兒來 汝姓爲誰 兒曰 吾姓爲赤松 名時喬 字受紀 孔子曰 汝豈有所見乎 兒曰 吾所見一禽 如麕 羊頭 頭上有角 其末有肉 方以是西走 孔子曰 天下已有主也 爲赤劉 陳[5] 項[6]爲輔 五星[7]入井[8] 從歲星 兒發薪下麟 示孔子 孔子趍而往 麟向孔子 蒙其耳 吐三卷圖 廣三寸 長八寸 每卷二十四字 其言 赤劉當起日周亡 赤氣起 火耀興 玄丘制命 帝卯金[9]

 孔子修春秋 制孝經 旣成 齋戒 向北辰[10]而拜 告備於天 天乃洪鬱起 白霧 摩地 白虹自上而下 化爲黃玉 長三尺 上有刻文 孔子跪受而讀之 曰 寶文出 劉季握 卯金刀 在軫北 字禾子[11] 天下服

1) 三槐(삼괴) : 주(周)나라 때 궁정 밖에 세 그루 홰나무를 심어놓고 천자를 만날 때 삼공(三公)들이 세 홰나무를 향하여 섰다.
2) 沛(패) : 한(漢)나라 고조(高祖) 유방(劉邦)의 고향.
3) 顏回(안회) : 공자의 제자(弟子)인 십철(十哲)의 한 사람. 특별히 공자의 수제자였으나 30대의 젊은 나이에 죽었다. 십철은 안회(顏回), 민자건(閔子騫), 염백우(冉伯牛), 중궁(仲弓), 재아(宰我), 자공(子貢), 염유(冉有), 계로(季路), 자유(子游), 자하(子夏).
4) 子夏(자하) : 십철(十哲)의 한 사람.
5) 陳(진) : 진(秦)나라 말년의 무인(武人). 곧 진승(陳勝)이다. 하남성(河南省) 사람. 진나라 2세 황제 때 오광(吳廣)과 함께 둔장(屯長)이 되고 뒤에 스스로 왕이 되어 난(亂)을 일으켜 진나라 멸망의 발단이 되었다.
6) 項(항) : 초패왕(楚霸王) 항적(項籍)을 말한다. 우(羽)는 자(字)이다. 하상(下相)땅 사람. 숙부 항량(項梁)과 함께 기병하여 진군을 쳐서 함양(咸陽)을 불사르고, 진왕 자영(子嬰)을 죽이고 자립하여 초패왕이 되었다. 패공(沛公) 유방(劉邦)과 더불어 천하를 다투었으나 해하(垓下)의 싸움에서 패하자 오강(烏江)에 이르러 자살하였다.
7) 五星(오성) : 금(金), 목(木), 수(水), 화(火), 토(土)의 다섯 별 이름.
8) 井(정) : 28수(宿)의 22번째 별.
9) 卯金(묘금) : 유방(劉邦)의 '유(劉)'자를 쪼개면 묘금도(卯金刀)이고 이를 줄여 묘금(卯金)이라 하였다.
10) 北辰(북신) : 하늘의 높은 신인 북극자미대제(北極紫微大帝)가 사는 곳이라고 한다.
11) 禾子(화자) : 유방(劉邦)의 자(字)가 계(季)이니 계를 쪼개면 화자(禾子)이다.

6. 수컷을 얻으면 천자가 된다는 진보(陳寶)

　진(秦)나라 목공(穆公) 때 진창현(陳倉縣) 사람이 땅을 파서 물건을 얻었는데 양을 닮았으나 양이 아니고 돼지를 닮았으나 돼지가 아니었다.

그것을 끌고 목공에게 바치려고 하다가 도중에 두 아이를 만났다.
아이가 말하기를
"이것의 이름은 온(媼)인데 늘 땅에서 죽은 사람의 골을 먹습니다. 만약 이것을 죽이려면 잣나무를 이것의 머리에 꽂으면 됩니다."
라고 하니, 온이 말하였다.
"저 두 아이는 이름이 진보인데 수컷을 얻으면 천자(天子)가 되고 암컷을 얻으면 제후의 우두머리가 됩니다."
진창현 사람이 온을 버리고 두 아이를 쫓자 아이들은 꿩으로 변화하더니 평평한 들판의 수풀 속으로 날아들어갔다.
진창현 사람이 목공에게 이 일을 알리자 목공이 무리들을 동원하여 크게 사냥하여 과연 그 암컷을 얻었으나 또한 돌로 변화하여 견수와 위수 사이에 두었다.
진나라 문공(文公) 때 이르러 사당을 세우고 진보라 이름했다.
진보의 수컷은 남양군으로 날아갔는데 지금 남양군 치현(雉縣)이 그 땅이다.
진나라는 자기가 천명을 받았다는 것을 표시하고자 현의 이름을 그렇게 지었던 것이다. 매양 진창현에서 제사지낼 때 길이 열 길이 넘는 붉은빛이 치현으로부터 와서 진창현의 사당 속으로 들어가 은은하게 장끼 울음소리를 내었다.
그뒤 광무제(光武帝)가 남양군에서 일어났다.

秦穆公時 陳倉人掘地得物 若羊非羊 若猪非猪 牽以獻穆公 道逢二童子 童子曰 此名爲媼 常在地食死人腦若欲殺之 以栢插其首 媼曰 彼二童子名爲陳寶 得雄者王 得雌者伯 陳倉人捨媼 逐二童子 童子化爲雉 飛入平林 陳倉人告穆公 穆公發徒大獵 果得其雌 又化爲石 置之汧[1] 渭之間 至文公時 爲立祠 陳寶 其雄者飛至南陽 今南陽雉縣是其地也 秦欲表其符 故以名縣 每陳倉祠時 有赤光長十餘丈 從雉縣來 入陳倉祠中 有聲殷殷如雄雉 其後光武[3] 起於南陽

1) 汧(견) : 위수(渭水)의 지류(支流).
2) 祠(사) : 왕소영은 『열이전(列異傳)』에서 '사(祠)'자 아래에 '명(名)'자가 있으니 그렇게 보충해야 한다고 하였다. 왕씨를 따랐다.
3) 光武(광무) : 후한(後漢)의 개국황제(開國皇帝) 유수(劉秀).

7. 하늘의 도에 밝은 형사자신(邢史子臣)

송(宋)나라 대부(大夫) 형사자신은 하늘의 도(道)에 밝았다. 주(周)나라 경왕(敬王) 37년에 송나라 경공(景公)이 묻기를
"하늘의 도에 무슨 조짐이 있습니까?"
라고 하자 형사자신이 대답하였다.
"50년 뒤 5월 정해일(丁亥日)에 신(臣)이 장차 죽을 것입니다. 신이 죽은 뒤 5년이 지난 5월 정묘일(丁卯日)에 오(吳)나라가 곧 망할 것입니다. 오나라가 망한 뒤 5년이 지나 전하께서 곧 돌아가실 것입니다. 전하께서 돌아가신 뒤 400년이 지나면 주씨(邾氏)가 천하에 임금 노릇할 것입니다."
나중에 다 그의 말대로 되었다.
이른바 '주씨가 천하에 임금 노릇한다.'는 것은 위나라의 흥성을 말한다. 주씨는 성이 조(曹)이고 위왕(魏王)도 성이 조(曹)이다. 다 주나라 제후의 후손들이다.
그 연수는 곧 틀렸으니 형사자신이 그 숫자를 그릇되게 셈했는지 곧 연대가 오래되어 주석하여 기록한 사람이 전함에 있어서 잘못이 있었는지는 알지 못한다.

宋大夫邢史子臣明於天道 周敬王之三十七年 景公問曰 天道其何祥 對曰 後五十年 五月丁亥 臣將死 死後五年 五月丁卯 吳將亡 亡後五年 君將終 終後四百年 邾王天下 俄而皆如其言 所云邾王天下者 謂魏之興也 邾曹姓 魏亦曹姓 皆邾之後 其年數則錯 未知邢史失其數耶 將年代久遠 注記者傳而有謬也

※ 상고(上古) 때 귀족들이 종족을 표명하던 칭호가 씨이고 성(姓)

의 갈라져 나온 부분이다. 곧 성은 같으나 씨는 다를 수 있다. 청(淸)나라 고염무(顧炎武)는 『일지록(日知錄)』 씨족(氏族)에서 "성(姓)과 씨(氏)의 칭호는 태사공(太史公)이 처음으로 혼합하고부터 하나가 되었다(姓 氏之稱 自太史公 始混而爲一)."라고 하였다.

8. 하늘로 올라간 형혹성(熒惑星)

오(吳)나라는 초창기의 나라이므로 신하들에 대한 신임이 굳지 못하여 변방을 지키는 장수들은 다 그들의 처자들을 인질로 잡혔는데 보질(保質)이라 이름했다.

아이와 소년들은 서로 처지가 비슷하였기에 더불어 놀고 즐겼는데 날마다 열 몇명이 있었다.

오나라 경제(景帝) 손휴(孫休) 영안(永安) 3년 3월에 키가 넉 자 남짓하고 나이가 예닐곱되는 어떤 이상한 아이가 푸른 옷을 입고 문득 와서 뭇 아이들을 따라 장난쳤다.

뭇 아이들은 그를 알지 못하여 다 묻기를

"너는 누구 집의 아이이길래 오늘 문득 왔느냐?"

라고 하니, 그 아이가 답하였다.

"너희들이 장난치고 즐기는 것이 보이길래 왔을 따름이다."

자세히 보니 눈에서 빛이 형형하게 바깥을 쏘고 있었다.

뭇 아이들이 두려워 거듭 그 까닭을 묻자 그 아이가 답하였다.

"너희들은 나를 두려워하느냐? 나는 사람이 아니고 곧 형혹성이다. 곧 너희들에게 알려줄 것이 있다. 삼공(三公)이 사마씨(司馬氏)에게 귀속되리라."

뭇 아이들은 크게 놀랐고 어떤 아이는 달려가서 자기 어른에게 알려 주었다. 어른이 달려와 그 아이를 보았다.

그 아이가 말하기를

"너희들을 버려두고 간다."

라고 하며 몸을 솟구쳐 뛰어오르니 곧 없어져 버렸다.

우러러 그를 보니 한 필의 비단을 끌고 하늘에 오르는 듯했다.

달려온 어른은 오히려 볼 수 있었다.
 형혹성은 표표히 점점 높아지더니 잠깐만에 없어졌다.
 그때 오나라 정국은 매우 급하여 형혹성을 본 사람이 감히 이 일을 임금에게 알리지 못했다.
 이 일이 있고 나서 4년 뒤에 촉(蜀)나라가 망하고 6년 뒤에 위(魏)나라 임금이 폐위되고 21년 뒤에 오나라가 평정되었으니 이야말로 삼공이 사마씨에게 귀속된 것이었다.

 吳以草創之國 信不堅固 邊屯守將 皆質其妻子 名曰保質[1] 童子少年 以類相與娛遊者 日有十數 孫休永安三年三月 有一異兒 長四尺餘 年可六七歲 衣青衣 忽來從群兒戲 諸兒莫之識也 皆問曰 爾誰家小兒 今日忽來 答曰 見爾群戲樂 故來耳 詳而視之 眼有光芒 爓爓外射 諸兒畏之 重問其故 兒乃答曰 爾恐我乎 我非人也 乃熒惑星[2]也 將有以告爾 三公[3]歸於司馬 諸兒大驚 或走告大人 大人馳往觀之 兒曰 舍爾去乎 聳身而躍 即以化矣 仰而視之 若曳一疋練以登天 大人來者 猶及見焉 飄飄漸高 有頃而沒 時吳政峻急 莫敢宣也 後四年而蜀亡 六年而魏廢 二十一年而吳平 是歸於司馬也

1) 保質(보질) : 담보(擔保)하는 인질(人質).
2) 熒惑星(형혹성) : 곧 화성(火星). 재화(災禍)나 병란의 징조를 보여준다는 별의 이름.
3) 三公(삼공) : 위(魏), 촉(蜀), 오(吳)의 세 왕.

9. 낙양으로 가지 않은 대양(戴洋)

 도수(都水)인 마무(馬武)가 대양을 천거하여 도수령사(都水令史)로 삼았다.
 대양이 휴가를 청하여 고향에 돌아갔다가 장차 낙양(洛陽)으로 가려고 하자 꿈에 신인(神人)이 말하였다.
 "낙양은 마땅히 패망하고 사람들은 남쪽으로 물건너 가리라. 5년 뒤 양주(揚州)땅에서 반드시 천자가 나리라."

대양이 그 말을 믿고 드디어 가지 않았다. 그러고 나서 다 그 꿈 속의 신인의 말대로 되었다.

都水[1] 馬武擧戴洋爲都水令史 洋請急 還鄕 將赴洛 夢神人謂之曰 洛中當敗 人盡南渡 後五年揚州必有天子 洋信之 遂不去 旣而皆如其夢
1) 都水(도수) : 하천(河川)과 관개(灌漑)를 주관했던 벼슬아치.

제9권 증험을 나타낸 신(神)

1. 네 아들을 얻었으나 다 죽은 응추(應樞)

후한(後漢)이 중흥하던 초년에 여남군(汝南郡)에 응추라는 이가 있었는데 네 아이를 낳았으나 모두 죽었다.

다만 귀신의 광채가 토지신 사당을 비추는 것을 보았다.

응추가 빛을 보고 나서 점치는 이에게 물었다. 그 점치는 이가 말하였다.

"이는 하늘의 상서로움이니 자손들이 아마 흥성할 것입니다."

곧 응추는 황금을 찾아서 얻었다. 이로부터 자손들이 벼슬하거나 학문하는 데에 나란히 재주와 명성이 있었다.

응창 때 이르러 전후로 7대가 온통 현달했다.

後漢中興初 汝南有應樞者 生四子而盡 見神光照社 樞見光 以問卜人 卜人曰 此天祥也 子孫其興乎 乃探得黃金 自是子孫宦學 並有才名 至瑒[1] 七世通顯

1) 瑒(창) : 응창은 건안칠자(建安七子)의 한 사람. 응창, 공융(孔融), 진림(陳琳), 왕찬(王粲), 서간(徐幹), 완우(阮瑀), 유정(劉楨) 등이 건안칠자이다. 이들은 후한(後漢) 헌제(獻帝)(마지막 임금) 때 문학을 주도했다.

2. 남정장군이 된 풍곤(馮緄)

거기장군(車騎將軍)인 파군(巴郡) 사람 풍곤은 자(字)가 홍경(鴻卿)이다.

처음에 의랑(議郎)이 되었을 때 관인(官印)을 담은 상자를 열어보니 길이 두 자쯤 되는 두 마리 붉은 뱀이 상자에서 나와 남북으로 흩어져 달아났다.

풍곤이 크게 근심하고 두려워했다.

허계산(許季山)의 손자 허헌(許憲)은 자(字)가 영방(寧方)인데 그 할아버지의 비결을 얻었다.

풍곤이 허헌을 청하여 점치게 하였다. 허헌이 말하였다.

"이는 길한 조짐입니다. 당신은 3년 뒤에 마땅히 동북쪽 4, 5천리되는 변방을 지키는 장수가 될 것인데, 벼슬이름에 '동(東)'자가 있습니다."

풍곤이 5년 뒤에 대장군을 따라 남쪽으로 출정했다.

얼마 지나지 않아서 그는 상서랑(尙書郞), 요동태수(遼東太守), 남정장군(南征將軍)에 임명되었다.

車騎將軍[1]巴郡馮緄 字鴻卿 初爲議郎[2] 發綬笥有二赤蛇 可長二尺 分南北走 大用憂怖 許季山孫憲 字寧方 得其先人祕要 緄請使卜 云 此吉祥也 君後三歲 當爲邊將 東北四五[3]里 官以東爲名 後五年 從大將軍南征 居無何 拜尙書郞[4] 遼東太守 南征將軍

1) 車騎將軍(거기장군) : 한(漢)나라 때 황제 좌우(左右) 대신을 대장군(大將軍), 거기장군, 전장군, 후장군, 좌장군, 우장군이라 불렀다.
2) 議郞(의랑) : 황제의 자문에 응대를 맡은 낭간의 하나.
3) 五(오) : 왕소영은 『태평어람(太平御覽)』에 '오(五)'자 아래에 '천(千)'자가 있으니 고쳐야 한다고 하였다. 왕씨의 교주에 의거해 번역하였다.
4) 尙書郞(상서랑) : 상서성(尙書省)의 벼슬아치. 황제 좌우에서 정무를 처리했다.

3. 금도장을 얻은 장호(張顥)

상산군(常山郡) 사람 장호가 양주(梁州)의 자사(刺史)가 되었다. 하늘에서 새로이 비가 내린 뒤 피리새같은 새가 저자에 날아들더니 문득 땅에 떨어져서 사람들이 다투어 주우려고 하자 둥근 돌로 변화했다.
 장호가 쇠뭉치로 그것을 깨자 하나의 금도장이 나왔는데 글이 새겨 있기를 '충효후인(忠孝侯印)'이라 했다.
 장호가 이 일을 상부에 보고하고 금도장을 비밀창고에 소장했다. 나중에 의랑인 여남(汝南)땅 사람 번형이(樊衡夷)가 다음과 같이 보고하였다.
 "요(堯)임금과 순(舜)임금 때 이런 벼슬이 있었습니다. 이제 하늘에서 도장을 내려주셨으니 마땅히 다시 이 벼슬을 두어야 할 것입니다."
 장호는 나중에 벼슬이 태위에 이르렀다.

 常山張顥 爲梁州牧 天新雨後 有鳥如山鵲¹⁾ 飛翔入市 忽然墜地 人爭取之 化爲圓石 顥椎破之 得一金印 文曰 忠孝侯印 顥以上聞 藏之祕府 後議郞汝南樊衡夷上言 堯舜時舊有此官 今天降印 宜可復置 顥後官至太尉²⁾

1) 鵲(작) : 까치 비슷한 새.
2) 太尉(태위) : 전국 군정의 수뇌. 한(漢) 무제(武帝) 때 대사마(大司馬)로 개칭하였다.

4. 장씨(張氏)의 금갈고리
 수도 장안(長安)에 장씨라는 이가 혼자서 한 방에 살았다.
 어느날 비둘기가 바깥으로부터 들어와 침상에 앉았다.
 장씨가 축원하였다.
 "비둘기야! 내 화(禍)가 되려면 천정에 날아 오르고, 내 복이 되려면 곧 내 품 속으로 들어오너라."
 비둘기가 날아서 장씨의 품 속으로 들어갔다.
 장씨가 손으로 더듬자 곧 비둘기는 간 곳이 없고 하나의 금갈고리만 있었다.

드디어 그것을 보배스럽게 여겼다. 이로부터 자손들이 점점 부유해져 재물이 만곱절로 늘어났다.

촉(蜀)땅의 상인이 소문을 듣고 곧 장씨의 계집종에게 뇌물을 많이 주고 금갈고리를 훔쳐오게 했다. 계집종이 금갈고리를 훔쳐서 촉땅의 상인에게 주었다.

장씨는 이미 금갈고리를 잃고 나서 점점 재물이 줄어들었다.

그러나 촉땅의 상인도 또한 자주 곤궁한 액(厄)에 걸렸지 자기의 이익이 되지 않았다.

어떤 이가 촉땅의 상인에게 알려주었다.

"천명을 인력으로써 구할 수 없습니다."

그래서 그는 금갈고리를 장씨에게 되돌려 주게 했는데 장씨는 다시 번창했다. 이로 인하여 함곡관(函谷關) 서쪽 사람들은 장씨가 금갈고리를 전한 일을 늘 말한다.

京兆長安 有張氏 獨處一室 有鳩自外入 止於牀 張氏祝曰 鳩來 爲我禍也 飛上承塵 爲我福也 卽入我懷 鳩飛入懷 以手探之 則不知鳩之所在 而得一金鉤 遂寶之 自是子孫漸富 資財萬倍 蜀賈至長安 聞之 乃厚賂婢 婢竊鉤與賈 張氏旣失鉤 漸漸衰耗 而蜀賈亦數罹窮厄 不爲己利 或告之曰 天命也 不可力求 於是齎鉤以反張氏 張氏復昌 故關西稱張氏傳鉤云

5. 음덕으로 부책을 받은 하비간(何比干)

한(漢)나라 무제(武帝) 정화(征和) 3년에 하늘에서 큰 비가 내렸다. 하비간이 집에 있으면서 한낮에 꿈을 꾸었는데 귀한 손과 거마(車馬)가 대문에 가득했다.

잠을 깨고 나서 아내에게 말했다. 말이 아직 끝나지도 않아서 대문에서 나이 80살 남짓하고 머리가 흰 어떤 할머니가 비를 피하도록 집에 머무를 수 있게 해줄 것을 요청했다.

비가 심하게 내렸으나 할머니의 옷은 젖지 않았다.

비가 그쳐서 할머니를 배웅하며 대문에 이르자 이에 하비간에게 말하였다.
"그대에게 음덕이 있어 오늘 그대에게 부책(符策)을 주니 그대의 자손들의 앞길을 넓히도록 하십시오"
품 속에서 부책을 꺼냈는데 모양이 죽간(竹簡)같고 길이는 아홉 치인데 모두 990매였다. 하비간에게 주면서 말하였다.
"자손들 중에 벼슬하는 이들은 마땅히 이 부책에 쓰여진 것처럼 된다고 생각하십시오"

漢征和三年三月 天大雨 何比干在家 日中 夢貴客車騎滿門 覺以語妻 語未已 而門有老嫗 可八十餘 頭白 求寄避雨 雨甚而衣不沾漬 雨止 送至門 乃謂比干曰 公有陰德 今天錫君策 以廣公之子孫 因出懷中符策¹⁾ 狀如簡²⁾ 長九寸 凡九百九十枚 以授比干曰 子孫佩印綬者 當如此算

1) 符策(부책) : 부절(符節)과 책(策 : 죽간을 엮어서 만든 것). 부절은 금, 옥, 대, 나무 따위로 만들어 위에 글자를 새기고 쪼개어 둘로 만든 다음 사용할 때 다시 두 쪽을 합쳐서 검증한다. 여기서 부책은 책의 의미만 있는 듯하다.
2) 簡(간) : 글 쓰는 대나무쪽.

6. 스스로 공(公)이 될줄 안 위서(魏舒)

위서의 자(字)는 양원(陽元)이고 임성국(任城國) 번현(樊縣) 사람이다.
어려서 어버이를 여의고 일찍이 야왕현(野王縣)에 갔는데 주인의 아내가 밤에 아이를 낳으려고 했다. 잠깐만에 거마(車馬)소리가 들렸다.
위서가 수레에 탄 사람에게 묻기를
"주인의 아내가 아들을 낳겠습니까? 딸을 낳겠습니까?"
라고 하자 수레에 탄 사람이 말하기를

"아들입니다. 적어두십시오 열 다섯 해 뒤에 병기 때문에 죽을 것입니다."
위서가 다시 묻기를
"잠 자는 사람은 누구입니까?"
라고 하자 수레에 탄 사람이 말하였다.
"위공(魏公)입니다."
위서가 열 다섯 해가 지난 뒤에 주인에게 가서 옛날 낳았던 아이가 어디에 있는지 묻자, 주인이 말하였다.
"뽕나무가지를 치다가 도끼에 찍혀 죽었습니다."
위서는 스스로 마땅히 공(公)이 되리라는 것을 알았다.

魏舒字陽元 任城樊人也 少孤 嘗詣野王 主人妻夜産 俄而聞車馬之聲 相問曰 男也 女也 曰 男 書之 十五以兵死 復問 寢者爲誰 曰 魏公 舒後十五載 詣主人 問所生兒何在 曰 因條桑 爲斧傷而死 舒自知當爲公[1]矣

1) 公(공) : 최고(最高)의 벼슬아치.

7. 붕조부(鵩鳥賦)를 지은 가의(賈誼)
가의가 장사왕(長沙王)의 태부(太傅)가 되었는데 4월 경자일(庚子日)에 붕새가 그의 집에 날아들어와 자리 구석에 앉았다가 한참 지나서 날아갔다.
가의가 책을 펴서 점을 치니 책에 말하였다.
"들의 새가 집에 들어오니 주인은 장차 떠나가리라."
가의는 그것을 꺼려하여 『붕조부(鵩鳥賦)』를 지어 죽음과 삶, 그리고 화(禍)와 복을 같게 여기며 목숨을 바치는 것으로써 뜻을 정했다.

賈誼爲長沙王太傅[1] 四月庚子日 有鵩鳥[2]飛入其舍 止於坐隅 良久乃去 誼發書占之曰 野鳥入室 主人將去 誼忌之 故作鵩鳥賦 齊死生而等

禍福 以致命定志焉
1) 太傅(태부) : 삼공(三公)의 하나. 삼공은 태사(太師), 태부(太傅), 태보(太保). 거의 다른 벼슬을 겸했다.
2) 鵬鳥(붕조) : 어떤 새인지 미상(未詳)이다.『장자(莊子)』소요유(逍遙遊)에서는 "북쪽의 가장 먼 큰 바다에 고기가 있는데 그 이름이 곤(鯤)이다. 곤의 크기는 그것이 몇천리인지 알 수 없다. 변화하여 새가 되었는데 그 이름이 붕(鵬)이다. 붕의 등은 그것이 몇천리인지 모른다. 성을 내어 날면 그 날개는 하늘에 드리운 구름과 같다(北冥有魚 其名爲鯤 鯤之大不知其幾千里也 化爲爲鳥 其名爲鵬 鵬之背不知其幾千里也 怒而飛 其翼若垂天之雲)."라고 했다.

8. 삼족을 몰살당한 적의(翟義)

왕망(王莽)이 섭정할 때 동군(東郡)의 태수(太守)인 적의는 그가 장차 한(漢)나라의 황제 자리를 빼앗을 것을 알고 의병을 일으킬 것을 꾀했다.

그의 형 적선은 교수였는데 뭇 학생들이 학당에 가득했다.

뭇 거위와 기러기 수십마리가 뜰 가운데 있었는데 어떤 개가 바깥으로부터 들어오더니 그것들을 물어서 다 죽였다.

적선이 놀라서 구제하려고 했으나 다 머리가 잘려버렸다. 개는 대문 밖으로 달아났는데 개를 찾았으나 있는 곳을 알지 못했다.

적선은 크게 그 일을 싫어했는데 며칠이 지나서 왕망이 그의 삼족을 몰살시켰다.

王莽[1]居攝 東郡太守翟義 知其將簒漢 謀擧義兵 兄宣 教授 諸生滿堂 群鵝雁數十 在中庭 有狗從外入 嚙之 皆死 驚救之 皆斷頭 狗走出門 求不知處 宣大惡之 數日 莽夷其三族[2]

1) 王莽(왕망) : 한(漢)나라 애제(哀帝)가 죽고 후계자가 없자 왕망이 태황태후(太皇太后) 왕정군(王政君 : 왕망이 그의 조카이다)과 더불어 9살된 아이를 세웠는데 이 아이가 평제(平帝)가 되었다. 왕망은 대사마에 임

명되어 상서(尙書)의 일을 겸하면서 황제인 평제를 독살하고 달리 두살
배기 유영을 황제로 삼았다. 3년이 지나서 유영을 폐위시키고 자기가
황제가 되어 나라 이름을 '신(新)'이라 고쳤다.
2) 三族(삼족) : 부족(父族), 모족(母族), 처족(妻族).

9. 공손연부자를 죽인 사마의(司馬懿)

위(魏)나라 태부(太傅) 사마의가 공손연(公孫淵)을 평정하고
공손연 부자를 죽였다.
이보다 앞서 공손연의 집에 자주 괴상한 일이 있었는데 한 마
리 개가 갓과 두건을 쓰고 붉은 옷을 입고 지붕에 오르는가 하
면 문득 한 아이가 시루 속에 쪄져서 죽었다.
양평현(襄平縣) 북쪽의 저자에서 고기덩이 같은 것이 생겼는
데 길이와 둘레가 각각 몇자나 되고 대가리와 눈과 주둥이가 있
었으나 손과 발이 없이 요동했다.
점치는 이가 말하였다.
"형상이 있으나 완성되지 않았고 몸이 있으나 소리가 없으니
그 나라가 멸망하리라."

魏司馬太傅懿¹⁾平公孫淵 斬淵父子 先時 淵家數有怪 一犬著冠 幘絳
衣上屋 欻有小兒 蒸死甑中 襄平北市生肉 長圍各數尺 有頭目口喙 無
手足而動搖 占者曰 有形不成 有體無聲 其國滅亡
1) 懿(의) : 위나라 때 사마의는 조조(曹操)부자에게 중용되었다. 조비(曹
丕) 때는 대장군에 임명되었다.

10. 개에게 옷을 물린 제갈각(諸葛恪)

오(吳)나라 제갈각이 회남(淮南)땅에 출정했다가 돌아와서는
장차 임금을 뵈려고 하는 전날밤 정신이 뒤틀어지고 요동하여
온 밤을 잠자지 못했다.

다음날 아침 엄숙하게 옷 입고 갓 쓰고 잰걸음으로 대문을 나
서려고 하는데 개가 그의 옷을 물어당겼다.
 제갈각이 말하기를
 "개가 내가 가는 것을 바라지 않는구나."
 라고 하고는 나가다가 그대로 집에 들어와서 앉았다.
 조금 있다가 다시 일어서자 개가 또 옷을 물기에 제갈각이 종
자로 하여금 개를 쫓게 했다.
 그가 궁궐에 들어가서는 과연 피살되었다.
 그의 아내가 집에 있으면서 계집종에게 말하기를
 "너에게 무슨 까닭에 피냄새가 나느냐?"
 라고 하자 계집종이 말하였다.
 "아닙니다."
 조금 뒤에 피냄새가 더욱 심해지자 또 계집종에게 묻기를
 "네 눈의 바라봄이 어찌하여 보통 때와 다르냐?"
 라고 하자 계집종이 문득 일어나 뛰니 머리가 마룻대에 닿았
는데 소매를 걷어부치고 이를 갈며 말하였다.
 "제갈공께서 곧 손준(孫峻)에게 죽임을 당했습니다."
 그래서 대소(大小) 사람들은 제갈각이 죽은 줄 알았다.
 관병들이 조금 뒤에 집에 들이닥쳤다.

 吳諸葛恪[1]征淮南歸 將朝會之夜 精爽擾動 通夕不寐 嚴畢趣出 犬銜
引其衣 恪曰 犬不欲我行耶 出仍入坐 少頃復起 犬又銜衣 恪令從者逐
之 及入 果被殺 其妻在室 語使婢曰 爾何故血臭 婢曰 不也 有頃 愈
劇 又問婢曰 汝眼目瞻視 何以不常 婢蹙然起躍 頭至於棟 攘臂切齒而
言曰 諸葛公乃爲孫峻所殺 於是大小知恪死矣 而吏兵尋至
1) 諸葛恪(제갈각): 제갈공명(諸葛孔明)의 형인 제갈근(諸葛瑾)의 큰아들.

11. 고기를 매달아 두었다 주살된 등희(鄧喜)

 오(吳)나라의 변방을 지키는 장수 등희가 돼지를 잡아 신에게

제사지내고는 제사지내기가 끝나자 그것을 매달아 두었다.
 문득 하나의 사람 머리가 보이더니 가서 돼지고기를 먹었다.
 등희가 활을 당겨 쏘아서 맞추자 소리를 지르며 사흘 동안 집을 맴돌았다.
 나중에 어떤 사람이 등희가 모반한다고 보고하자 그의 온 집안 사람들이 다 주살되었다.

　　吳戍將鄧喜 殺豬祠神 治畢懸之 忽見一人頭 往食肉 喜引弓射 中之 咋咋作聲 繞屋三日 後人白喜謀叛 合門被誅

12. 꿈을 꾸고 되찾은 가충(賈充)

 가충이 오(吳)나라를 칠 때 일찍이 군대를 항성(項城)에 주둔시켰는데 군중(軍中)에서 문득 가충을 잃어버렸다.
 가충의 부하인 도독(都督) 주근(周勤)이 그때 낮잠자다가 꿈에 백여명이 가충을 잡고 한 작은 길로 끌고 들어가는 것을 보았다.
 주근이 놀라 잠을 깨었는데 가충을 잃어버렸다는 소문을 듣고 곧 찾으러 나갔다.
 문득 꿈 속에서 본 길을 보았는데 드디어 가서 그를 구하니 과연 가충이 보였다.
 주근이 한 관저에 가니 모시고 호위하는 사람들이 아주 많았는데 관저의 주인이 남쪽을 향하여 앉아있고 목소리와 안색이 아주 엄했다.
 주인이 가충에게 말하였다.
 "장차 내 집안 일을 어지럽힐 자는 반드시 너와 순욱(荀勗)이리라. 이미 내 아들을 미혹시키고서 또 내 손자를 어지럽히리라. 그 사이 임개(任愷)로 하여금 너를 내치게 했으나 너는 가지 않고 또 유순으로 하여금 너를 꾸짖게 했으나 너는 잘못을 고치지 않았다. 이제 오나라 도적이 마땅히 평정될 것인데 너는 바로 장화(張華)를 목베라고 표문을 올렸다. 너의 어둡고 어리석음이 다 이러한 것들이다. 만약 잘못을 고치고 삼가지 않는다면 마땅히 조만간에 벌을 주리라."
 가충은 인하여 머리를 찧고 피를 흘렸다.
 관저의 주인이 말하였다.
 "네가 살 수 있는 시일을 늘리고 이처럼 명망있는 지위를 누리는 까닭은 관저를 지킨 공 때문일 따름이다. 마침내는 마땅히 너의 후계자로 하여금 종을 매다는 틀 사이에서 죽게 하고 큰아이는 금주(金酒)를 마셔 죽게 하고 작은아이는 마른나무 아래에서 곤란을 받게 하리라. 순욱도 또한 마땅히 같은 벌을 받아야 하나 그의 선조의 덕이 조금 있어서 너 뒤에 벌을 받으리라. 몇 세대가 지나 순욱의 봉지(封地)의 후계자가 또한 다른 사람으로 바뀌어지리라."
 말이 끝나자 가도록 명령했다. 가충이 문득 진영에 돌아올 수 있었는데 안색이 초췌하고 천성이 혼미하다가 하루가 지나서 곧 본래의 정신을 회복했다.
 나중에 가밀(賈謐)은 종(鐘) 아래에서 죽고 가황후(賈皇后)는 금주를 마셔 죽고 가오(賈午)는 고문받아 죽었는데 큰 몽둥이에 맞아 죽었다.
 다 그 관저의 주인이 말한 바와 같았다.

賈充[1]伐吳時 常屯項城 軍中忽失充所在 充帳下都督周勤 時晝寢 夢見百餘人錄充 引入一徑 勤驚覺 聞失充乃出尋索 忽覩所夢之道 遂往求之 果見充 行至一府舍 侍衛甚盛 府公南面坐 聲色甚厲 謂充曰 將亂吾家事者 必爾與荀勖[2] 既惑吾子 又亂吾孫 間使任愷黜汝而不去 又使庾純罵汝而不改 今吳寇當平 汝方表斬張華[3] 汝之暗戇 皆此類若 不悛愼 當旦夕加誅 充因叩頭流血 府公曰 汝所以延日月而名器若此者 是衛府之勳耳 終當使係嗣死於鍾虡之間 大子斃於金酒[4]之中 小子困於枯木之下 荀勖亦宜同 然其先德小濃 故在汝後 數世之外 國嗣亦替 言畢命去 充忽然得還營 顏色憔悴 性理昏錯 經日乃復 至後 謐死於鍾下

賈后⁵⁾服金酒而死 賈午考竟 用太杖終 皆如所言
1) 賈充(가충) : 진(晋)나라 무제(武帝) 사마염(司馬炎) 때 태위(太尉) 가충이 대도독(大都督)이 되어 오(吳)나라를 쳤다. 가충은 진나라 2대 황제인 혜제(惠帝)의 부인인 가황후의 아버지이기도 하다.
2) 荀勖(순욱) : 삼국(三國) 때 위(魏)나라에 벼슬하다가 나중에 진나라에서 시중(侍中)이 되고 제북군공(濟北郡公)에 봉(封)해지고 광록대부(光祿大夫)가 되었다.
3) 張華(장화) : 진(晋)나라 때 벼슬이 사공(司空)에 이르렀다. 오나라를 치는데 공이 있었기 때문에 광무현후(廣武縣侯)에 봉해졌다. 나중에 조왕(趙王) 사마륜(司馬倫)이 가황후를 폐위하는 것을 꾀하자 장화는 따르지 않다가 끝내 피살되었다.
4) 金酒(금주) : 제왕이 사사(賜死)시키던 술.
5) 賈后(가후) : 진(晋)나라 2대 임금인 혜제의 황후. 성질이 포악하고 투기심이 많았다.

13. 뒷간에서 얻어맞은 유량(庾亮)

유량은 자(字)가 문강(文康)이고 언릉현(鄢陵縣) 사람이다.
형주(荊州)를 진압하여 지킬 때 뒷간에 가니 문득 뒷간에서 한 물건이 보이는데 방상씨(方相氏)처럼 두 눈이 다 붉고 몸에 빛이 났는데 점점 흙 속으로부터 나왔다.
곧 소매를 걷어부치고 주먹으로써 유량을 때렸는데 유량이 응수하며 소리를 지르자 쭈그러들더니 땅 속으로 들어가 버렸다.
이후로부터 유량은 병들어 누웠다.
술사(術士)인 대양(戴洋)이 말하였다.
"옛날 소준(蘇峻)이 반란을 일으킬 때 공(公)께서 백석사(白石祠)에서 복을 빌 때 그 소를 잡아 굿하겠다고 신에게 허락해 놓고 종래 보답하는 제사를 지내지 않았습니다. 그래서 이 귀신에게 맞은 것이니 구제할 길이 없습니다."
다음해 유량이 과연 죽었다.

제9권 증험을 나타낸 신(神)　229

庾亮[1] 字文康 鄢陵人 鎭荊州 登廁 忽見廁中一物 如方相[2] 兩眼盡赤 身有光耀 漸漸從土出 乃攘臂以拳擊之 應手有聲 縮入地 因而寢疾 術士戴洋曰 昔蘇峻事 公於白石祠中祈福 許賽其牛 從來未解 故爲此鬼所考 不可救也 明年 亮果亡

1) 庾亮(유량) : 동진(東晋)의 원제(元帝), 명제(明帝), 성제(成帝) 세 임금을 섬기고 성제 때에는 중서령(中書令)이 되어 정권을 장악했다.
2) 方相(방상) : 염병(染病)을 몰아내고 사악한 것을 물리치는 신.

14. 서감에서 피살된 유총(劉寵)

동양군(東陽郡) 사람 유총은 자(字)가 도홍(道弘)인데 호숙현(湖熟縣)에서 살았다.

매일밤 대문 가까운 뜰에는 저절로 몇되의 피가 있었는데 어디로부터 왔는지는 몰랐다.

이같은 일이 서너 차례나 일어났다.

나중에 유총이 절충장군(折衝將軍)이 되어 북쪽으로 보내져 싸우게 되었다. 장차 가려 했는데 문득 밥이 다 벌레로 변했다.

그 집안 사람들이 찌고 볶고 하는 것이 또한 다 벌레로 변했다. 그 불이 맹렬할수록 그 벌레는 더욱 씩씩했다.

유총이 드디어 북쪽으로 출정했으나 군대는 단구(壇丘)땅에서 패배하고 그 자신은 서감(徐龕)에게 피살되었다.

東陽劉寵 字道弘 居於湖熟 每夜 門庭自有血數升 不知所從來 如此三四 後寵爲折衝將軍 見遣北征 將行 而炊飯盡變爲虫 其家人蒸炒 亦變爲虫 其火愈猛 其虫愈壯 寵遂北征 軍敗於壇丘 爲徐龕所殺

제10권 사람들이 받드는 신(神)

1. 사다리를 타고 하늘에 오른 등황후(鄧皇后)

한(漢)나라 화희(和熹) 등황후가 일찍이 꿈에 사다리를 타고 하늘로 올라가 하늘을 만졌는데 하늘의 몸이 평탄하고 넓고, 바르고 또 맑고 미끄러워 종유석같은 모양이었다. 곧 우러러 하늘의 공기를 들이마셨다.

등황후가 잠을 깬뒤 꿈을 점치는 이에게 물으니 그가 말했다. "요(堯)임금께서는 꿈에 하늘을 잡아 오르셨고, 탕(湯)임금께서는 꿈에 하늘에 이르러 하늘을 혀로 핥았습니다. 이 꿈들은 다 성왕(聖王)이 되실 조짐들이었습니다. 황후마마의 길한 것도 말로 다할 수는 없습니다."

漢和熹鄧皇后[1] 嘗夢登梯以捫天 體蕩蕩正淸滑 有若鍾乳狀 乃仰噏飮之 以訊諸占夢 言 堯夢攀天而上 湯夢及天舐之 斯皆聖王之前占也 吉不可言

1) 鄧皇后(등황후) : 후한(後漢) 화제(和帝) 때의 황후. 이름이 수(綏)이고, 시호(諡號)가 희(熹)이다. 그래서 화희등황후라 칭한다.

2. 해가 품 속으로 들어온 손견부인(孫堅夫人)

손견의 부인 오씨(吳氏)가 아이를 배고나서 꿈에 달이 품 속에 들어왔는데 그런뒤 손책(孫策)을 낳았다.

손권(孫權)을 배었을 때 또 해가 품에 들어오는 것을 꿈꿨다.

이 일을 손견에게 알리기를
"첩이 옛날 책(策)을 배었을 때는 달이 품 속에 들어오는 것을 꿈꾸었는데 이제 또 해가 품 속에 들어오는 것을 꿈 꾸었으니 무슨 까닭입니까?"
라고 하자 손견이 말하였다.
"해와 달은 음과 양의 정(精)이니 지극히 귀하게 될 조짐이오 우리 자손들이 아마도 흥성할 것이오"

孫堅夫人吳氏 孕而夢月入懷 已而生策 及權在孕 又夢日入懷 以告堅曰 妾¹⁾昔懷策 夢月入懷 今又夢日 何也 堅曰 日月者 陰陽之精 極貴之象 吾子孫其興乎
1) 妾(첩) : 여자(女子)의 자신에 대한 겸칭(謙稱).

3. 조정의 부름을 받은 채무(蔡茂)

한(漢)나라 때 채무는 자(字)가 자례(子禮)이고 하내군(河內郡) 회현(懷縣) 사람이다.
처음에 광한군(廣漢郡)에 있을 때 꿈에 궁궐의 정전(正殿)에 앉았는데 들보에 벼이삭 3개가 있기에 채무가 그것을 주우러 가서 그 가운데 벼이삭을 얻었는데 문득 다시 그것을 잃어버렸다.
그 일을 주부(主簿) 곽하(郭賀)에게 물으니 곽하가 말하였다.
"궁궐의 정전은 관청을 형상하는 것이요, 들보에 벼이삭이 있음은 신하의 최고의 녹이요, 가운데 벼이삭을 거두었음은 중태(中台)가 될 조짐입니다. 글자에서 화실(禾失)은 질(秩)이니 비록 잃어버렸다고 말하지만 곧 녹이 되는 바입니다. 폐하의 정무에 잘못이 있을 때 당신은 그것을 보충할 것입니다."
한 달 뒤에 채무가 조정의 부름을 받았다.

漢蔡茂 字子禮 河內懷人也 初在廣漢 夢坐大殿 極上有禾三穗 茂取之 得其中穗 輒復失之 以問主簿郭賀 賀曰 大殿者 官府之形象也 極

而有禾 人臣之上祿也 取中穗 是中台¹⁾之象也 於字 禾失²⁾爲秩³⁾ 雖曰
失之 乃所以祿也 袞職有闕 君其補之 旬月而茂徵焉

1) 中台(중태) : 사도(司徒) 또는 사공(司空).
2) 禾失(화실) : 벼이삭을 잃어버리다.
3) 秩(질) : 녹봉(祿奉).

4. 빌린 돈으로 부자가 된 주남책(周攬嘖)

주남책은 가난했으나 도를 좋아했다.
주남책 부부가 밤에 밭일을 하다가 피곤하여 쉬려고 누웠는데 꿈에 하느님이 지나가다가 그들을 불쌍히 여기고 바깥의 관리에게 명령하여 그들에게 다시 녹을 주도록 하였다.
사명신(司命神)이 장부를 살펴보고 말하였다.
"이 사람의 운명은 가난하도록 돼 있어 한도가 이것을 넘지 못하오니 장거자(張車子)의 돈을 빌려 그에게 주도록 하시옵소서."
"그리하라."
새벽에 잠이 깨자 주남책은 꿈을 이야기했다. 그래서 부부가 힘을 다하여 밤낮으로 생업을 경영하여 일을 하면 문득 이익을 얻어 재물이 천만전(錢)에 이르렀다.
이보다 앞서 장구(張嫗)라는 이가 일찍이 주남책의 집에 가서 고용인이 되었는데 다른 남자와 사통하여 아이를 배어 달이 차서 낳을 때가 되었다. 주남책이 바로 그를 내보내니 그는 수레창고에 머무르면서 아이를 낳았다.
주남책이 가보고 장구가 외롭고 추워하는 것을 불쌍히 여기고 죽을 쑤어 먹게 하고는 물었다.
"마땅히 그대 아이에게 이름을 지었을텐데 어떻게 지었는가?"
"이제 수레창고에서 낳았는데 꿈에 하느님이 저에게 알려주시어 아이 이름을 거자로 하게 하셨습니다."
주남책이 곧 깨닫고 말하였다.
"내가 옛날 꿈 속에서 하느님으로부터 돈을 빌렸는데 사명신이 장거자의 돈을 나에게 빌려준다고 했으니 반드시 이 아이일 것이오 재물을 마땅히 그에게 돌려주겠소"
 그후로부터 주남책의 수입은 날이 갈수록 줄어들었다. 장거자는 자라서 주남책 집보다 부유했다.

 周擥嘖者 貧而好道 夫婦夜耕 困息臥 夢天公過而哀之 勅外有以給與 司命按錄籍云 此人相貧 限不過此 惟有張車子應賜錢千萬 車子未生 請以借之 天公曰 善 曙覺 言之 於是夫婦戮力 晝夜治生 所爲輒得 貲至千萬 先時有張嫗者 嘗往周家傭賃 野合有身 月滿當孕 便遣出外 駐車屋下 產得兒 主人往視 哀其孤寒 作粥糜食之 問 當名汝兒 作何 嫗曰 今在車屋下而生 夢天告之 名爲車子 周乃悟曰 吾昔夢從天換錢 外白以張車子錢貸我 必是子也 財當歸之矣 自是居日衰減 車子長大 富於周家

5. 꿈에 개미굴에 들어가 본 노분(盧汾)
 하양현(夏陽縣) 사람 노분은 자(字)가 사제(士濟)이다.
 꿈에 개미굴에 들어가서 3칸 방이 있는 집을 보았는데 형세가 아주 높고 크고 넓었다.
 그 편액에 글이 쓰여있기를 '심우당(審雨堂)'이라 하였다.

 夏陽盧汾 字士濟 夢入蟻穴 見堂宇三間 勢甚危豁 題其額曰審雨堂

6. 꿈에 적삼을 받은 유탁(劉卓)
 오(吳)나라 선조영사(選曹令史)인 유탁이 병이 위독했을 때 꿈 속에서 한 사람을 만났다.
 그 노인이 흰 월포(越布)로 만든 적삼을 주며 말하였다.
 "그대가 적삼을 입되 더러워질 때 불로 태우면 깨끗해지리라."
 유탁이 잠을 깨고나니 과연 적삼이 곁에 있었다.

적삼이 더러워질 때는 문득 불로써 그것을 빨았다.

吳選曹令史[1]劉卓 病篤 夢見一人 以白越[2]單衫與之 言曰 汝著衫汚
火燒便潔也 卓覺 果有衫在側 汚輒火浣之
1) 選曹令史(선조령사) : 선조(選曹)는 벼슬아치들을 뽑는 일을 주관하던
   벼슬아치. 영사(令史)는 낮은 벼슬아치이니 곧 선조의 부하 벼슬아치.
2) 白越(백월) : 절강성(浙江省) 회계군(會稽郡)에서 나는 천.

7. 도마뱀이 배 속으로 떨어진 유아(劉雅)

회남(淮南)땅의 서기(書記)인 유아가 꿈에 푸른 도마뱀이 지붕에서 그의 배 속으로 떨어지는 것을 보았다.
그후로부터 배가 아픈 병으로 괴로워했다.

淮南書佐劉雅 夢見靑蜥蜴 從屋落其腹內 因苦腹痛病

8. 꿈에 인끈을 준 장환(張奐)

후한(後漢)의 장환이 무위군(武威郡)의 태수(太守)가 되었다.
그의 아내의 꿈에 황제가 관인(官印)과 인끈을 주고 아내가 누각에 올라 노래를 불렀다.
아내가 잠을 깬뒤 이 일을 장환에게 알려주자 장환이 점치는 이에게 점치게 했다. 그 점치는 이가 말하였다.
"부인(夫人)께서 바로 아들을 낳을 것인데 나중에 이 군(郡)에 임하고 목숨이 이 누각에서 끝날 것입니다."
나중에 아들 장맹(張猛)을 낳았는데 후한 헌제(獻帝) 건안(建安) 때 과연 무위군의 태수가 되었다.
그가 자사(刺史) 한단상(邯鄲商)을 죽이자 자사의 병사들에게 포위되었다. 위급해지자 장맹은 사로잡히는 것을 부끄럽게 여겨 곧 누각에 올라 스스로 누각을 불태우고는 죽었다.

後漢張奐爲武威太守 其妻夢帝與印綬 登樓而歌 覺以告奐 奐令占之
曰 夫人方生男 後臨此郡 命終此樓 後生子猛 建安中 果爲武威太守
殺刺史邯鄲商 州兵圍急 猛恥見擒 乃登樓自焚而死

9. 꿈을 깨고 두려워하다 죽은 영제(靈帝)

후한(後漢) 때 영제의 꿈에 환제(桓帝)가 성내며 말하였다.
"송황후(宋皇后)에게 무슨 죄가 있기에 간신들의 말을 듣고
그의 목숨을 끊게 했느냐? 발해왕(渤海王) 이(悝)가 스스로를
폄하했는데도 주살을 당했다. 이제 송황후와 이가 스스로 하늘
에 호소해 하느님께서 진노하시니 너의 죄를 구제하기 어렵다."
꿈이 특별하게 뚜렷했다. 영제는 잠을 깨고나서 두려워하다가
얼마 안 있어 또한 죽었다.

漢靈帝夢見桓帝[1]怒曰 宋皇后有何罪過 而聽用邪孼 使絶其命 渤海
王悝旣已自貶 又受誅斃 今宋氏及悝 自訴於天 上帝震怒 罪在難救 夢
殊明察 帝旣覺而恐 尋亦崩

1) 桓帝(환제): 영제의 아버지.

10. 자신의 죽음을 안 여석(呂石)

오(吳)나라 때 가흥현(嘉興縣) 사람 서백시(徐伯始)가 병이
들어 도사 여석으로 하여금 신의 자리를 안치케 했다.
여석에게는 해염현(海鹽縣)에 사는 대본(戴本)과 왕사(王思)
라는 두 제자가 있었는데 서백시가 그들을 맞이하여 여석을 돕
게 했다.
여석이 낮잠을 자다가 꿈에 하늘의 북두성 문 아래에 올라 말
세 마리에 안장을 얹은 낮은 벼슬아치를 만났는데 그가 여석에
게 말하였다.
"내일 마땅히 한 마리로는 여석을, 한 마리로는 대본을, 한 마

리로는 왕사를 맞이할 것입니다."
 여석이 잠을 깬 뒤 대본과 왕사에게 말하였다.
 "이처럼 죽을 기일이 닥쳐왔으니 급하게 집에 돌아가서 집안 사람들과 작별하는 것이 좋겠다."
 일을 마치지 않고 가자 서백시가 괴이하게 여기며 만류했다. 이에 여석이 말하였다.
 "집안 사람들을 만날 수 없을까 두렵습니다."
 하루가 지나자 세 사람이 동시에 죽었다.

 吳時 嘉興徐伯始病 使道士呂石安神座 石有弟子戴本 王思二人 居住海鹽 伯始迎之 以助 石畫臥 夢上天北斗門下 見外鞍馬三匹 云 明日當以一迎石 一迎本 一迎思 石夢覺 語本 思云 如此 死期可急還與家別 不卒事而去 伯始怪而留之 曰 懼不得見家也 間一日 三人同時死

 11. 꿈이 맞은 사봉(謝奉)과 곽백유(郭伯猷)
 회계군(會稽郡) 사람인 사봉과 영가군(永嘉郡)의 태수(太守)인 곽백유가 잘 지냈다.
 사봉이 문득 꿈을 꾸었는데 곽백유가 다른 사람과 절강(浙江) 위에서 돈 때문에 다투다가 그 일로 수신(水神)에게 꾸지람을 들어 강물에 떨어져 죽었고 자기가 곽백유의 상사를 처리했다.
 잠을 깨고나서 곧 곽백유에게 가서 함께 바둑을 두었다.
 한참 있다가 사봉이 말하기를
 "그대는 내가 온 뜻을 아는가?"
 라고 하며 꿈 이야기를 했다. 곽백유가 듣고 슬퍼하며 말했다.
 "내가 어젯밤에 또한 꿈 속에서 남과 돈 때문에 다투었는데 그대가 꾼 꿈과 같으니 어찌 들어맞음이 이다지도 뚜렷한가?"
 잠깐 뒤에 곽백유가 뒷간에 가다가 곧 쓰러져 죽었다.
 사봉이 상사를 처리했으니 그의 꿈과 같았다.

會稽謝奉與永嘉太守郭伯猷善 謝忽夢郭與人於浙江上爭摴蒲錢 因爲水神所責 墮水而死 已營理郭凶事 及覺 卽往郭許 共圍棊 良久 謝云 卿知吾來意否 因說所夢 郭聞之悵然 云 吾昨夜亦夢與人爭錢 如卿所夢 何期太的的也 須臾如厠 便倒氣絕 謝爲凶具 一如其夢

12. 조카의 정성 때문에 다시 산 서외(徐隗)

가홍현(嘉興縣) 사람 서태는 어려서 어버이를 여의었는데 숙부인 서외(徐隗)가 그를 기르는데 자기 아이들보다 더 사랑했다. 서외가 병들자 서태가 아주 조심스럽게 시중들었다.

이날밤 자정 때 서태의 꿈에 두 사람이 배를 타고 상자를 가지고 서태의 침상 머리에 올라 상자를 열고 장부를 꺼내 보이면서 말하였다.

"너의 숙부는 마땅히 죽을 것이다."

서태는 곧 꿈 속에서 머리를 조아리며 애걸했다.

한참 지나서 두 사람이 말하기를

"너의 현(縣)에 성명이 같은 사람이 있느냐?"

라고 물으니 서태가 생각하고 나서 두 사람에게 말하였다.

"장외(張隗)라고 있습니다마는 성이 서씨가 아닙니다."

"또한 억지로 핍박할 수 있다. 네가 숙부를 잘 섬기는 것을 생각하여 마땅히 너를 위하여 그를 살려주마."

드디어 다시는 두 사람이 보이지 않았다. 서태가 잠을 깨고나서 숙부의 병은 곧 나았다.

嘉興徐泰 幼喪父母 叔父隗養之 甚於所生 隗病 泰營侍甚勤 是夜三更中 夢二人乘船持箱 上泰床頭 發箱 出簿書示曰 汝叔應死 泰卽於夢中叩頭祈請 良久 二人曰 汝縣有同姓名人否 泰思得 語二人云 張隗不姓徐 二人云 亦可强逼 念汝能事叔父 當爲汝活之 遂不復見 泰覺叔病乃差

제11권 진정을 다한 신(神)

1. 화살로 돌을 뚫은 웅거자(熊渠子)와 이광(李廣)

초(楚)나라 웅거자가 밤길을 가다 누운 돌을 보고 엎드린 범이라 생각하고 활을 당겨 쏘았는데 화살촉이 돌에 박히고 화살 끝의 깃털이 빠졌다. 말에서 내려가 보고서야 그것이 돌인줄 알았다. 그곳에 다시 쏘니 화살은 부러지고 돌에 박히지 않았다.

한(漢)나라 때 다시 이광이라는 이가 우북평태수(右北平太守)가 되어 범이라 생각하고 쏘아 돌을 맞혔는데 또한 그와 같았다.

유향(劉向)이 말하였다.

"정성이 지극하면 금석이라도 열리거늘 하물며 사람에게 있어서랴! 제창하는데 화답하지 않고 행동하는데 따라주지 않는 것은 마음 속에 반드시 온전하지 못한 것이 있기 때문이다. 자리를 내려가지 않고 천하를 바로잡는 것은 자기에게서 먼저 올바름을 구하기 때문이다."

楚熊渠子夜行 見寢石 以爲伏虎 彎弓射之 沒金鏃羽 下視 知其石也 因復射之 矢摧無迹 漢世復有李廣 爲右北平太守 射虎得石 亦如之 劉向曰 誠之至也 而金石爲之開 況於人乎 夫唱而不和 動而不隨 中必有不全者也 夫不降席而匡天下者 求之己也

2. 빈 활을 쏘아도 기러기가 떨어진 명궁(名弓)

초(楚)나라 왕이 나라 동산을 노닐 때 흰 원숭이가 있었다. 왕이 활 잘 쏘는 이로 하여금 활을 쏘게 하였다. 화살이 여러 대 쏘아졌으나 흰 원숭이는 화살을 처버리고 비웃었다.
 왕이 곧 양유기(養由基)에게 활을 쏘도록 명령했다. 양유기가 활을 만지자 흰 원숭이는 곧 나무를 안고 울부짖었다.
 전국시대(戰國時代)에 이르러 갱영(更贏)이 위왕(魏王)에게 말하기를
 "신은 화살 없는 빈 활만으로 새를 떨어뜨릴 수 있습니다."
 라고 하니 위왕이 말하기를
 "그렇다면 활쏘기가 이러한 경지에 이를 수 있습니까?"
 라고 하자, 갱영이 말하였다.
 "가능합니다."
 잠시후에 새들이 동쪽으로부터 날아온다는 것을 들었다.
 갱영이 빈 활을 쏘자 기러기가 떨어졌다.

　　楚王遊於苑　白猿在焉　王令善射者射之　矢數發　猿搏矢而笑　乃命由基　由基撫弓　猿卽抱木而號　及六國時　更贏謂魏王曰　臣能爲虛發而下鳥　魏王曰　然則射可至於此乎　贏曰　可　有頃　聞鳥從東方來　更贏虛發而鳥下焉

3. 물을 거꾸로 흐르게 한 고야자(古冶子)

 제(齊)나라 경공(景公)이 황하(黃河)를 건널 때 큰 자라가 수레 왼쪽에 매는 말을 물고 물에 잠겼다.
 사람들이 다 놀라고 근심했다. 고야자가 이에 검(劍)을 뽑아들고 그것을 쫓아 비스듬히 가기를 5리, 물을 거슬러 가기를 3리나 하여 황하 가운데의 지주산에 이르러 그것을 죽였는데 곧 큰 자라였다.
 왼손에는 큰 자라 대가리를 잡고 오른손에는 수레 왼쪽에 매는 말을 끼고 제비가 공중에서 뛰듯이 고니가 뛰듯이 나왔다.
 고야자가 하늘을 우러러 크게 소리지르니 물이 3백걸음을 거

꾸로 흘렀다. 구경꾼들은 다 그가 황하의 신이라 여겼다.

齊景公渡於江沅之河 黿銜左驂 沒之 衆皆驚惕 古冶子於是拔劍從之 邪行五里 逆行三里 至於砥柱之下 殺之 乃黿也 左手持黿頭 右手拔左驂 燕躍鵠踴而出 仰天大呼 水爲逆流三百步 觀者皆以爲河伯也

4. 죽어서도 왕에게 복수한 적비(赤比)

초(楚)나라 간장(干將)과 막야(莫邪)가 초나라 왕을 위하여 검(劍)을 만들기 시작하여 3년만에 이루어졌다. 이때 초왕이 화를 내 그들을 죽이고자 했다.

검에는 본래 암수 두 자루가 있었다.

아내인 막야가 아이를 배어 낳으려고 할 때 간장이 아내에게 말하였다.

"내가 왕을 위하여 검을 만들었으나 3년만에 이루었기 때문에 왕은 화를 내 내가 가면 반드시 나를 죽일 것이오 당신이 만약 사내아이를 낳으면 그가 자랐을 때 그에게 알려주오. '문을 나서서 남산(南山)을 바라보면 돌에 소나무가 나있을 것이고 검은 그 안쪽에 있다'라고."

간장은 곧 암검을 가지고 가서 초나라 왕을 만났다. 왕은 크게 화내며 사람으로 하여금 검을 보게 했다.

검을 감정한 사람이 말하였다.

"검에는 두 자루가 있는데 하나는 숫검이고 하나는 암검입니다. 암검은 가지고 왔으나 숫검은 가져오지 않았습니다."

왕은 화를 내며 곧 간장을 죽였다.

막야의 아들은 이름이 적비인데 나중에 자라서 어머니에게 묻기를

"우리 아버지는 어디에 계십니까?"

라고 하자 어머니가 말하였다.

"네 아버지는 초나라 왕을 위하여 검을 만들다가 3년만에 이

루었기에 왕이 화를 내 그 분을 죽였다. 왕에게 갈 때 나에게 부탁하였다. '아들에게 말하오 문을 나서서 남산을 바라보면 돌 위에 소나무가 나있고 검은 그 소나무 안쪽에 있다' 라고."
 적비는 문을 나서서 남쪽을 보았으나 산이 있는 것은 보이지 않고 다만 집 앞의 소나무 기둥만 보였는데 아래에는 주춧돌이 기둥을 받치고 있었다.
 곧 도끼로 그 안쪽을 깨뜨려 검을 얻었다.
 밤낮으로 적비는 초왕에게 복수하려고 생각했다.
 왕이 꿈에 한 아이를 만나니 눈썹사이가 한 자 넓이나 되었는데 왕에게 말하기를 "복수하고자 한다." 라고 하였다.
 왕이 곧 천금(千金)을 현상금으로 걸었다. 적비가 소문을 듣고 도망갔다.
 적비가 산에 들어가서 길을 걸으면서 노래하자 어떤 나그네가 적비를 만나 말하였다.
 "그대는 소년인데 어찌 우는 것이 매우 슬픈가?"
 "저는 간장과 막야의 아들이온데 초나라 왕이 제 아버지를 죽였기에 제가 복수하려고 합니다."
 "왕이 그대의 머리에 천금의 돈을 걸었다고 들었네. 그대의 머리와 검을 나에게 주게. 그대를 위하여 복수를 해주겠네."
 "아주 다행입니다."
 적비는 곧 스스로 목을 베어 두 손으로 머리와 검을 바쳤는데 몸뚱이는 뻣뻣하게 서 있었다.
 나그네가 말하기를
 "그대를 저버리지 않으리라."
 라고 하자 비로소 적비의 목없는 주검이 쓰러졌다.
 나그네가 목을 가지고 가서 초나라 왕을 만나자 왕은 크게 기뻐했다. 나그네가 말하기를
 "이는 곧 용사의 머리입니다. 마땅히 솥에 넣고 물을 끓여 삶아야 합니다."
 라고 하자 왕이 그 말과 같이 했다.

머리를 삶기를 사흘 밤낮 동안 했으나 익지 않았다. 머리가 끓는 물 속에서 뛰어나와 눈을 부릅뜨고 크게 화를 내었다.
나그네가 말하였다.
"이 아이의 머리가 익지 않으니 원컨대 전하께서 스스로 가서 보시면 반드시 익을 것입니다."
왕이 곧 그곳에 갔다. 나그네가 검을 뽑아 왕의 목을 치니 왕의 머리가 잘려져 끓는 물 속에 떨어졌다.
나그네가 또한 스스로 자기 목을 자르니 머리가 다시 끓는 물 속에 떨어졌다.
세 머리가 나란히 익어서 어느 것이 왕의 머리인지 식별할 수 없었다. 곧 솥의 끓는 물과 머리들을 분리하여 합장했는데 그래서 통칭 그 묘를 '삼왕묘(三王墓)'라고 한다.
지금 여남군(汝南郡) 북의춘현(北宜春縣) 경내에 있다.

楚干將 莫邪爲楚王作劍 三年乃成 王怒 欲殺之 劍有雌雄 其妻重身當産 夫語妻曰 吾爲王作劍 三年乃成 王怒 往必殺我 汝若生子是男大 告之曰出戶望南山 松生石上 劍在其背 於是即將雌劍 往見楚王 王大怒 使相之 劍有二 一雄一雌 雌來 雄不來 王怒即殺之 莫邪子名赤比 後壯 乃問其母曰 吾父所在 母曰 汝父爲楚王作劍 三年乃成 王怒殺之 去時囑我 語汝子 出戶望南山 松生石上 劍在其背 於是子出戶南望 不見有山 但覩堂前松柱 下石砥之上 即以斧破其背 得劍 日夜思欲報楚王 王夢見一兒 眉間廣尺 言 欲報讎 王即購之千金 兒聞之 亡去 入山行歌 客有逢者 謂 子年少 何哭之甚悲耶 曰 吾干將 莫邪子也 楚王殺吾父 吾欲報之 客曰 聞王購子頭千金 將子頭與劍來 爲子報之 兒曰 幸甚 即自刎 兩手捧頭及劍奉之 立僵 客曰 不負子也 於是屍乃仆 客持頭往見楚王 王大喜 客曰 此乃勇士頭也 當於湯鑊煮之 王如其言 煮頭三日三夕 不爛 頭踔出湯中 瞋目大怒 客曰 此兒頭不爛 願王自往臨視之 是必爛也 王即臨之 客以劍擬王 王頭隨墮湯中 客亦自擬己頭 頭復墮湯中 三首俱爛 不可識別 乃分其湯肉葬之 故通名三王墓 今在汝南北宜春縣界

5. 신통술이 있었던 가옹(賈雍)

한(漢)나라 무제(武帝) 때 창오군(蒼梧郡) 사람 가옹이 예장군(豫章郡)의 태수(太守)가 되었는데 신통술이 있었다.

그가 예장군을 나서서 도적을 치다가 도적에게 죽임을 당해 머리를 잃었는데 머리없는 몸뚱이가 말에 올라 돌아오자 군영 중의 사람들이 다 나와 가옹을 보았다.

가옹이 가슴 속에서 말하기를

"싸움이 불리하여 도적에게 상처를 받았다. 그대들이 보기에 머리가 있는 것이 좋은가? 머리가 없는 것이 좋은가?"

라고 하자 부하가 울면서 말하였다.

"머리가 있는 것이 좋습니다.".

가옹이 말하기를

"그렇지 않네. 머리가 없어도 또한 좋네."

라고 하며 말이 끝나자 드디어 죽었다.

漢武時 蒼梧賈雍爲豫章太守 有神術 出界討賊 爲賊所殺 失頭 上馬回 營中咸走來視雍 雍胸中語曰 戰不利 爲賊所傷 諸君視有頭佳乎 無頭佳乎 吏涕泣曰 有頭佳 雍曰 不然 無頭亦佳 言畢 遂死

6. 죽어서도 받은 물건을 돌려준 사량(史良)의 여자

발해태수(渤海太守) 사량이 한 여자를 좋아했는데 그에게 시집올 것을 허락해 놓고 실행하지 않았다.

사량이 화를 내서 그 여자를 죽여 그 머리를 잘라가지고 집에 돌아와서는 부엌에 던지고 말하기를

"마땅히 화장 시키리라."

라고 하니, 머리가 말하였다.

"태수님, 내가 태수님께 순종했거늘 어찌 이러하십니까?"

나중에 태수의 꿈에 나타나서 말하기를 "당신의 물건을 돌려 주겠습니다."라고 했다.
 태수가 잠을 깨고나서 옛날에 자기가 주었던 향끈과 금비녀 따위를 발견했다.

渤海太守史良姊¹⁾一女子 許嫁而不果 良怒 殺之 斷其頭而歸 投於竈下 曰 當令火葬 頭語曰 使君 我相從 何圖當爾 後夢見曰 還君物 覺而得昔所與香纓金釵之屬

1) 姊(자) : 원문에 '자(姊)'로 되어있으나 왕소영은 『태평어람(太平御覽)』에 '호(好)'로 되어 있으니 그렇게 고쳐야 한다고 하였다. 왕씨(汪氏)의 교주에 의거해 번역하였다.

7. 영왕에게 피살된 장홍(萇弘)

 주(周)나라 영왕(靈王) 때 장홍이 피살되었다.
 촉(蜀)땅 사람들이 그의 피를 갈무리해 두었다. 그 피는 3년이 지나서 곧 변화하여 푸른 옥(玉)돌이 되었다.

周靈王時 萇弘見殺 蜀人因藏其血 三年乃化而爲碧

8. 괴물을 술로 녹인 동방삭(東方朔)

 한(漢)나라 무제(武帝)가 동쪽을 노닐 때 함곡관(函谷關)을 나서지 않아서 어떤 물건이 길을 막았다.
 키는 몇길이나 되고 그 모양은 소와 같고 푸른 눈에 빛나는 눈동자를 하고 네 발은 땅에 들어가고 몸을 움직였으나 자리를 옮기지는 않았다.
 모든 벼슬아치들이 다 놀랐다. 동방삭이 곧 술로써 그것에 붓기를 요청했다.
 술 수십섬을 붓자 물건은 녹았다.

무제가 그 까닭을 묻자 동방삭이 답하였다.
"이것의 이름은 '근심'이니 우수(憂愁)의 기(氣)가 만들어낸 것입니다. 여기는 반드시 진(秦)나라의 감옥 터일 것입니다. 그렇지 않으면 죄인들이 강제 노동하기 위하여 모이던 곳일 것입니다. 술은 근심을 잊게 할 수 있습니다. 그래서 그것을 녹일 수 있었습니다."
무제가 말하였다.
"아아! 사물에 대해 박식한 선비는 이 경지에 이를 수 있구나."

漢武帝東遊 未出函谷關 有物當道 身長數丈 其狀象牛 靑眼而曜睛 四足入土 動而不徙 百官驚駭 東方朔乃請以酒灌之 灌之數十斛而物消 帝問其故 答曰 此名爲患 憂氣之所生也 此必是秦之獄地 不然 則罪人 徒作之所聚 夫酒忘憂 故能消之也 帝曰 吁 博物之士 至於此乎

9. 가뭄에 비를 내리게 한 양보(諒輔)

후한(後漢) 때 양보(諒輔)는 자(字)가 한유(漢儒)이고 광한군(廣漢郡) 신도현(新都縣) 사람이다.
젊어서 지방 관청의 낮은 벼슬아치가 되었는데 사람들에게 음료도 받아먹지 않을 정도로 깨끗했다.
종사(從事)가 되었을 때 크고 작은 잘못들을 다 들춰내었기에 군현(郡縣)의 벼슬아치들은 감히 자기 마음대로 할 수 없었다.
그때 여름철에 크게 가물어 태수가 스스로 뜰 가운데서 볕을 쬐었으나 비가 내리지 않았다.
양보는 군의 속관(屬官)이었기에 산천에 나가서 기도하며 스스로 맹세하여 말하였다.
"저는 군(郡)의 중요한 벼슬아치로서 태수에게 간언을 올리고 충성을 바치며 현사를 추천하고 악인을 물리치며 백성들을 조화롭게 할 수 없었습니다. 그래서 지금 천지가 막히고 만물이 타고 말라 백성들이 비를 갈망하나 호소할 곳이 없으니 허물은 다 저에게 있습니다. 현재 우리 군의 태수가 자신을 반성하고 꾸짖어 스스로 뜰 가운데서 볕을 쬐며 저로 하여금 하느님께 사죄케 하고 백성들을 위하여 복을 빌게 했는데 태수의 정성이 간절하나 아직 하늘을 감동시키지는 못했습니다. 제가 지금 감히 스스로 맹세컨대 만약 한낮까지 비가 내리지 않는다면 청하옵건대 이 몸으로써 하느님께 무례한 죄값을 치르고자 하나이다."

곧 땔감을 쌓고 장차 스스로를 태우려고 했다. 한낮이 되어 산의 구름 기운이 검은빛으로 바뀌어 일어나더니 벼락과 비가 크게 치고 내려서 온 군을 넉넉히 적셨다.

세상에서는 이로써 그의 지극한 정성을 칭찬했다.

後漢諒輔 字漢儒 廣漢新都人 少給佐吏 漿水不交 爲從事[1] 大小畢擧 郡縣歙手 時夏枯旱 太守自曝中庭 而雨不降 輔以五官掾 出禱山川 自誓曰 輔爲郡股肱 不能進諫納忠 薦賢退惡 調和百姓 至令天地否隔 萬物枯焦 百姓嗚嗚 無所控訴 咎盡在輔 今郡太守內省責己 自曝中庭 使輔謝罪 爲民祈福 精誠懇到 未有感徹 輔今敢自誓 若至日中無雨 請以身塞無狀 乃積薪柴 將自焚焉 至日中時 山氣轉黑起 雷雨大作 一郡沾潤 世以此稱其至誠

1) 從事(종사) : 태수 스스로 임명한 부하.

10. 도술을 좋아했던 하창(何敞)

하창은 오군(吳郡)땅 사람이다. 젊어서 도술을 좋아하여 숨어 지냈다.

고을에 큰 가뭄이 들어 백성들이 초췌했을 때 태수(太守) 경홍(慶洪)이 호조연(戶曹掾)을 보내 그에게 인사하게 하여 관인(官印)과 인끈을 주어 그를 번거롭게 하여 무석현(無錫縣)의 일을 맡도록 했다.

하창이 관인과 인끈을 받지 않았다. 이때 호조연이 물러가자 탄식하며 말하였다.

"군(郡)의 경내에 재앙이 있는데 어찌 도를 생각할 수 있으랴."

그후로 곧바로 산 넘고 물 건너 무석현으로 가서 여와신(女媧神)을 제사지내는 집에 머물렀다.

그리하여 누리들이 다 죽자 하창은 도망하여 숨었다.

나중에 그를 방정(方正)과 박사(博士)에 추천했으나 그는 모두 나아가지 않았고 마침내 집에서 죽었다.

何敞 吳郡人 少好道藝 隱居 里以大旱 民物憔悴 太守慶洪遣戶曹掾[1]致謁 奉印綬 煩守無錫 敞不受 退 歎而言曰 郡界有災 安能得懷道 因跋涉之縣 駐明星屋[2]中 蝗蝝[3]消死 敞卽遁去 後擧方正[4]博士 皆不就 卒於家

1) 掾(연) : 태수의 부하.
2) 明星屋(명성옥) : 상고(上古) 때 복희씨(伏羲氏)의 누이. 오색(五色)의 돌을 반죽해 하늘을 깁고 큰 자라의 발을 잘라 사극(四極)에 세웠다 한다.
3) 蝗蝝(황연) : 누리. 메뚜기과에 딸린 벌레.
4) 方正(방정) : 고대 현인을 추천에 의하여 뽑던 방식.

11. 누리도 피했던 서허(徐栩)

후한(後漢) 때 서허는 자(字)가 경경(敬卿)이고 오군(吳郡) 유권현(由拳縣) 사람이다.

젊어서 옥졸이 되었는데 법을 집행하는 것이 상세하고 공평했다. 나중에 소황현(小黃縣)의 현령(縣令)이 되었다.

그때 같은 군(郡) 소속의 여러 현에 크게 누리가 번져 들에는 남아있는 풀이 없었는데 소황현의 경계를 지날 때는 날아가 버리고 모이지 않았다.

자사(刺史)가 소황현을 순시할 때 서허를 누리의 재앙을 다스리지 않은 일로 꾸짖었다. 서허가 벼슬을 버리고 가버리자 누리들이 소문을 들은 듯이 소황현으로 몰려들었다.

자사가 사과하고 그를 관청에 돌아가게 하자 누리는 곧 소황

현을 떠나 다른 곳으로 날아갔다.

　後漢徐栩 字敬卿 吳由拳人 少爲獄吏 執法詳平 爲小黃令 時屬縣大蝗 野無生草 過小黃界 飛逝不集 刺史行部 責栩不治 栩棄官 蝗應聲而至 刺史謝 令還寺舍 蝗卽飛去

12. 호랑이가 지켜준 왕업(王業)

　왕업은 자(字)가 자향(子香)이다. 한(漢)나라 화제(和帝) 때 형주자사(荊州刺史)가 되었다.
　매양 소속 지방을 순시할 때 목욕재계하고 천지의 신령들에게 빌기를 마땅히 자기의 어리석은 마음을 열어서 도와주고 억울한 백성들이 없도록 해달라고 했다.
　그가 형주에서 자사노릇 하기 7년 동안 은혜로운 풍기가 성행하여 가혹하고 사특한 일이 일어나지 않았고 산에는 승냥이와 이리가 없었다.
　나중에 상강(湘江)에서 죽었는데 두 마리 흰 범이 머리를 숙이고 꼬리를 끌며 그의 주검 곁을 잠 자면서 지켰다.
　상사가 끝나자 범들은 형주의 경계를 넘더니 문득 보이지 않았다. 백성들이 함께 비석을 세우고 '상강백호묘(湘江白虎墓)'라 이름했다.

　王業 字子香 漢和帝時 爲荊州刺史 每出行部 沐浴齋素 以祈于天地 當啓佐愚心 無使有枉百姓 在州七年 惠風大行 苛慝不作 山無豺狼 卒於湘江 有二白虎 低頭曳尾 宿衞其側 及喪去 虎踰州境 忽然不見 民共爲立碑 號曰 湘江白虎墓

13. 요괴도 옮겨가게 한 갈조(葛祚)

　오(吳)나라 때 갈조가 형양군(衡陽郡)의 태수(太守)가 되었다.

군(郡)의 경내에 큰 뗏목이 강을 가로질러 요괴가 되어 있었는
데 백성들이 사당을 세웠다. 강을 지나가는 나그네가 뗏목에 기
도하고 제사하면 그것은 곧 물에 가라앉았지만, 그렇지 않으면
뗏목이 떠서 곧 배가 부숴졌다.
 갈조가 장차 태수직을 이임할 때 곧 도끼를 마련하여 백성들
의 해악을 없애고자 다음날 마땅히 뗏목을 찍으러 가려고 했다.
 그 전날밤에 강에서 웅성웅성 사람소리가 나기에 가보니 뗏목
이 곧 옮겨갔는데 물살을 따라 수리를 내려가 강의 물으로 쑥
들어온 부분에 있었다.
 이 뒤로 강을 가는 사람에게 다시는 배가 가라앉고 뒤집히는
근심이 없었다.
 형양군 사람들은 갈조를 위하여 비석을 세우고 비문을 쓰기를
'바른 덕으로 빌고 재앙을 물리치니, 신령한 나무도 옮겨가도
다.' 라고 했다.

 吳時 葛祚爲衡陽太守 郡境有大槎橫水 能爲妖怪 百姓爲立廟 行旅
禱祀 槎乃沈沒 不者槎浮 則船爲之破壞祚將去官 乃大具斧斤 將去民
累 明日當至 其夜 聞江中洶洶有人聲 往視之 槎乃移去 沿流下數里
駐灣中 自此行者無復沈覆之患 衡陽人爲祚立碑 曰 正德祈禳 神木爲移

 14. 심장이 뛰자 집으로 간 증자(曾子)
 증자가 공자(孔子)를 따라 초(楚)나라에 가 있을 때 심장이
두근거리자 공자에게 작별하고 집으로 돌아가서 어머니에게 안
부를 물었다.
 어머니가 말하였다.
 "너를 생각하느라 손가락을 깨물었다."
 이에 공자가 말하였다.
 "증삼(曾參)의 효심(孝心)은 그의 정신으로 하여금 만리 바깥
의 일까지 느끼도록 하는구나."

제11권 진정을 다한 신(神) 251

曾子從仲尼在楚而心動 辭歸問母 母曰 思爾齧指 孔子曰 曾參之孝 精感萬里

15. 해골 만여구를 장례지낸 주창(周暢)

주창은 성품이 인자했다. 젊어서 지극히 효성스러웠는데 혼자 어머니와 더불어 살았다.

매양 출입할 때 어머니가 그를 부르고자 하면 늘 스스로 그 손을 깨물었는데 주창이 곧 손의 아픔을 느끼고는 어머니에게 달려갔다.

치중종사(治中從事)가 그 일을 믿지 못하여 주창이 밭에 있을 때 그의 어머니로 하여금 손을 깨물게 하니 주창이 곧 집으로 돌아왔다.

후한(後漢) 안제(安帝) 원초(元初) 2년에 주창이 하남윤(河南尹)이 되었는데 그때 여름철로 크게 가뭄이 들어 오래도록 기도했으나 응험이 없었다.

주창이 낙양성(洛陽城)가의 객사한 해골 만여구를 거두어 장례지내 주고 공동묘지를 만드니 곧 단비가 내렸다.

周暢 性仁慈 少至孝 獨與母居 每出入 母欲呼之 常自齧其手 暢卽覺手痛而至 治中從事¹⁾未之信 候暢在田 使母齧手 而暢卽歸 元初二年 爲河南尹 時夏大旱 久禱無應 暢收葬洛陽城旁客死骸骨萬餘 爲立義冢 應時澍雨

1) 從事(종사) : 문서(文書)를 다스리는 낮은 벼슬아치.

16. 잉어도 알아본 왕상(王祥)

왕상은 자(字)가 휴징(休徵)이고 낭야군 사람이며 성품이 지극히 효성스러웠다.

일찍이 어머니를 여의었는데 계모인 주씨가 인자하지 못하여

자주 그를 헐뜯었다. 이 때문에 아버지에게 사랑을 잃어 매양 소
외양간을 청소케 했다.
 부모가 병이 들면 옷에서 띠를 풀지 않았다.
 계모가 일찍이 싱싱한 고기를 먹고싶어 했다. 날은 춥고 얼음
이 얼었기에 왕상이 옷을 벗고 곧 얼음을 깨고 물고기를 잡으려
하니 얼음이 문득 저절로 확 풀리면서 한 쌍의 잉어가 뛰어나와
그것을 가지고 집으로 돌아갔다.
 계모가 또 참새구이를 먹고싶다고 하자 다시 참새 수십마리가
그 장막에 들어오니 다시 계모에게 구이를 해서 드렸다.
 고을에서는 경탄했고 왕상의 효성이 신령을 감동시켰기 때문
이라고 여겼다.

 王祥 字休徵 瑯邪人 性至孝 早喪親 繼母朱氏不慈 數譖之 由是失
愛於父 每使掃除牛下 父母有疾 衣不解帶 母常欲生魚 時天寒冰凍 祥
解衣 將剖冰求之 冰忽自解 雙鯉躍出 持之而歸 母又思黃雀炙 復有黃
雀數十入其幙 復以供母 鄕里驚歎 以爲孝感所致

17. 계모도 깨닫게 한 왕연(王延)

 왕연은 성품이 지극히 효성스러웠다.
 계모 복씨(卜氏)가 일찍이 한겨울에 싱싱한 고기가 먹고싶어
왕연에게 명령하여 고기를 구하게 했는데 구해오지 못하자 피가
나도록 매질했다.
 왕연이 분수(汾水)에 이르러 얼음을 두드리며 울자 문득 길이
다섯 자나 되는 고기 한 마리가 얼음 위로 뛰어나왔다.
 왕연이 가지고 가서 계모에게 드렸다.
 계모 복씨가 그것을 먹었는데 여러 날 먹어도 다 없어지지 않
았다. 그래서 마음에 깨달은 바가 있어 왕연을 자기가 낳은 아들
처럼 대해 주었다.

王延 性至孝 繼母卜氏 嘗盛冬思生魚 敕延求而不獲 杖之流血 延尋汾 叩凌而哭 忽有一魚 長五尺 躍出冰上 延取以進母 卜氏食之 積日不盡 於是心悟 撫延如己子

18. 하늘도 감동시킨 초료(楚僚)

초료는 일찍이 어머니를 여의었는데 계모를 섬김이 지극히 효성스러웠다.

계모가 큰 부스럼이 나서 몸과 얼굴이 날이 갈수록 초췌해졌는데 초료가 스스로 천천히 부스럼을 빨아내니 피가 나왔다.

밤이 되어 계모는 편안하게 잠잘 수 있었는데 곧 꿈에 한 아이가 계모에게 말하였다.

"만약 잉어를 잡아먹으면 그 병은 곧 낫고 수명을 늘릴 수 있습니다. 그렇지 않으면 오래지 않아 죽을 것입니다."

계모가 잠을 깨서 초료에게 그 이야기를 알려 주었다.

그때 12월인지라 얼음이 얼었는데 초료가 곧 하늘을 우러러 탄식하고 울며 옷을 벗고 얼음 위에 누웠다.

한 아이가 초료가 누운 곳을 깨뜨리니 얼음이 문득 저절로 확 갈라지면서 한 쌍의 잉어가 뛰어나왔다.

초료가 곧 잉어를 가지고 그의 계모에게 바치니 병은 곧 나았고 133살까지 살았다.

대개 지극한 효성이 하늘의 신을 감동시켜 밝게 응험함이 이와 같았다.

이는 왕상과 왕연의 경우와 같다.

楚僚早失母 事後母至孝 母患癰腫 形容日悴 僚自徐徐吮之 血出 迨夜卽得安寢 乃夢一小兒語母曰 若得鯉魚食之 其病卽差 可以延壽 不然 不久死矣 母覺而告僚 時十二月冰凍 僚乃仰天歎泣 脫衣上冰臥之 有一童子 決僚臥處 冰忽自開 一雙鯉魚躍出 僚將歸奉其母 病卽愈 壽至一百三十三歲 蓋至孝感天神 昭應如此 此與王祥 王延事同

19. 어머니의 눈을 뜨게 한 성언(盛彦)

성언은 자(字)가 옹자(翁子)이고 광릉(廣陵)땅 사람이다.

어머니 왕씨가 병으로 인해 실명하여 성언이 몸소 시중들며 부양했다. 어머니는 먹을 때 반드시 스스로 씹어먹었다.

어머니의 병이 오래되어 성질이 난폭해져서 계집종이 자주 어머니에게 매질을 당하게 되었다.

계집종은 성내고 원망했는데 성언이 잠깐 외출했다는 소리를 듣고 굼벵이를 거두어 구워서 엿을 발라 어머니에게 주었다.

어머니가 먹고 나서 맛있다고 느꼈으나 이상한 물건이라고 의심하여 몰래 감춰두었다가 성언이 집에 돌아오자 성언에게 보였다. 성언이 그것을 보고나서 어머니를 안고 통곡했는데 기절했다가 다시 깨어났다.

어머니 눈이 갑자기 확 열렸고 여기에서 드디어 병은 나았다.

盛彦 字翁子 廣陵人 母王氏 因疾失明 彦躬自侍養 母食 必自哺之 母疾旣久 至於婢使 數見捶撻 婢忿恨 聞彦暫行 取蠐螬炙飴之 母食以爲美 然疑是異物 密藏以示彦 彦見之 抱母慟哭 絶而復蘇 母目豁然卽開 於此遂愈

20. 이무기의 쓸개를 얻은 안함(顔舍)

안함은 자(字)가 홍도(弘都)이다.

둘째형수 번씨(樊氏)가 병으로 인하여 실명했다. 의사가 약처방 내기를 이무기의 쓸개가 필요하다고 하여 곳곳에서 그것을 찾았지만 얻을 길이 없었다.

안함은 긴 시간을 근심하고 탄식했다.

일찍이 낮에 혼자 앉아 있었는데 문득 나이 열 서너살 쯤 되는 푸른 옷 입은 아이가 푸른 주머니 하나를 가지고 와서 안함에게 주었다.
 안함이 열어보니 곧 이무기의 쓸개였다.
 아이는 문칫문칫 물러나 문을 나서더니 푸른 새가 되어 날아가 버렸다. 이무기의 쓸개를 얻어 약이 만들어지자 둘째형수의 병은 곧 나았다.

 顔含 字弘都 次嫂樊氏 因疾失明 醫人疏方 須蚺蛇膽 而尋求備至 無由得之 含憂歎累時 嘗晝獨坐 忽有一靑衣童子 年可十三四 持一靑囊授含 含開視 乃蛇膽也 童子逡巡出戶 化成靑鳥飛去 得膽藥成 嫂病卽愈

21. 땅 속에서 황금 한 솥을 얻은 곽거(郭巨)

 곽거는 하내군(河內郡) 융려현(隆廬縣) 사람이다. 일설(一說)에는 하내군 온현(溫縣) 사람이다.
 형제 세 사람이 일찍이 아버지를 여의었다. 아버지에 대한 삼년상의 예가 끝나자 두 아우가 분가를 요구했다.
 돈 2천만전(二千萬錢)으로써 두 아우가 각각 천만전씩 가졌다. 곽거 혼자 어머니와 더불어 객사에 살며 곽거 부부가 품팔이를 하여 어머니를 모셨다.
 좀 지나서 아내가 아들을 낳았는데 곽거 생각하기를 "아이를 기르면 어머니를 섬기는데 방해되는 첫째요, 어머니가 음식을 얻으면 손자에게 나눠주기를 좋아하여 음식을 줄이는 것이 둘째다." 하고는 곧 들에 땅을 파서 아이를 묻으려고 하니 돌 뚜껑이 나왔고 아래에는 황금 한 솥이 있고 솥에 단사(丹砂)로 글에 쓰여 있기를 "효자 곽거야. 황금 한 솥을 너에게 준다."라고 하였다.
 그래서 곽거의 이름이 천하에 떨쳐졌다.

 郭巨 隆廬人也 一云河內溫人 兄弟三人 早喪父 禮畢 二弟求分 以錢二千萬 二弟各取千萬 巨獨與母居客舍 夫婦傭賃 以給公養 居有頃 妻産男 巨念與兒妨事親 一也 老人得食 喜分兒孫 減饌 二也 乃於野

鑿地 欲埋兒 得石蓋 下有黃金一釜 中有丹書 曰 孝子郭巨 黃金一釜 以用賜汝 於是名振天下

22. 땅 속에서 곡식을 얻은 유은(劉殷)

신흥군(新興郡) 사람 유은은 자(字)가 장성(長盛)이다.
일곱 살 때 아버지를 여의었는데 슬퍼하고 음식을 줄였기에 몸이 야윈 정도가 보통의 예를 지나쳤다. 3년 동안 상복을 입으면서 일찍이 이를 드러내 웃은 적이 없었다.
증조모 왕씨를 섬겼는데 일찍이 밤에 꿈 속에서 어떤 사람이 말하였다.
"서쪽 울타리 아래에 곡식이 있다."
유은이 잠을 깨서 땅을 파보니 곡식 15종(鍾)이 나왔다.
그 용기의 뚜껑에 글이 쓰여있었다.
"7년 동안 먹을 곡식 백섬을 효자 유은에게 주노라."
이로부터 그것을 먹었는데 7년이 지나서 바로 다 없어졌다.
나중에 왕씨가 죽자 부부가 음식을 줄여 야위어져 거의 본성을 잃을 지경에 이르렀다.
그때 널에 주검을 넣었는데 서쪽 이웃집에서 실수로 불이 났다. 바람이 맹렬하게 불었기에 유은 부부가 널을 두드리며 울부짖으니 불은 드디어 꺼졌다.
나중에 두 마리 흰 비둘기가 와서 그의 뜰에 있는 나무에 둥지를 틀었다.

新興劉殷 字長盛 七歲喪父 哀毀過禮 服喪三年 未嘗見齒 事曾祖母王氏 嘗夜夢人謂之曰 西籬下有粟 寤而掘之 得粟十五鍾[1] 銘曰 七年粟百石 以賜孝子劉殷 自是食之 七歲方盡 及王氏卒 夫婦毀瘠 幾至滅性 時柩在殯而西隣失火 風勢甚猛 殷夫婦叩殯號哭 火遂滅 後有二白鳩來 巢其樹庭

1) 十五鍾(십오종) : 여섯 섬 네 말이 한 종(鍾)이다.

23. 옥(玉)밭을 만든 양백옹(楊伯雍)

양백옹 공(公)은 낙양현(雒陽縣) 사람이다. 본래 거간꾼으로써 직업을 삼았다.

성품이 아주 효성스러웠다. 부모가 죽자 무종산(無終山)에 장례지내고 드디어 거기에 집을 마련했다.

산의 높이가 80리인데 산 위에 물이 없어 공이 물을 길어 산 언덕에서 나그네가 먹을 수 있는 음료를 제공하니 나그네들이 다 그것을 마셨다.

3년 뒤에 어떤 사람이 와서 물을 마시고는 한 말의 돌을 공에게 주었다. 그는 그 돌을 돌이 있는 높고 평평하고 좋은 땅에 이르러 그것을 심게 하고는 말하였다.

"옥(玉)이 마땅히 그 가운데에서 날 것입니다."

공이 장가들지 않았었는데 또 말하였다.

"그대는 나중에 마땅히 좋은 아내를 얻을 것입니다."

말이 끝나자 그 사람은 보이지 않았다.

공이 곧 그 돌을 심었다. 몇해 뒤에 때때로 가보니 옥이 돌 위에 나있는 것이 보였으나 남들은 알지 못했다.

우북평군(右北平郡)에서 이름을 날리는 서씨가 있었는데 그의 딸이 아주 행실이 단정하여 당시 사람들이 구혼했으나 서씨가 모두 허락치 않았다.

공이 곧 시험삼아 서씨에게 구혼하니 서씨가 미쳤다고 비웃으며 공에게 장난삼아 제시하였다.

"흰 둥근옥 한 쌍을 가져오면 마땅히 자네 말을 들어 내 딸과 혼인시켜 주겠네."

공이 옥을 심어놓은 밭에 이르러 흰 둥근옥 다섯 쌍을 캐어서 장가들 예물로 서씨에게 주었다.

서씨는 크게 놀랐고 드디어 딸을 공의 아내로 주었다.

천자가 소문을 듣고 기이하게 여겨 공을 대부에 임명했다.

곧 옥 심은 곳에서 사방에 큰 돌 기둥을 세웠는데 각각 높이가 한 길이고 중앙은 백이랑 넓이의 땅이 되었는데 이곳을 옥전(玉田)이라 이름했다.

楊公伯雍 雒陽縣人也 本以儈賣爲業 性篤孝 父母亡 葬無終山 遂家焉 山高八十里 上無水 公汲水 作義漿於坂頭 行者皆飮之 三年 有一人就飮 以一斗石子與之 使至高平好地有石處種之 云 玉當生其中 楊公未娶 又語云 汝後當得好婦 語畢不見 乃種其石 數歲 時時往視 見玉子生石上 人莫知也 有徐氏者 右北平著姓 女甚有行 時人求 多不許 公乃試求徐氏 徐氏笑以爲狂 因戱云 得白璧一雙來 當聽爲婚 公至所種玉田中 得白璧五雙 以聘 徐氏大驚 遂以女妻公 天子聞而異之 拜爲大夫 乃於種玉處 四角作大石柱 各一丈 中央一頃地 名曰玉田

24. 계모를 효성으로 섬긴 형농(衡農)

형농은 자(字)가 표경(禀卿)이고 동평(東平)땅 사람이다.
젊어서 어머니를 여의고 계모를 섬김이 지극히 효성스러웠다.
일찍이 그가 다른 집에서 잠잘 때 벼락치고 바람이 불었는데 꿈 속에서 몇차례나 범이 그의 발을 물었다.
형농이 아내를 불러 서로 뜰로 나가 세 번 머리를 조아렸는데 집이 문득 무너져 깔려 죽은 사람이 서른 명이 넘었고 오직 형농 부부만이 무사할 수 있었다.

衡農 字禀卿 東平人也 少孤 事繼母至孝 常宿於他舍 値雷風 頻夢虎嚙其足 農呼妻相出於庭 叩頭三下 屋忽然而壞 壓死者三十餘人 唯農夫妻獲免

25. 8살부터 효성을 다한 나위(羅威)

나위는 자(字)가 덕인(德仁)이다.

제11권 진정을 다한 신(神) 259

 여덟 살에 아버지를 여의었는데 어머니를 섬김에 성품이 지극히 효성스러웠다.
 어머니의 나이는 일흔 살이었다.
 날이 매우 추우면 늘 자신의 몸으로 자리를 따뜻하게 하여 그것을 어머니에게 드렸다.

 羅威 字德仁 八歲喪父 事母性至孝 母年七十 天大寒 常以身自溫席 而後授其處

 26. 눈물로 잣나무를 마르게 한 왕부(王裒)
 왕부는 자(字)가 위원(偉元)이고 성양군(城陽郡) 영릉현(營陵縣) 사람이다.
 아버지 왕의(王儀)는 문제(文帝)에게 피살되었다.
 왕부는 아버지의 무덤 곁에 여묘살이를 했는데 아침 저녁으로 늘 무덤에 이르러 무릎꿇어 절하고는 잣나무를 잡고 슬프게 울었다.
 눈물이 잣나무에 붙어 잣나무가 말라버렸다.
 어머니는 성품이 벼락을 두려워했는데 어머니가 죽고나서 매양 벼락이 치면 왕부가 문득 어머니의 무덤에 가서 말하였다.
 "왕부가 여기에 있습니다."

 王裒 字偉元 城陽營陵人也 父儀 爲文帝所殺 裒廬於墓側 旦夕常至墓所拜跪 攀栢悲號 涕泣著樹 樹爲之枯 母性畏雷 母沒 每雷 輒到墓曰 裒在此

 27. 백구랑(白鳩郞)이라 불렸던 서헌(徐憲)
 정홍(鄭弘)이 임회군(臨淮郡)의 태수(太守)로 옮겨갔다.
 군의 백성 서헌(徐憲)이라는 이가 상(喪)을 당해 슬퍼하자 흰 비둘기가 그의 집 곁에서 둥지를 틀었다.
 정홍이 서헌을 효렴(孝廉)에 천거했고 조정에서는 그를 백구랑(白鳩郎)이라고 불렀다.

 鄭弘遷臨淮太守 郡民徐憲 在喪致哀 有白鳩巢戶側 弘擧爲孝廉[1] 朝廷稱爲白鳩郎
1) 孝廉(효렴) : 인재 선발의 한 방식. 효(孝)는 효제자(孝悌者)이고 염(廉)은 청렴(淸廉)한 선비이다.

28. 억울하게 죽은 동해효부(東海孝婦)
 한(漢)나라 때 동해군(東海郡)의 효부가 시어머니를 아주 공경스럽게 부양했다.
 시어머니가 말하기를
 "며느리가 나를 부양하느라 고생이 심하다. 내 이미 늙었으니 여생이 무엇이 아까워 젊은 사람에게 오래도록 누를 끼치리오?"
 라고 하고 드디어 스스로 목매 죽었다.
 그 시어머니의 딸이 관청에 고발하였다.
 "올케가 우리 어머니를 죽였습니다."
 관청에서는 효부를 잡아서 고문하며 독하게 다스리자 효부는 고초를 견디지 못하여 거짓으로 자복하고 말았다.
 그때 우공(于公)이 감옥을 맡은 관리가 되었는데 말하였다.
 "이 며느리는 10년이 넘게 시어머니를 부양하면서 효성으로 소문이 자자했는데 반드시 그의 시어머니를 죽이지 않았을 것입니다."
 그러나 태수(太守)는 우공의 말을 듣지 않았다.
 우공은 태수와 언쟁했으나 일을 바르게 처리할 수 없자 효부의 공술서를 안고 관청에서 울고는 갔다.
 그뒤로 군(郡)에 가뭄이 들어 3년 동안 비가 오지 않았다.
 후임 태수가 오자 우공이 말하였다.

"효부를 마땅히 죽이지 말았어야 했는데 전임 태수가 억울하게 그를 죽였으니 허물은 마땅히 여기에 있습니다."
후임 태수가 즉시 몸소 효부의 무덤에 제사를 지내고 인하여 그 무덤에 비석을 세워 효부의 효성을 나타내자 하늘에서 당장 비가 내려 그 해는 큰 풍년이 되었다.
노인들이 전하여 말하였다.
"효부의 이름은 주청(周靑)이다. 주청이 장차 죽으려 할 때 수레에는 열 길 되는 대막대를 꽂고 오색의 기를 달았다. 주청이 사람들에게 맹세하기를 '제가 만약 죄가 있다면 피살되었을 때 피가 마땅히 바르게 흘러갈 것을 원하나 제가 만약 억울하게 죽는다면 피가 마땅히 거꾸로 흐를 것입니다.' 하였다. 사형을 집행하고나자 그 피가 푸르면서 누른빛이었는데 깃대를 따라 꼭대기까지 올라갔다가 또 깃대를 따라 내려 왔다."

漢時 東海孝婦 養姑甚謹 姑曰 婦養我勤苦 我已老 何惜餘年 久累年少 遂自縊死 其女告官云 婦殺我母 官收繫之 拷掠毒治 孝婦不堪苦楚 自誣服之 時于公爲獄吏 曰 此婦養姑十餘年 以孝聞徹 必不殺也 太守不聽 于公爭不得理 抱其獄詞 哭於府而去 自後郡中枯旱 三年不雨 後太守至 于公曰 孝婦不當死 前太守枉殺之 咎當在此 太守卽時身祭孝婦冢 因表其墓 天立雨 歲大熟 長老傳云 孝婦名周靑 靑將死 車載十丈竹竿 以懸五旛 立誓於衆曰 靑若有罪 願殺 血當順下 靑若枉死 血當逆流 旣行刑已 其血靑黃 緣旛竹而上極標 又緣旛而下云

29. 죽은 아버지와 함께 한 숙선웅(叔先雄)

건위군(犍爲郡) 사람 숙선이화(叔先泥和)에게 딸이 있었는데 이름이 숙선웅이었다.
후한(後漢) 순제(順帝) 영건(永建) 3년에 숙선이화는 현(縣)의 공조(功曹)가 되었다.
현장(縣長)인 조지(趙祉)가 숙선이화를 보내 파군(巴郡)의 태수를 만나 절하고 문서를 주도록 했다.

그가 10월에 배를 타고 가다가 성(城) 둘레에 파놓은 성을 지키는 해자에 빠져 죽었는데 그의 주검을 건지지 못했다.

숙선웅이 슬프게 통곡하면서 목숨도 돌보지 않았고 남동생 숙선현과 그의 부인에게 부지런히 아버지의 시체를 찾게 하고 만약 찾지 못한다면 자기가 물 속에 들어가 찾으리라 했다.

그때 숙선웅의 나이 27살이고 아들 공(貢)은 나이 5살이고 아들 세(貰)는 나이 3살이었다. 곧 각각 수놓은 향주머니 하나씩을 만들어 황금과 진주고리를 담아 미리 두 아들에게 달아주었다.

숙선웅이 슬프게 울부짖는 소리는 입에서 끊어지지 않았는데 형제와 친족들이 그를 위해서 근심했다.

12월 15일에 이르러서도 아버지의 시체를 건지지 못하자 숙선웅이 작은 배를 타고 아버지가 떨어진 곳에서 몇차례 울더니 마침내 스스로 물 속에 투신하여 소용돌이를 따라 물 바닥에 가라앉았다.

숙선웅이 동생의 꿈에 나타나 말하였다.

"21일이 되면 아버지와 함께 나가겠다."

기약한 날이 되자 꿈에서 말한 것처럼 아버지의 시체와 서로 붙잡고서 나란히 강에 떠서 나왔다.

현장이 표문을 올리자 군(郡)의 태수인 숙등(肅登)은 표문을 받아서 상서(尙書)에게 올리고 상서는 곧 호조연을 보내 숙선웅을 위하여 비석을 세웠다. 또 그의 형상을 비석에 그려 그의 지극한 효성을 사람들이 알게 했다.

犍爲叔先泥和 其女名雄 永建三年 泥和爲縣功曹[1] 縣長趙祉 遣泥和拜檄謁巴郡太守 以十月乘船 於城湍墮水死 尸喪不得 雄哀慟號咷 命不圖存 告弟賢及夫人 令勤覓父尸 若求不得 吾欲自沈覓之 時雄年二十七 有子男貢 年五歲 貰 年三歲 乃各作繡香囊一枚 盛以金珠環 預嬰二子 哀號之聲 不絕於口 昆族私憂 至十二月十五日 父喪不得 雄乘小船 於父墮處 哭泣數聲 竟自投水中 旋流沒底 見夢告弟云 至二十一

日 與父俱出 至期 如夢 與父相持 幷浮出江 縣長表言 郡太守肅登 承
上尙書 乃遺戶曹²⁾掾爲雄立碑 圖象其形 令知至孝
1) 功曹(공조) : 인사(人事)를 맡은 벼슬아치.
2) 戶曹(호조) : 낮은 벼슬아치의 하나.

30. 악양자(樂羊子)의 아내

하남군(河南郡)의 악양자의 아내는 누구의 딸인지 모른다.
몸소 부지런히 시어머니를 부양했다.
일찍이 남의 집 닭이 잘못 그의 뜰에 들어오자 시어머니가 훔쳐서 잡아 먹었다.
악양자의 아내가 닭고기를 대하고 먹지 않고 눈물을 흘리자 시어머니가 괴이하게 여기고 그 까닭을 물었다.
이에 악양자의 아내가 말하였다.
"가난하게 살아 음식에 남의 집의 고기를 있게 한 것을 스스로 상심해서입니다."
시어머니는 마침내 닭고기를 버렸다.
나중에 도둑이 악양자의 아내를 범하려고 했는데 곧 먼저 그 시어머니를 겁박하자 악양자의 아내가 칼을 잡고 나왔다.
도둑이 말하였다.
"너는 칼을 놓아라. 네가 나를 따른다면 너의 시어머니는 온전할 수 있으나 만약 나를 따르지 않는다면 곧 너의 시어머니를 죽이겠다."
악양자의 아내가 하늘을 우러러 탄식하고 나서 스스로 목을 베어 죽었다. 도둑도 또한 시어머니를 죽이지 못했다.
태수가 소문을 듣고 도둑을 잡아 죽이고 악양자의 아내에게 비단을 내려주어 예의를 갖춰 장사지내게 했다.

河南樂羊子之妻者 不知何氏之女也 躬勤養姑 嘗有他舍雞謬入園中
姑盜殺而食之 妻對雞不食而泣 姑怪問其故 妻曰 自傷居貧 使食有他

肉 姑竟棄之 後盜有欲犯之者 乃先劫其姑 妻聞 操刀而出 盜曰 釋汝
刀 從我者可全 不從我者 則殺汝姑 妻仰天而歎 刎頸而死 盜亦不殺姑
太守聞之 捕殺盜賊 賜妻縑帛 以禮葬之

31. 염병도 두려워하지 않은 유곤(庾袞)

유곤은 자(字)가 숙포(叔褒)이다.

진(晋)나라 무제(武帝) 함녕(咸寧) 때 크게 염병이 번져 그의 두 형은 죽고 둘째형 유비(庾毗)가 다시 위태로웠다.

염병의 기운이 바로 왕성해지자 부모와 뭇 동생들은 다 집밖으로 나가고 유곤 혼자서 남아 집을 나서지 않았다.

모든 부형들이 강권했으나 유곤이 말하였다.

"저의 성품은 병을 두려워하지 않습니다."

드디어 몸소 둘째형을 돌보고 밤낮으로 잠자지 않았다. 그 사이 다시 두 형들의 널을 어루만지면서 애통해 마지 않았다.

이같이 하기를 백일이 넘었다. 염병의 기세가 이미 물러가자 집안 사람들이 곧 돌아왔다.

유비의 병은 나을 수 있었고 유곤 또한 아무 탈이 없었다.

庾袞 字叔褒 咸寧中 大疫 二兄俱亡 次兄毗復殆 癘氣方盛 父母諸
弟 皆出次於外 袞獨留不去 諸父兄強之 乃曰 袞性不畏病 逡親自扶持
晝夜不眠 間復撫柩 哀臨不輟 如此十餘旬 疫勢旣退 家人乃返 毗病得
差 袞亦無恙

32. 상사수(相思樹)의 내력

송(宋)나라 강왕(康王)의 사인(舍人)인 한빙(韓憑)이 하씨(何氏)를 아내로 맞이했는데 하씨가 너무 아름다워서 강왕이 하씨를 빼앗았다.

한빙이 왕을 원망하자 왕이 그를 잡아 가두었다가 변방에 보내

낮에는 변방을 지키고 밤에는 성(城)을 쌓는 벌을 받도록 했다.
 한빙의 아내가 몰래 한빙에게 글을 주었는데 그 글을 은어로 만들어 일러 말하였다.
 "그 비가 끝없이 내리니 하수(河水)는 크고도 깊은데 해가 뜨면 내 마음을 비추리라."
 왕이 그 글을 얻어 좌우 사람들에게 보였으나 좌우 사람들이 그 뜻을 이해하지 못했다.
 이때 신하 소하(蘇賀)가 대답하였다.
 "그 비가 끝없이 내린다는 것은 근심하고 또 그리워함을 말한 것이요, 하수가 크고 깊다는 것은 왕래할 수 없음을 말한 것이요, 해가 뜨면 내마음을 비추리라는 것은 마음에 죽을 뜻이 있다는 것입니다."
 얼마 뒤에 한빙은 자살했다.
 그의 아내는 몰래 자기의 옷을 썩혔다.
 왕이 한빙의 아내와 함께 대(臺)에 올랐을 때 한빙의 아내가 스스로 대에서 투신했는데 좌우 사람들이 그를 잡아당겼으나 옷이 손을 벗어나 떨어져 죽었다.
 띠에 글을 남기기를 "왕께서는 제가 살기를 바라시나 첩은 죽음을 달갑게 여깁니다. 원하옵건대 저의 해골을 한빙과 합장시켜 주옵소서." 라고 하였다.
 왕이 화를 내며 말을 듣지 않고 고을 사람으로 하여금 한빙의 아내의 시체를 한빙의 무덤 옆에 묻게 하되 무덤이 서로 떨어져서 바라보이게 했다.
 왕이 말하였다.
 "그대들 부부가 서로 사랑하는 것이 끝이 없으니 만약 무덤을 합치게 할 수 있다면 곧 나는 그것까지는 막지 않겠노라."
 하룻밤이 지나서 곧 큰 가래나무가 두 무덤 끝에 났는데 열흘이 지나자 크기가 한 아름이나 되었고 몸을 구부려 서로 나아가고 뿌리는 아래에서 교차하고 가지는 위에서 얽혔다.
 또 원앙새 암수 각각 한 마리가 늘 나무 위에 깃들며 아침부터 저녁까지 떠나가지 않았는데 목을 서로 꼬고 슬프게 우니 그 소리가 사람을 감동시켰다.

송나라 사람들은 그것을 슬퍼하여 드디어 그 나무를 상사수라 이름했다. 상사라는 이름은 여기서 기원했다. 남쪽 사람들은 이 새가 곧 한빙 부부의 영혼이라고 말한다.

지금 수양현(睢陽縣)에 한빙성(韓憑城)이 있는데 한빙부부의 사연을 부른 노래가 아직도 남아있다.

宋康王舍人[1]韓憑 娶妻何氏 美 康王奪之 憑怨 王囚之 論爲城旦 妻密遺憑書 謬其辭曰 其雨淫淫 河大水深 日出當心 旣而王得其書 以示左右 左右莫解其意 臣蘇賀對曰 其雨淫淫 言愁且思也 河大水深 不得往來也 日出當心 心有死志也 俄而憑乃自殺 其妻乃陰腐其衣 王與之登臺 妻遂自投臺 左右攬之 衣不中手而死 遺書於帶曰 王利其生 妾利其死 願以屍骨 賜憑合葬 王怒 弗聽 使里人埋之 冢相望也 王曰 爾夫婦相愛不已 若能使冢合 則吾弗阻也 宿昔之間 便有大梓木生於二冢之端 旬日而大盈抱 屈體相就 根交于下 枝錯于上 又有鴛鴦 雌雄各一 恒棲樹上 晨夕不去 交頸悲鳴 音聲感人 宋人哀之 遂號其木曰相思樹 相思之名 起于此也 南人謂此禽卽韓憑夫婦之精魂 今睢陽有韓憑城 其歌謠至今猶存

1) 舍人(사인) : 왕공귀인(王公貴人)의 사문(私門)의 벼슬아치.

33. 사만(史滿)의 딸을 얻은 서기(書記)

한(漢)나라 말기에 영양군(零陽郡)의 태수(太守)인 사만에게 딸이 있었다.

그 딸은 태수 부하인 서기를 좋아하여 몰래 계집종을 시켜 서기가 손씻고 남은 물을 가져오게 하여 마시니 드디어 아이를 배었고 그리고 나서는 아이를 낳았다.

아이가 걸을 수 있을 때가 되어 태수가 아이를 안고 나오게 하여 아이에게 자기 아버지를 찾게 했다.

아이가 기어서 곧 서기의 품 속에 들어갔는데 서기가 아이를 밀치니 땅에 자빠지더니 물이 되었다.
태수가 그 일을 추궁하니 딸이 옛 일을 다 이야기했다.
태수는 드디어 딸을 서기의 아내로 주었다.

漢末 零陽郡太守史滿有女 悅門下書佐 乃密使侍婢 取書佐盥手殘水飮之 遂有姙 已而生子 至能行 太守令抱兒出 使求其父 兒匍匐直入書佐懷中 書佐推之 仆地化爲水 窮問之 具省前事 遂以女妻書佐

34. 망부강(望夫岡)이 있게 한 매씨(梅氏)

파양현(鄱陽縣) 서쪽에 망부강이 있다.
옛날 파양현 사람인 진명(陳明)이 매씨(梅氏)와 더불어 혼인하기로 했는데 성혼이 되지도 않아서 요괴가 속여서 신부를 맞이하여 갔다.
진명이 점치는 이에게 나아가서 점을 치니 점치는 이가 점을 결정한 뒤 말하였다.
"서북쪽으로 50리 가서 구하십시오"
진명이 점치는 이의 말과 같이 하니 한 큰 굴이 보이는데 깊숙하여 바닥이 없었다.
새끼를 걸어서 들어가 드디어 그의 신부를 찾았다.
신부를 먼저 나가게 했는데 진명이 데리고 갔던 이웃 사람 진문(秦文)이 드디어 진명을 굴에서 꺼내주지 않았다.
그의 신부는 곧 지조를 지킬 것을 스스로 맹세하고 이 언덕머리에 올라 그의 남편이 갇힌 굴쪽을 바라보았다. 이때부터 인하여 이 언덕을 망부강이라 이름지었다.

鄱陽西有望夫岡 昔縣人陳明 與梅氏爲婚 未成而妖魅詐迎婦去 明詣卜者 決云 行西北五十里求之 明如言 見一大穴 深邃無底 以繩懸入 遂得其婦 乃令婦先出 而明所將隣人秦文 遂不取明 其婦乃自誓執志

登此岡而望其夫 因以名焉

35. 다시 시집간 등원의(鄧元義)의 아내

후한(後漢) 때 남강(南康)땅 사람인 등원의가 있었는데 그의 아버지 등백고(鄧伯考)는 상서복야(尙書僕射)가 되었다.

등원의는 고향에 돌아가고 그의 아내가 남아서 시어머니를 아주 공경스럽게 섬겼다.

그런데 시어머니는 며느리를 미워하여 빈 방에 가두고 그 음식을 줄였다. 며느리는 지치고 야위고 날로 쇠약해졌으나 끝내 원망하는 말이 없었다.

그때 등백고가 괴이하게 여기고 물어보았다. 등원의의 아들 등랑(鄧朗)이 그때 겨우 몇살 밖에 안되었으나 말하였다.

"어머니는 병든 것이 아니라 다만 굶주림 때문에 고생할 따름입니다."

등백고가 눈물을 흘리며 말하기를

"얼마나 시어머니를 생각하고 친했는데 도리어 이런 화(禍)를 끼치다니."

라고 하며 며느리를 친정으로 보내니 다시 시집가서 화중(華仲)의 아내가 되었다.

화중이 장작대장(將作大匠)이 되어 아내가 조정으로 가는 수레를 타고 대문을 나섰다.

등원의가 길가에서 보고 사람들에게 말하였다.

"이 사람은 나의 옛날 아내인데 그의 잘못 때문이 아니라 우리 어머니가 진실로 가혹하게 대우했기 때문에 이렇게 되었습니다. 본래 자연스럽게 서로 귀하게 여겼어야 했습니다."

그의 아들 등랑이 그때 낭관(郎官)이 되었는데 어머니가 글을 주었으나 다 답하지 않고 옷을 주었으나 문득 불태워 버렸는데 어머니는 개의하지 않았다.

어머니가 아들을 보고자 친가인 이씨(李氏) 집으로 가서 사람을 시켜 다른 말로써 아들 등랑을 청하게 했다.
 등랑이 이르러 어머니를 보고는 두 번 절하고 눈물을 흘리더니 인하여 일어서서 나갔다. 어머니가 쫓아가서 말하였다.
 "나는 거의 죽을 뻔했다. 스스로 너의 집으로부터 버림을 받았으니 나에게 무슨 죄가 있어서 곧 이처럼 나를 대하느냐?"
 이 때문에 드디어 아들과의 왕래도 끊었다.

 後漢南康鄧元義 父伯考 爲尙書僕射[1]元義還鄕里 妻留事姑 甚謹 姑憎之 幽閉空室 節其飮食 嬴露日困 終無怨言 時伯考怪而問之 元義子朗 時方數歲 言 母不病 但苦饑耳 伯考流涕曰 何意親姑 反爲此禍 遣歸家 更嫁爲華仲妻 仲爲將作大匠[2] 妻乘朝車出 元義於路旁觀之 謂人曰 此我故婦 非有他過 家夫人遇之實酷本自相貴 其子朗 時爲郎[3]母與書 皆不答 與衣裳 輒以燒之 母不以介意 母欲見之 乃至親家李氏堂上 令人以他詞請朗 朗至見母 再拜涕泣 因起出 母追謂之曰 我幾死 自爲汝家所棄 我何罪過 乃如此耶 因此遂絶

1) 尙書僕射(상서복야) : 상서성(尙書省)에서 상서령(尙書令) 다음가는 벼슬아치.
2) 將作大匠(장작대장) : 궁실, 종묘, 기타의 토목공사를 관장한 벼슬아치.
3) 郞(랑) : 황제를 호위하고 수행하며 수시로 건의하고 황제의 자문과 심부름에 대비하던 벼슬아치.

36. 여인의 거짓을 알아낸 엄준(嚴遵)

 엄준이 양주자사(揚州刺史)가 되어 소속 지방을 순시할 때 길가에서 어떤 여자가 우는 소리를 들었는데 울음소리가 슬프지 않았다.
 누구를 위하여 우는지 물어보자 여자가 대답하였다.
 "남편이 불에 타 죽었습니다."
 엄준이 부하들에게 명령하여 시체를 마주 들고 이르게 하고는 시체와 더불어 이야기하기가 끝나자 부하들에게 말하였다.

"죽은 이가 스스로 말하기를 불에 타 죽지 않았다고 한다."
곧 여자를 체포케 하고 사람으로 하여금 시체를 지키게 하고 말하였다.
"마땅히 억울함이 있을 것이다."
이때 부하가 보고하였다.
"파리들이 시체의 머리에 모입니다."
엄준이 머리를 헤쳐보게 하니 정수리를 꿰뚫은 쇠송곳이 발견되었다.
여자를 고문하니 음욕 때문에 남편을 죽였던 것이다.

嚴遵爲揚州刺史 行部 聞道傍女子哭聲不哀 問所哭者誰 對云 夫遭燒死 遵勅吏舁尸到 與語訖 語吏云 死人自道不燒死 乃攝女 令人守尸云 當有枉 吏白 有蠅聚頭所 遵令披視 得鐵錐貫頂 考問 以淫殺夫

37. 죽어서도 찾은 범식(范式)과 장소(張劭)

범식은 자(字)가 거경(巨卿)이고 산양군(山陽郡) 금향현(金鄕縣) 사람이다. 다른 한 이름은 범(氾)이다.
여남군(汝南郡)의 장소와 더불어 벗이 되었다. 장소의 자는 원백(元伯)이다.
두 사람은 나란히 태학(太學)에 유학했다.
나중에 고향에 돌아갈 것을 고하며 범식이 원백에게 말하였다.
"두 해가 지나면 마땅히 돌아와서 자네 양친을 뵙고나서 절을 올리고 자네 아이들도 만나겠네."
곧 함께 기일을 굳게 약속했다.
그 기일이 바로 닥치려고 할 때 원백이 어머니에게 말을 해서 음식을 마련하여 범식을 기다리도록 요청했다.
원백의 어머니가 말하기를
"두 해 동안 이별해 있었고 천리나 떨어진 곳에서 만나자 했던 약속을 너는 어찌 진실이라고 믿느냐?"

라고 하자 원백이 말하였다.
"거경은 신용있는 선비이기 때문에 반드시 약속을 어기지 않을 것입니다."
"만약 그렇다면 마땅히 너희들을 위하여 술을 빚으마."
기일이 되자 범식이 과연 왔다. 범식이 대청에 올라 원백의 부모에게 절하고나서 술 마시고 즐거움을 다 나눈 뒤 이별했다.
나중에 원백이 병들어 누워 아주 위독했을 때 같은 군 사람 질군장과 은자징이 아침부터 새벽까지 그를 간호했다.
원백이 임종할 때 탄식하며 말하였다.
"내 죽음을 같이할 벗을 만나지 못한 것이 한(恨)이로다."
이에 은자징이 말하기를
"나와 군장이 다 자네에게 마음을 다하는데 우리가 죽음을 같이할 벗들이 아니라면 다시 누구를 찾고자 하는가?"
라고 하니, 원백이 말하였다.
"만약 자네들 두 사람이라면 내 삶을 같이할 벗일 뿐이네. 산양군의 범거경이 이른바 죽음을 같이 할 벗이라네."
조금 뒤에 원백이 죽었다.
범식이 문득 꿈을 꾸었는데 원백이 제사 때 입는 검은옷을 입고 갓을 쓰고 갓끈은 매지 않은 채 드리우고 신을 질질 끌며 나타나서 부르짖기를 "거경아. 나는 아무 날 죽어서 마땅히 아무 날 장례 지내면 길이 황천으로 돌아간다. 네가 나를 잊지 않았다면 어떻게 해서라도 나에게 와볼 수 있겠느냐." 라고 하였다.
범식이 문득 잠을 깨고나서 비탄하여 울고 곧 벗을 위한 상복을 입고 그 장례일에 맞춰 수레를 달려 나아갔다.
범식이 이르지 않아서 상여는 이미 출발했다. 이미 무덤을 만들기 위해 판 구덩이에 이르러 곧 하관하려 했으나 널이 구덩이에 들어가지 않았다.
원백의 어머니가 널을 어루만지며 말하였다.
"원백아. 무엇을 바라는 것이 있느냐?"
드디어 널을 멈추었다. 얼마의 시간이 지나서 곧 흰말을 맨 흰 수레를 타고 울면서 오는 사람이 보였다. 원백의 어머니가 바라보고 말하였다.
"이 사람은 반드시 범거경일 것이다."
 범식이 이르러서 머리를 조아려 조상하고 나서 말하였다.
"가는구나. 원백아, 죽음과 삶은 길이 다르니 영원히 이로부터 작별이로다."
 장례식에 모였던 천사람이 다 눈물을 뿌렸다. 범식이 인하여 널을 끄는 줄을 잡고 당기니 널이 곧 묘혈에 들어갔다. 범식은 무덤가에 머물러 무덤을 쌓고 나무를 심은 뒤 곧 떠나갔다.

 漢范式 字巨卿 山陽金鄕人也 一名汜 與汝南張劭爲友 劭字元伯 二人竝遊太學[1] 後告歸鄕里 式謂元伯曰 後二年當還 將過拜尊親 見孺子焉 乃共剋期日 後期方至 元伯具以白母 請設饌以候之 母曰 二年之別 千里結言 爾何相信之審耶 曰 巨卿信士 必不乖違 母曰 若然 當爲爾醞酒 至期果到 升堂拜飮 盡歡而別 後元伯寢疾甚篤 同郡郅君章 殷子徵晨夜省視之 元伯臨終 歎曰 恨不見我死友 子徵曰 吾與君章 盡心於子 是非死友 復欲誰求 元伯曰 若二子者 吾生友耳 山陽范巨卿 所謂死友也 尋而卒 式忽夢見元伯 玄冕垂纓 屣履而呼曰 巨卿 吾以某日死 當以爾時葬 永歸黃泉 子未忘我 豈能相及 式恍然覺悟 悲歎泣下 便服朋友之服 投其葬日 馳往赴之 未及到而喪已發引 旣至壙 將窆 而柩不肯進 其母撫之曰 元伯 豈有望耶 遂停柩 移時 乃見素車白馬 號哭而來 其母望之曰 是必范巨卿也 旣至 叩喪言曰 行矣元伯 死生異路 永從此辭 會葬者千人 咸爲揮涕 式因執紼而引 柩於是乃前 式遂留止冢次 爲修墳樹 然後乃去
1) 太學(태학) : 수도에 두었던 최고의 학교.

제12권 자연이 만든 신(神)·상

 1. 다섯 기(氣)로써 만물이 변화한다
 하늘에는 다섯 가지의 기(氣)가 있고 만물은 이 다섯 가지의 기가 변화되어 만들어진 것이다.
 목기(木氣)가 맑으면 인자하고 화기(火氣)가 맑으면 예를 알고 금기(金氣)가 맑으면 의를 알고 수기(水氣)가 맑으면 지혜롭고 토기(土氣)가 맑으면 사려깊고, 다섯 기가 다 순수하면 성덕(聖德)이 갖춰진다.
 목기가 흐리면 약하고 화기가 흐리면 음란하고 금기가 흐리면 포악하고 수기가 흐리면 탐욕스럽고 토기가 흐리면 완고하고, 다섯 기가 다 흐리면 가장 못난 백성이다.
 중국에는 성인(聖人)이 많았다. 그것은 조화로운 기가 교류했기 때문이요, 교통이 끊어진 지역에는 괴물이 많았다. 이것은 이상한 기가 만들어낸 것이다.
 만약에 이 기를 품수받으면 반드시 이 형체가 있고, 만약에 이 형체가 있으면 반드시 이 성품이 난다.
 그래서 곡식을 먹는 존재는 지혜롭고 문아(文雅)하며, 풀을 먹는 존재는 힘이 세나 어리석으며, 뽕을 먹는 존재는 실을 내고 나방이 되며, 고기를 먹는 존재는 용감하고 사나우며, 흙을 먹는 존재는 마음이 없고 쉬지 않으며, 기를 먹는 존재는 정신이 밝고 오래 살며, 아무것도 먹지 않는 존재는 죽지 않고 신령하다.
 허리가 큰 것은 숫컷이 없고 허리가 가는 것은 암컷이 없다. 숫컷이 없는 것은 다른 종류와 교미하고 암컷이 없는 것은 다른 종류에 기대어 새끼를 기른다.
 세 번 탈바꿈하는 벌레는 먼저 새끼를 배고 나중에 교미하며, 사랑에 친함과 소원함의 구별이 없는 짐승은 스스로 암수 한몸이 된다.
 기생하는 풀은 저 높은 나무에 의지하고 소나무 겨우살이는 복령(茯苓)에 붙어 산다.
 나무는 흙 속에 뿌리를 내리고, 부평은 물에 뿌리를 심는다.
 새는 허공을 밀치면서 날고 짐승은 실지(實地)를 밟으면서 달리고 벌레는 흙에 파고들어 칩거하고 고기는 못 속에 잠겨 산다.
 하늘에 근본을 두는 것은 위를 친하고 땅에 근본을 두는 것은 아래를 친하고 때에 근본을 두는 것은 곁을 친하니 각자 그 종류를 따른다.
 천년묵은 꿩은 바다에 들어가 조개가 되고, 천년묵은 거북과 큰 자라는 사람과 말을 할 수 있고, 천년묵은 여우는 일어서서 미녀가 될 수 있고, 천년묵은 뱀은 몸이 잘려도 다시 이을 수 있고, 백년묵은 쥐는 관상보고 점칠 수 있으니 연수의 지극함이 만들어낸 소치이다.
 춘분 때 매가 비둘기로 변화하고, 추분 때 비둘기가 매로 변화하니 때가 되어 변화하는 것이다.
 그래서 썩은 풀이 반딧불이 되고, 썩은 갈대가 귀뚜라미가 되고, 벼가 쌀바구미가 되고, 보리가 나비가 되어 날개가 나고 눈이 만들어지고 마음과 지혜가 있게 되니 이는 무지(無知)로부터 유지(有知)로 된 것이니 기가 바뀐 것이다.
 두루미가 노루가 되고, 귀뚜라미가 두꺼비가 되는 것은 그 혈기를 잃지 않고 형체와 성질만 변화한 것이다.
 이같은 종류는 이루 다 따질 수 없다.
 변화에 적응하여 움직이는 것은 상규(常規)를 따르는 것인데 만약 그 방향을 그릇되게 하면 곧 요괴와 재앙이 된다.
 그래서 하체에 나야할 기관이 상체에 나고 상체에 나야할 기관이 하체에 나는 것은 기의 반역이요, 사람이 짐승을 낳고 짐승이 사람을 낳는 것은 기의 어지러움이요, 남자가 여자가 되고, 여자가 남자가 되는 것은 기가 바뀌는 것이다.
　노(魯)나라 우애(牛哀)가 병을 얻어 이레만에 범이 되어 형체가 바뀌고 발톱과 이빨이 돋아났는데 그의 형이 문을 열고 들어오자 잡아서 먹었다.
　바로 그가 사람이었을 때 그가 장차 범이 될 줄 몰랐고, 바로 그가 범이 되었을 때 그가 일찍이 사람이었다는 것을 몰랐다.
　그래서 진(晋)나라 무제(武帝) 태강(太康) 때 진류군(陳留郡) 사람인 완사우(阮士瑀)가 독사에게 물려 상처의 냄새를 맡았는데 그리고나서 두 마리 독사가 코 속에서 만들어졌다.
　진나라 혜제(惠帝) 원강(元康) 때 역양현(歷陽縣)의 기원재(紀元載)가 나그네가 되어 길의 거북을 먹었는데 그리고나서 배 속에 덩어리가 생겼다.
　의사가 약으로 치료하니 그가 곧 거북새끼 몇되를 설사했는데 크기가 작은 동전 만하고 대가리와 발이 다 갖춰지고 거북무늬와 껍질이 모두 갖춰졌으나 오직 약에 중독 되었기에 이미 죽었던 것이다.
　남편과 아내는 만물을 길러 자라게 하는 기가 아니요, 코 속은 새끼 배는 곳이 아니요, 배 속은 물건을 낳는 도구가 아니다.
　이로부터 보건대 만물의 생사와 그 변화는 신통한 생각이 아니라면 비록 자기에게서 구할지라도 어찌 어디서 온지를 알리오? 그러나 썩은 풀이 반딧불이 됨은 썩음에서 말미암는 것이요, 보리가 나비가 됨은 젖음에서 말미암는 것이다. 그렇다면 만물의 변화는 다 말미암음이 있다.
　농부는 보리의 변화를 그치게 하는 사람이니 보리를 재에 담그며, 성인은 만물의 변화를 다스리는 분이니 도(道)로써 구제한다. 그것이 더불어 그렇지 않은가?

　　天有五氣[1] 萬物化成 木淸則仁 火淸則禮 金淸則義 水淸則智 土淸則思 五氣盡純 聖德備也 木濁則弱 火濁則淫 金濁則暴 水濁則貪 土

濁則頑 五氣盡濁 民之下也 中土多聖人 和氣所交也 絶域多怪物 異氣所產也 苟稟此氣 必有所形 苟有此形 必生此性 故食穀者智慧而文 食草者多力而愚 食桑者有絲而蛾 食肉者勇敢而悍 食土者無心而不息 食氣者神明而長壽 不食者不死而神 大腰無雄 細腰無雌 無雄外接 無雌外育 三化之蟲 先孕後交 兼愛之獸 自爲牝牡 寄生因夫高木 女蘿托乎茯苓[2] 木株于土 萍植于水 鳥排虛而飛 獸蹠實而走 蟲土閉而蟄 魚淵潛而處 本乎天者親上 本乎地者親下 本乎時者親旁 各從其類也 千歲之雉 入海爲蜃 百年之雀 入海爲蛤 千歲龜黿 能與人語 千歲之狐 起爲美女 千歲之蛇 斷而復續 百年之鼠 而能相卜 數之至也 春分之日 鷹變爲鳩 秋分之日 鳩變爲鷹 時之化也 故腐草之爲螢也 朽葦之爲蛬也 稻之爲䵚也 麥之爲蝴蝶也 羽翼生焉 眼目成焉 心智在焉 此自無知化爲有知而氣易也 雀之爲蛤也 蚕之爲蝦也 不失其血氣而形性變也 若此之類 不可勝論 應變而動 是爲順常 苟錯其方 則爲妖眚 故下體生於上 上體生於下 氣之反者也 人生獸 獸生人 氣之亂者也 男化爲女 女化爲男 氣之貿者也 魯牛哀得疾 七日化而爲虎 形體變易 爪牙施張 其兄啓戶而入 搏而食之 方其爲人 不知其將爲虎也 方其爲虎 不知其嘗爲人也 故晉太康中 陳留阮士瑀傷于虺 不忍其痛 數嗅其瘡 已而雙虺成於鼻中 元康中 歷陽紀元載 客食道龜 已而成瘕 醫以藥攻之下龜子數升 大如小錢 頭足咸備 文甲皆具 惟中藥已死 夫妻非化育之氣 鼻非胎孕之所 享道非下物之具 從此觀之 萬物之生死也 與其變化也 非通神之思 雖求諸己 惡識所自來 然朽草之爲螢 由乎腐也 麥之爲蝴蝶 由乎濕也 爾則萬物之變 皆有由也 農夫止麥之化者 漚之以灰 聖人理萬物之化者 濟之以道 其與 不然乎

1) 五氣(오기) : 금(金), 목(木), 수(水), 화(火), 토(土)의 다섯 기운.
2) 茯苓(복령) : 소나무 뿌리에 기생하는 버섯류.

2. 땅 속에서 나온 양

계환자(季桓子)가 우물을 파다가 흙장군같은 물건을 얻었는데 그 중에는 양도 있었다.

사람을 시켜 공자(孔子)에게 묻게 하기를
"제가 우물을 파다가 개를 얻었는데 어떤 물건입니까?"
라고 하니, 공자가 말하였다.
"제가 들은 바에 의하면 양입니다. 제가 듣기로는 나무와 돌의 요괴는 기(夔)와 망량(蝄蜽)이고, 물 속의 요괴는 용(龍)과 망상(罔象)이고, 흙 속의 요괴는 분양(羵羊)이라 한다고 합니다."
『하정지(夏鼎志)』에 말하였다.
"망상은 세 살된 아이와 같고 눈이 붉고 살갗이 검고 귀가 크고 팔이 길고 발톱은 붉은데 새끼로 묶어서 잡아먹을 수 있다."
왕자(王子)가 말하였다.
"나무요괴는 유광(遊光)이요, 쇠요괴는 청명(淸明)이다."

季桓子穿井 獲如土缶¹⁾ 其中有羊焉 使問之仲尼曰 吾穿井而獲狗 何耶 仲尼曰 以丘所聞 羊也 丘聞之 木石之怪 夔蝄蜽 水中之怪 龍罔象 土中之怪 曰羵羊 夏鼎志曰 罔象 如三歲兒 赤目 黑色 大耳 長臂 赤爪 索縛則可得食 王子曰 木精爲遊光 金精爲淸明也
1) 土缶(토부) : 술이나 물을 담기 위하여 오지나 나무로 만든 그릇.

3. 땅 속에서 나온 개
진(晋)나라 혜제(惠帝) 원강(元康) 때 오군(吳郡) 누현 회요(懷瑤)의 집에서 있었던 일이다.
어느날 문득 땅 속에서 개짖는 소리가 은은하게 들렸다. 소리가 나는 곳을 보니 위에는 작은 구멍이 나 있었는데 크기가 지렁이굴 같았다.
회요가 지팡이로 쑤셔 몇자 들어가게 하니 물건이 있다는 느낌이 들었다. 곧 땅을 파보아 강아지를 얻었는데 암수 각각 한 마리씩이고 눈은 뜨지 않았으나 몸집은 보통 개보다 컸다.
먹이를 주니 받아 먹었다. 좌우 사람들이 다 가서 구경했다.
어떤 노인이 말하였다.

"이것의 이름은 서견(犀犬)인데 이것을 얻으면 집안을 부유케 하고 번창합니다. 마땅히 길러야 합니다."

눈을 아직 뜨지 않았기에 다시 원래의 구덩이 속에 넣어두고 숫돌로 구덩이를 덮었다.

하룻밤을 자고 숫돌을 열어보니 좌우에 구멍이 나지 않았는데 드디어 강아지들이 없어졌다.

회요의 집에는 여러 해 동안 다른 화복(禍福)이 없었다.

동진(東晋) 원제(元帝) 태흥(太興) 때 오군(吳郡)의 태수(太守) 장무(張懋)가 서재안의 침상 아래서 개소리를 듣고 찾았으나 얻지 못했다.

그리고 나서 땅이 갈라지며 강아지 두 마리가 나왔다. 거두어서 길렀으나 다 죽었다.

그뒤 장무는 오흥군(吳興郡)의 병사 심충(沈充)에게 피살됐다.

『시자(尸子)』에 쓰여있다.

"땅 속에 개가 있으면 이름을 지랑(地狼)이라고 하며, 사람이 있으면 이름을 무상(無傷)이라고 한다."

『하정지(夏鼎志)』에도 쓰여있다.

"땅을 파 개를 얻으면 이름을 고(賈)라고 하며, 땅을 파 돼지를 얻으면 이름을 사(邪)라고 하며, 땅을 파 사람을 얻으면 이름을 취(聚)라고 한다. 취(聚)는 무상(無傷)이다. 이것들은 자연스러운 물건들이요, 귀신이라 부르며 괴이하게 여기지 말아야 한다. 그렇다면 고와 지랑은 이름만 다르지 기실 한 물건이다."

『회남필만(淮南畢萬)』도 기록되어 있다.

"천년 묵은 양의 간은 지재(地宰)로 변화하고 두꺼비가 줄풀을 얻으면 죽을 때 메추리가 된다."

이는 다 기(氣)의 변화로 말미암아서 서로 감응하여 이루어지는 것이다.

晉惠帝元康中 吳郡婁縣懷瑤家 忽聞地中有犬聲隱隱 視聲發處 上有小竅 大如螾穴 瑤以杖刺之 入數尺 覺有物 乃掘視之 得犬子 雌雄各

一 目猶未開 形大於常犬 哺之而食 左右咸往觀焉 長老或云 此名犀犬 得之者 令家富昌 宜當養之 以目未開 還置窟中 覆以磨石 宿昔發視 左右無孔 遂失所在 瑤家積年無他禍福 至太興中 吳郡太守張懋 聞齋 內牀下犬聲 求而不得 旣而地坼 有二犬子 取而養之 皆死 其後懋爲吳 興兵沈充所殺 尸子曰 地中有犬 名曰地狼 有人 名曰無傷 夏鼎志曰 掘地而得狗 名曰賈 掘地而得豚 名曰邪 掘地而得人 名曰聚 聚 無傷 也 此物之自然 無謂鬼神而怪之 然則賈與地狼 名異 其實一物也 淮南 畢萬曰 千歲羊肝 化爲地宰 蟾蜍得苽[1] 卒時爲鶉 此皆因氣化以相感而 成也

1) 苽(고) : 줄. 열매는 먹을 수 있고 잎사귀는 자리를 만드는데 쓰인다.

4. 사람을 보면 끌어당기는 혜낭(傒囊)

오(吳)나라 제갈각(諸葛恪)이 단양군(丹陽郡)의 태수가 되어 일찍이 사냥을 나갔는데 두 산 사이에서 작은 아이 같은 어떤 물건이 손을 펴서 사람을 잡아당기려고 했다.

제갈각이 그것의 손을 펴게 해서 그것을 끌어당겨 원래의 땅에서 떨어지게 했다. 원래의 땅에서 떨어지자 그것은 곧 죽었다. 그리고나서 부하들이 그 까닭을 듣고 제각각이 신령스럽다고 생각하였다.

제갈각이 말하였다.

"이 일은 『백택도(白澤圖)』안에 있는데 거기에 이르기를 '두 산 사이에는 작은 아이 같은 요괴가 있는데 사람을 보면 손을 펴서 사람을 끌어당기려고 한다. 이름을 혜낭이라고 한다. 끌어당겨서 원래의 땅에서 떨어지게 하면 죽는다.'라고 했습니다. 나를 신령스럽다고 말하며 기이하게 여기지 마십시오 여러분들이 우연히 이 책을 보지 못했을 따름입니다."

吳諸葛恪爲丹陽太守 嘗出獵 兩山之間 有物如小兒 伸手欲引人 恪 令伸之 乃引去故地 去故地卽死 旣而參佐聞其故 以爲神明 恪曰 此事

在白澤圖內 曰 兩山之間 其精如小兒 見人則伸手欲引人 名曰傒囊 引
去故地則死 無謂神明而異之 諸君偶未見耳

5. 천리를 갔다올 수 있는 경기(慶忌)

신(新)나라 왕망(王莽) 건국(建國) 4년에 지양현(池陽縣)에
작은 사람의 그림자가 생겼는데 키는 한 자 남짓하고 혹은 수레
를 타고 혹은 그냥 걸었다.
모든 물건을 잡았는데 크기가 각자 서로 알맞았으며 사흘이
지나서 곧 이 현상이 그쳤다.
왕망이 아주 그것을 싫어했다. 그뒤로 도적들이 날로 심하게
늘어났고 왕망은 마침내 피살되었다.
『관자(管子)』에 쓰여있다.
"마른 못이 수백년 묵고 골짜기가 옮기지 않고 물이 끊어지지
않으면 경기를 낳는다. 경기는 그 모양이 사람같고 그 길이가 네
치이고 누런 옷을 입고 누런 갓을 쓰고 누런 일산을 받쳐들고
작은 말을 타고 달리기를 좋아한다. 그것의 이름을 불러서 천리
바깥이라도 하루만에 갔다가 돌아오게 할 수 있다."
그렇다면 지양현의 작은 사람의 그림자가 혹 경기란 말인가?
『관자』에 또 말하였다.
"마른 작은 물의 요정이 지(蚳)를 낳는데 지는 대가리가 하나
고 몸이 둘이고 그 모양은 뱀과 같은데 길이는 여덟 자이다. 그
것의 이름을 불러서 고기와 자라를 잡아오게 할 수 있었다."

王莽建國四年 池陽有小人景 長一尺餘 或乘車 或步行 操持萬物 大
小各自相稱 三月乃止 莽甚惡之 自後盜賊日甚 莽竟被殺 管子曰 涸澤
數百歲 谷之不徙 水之不絕者 生慶忌 慶忌者 其狀若人 其長四寸 衣
黃衣 冠黃冠 戴黃蓋 乘小馬 好疾馳 以其名呼之 可使千里外一日反報
然池陽之景者 或慶忌也乎 又曰 涸小水精 生蚳蚳 者 一頭而兩身 其
狀若蛇 長八尺 以其名呼之 可使取魚鱉

6. 벼락의 생김새

진(晉)나라 때 부풍군(扶風郡) 사람 양도화(楊道和)가 여름에 밭에서 비를 만나 뽕나무 아래에 이르렀는데 벼락이 내려와 그를 쳤다.

양도화가 괭이로 벼락을 쳐서 그 넓적다리를 꺾어버리자 드디어 땅에 떨어져 갈 수 없었다. 벼락의 입술은 단사(丹砂)같고, 눈은 거울같고 털과 뿔이 세 치 남짓 자랐다.

모양은 육축(六畜)같고 대가리는 원숭이 같았다.

晉扶風楊道和 夏於田中値雨 至桑樹下 霹靂下擊之 道和以鋤格 折其股 遂落地 不得去 唇¹⁾如丹 目如鏡 毛角長三寸餘 狀似六畜²⁾ 頭似獼猴

1) 唇(진) : 입술 순(脣)이 되어야 맞다고 본다.
2) 六畜(육축) : 소 말 개 닭 양 돼지. 집에서 기르는 가축.

7. 머리가 떨어졌다 붙었다 하는 사람

진(秦)나라 때 남방에 머리가 떨어지는 백성들이 있었는데 그들의 머리는 날 수 있었다.

그 종족들의 부락에 충락(蟲落)이라고 이름붙인 제사가 있었는데 그 제사 이름을 따서 부락 이름으로 삼았다.

오(吳)나라 때 장군 주환(朱桓)이 한 계집종을 얻었는데 매일 밤 누워서 잠잔 뒤 머리가 문득 날아나갔다.

혹 개구멍으로 혹 지붕의 창으로 출입했는데 귀로써 날개를 삼았다. 곧 새벽이 되면 되돌아왔다. 자주 이런 일이 일어나 곁의 사람이 괴이하게 여겼다.

밤에 계집종을 비춰보면 오직 머리 없는 몸뚱이만 있었는데 그 몸뚱이는 약간 차갑고 호흡을 바로 억지로 이었다. 곧 이불로써 몸뚱이를 덮었는데 새벽이 되어 머리가 돌아왔으나 이불이 장애가 되어 머리가 편안해 하지 못하더니 두세번 땅에 떨어져 탄식하고 근심했으며 몸뚱이의 숨길도 아주 급하여 모양이 장차 죽을 것 같았다.
 곧 이불을 치우자 머리가 다시 일어나서 목에 붙었으며 잠깐만에 평화스러워졌다.
 주환은 크게 괴이하게 여겨 두려워서 감히 계집종을 기르지 못하고 곧 그를 내보냈다. 한참 후에 상세히 조사해 보고는 곧 그런 일이 계집종의 천성임을 알았다.
 그때 남쪽으로 정벌나간 대장(大將)도 또한 왕왕 그런 사람을 얻었다.
 또 일찍이 어떤 사람이 구리대야로써 목을 덮어 두었던 일이 있었는데 머리가 목에 붙지 못해 드디어 죽었다.

 秦時 南方有落頭民 其頭能飛 其種人部有祭祀 號曰蟲落 故因取名焉 吳時 將軍朱桓得一婢 每夜臥後 頭輒飛去 或從狗竇 或從天窗中出入 以耳爲翼 將曉復還 數數如此 傍人怪之 夜中照視 唯有身無頭 其體微冷 氣息裁屬 乃蒙之以被 至曉頭還 礙被 不得安 兩三度墮地 噫咤甚愁 體氣甚急 狀若將死 乃去被 頭復起 傅頸 有頃和平 桓以爲大怪 畏不敢畜 乃放遣之 旣而詳之 乃知天性也 時南征大將 亦往往得之 又嘗有覆以銅盤者 頭不得進遂死

8. 범이 사람으로 둔갑하다
 양자강(揚子江)과 한수(漢水) 사이에 추인(貙人)이 있었다. 그 선조들은 늠군(廩君)의 후손들로서 범으로 변화할 수 있었다.
 장사군(長沙郡) 소속의 만현(蠻縣) 동고구(東高口)땅 주민들이 일찍이 범을 잡기 위하여 우리를 만들었다.
 우리의 문을 열어놓고 다음날 사람들이 범을 때려잡기 위하여 함께 갔는데 한 사람의 정장(亭長)이 붉은 두건과 큰 갓을 쓰고 우리 속에 앉아 있는 것이 보였다.
 사람들이 그에게 묻기를
 "그대는 어찌하여 이 속에 들어가 있습니까?"
 라고 하니, 정장이 크게 화를 내며 말하였다.
 "어제 문득 현청(縣廳)에 소환되었는데 밤에 비를 피하다 잘못해 이 속에 들어오게 되었습니다. 빨리 나를 꺼내 주십시오"
 "그대가 소환을 받았다면 마땅히 문서가 있어야 할 것이 아닙니까?"
 정장이 곧 품 속에서 소환하는 문서를 꺼내 보이자 곧 정장을 내보내 주었는데 조금 뒤에 그를 보자 범으로 변화하더니 산 위로 달아났다.
 어떤 이가 말하였다.
 "추호(貙虎)가 사람으로 변화하면 자색의 칡베옷 입기를 좋아하는데 그 발에는 발꿈치가 없다. 범에 다섯 발가락이 있는 것은 다 추호다."

 江漢之域 有貙人 其先 廩[1]君之苗裔也 能化爲虎 長沙所屬蠻縣東高居民 曾作檻捕虎 檻發 明日 衆人共往格之 見一亭長 赤幘大冠 在檻中坐 因問 君何以入此中 亭長大怒曰 昨忽被縣召 夜避雨 遂誤入此中 急出我 曰 君見召 不當有文書耶 卽出懷中召文書 於是卽出之 尋視乃化爲虎 上山走 或云 貙虎化爲人 好着紫葛衣 其足無踵 虎有五指者 皆是貙
1) 廩(늠) : 고대의 소수민족으로 사천성(四川省) 동부와 호북성(湖北省) 청강유역(淸江流域)에서 생활했다.

9. 원숭이와 같은 사람이 사는 가국(猳國)
 촉(蜀)땅 서남쪽 높은 산 위에 동물이 있는데 원숭이와 서로 비슷하고 키는 일곱 자이고 사람처럼 서서 걸어다닐 수 있었다. 달리기를 잘하여 사람을 쫓을 수 있는데 이름이 가국이며 다른 한 이름은 마화(馬化)이며 또는 확원(玃猨)이다.

 길가는 부녀를 엿보아 얼굴이 예쁘면 문득 훔쳐서 데려갔는데 사람들은 그것이 어디로 갔는지 알 수 없었다.

 만약 그들 곁을 지나가는 길가는 사람들이 모두 긴 새끼줄로써 서로 당기며 지나가더라도 오히려 사고를 면하지 못했다.

 이 동물은 남녀의 냄새를 구별할 줄 알아서 여자만 데려가지 남자는 데려가지 않았다. 만약 여자를 데려가면 곧 자기 아내로 삼았다.

 데려간 여자들이 아이를 낳지 못하면 죽을 때까지 원래의 집으로 돌아가지 못했다.

 데려간 여자들은 10년이 지나면 생김새가 다 그들과 비슷해지고 마음도 또한 미혹되어 다시는 원래의 집으로 돌아갈 생각을 하지 않았다.

 만약 아이를 낳으면 문득 여자를 안아서 그 집에 보내주었다.

 아이를 낳으면 다 사람 모습과 같았다.

 아이를 낳고도 아이를 기르지 않으면 그 어머니가 문득 죽었다. 그래서 그것을 두려워하여 감히 기르지 않을 수 없었다.

 아이가 자라서는 사람과 다르지 않았는데 다 양(揚)으로써 성을 삼았다. 그래서 지금 촉땅의 서남쪽에는 뭇 양씨(揚氏)들이 많은데 거의 다 가국 또는 마화의 자손들이다.

蜀中西南高山之上 有物 與猴相類 長七尺 能作人行 善走逐人 名曰猳國 一名馬化 或曰玃猨 伺道行婦女有美者 輒盜取將去 人不得知 若有行人經過其旁 皆以長繩相引 猶或不免 此物能別男女氣臭 故取女男不取也 若取得人女 則爲家室 其無子者 終身不得還 十年之後 形皆類之 意亦迷惑 不復思歸 若有子者 輒抱送還其家 產子皆如人形 有不養者 其母輒死 故懼怕之 無敢不養 及長 與人不異 皆以楊爲姓 故今蜀中西南多諸楊 率皆是猳國馬化之子孫也

10. 발작하면 사람이 죽는 도로귀(刀勞鬼)

임천군(臨川郡)의 뭇 산에 요물이 있는데 그것이 올 때는 늘 큰 비바람을 일으키고 휘파람같은 소리를 지르고 사람을 쏠 수 있었다.

그것에 쏘인 부분은 잠깐만에 바로 부어오르고 크게 중독되었다. 암수가 있는데 숫컷의 독성은 빨리 발작하고 암컷의 독성은 느리게 발작했다.

독이 빨리 발작할 때는 한나절이 지나지 않아서 사람이 죽었고 느리게 발작할 때는 하룻밤을 지나서 죽었다. 그 산 곁의 사람이 늘 중독된 사람을 구제해 줄 수 있었는데 구제가 조금이라도 늦으면 곧 죽었다.

민간인들은 그것을 도로귀라 이름했다.

그래서 외서(外書)에서 말하였다.

"귀신은 그 화복(禍福)의 나타남이 세상에 증험된 존재이다."

『노자(老子)』에 말하였다.

"옛날에 일(一)을 얻은 존재를 볼 때, 하늘은 일을 얻어서 맑아지고 땅은 일을 얻어서 안녕해지고 신은 일을 얻어서 영험해지고 골짜기는 일을 얻어서 가득 차고 임금은 일을 얻어서 천하의 수령이 되었다."

그렇다면 천지의 귀신들은 우리들과 병존하는 존재이다. 기(氣)가 나누어지면 성품이 다르고 영역이 구별되면 형체가 다르니 서로 겸할 수 없다.

살아있는 존재는 양기(陽氣)로써 주체로 삼고 죽은 존재는 음기(陰氣)로써 주체로 삼으니 성품이 주어진 존재는 각자 그 삶을 편안히 여긴다. 지나친 음기 속에 괴물이 있게 된다.

臨川間諸山 有妖物 來常因大風雨 有聲如嘯 能射人 其所著者 有頃便腫 大毒 有雌雄 雄急而雌緩 急者不過半日間 緩者經宿 其旁人常有

以救之 救之少遲則死 俗名曰刀勞鬼 故外書[1]云 鬼神者 其禍福發揚之
驗於世者也 老子曰 昔之得一者 天得一以淸 地得一以寧 神得一以靈
谷得一以盈 侯王得一以爲天下貞 然則天地鬼神 與我竝生者也 氣分則
性異 域別則形殊 莫能相兼也 生者主陽 死者主陰 性之所託 各安其生
太陰之中 怪物存焉
1) 外書(외서) : 경(經)이나 사(史) 이외의 모든 서적의 총칭.

11. 무당의 조상이라고 하는 야조(冶鳥)

월(越)땅의 깊은 산 속에 새가 있는데 크기는 비둘기 만하고
푸른색이고 이름이 야조이다.

큰 나무를 뚫어 대 여섯되 담을 수 있는 용기같은 집을 만드
는데 집 입구의 지름은 몇치쯤 되고 집 입구의 둘레를 진흙을
써서 작은 방죽모양으로 장식하고 진흙은 붉은색과 흰색으로 서
로 구분되어 그 모양이 과녁같았다.

나무 찍으러 간 이가 이 새가 있는 나무를 보면 곧 피해간다.

혹 밤에 어두워서 새를 보지 못하면 새가 또한 사람이 보지
못하는 것을 알고 바로 울부짖기를 "쩍 쩍 올라가라." 라고 하면
다음날 바로 마땅히 급히 올라가야 한다.

새가 "쩍쩍 내려가라."라 하면 다음날 바로 마땅히 급히 내려
가야 한다.

만약 가게 하지 않고 다만 말하고 웃기를 그치지 않는다면 사
람은 나무 찍는 것을 그치는 것이 좋다.

만약 더럽고 싫은 것이 그 새가 사는 곳에 이르면 곧 범이 온
밤 동안 와서 지키며 사람이 가지 않으면 곧 사람에게 상해를
끼친다.

이 새가 낮에 그 형체를 드러내면 새이고, 밤에 그 소리를 들
어도 또한 새이다.

이 새가 때로는 구경하고 즐기는데 사람 형체가 될 때 키가
세 자이며, 계곡에 이르러 게를 잡아 사람에게로 나아가 불에 구

워먹을 때 사람이 건드려서는 안된다.
월땅 사람들은 이 새가 월땅의 무당의 조상이라고 말한다.

越地深山中有鳥 大如鳩 靑色 名曰冶鳥 穿大樹作巢 如五六升器 戶口徑數寸 周飾以土堊 赤白相分 狀如射侯 伐木者見此樹 卽避之去 或夜冥不見鳥 鳥亦知人不見 便鳴喚曰 咄咄 上去 明日便宜急上 咄咄下去 明日便宜急下 若不使去 但言笑而不已者 人可止伐也 若有穢惡及犯其止者 則有虎通夕來守 人不去 便傷害人 此鳥白日見其形 是鳥也 夜聽其鳴 亦鳥也 時有觀樂者 便作人形 長三尺 至澗中取石蟹 就人炙之 人不可犯也 越人謂此鳥是越祝之祖也

12. 울 때에 진주가 나오는 인어(人魚)
남해군(南海郡) 밖의 바다에 인어가 있는데 고기처럼 물 속에 살며 베짜고 실뽑기를 그치지 않는다.
인어가 울 때는 눈에서 곧 진주를 낼 수 있다.

南海之外 有鮫人 水居如魚 不廢織績 其眼泣則能出珠

13. 산과 들에 사는 대청(大靑)과 소청(小靑)
여강군(廬江郡)의 완현(睆縣)과 종양현(樅陽縣), 두 현의 경계되는 곳에 대청과 소청이 산과 들에 살았다.
때로는 우는 소리가 들렸는데 많을 때는 수십명의 남녀노소가 초상났을 때처럼 울어대 이웃 사람들이 놀라서 가보면 달아나버리고 늘 사람이 보이지 않았다.
그러나 운 곳에는 반드시 죽는 사람이 생겼다.
대략 소리가 크면 큰 집안의 사람이 죽었고 소리가 작으면 작은 집안의 사람이 죽었다.

廬江耽¹⁾樅陽二縣境上 有大靑 小靑黑居 山野之中 時聞哭聲 多者至
數十人 男女大小 如始喪者 隣人驚駭 至彼奔赴 常不見人 然於哭地必
有死喪 率聲若多則爲大家 聲若小則爲小家
1) 耽(탐) : 원문에는 '탐(耽)'이나 왕소영은 『한서(漢書)』 지리지(地理志)
에 따르면 여강군에 완현은 있지만 탐현은 없다고 했다. 왕씨를 따라
완(睕)으로 풀이하였다.

14. 사람과 같은 산도(山都)
여강군(廬江郡)의 큰 산 속에 산도가 있는데 생김새는 사람같
고 벌거숭이로 살며 사람을 보면 달아났다.
남녀의 구별이 있고 넷, 다섯 길까지 자랄 수 있고 서로 부를
수 있고 늘 어두운 곳에서 활동하며 귀신같다.

廬江大山之間 有山都 似人 裸身 見人便走 有男女 可長四五丈 能
嚽相喚 常在幽昧之中 似魅鬼物

15. 사람을 모래로 쏘는 물여우
후한(後漢) 영제(靈帝) 중평(中平) 때 어떤 괴물이 양자강(揚
子江)에 살았는데 그 이름은 물여우이며 또는 단호(短狐)이다.
모래를 머금어 사람을 쏠 수 있는데 그것에 맞은 사람은 몸에
쥐가 나고 머리가 아프고 열이 나며 심하면 죽는다.
양자강가 사람들이 방술(方術)로써 그것을 억제했는데 곧 그
것의 살 속에서 모래와 자갈을 발견했다.
『시경(詩經)』에서 이른바 "귀신이 되고 물여우가 되면 곧 헤
아릴 수 없으리라."고 한 것이다.
지금 민간인들은 계독(溪毒)이라고 말한다.
앞서간 선비들은 남녀가 같은 내에서 목욕하면서 음란한 여인
이 주장이 되어 어지러운 기(氣)를 만들어낸 것이라고 생각했다.

漢光武[1]中平中 有物處於江水 其名曰蜮 一曰短狐 能含沙射人 所中者 則身體筋急 頭痛發熱 劇者至死 江人以術方抑之 則得沙石於肉中 詩所謂 爲鬼爲蜮 則不可測也 今俗謂之溪毒 先儒以爲男女同川而浴 淫女爲主 亂氣所生也

1) 光武(광무) : 원문에 '광무(光武)'라는 글자가 있는데 왕소영은『법원주림(法苑珠林)』에는 '광무' 두 자가 없다고 했다. 또 광무제의 연호에는 '중평(中平)'이 없다. 왕씨를 따랐다.

16. 사람을 죽이는 귀탄(鬼彈)

한(漢)나라 때 영창군(永昌郡) 불위현(不違縣)에 가까이 가기를 금지하는 물이 있었다. 그 물에는 독기가 있어서 오직 11월과 12월에 겨우 물을 건널 수 있었다.

정월에서 10월까지는 물을 건널 수 없었는데 그때 물을 건너다가는 문득 병이 들고 사람이 죽기까지 했다.

그 독기 속에 나쁜 물체가 있는데 그 형체가 보이지 않았으나 그것이 소리를 내는 것 같고 물건을 던져서 치는 것 같았다.

독기 속의 물체가 나무를 때리면 나무가 부러지고 사람을 때리면 해를 입기에 그곳 주민들은 귀탄이라고 이름했다.

그래서 영창군에서 죄인이 있으면 그를 이 물가에 옮겨놓는데 열흘이 지나지 않아서 다 죽었다.

漢永昌郡不違縣有禁水 水有毒氣 唯十一月 十二月差可渡涉 自正月至十月 不可渡 渡輒病 殺人 其氣中有惡物 不見其形 其似有聲 如有所投擊 內中木則折 中人則害 土俗號爲鬼彈 故郡有罪人 徙之禁防 不過十日 皆死

17. 고(蠱)의 중독을 다스리는 양하근(蘘荷根)

내 첩의 형부인 장사(蔣士)에게 머슴이 있었는데 병을 얻어

하혈했다.
 의사가 고(蠱)에 중독되었다고 여기고 곧 몰래 양하 뿌리를 환자의 자리 아래에 깔고 환자로 하여금 모르게 했다.
 곧 환자가 미친 듯이 소리를 질렀다.
 "내 고를 먹는 자는 곧 장소소(張小小)다."
 장소소를 불러보니 장소소는 도망가 버렸다.
 지금 세상에서 고를 치료할 때 많이 양하 뿌리를 쓰는데 왕왕 효험이 있다. 양하는 또한 가초(嘉草)라고도 부른다.

 余外婦姊夫蔣士 有傭客 得疾下血 醫以中蠱[1] 乃密以蘘荷[2]根布席下 不使知 乃狂言曰 食我蠱者 乃張小小也 乃呼小小亡云 今世攻蠱 多用蘘荷根 往往驗 蘘荷或謂嘉草

1) 蠱(고) : 인공재배하는 독충. 또는 사람 배 속의 기생충.
2) 곤荷(곤하) : 생강과에 속하는 숙근초(宿根草). 각지에서 재배한다. 땅 속 줄기는 향미료에 쓰인다.

18. 중독되면 다 죽는 개 고(蠱)

 파양군(鄱陽郡) 사람 조수(趙壽)가 개 고를 길렀다.
 그때 진잠(陳岑)이 조수에게 나아갔는데 문득 큰 누런개 여섯 일곱 무리가 나와서 진잠을 보고 짖었다.
 나중에 나의 백모와 조수의 아내가 함께 밥을 먹다가 피를 토하며 거의 죽을 뻔했는데 곧 도라지를 잘게 부수어 즙을 내어 마시니 나았다.
 고는 괴물이라 귀신같고 그 요사스러운 형체의 변화로 잡스럽고 특별한 종류로 되는데 혹 돼지나 개가 되고 혹 벌레나 또는 뱀이 된다.
 그러면 고를 기르는 주인은 스스로 그것의 형상을 모른다. 주인이 고를 백성들에게 풀어놓을 때 중독되는 사람은 다 죽는다.

鄱陽趙壽 有犬蠱 時陳岑詣壽 忽有大黃犬六七群 出吠岑 後余相伯歸[1]與壽婦食 吐血幾死 乃屑桔梗以飲之而愈 蠱有怪物 若鬼 其妖形變化 雜類殊種 或爲狗豕 或爲蠱蛇 其人不自[2]知其形狀 行之於百姓 所中皆死

1) 伯歸(백귀) : 학림출판사본에는 '상백귀(相伯歸)' 대신 '백귀(伯歸)'로 되어있다. 학림출판사본에 의거해 번역하였다.
2) 其人不自(기인부자) : 학림출판사본에는 원문의 '기인부자(其人不自)'가 '기인개자(其人皆自)'로 되어 있는데 번역하면 '그러나 고를 기르는 주인은 다 스스로 그것의 형상을 안다.'이다. 이것이 문맥상 더 올바른 듯하다.

19. 집에서 길러 부유해진 뱀 고(蠱)

형양군(滎陽郡)에 요씨(廖氏) 성인 한 집안이 있었는데 여러 대(代)에 걸쳐 고를 길러 이것으로써 부유해졌다.

나중에 신부를 맞이했으나 이 일을 알려주지 않았다.

집안 사람들이 다 외출했을 때를 만나 오직 이 신부만이 집을 지키고 있었다.

문득 집 안에 큰 항아리가 있는 것을 보았는데 신부가 시험삼아 항아리를 열어보니 큰 뱀이 있는 것이 보이기에 신부가 물을 끓여서 항아리에 부어 뱀을 죽였다.

집안 사람들이 돌아왔을 때 신부가 이 일을 다 말하자 온 집안 사람들이 놀라고 원망했다.

얼마 지나지 않아서 그 집안에 염병이 번져 거의 모든 사람들이 다 죽었다.

滎陽郡有一家 姓廖 累世爲蠱 以此致富 後取新婦 不以此語之 遇家人咸出 唯此婦守舍 忽見屋中有大缸 婦試發之 見有大蛇 婦乃作湯 灌殺之 及家人歸 婦具白其事 擧家驚惋 未幾 其家疾疫 死亡略盡

제13권 자연이 만든 신(神) · 중

1. 사람의 마음을 헤아린 단샘

태산(泰山)의 동쪽에 단샘이 있는데 그 형체가 우물과 같았으나 본체는 돌이다.

물을 마시려고 하는 이가 다 마음을 씻고 무릎을 꿇고 물을 뜨면 샘물이 나는 듯이 솟아나와 사람이 많던 적던 넉넉히 마실 수 있다. 만약 혹 마음이 더럽다면 곧 샘물은 나오지 않는다.

대개 신명(神明)이 사람의 뜻을 시험하는 것이다.

泰山之東 有澧泉 其形如井 本體是石也 欲取飮者 皆洗心志 跪而挹之 則泉出如飛 多少足用 若或汚漫 則泉止焉 蓋神明之嘗志者也

2. 황하가 돌아가는 두 화산(華山)

두 화산(華山)은 본래 한 산이었는데 황화(黃河)를 가로막아 황하가 거기를 지날 때 돌아서 지나갔다.

황하의 신 거령(巨靈)이 손으로 화산의 위를 쪼개고 발로 밟아서 화산의 아랫쪽을 떨어지게 하니 가운데가 나뉘어 둘로 되어 황하가 흘러가기에 편리하게 되었다.

지금 화산 위에서 손자취를 보면 손가락과 손바닥의 형체가 고스란히 남아있다. 발자취도 수양산(首陽山) 아래에 지금도 오히려 남아있다.

그래서 장형(張衡)이 『서경부(西京賦)』를 지어 말한바

"거령이 힘을 우쩍우쩍 씀이여! 손발로 거대한 화산을 둘로 쪼개 돌아서 흐르던 황하를 곧 바로 흐르게 했도다."
라는 것은 이 일을 말한다.

　二華之山[1] 本一山也 當河 河水過之而曲行 河神巨靈 以手擘開其上 以足蹈離其下 中分爲兩 以利河流 今觀手迹於華嶽上 指掌之形具在 脚跡在首陽山下 至今猶存 故張衡作西京賦所稱 巨靈贔屭 高掌遠蹠 以流河曲 是也
1) 二華之山(이화지산) : 태화산(太華山)과 소화산(小華山).

3. 곽산(霍山)의 네 솥
　한(漢)나라 무제(武帝)가 남악(南岳)인 형산(衡山)에서 지내던 제사를 여강군(廬江郡) 첨현(灊縣)의 곽산(霍山) 위로 옮겼으나 물이 없었다.
　사당에 네 솥이 있었는데 40섬을 담을 수 있었다.
　제사지낼 때 이르러 물이 문득 저절로 네 솥에 가득찼는데 제사에 쓰기에 넉넉하였으며 제사가 끝나면 곧 비었다.
　띠끌과 흙과 나뭇잎이 솥의 물을 더럽히지 못했다.
　50년이 되도록 해마다 4차례씩 제사지냈다. 나중에 다만 3차례만 제사지내니 솥 하나가 저절로 망가졌다.

　漢武徙南岳之祭於廬江灊縣霍山之上　無水　廟有四鑊　可受四十斛　至祭時　水輒自滿　用之足了　事畢卽空　塵土樹葉　莫之汚也　積五十歲　歲作四祭　後但作三祭　一鑊自敗

4. 불도 태우는 번산(樊山)
　번구(樊口)의 동쪽에 번산이 있다.
　만약 날이 가물면 불로써 산을 태우는데 그러면 곧 큰 비가 내린다. 지금도 왕왕 효험이 있다.

樊東之口[1] 有樊山 若天旱 以火燒山 卽至大雨 今往往有驗
1) 樊東之口(번동지구) : 왕소영에 의거 '번구지동(樊口之東)'으로 번역했다. 왕씨는 『초학기(初學記)』에서 『무창기(武昌記)』를 인용하여 '번구지동(樊口之東)'으로 되어있다 하였다.

5. 제사지내면 물이 나오는 공보(孔寶)
공승(空乘)땅은 지금 이름이 공보이다.
노(魯)나라 남산(南山)의 굴에 있다. 굴 바깥에는 한 쌍의 돌이 있는데 천자나 제후가 죽어서 하관할 때 쓰는 큰 기둥처럼 서있고 높이가 몇길이나 된다.
노나라 사람들은 거기서 현을 뜯고 노래하며 제사지낸다.
굴 속에는 물이 없으나 매양 제사지낼 때가 되어 물 뿌리고 빗자루로 쓸며 신령에게 고하면 문득 맑은 샘물이 돌 사이에서 나오는데 그 물로써 넉넉하게 제사지낼 수 있다. 제사가 끝나면 샘물도 나오기가 그친다. 그 효험은 지금도 남아있다.

空乘之地 今名爲孔寶 在魯南山之穴 外有雙石 如桓楹起立 高數丈 魯人絃歌祭祀 穴中無水 每當祭時 灑掃以告 輒有淸泉自石間出 足以周事 旣已 泉亦止 其驗至今存焉

6. 가뭄에 비를 내리게 하는 상혈(湘穴)
상동군(湘東郡) 신평현(新平縣)의 한 굴 속에 검은 흙이 있다.
큰 가뭄이 드는 해에 사람들이 곧 함께 물길을 막아 이 굴 속으로 물을 대어 채우는데 굴이 물에 잠기게 되면 큰 비가 곧 내린다.

湘穴中有黑土 歲大旱 人則共壅水以塞此穴 穴淹則大雨立至

7. 거북을 의지하여 쌓은 귀화성(龜化城)

진(秦)나라 혜왕(惠王) 27년에 장의(張儀)로 하여금 성도성(成都城)을 쌓게 했으나 자주 무너졌다.
문득 큰 거북이 강에 떠서 동쪽의 본성에 딸려 따로 쌓은 성의 동남쪽 구석에 이르러 죽었다.
장의가 무당에게 묻자 무당이 말하였다.
"거북에 의거하여 성을 쌓으십시오."
곧 성이 이루어졌고 거북에 의거하여 성을 쌓았기에 귀화성이라 했다.

秦惠王二十七年 使張儀築成都城 屢頹 忽有大龜浮於江 至東子城東南隅而斃 儀以問巫 巫曰 依龜築之 便就 故名龜化城

8. 성(城)이 꺼져 호수가 되었다

유권현(由拳縣)은 진(秦)나라 때 장수현(長水縣)이었다.
진시황(秦始皇) 때 동요(童謠)에 이르기를 "성문(城門)에 피가 있으면 성이 마땅히 꺼져서 호수가 되리라."라고 하였다.
어떤 할머니가 그 동요를 듣고 아침마다 가서 엿보았다.
수문장이 그 할머니를 포박하려고 하자 할머니가 그 까닭을 말했다. 나중에 수문장이 개피를 성문에 발랐는데 할머니가 피를 보고 곧 달아났다.
문득 큰 물이 나서 장수현성이 잠기려고 했다. 주부(主簿)인 영간(令干)이 들어가서 현령(縣令)에게 아뢰었다.
현령이 말하기를
"어찌하여 그대는 문득 물고기가 되었는가?"
라고 하니, 영간이 말하였다.

"현령님도 또한 물고기가 되었습니다."
드디어 이 성은 꺼져서 호수가 되었다.

由拳縣 秦時長水縣也 始皇時 童謠曰 城門有血 城當陷沒爲湖 有
嫗聞之 朝朝往窺 門將欲縛之 嫗言其故 後門將以犬血塗門 嫗見血 便
走去 忽有大水欲沒縣 主簿令幹入白令 令曰 何忽作魚 幹曰 明府亦作
魚 遂淪爲湖

9. 말의 발자취를 따라 지은 성 마읍(馬邑)

진(秦)나라 때 무주(武周)의 변방 안쪽에 성을 쌓아 북방 민족의 침략에 대비했다.
처음에는 성이 장차 이루어지려고 하면 무너진 일이 여러 차례 되었다.
어느날 어떤 말이 달려서 맴돌기를 되풀이했다. 부로(父老)들이 괴이하게 여기고 말의 자취에 의거하여 성을 쌓으니 성이 곧 무너지지 않았다. 이것으로 연유하여 드디어 성의 이름을 마읍이라 했다.
그 옛 성은 지금 삭주(朔州)에 있다.

秦時築城於武周塞內 以備胡 城將成而崩者數焉 有馬馳走 周旋反復
父老異之 因依馬跡以築城 城乃不崩 遂名馬邑 其故城今在朔州

10. 시커먼 재가 나온 곤명지(昆明池)

한(漢)나라 무제(武帝) 때 곤명지를 팠는데 지극히 깊은 곳에는 다 먹같은 시커먼 재뿐이고 다시는 흙이 없었다.
온 조정 사람들이 다 이해하지 못하여 무제가 동방삭(東方朔)에게 물어보았다.
동방삭이 말하였다.

"신(臣)은 어리석어서 그 일을 넉넉히 알 수 없습니다. 시험삼아 서역인(西域人)에게 물어보십시오"
 무제는 동방삭이 모른다고 했기에 다른 사람에게 물어보는 것을 곤란하게 여겼다.
 나중에 한나라 명제(明帝) 때 이르러 서역의 도인이 낙양(洛陽)에 들어왔다. 그때 동방삭의 말을 기억하는 이가 있어서 곧 시험삼아 무제 때의 먹같은 재에 대해서 물어보았다.
 서역의 도인이 말하였다.
 "불경(佛經)에 이르기를 '천지가 장차 파멸할 때 겁화(劫火)가 일어난다.'고 했으니 이것은 겁화의 찌꺼기입니다."
 곧 사람들은 동방삭의 말에 취지가 있음을 알았다.

　漢武帝鑿昆明池 極深 悉是灰墨 無復土 擧朝不解 以問東方朔 朔曰 臣愚 不足以知之 曰 試問西域人 帝以朔不知 難以移問 至後漢明帝時 西域道人入來洛陽 時有憶方朔言者 乃試以武帝時灰墨問之 道人云 經云 天地大劫¹⁾將盡則劫燒 此劫燒之餘也 乃知朔言有旨
1) 劫(겁) : 겁은 불교에서 말하는 천지가 한 번 생기고 파멸할 때까지의 기간. 천지가 파멸할 때 겁화가 일어나 모든 것을 태운다고 한다.

11. 장수의 비결이었던 단사(丹砂)의 즙
 임사현(臨沙縣)에 요씨가 있었는데 대대로 장수했다.
 나중에 다른 곳으로 옮겨 살자 자손들이 문득 요절했다.
 다른 사람이 요씨의 옛 집에 살자 다시 여러 대 동안 장수했다. 곧 장수하는 이유가 집 때문인 줄은 알았으나 무슨 까닭인지 상세하게는 몰랐다.
 우물 물이 붉은 것을 의심하여 곧 우물 좌우를 파보니 옛 사람이 묻어둔 단사 수십섬이 나왔다.
 단사의 즙이 우물에 들어갔으니 이로써 물을 마셔 장수할 수 있었던 것이다.

臨沅縣有廖氏 世老壽後移居 子孫輒殘折 他人居其故宅 復累世壽 乃知是宅所爲 不知何故 疑井水赤 乃掘井左右 得古人埋丹砂數十斛 丹汁入井 是以飮水而得壽

12. 회처럼 생긴 여복(餘腹)
강동(江東)땅에 여복(餘腹)이라 이름하는 고기가 있다.
옛날 오(吳)나라 임금 합려(闔閭)가 양자강을 지날 때 회를 먹고 남는 것이 있어서 강 속에 던지니 다 고기가 되었는데 바로 이것이다.
지금 고기 중에 오왕회여(吳王膾餘)라고 이름하는 것이 있는데 길이가 몇치쯤 되고 큰 것은 젓가락 만한 것으로 회 모양이 오히려 남아있다.

江東名餘腹者 昔吳王闔閭江行 食膾有餘 因棄中流 悉化爲魚 今魚中有名吳王膾餘者 長數寸 大者如筯 猶有膾形

13. 사람의 꿈에 나타난 방게
방게는 게의 일종이다.
일찍이 사람의 꿈에 나타나서 장경(長卿)이라 자칭했다.
지금 바닷가 사람들은 대부분 방게를 장경이라고 부른다.

螃蟚 蟹也 嘗通夢於人 自稱長卿 今臨海人多以長卿呼之

14. 돈이 되돌아올 수 있게 한 청부(靑蚨)벌레
남방에 벌레가 있는데 이름이 돈우이고 또 다른 이름이 적촉이며 또 다른 이름은 청부이다.
생김새는 매미같으나 조금 크다.

맛은 맵고 좋은데 먹을 수 있다.

새끼를 까면 반드시 풀잎에 의지하는데 크기는 누에새끼 만하다. 그 새끼를 잡아가면 어미가 곧 날아오는데 멀고 가깝고를 생각하지 않는다.

비록 몰래 그 새끼를 잡아가더라도 어미는 반드시 새끼가 있는 곳을 안다. 어미의 피로 81개의 동전에 바르고 새끼의 피로 81개의 동전에 발라 매양 물건을 살 때 혹 먼저 어미 피를 바른 돈을 쓰거나 혹 새끼 피를 바른 돈을 쓰면 돈이 다 다시 날아서 돌아오니 수레바퀴처럼 끝없이 굴릴 수 있다.

그래서 『회남자술(淮南子術)』에서는 그것이 돈을 되돌아오게 할 수 있기 때문에 청부라고 이름한다.

南方有蟲 名蠓蝸 一名蜩蠋 又名靑蚨 形似蟬而稍大 味辛美 可食 生子必依草葉 大如蠶子 取其子 母卽飛來 不以遠近 雖潛取其子 母必知處 以母血塗錢八十一文 以子血塗錢八十一文 每市物 或先用母錢 或先用子錢 皆復飛歸 輪轉無已 故淮南子術以之還錢 名曰靑蚨

15. 뽕나무벌레를 가르는 땅벌

땅벌은 이름이 나나니벌이며 지금 세상에서는 인옹이라고 하는데 허리가 가는 종류이다.

그것의 물건됨은 숫컷은 있으나 암컷이 없어서 교미를 하지 못해 새끼를 낳지 못한다.

늘 뽕나무벌레 또는 메뚜기 유충을 거두어 기르는데 그것들이 곧 다 변화하면 자기 새끼로 삼는다.

또는 혹 뽕나무벌레를 명령이라고도 말한다.

『시경(詩經)』에 말하기를 "명령이 새끼를 까니 나나니벌이 업고 가서 기르도다." 라고 했으니 이 경우에 해당된다.

土蜂名曰蜾蠃 今世謂蛧蠊 細腰之類 其爲物 雄而無雌 不交不產 常

取桑蟲或阜螽子育之 則皆化成己子 亦或謂之螟蛉 詩曰 螟蛉 有子 果
蠃負之 是也

16. 나비가 되는 나무 좀
나무 좀이 벌레를 낳으면 날개가 돋아나 나비가 된다.

木蠹生蟲 羽化爲蝶

17. 버드나무를 못넘게 하는 고슴도치
고슴도치는 가시가 많다. 그래서 그것으로 하여금 버드나무를 넘게 하지 않는다.

蝟多刺 故不使超踰楊柳

18. 불꽃산의 풀과 나무로 만든 화완포(火浣布)
곤륜산(崑崙山)의 큰 언덕은 땅의 머리이다.
이곳은 오직 천제(天帝)의 하계(下界)의 도성인데 그 바깥은 깊은 약수(弱水)로써 길을 끊어놓고 또 불꽃산으로 두르고 있다.
불꽃산 위에 새, 짐승, 풀, 나무가 있는데 다 불꽃 속에서 나고 자란다. 그래서 화완포가 있다.
이 화완포는 이 불꽃산의 풀과 나무의 껍질로 만들거나 그 산의 새나 짐승의 털로 만든다.
한(漢)나라 때 서역에서 일찍이 이 화완포를 바쳤으나 중간에 오래도록 자취가 끊어졌다.
위(魏)나라 초년에 이르러 사람들은 화완포가 없다고 의심했다. 위나라 문제(文帝)는 불의 성질은 가혹하고 맹렬하여 생명의 기(氣)를 함유하고 있지 않다고 여겨 『전론(典論)』을 지어 그것이 그렇지 않은 일을 밝혀 지자들이 말을 듣는 것을 끊어버렸다.
위나라 명제(明帝)가 즉위해서는 삼공(三公)에게 조서를 내려 말하였다.
"선제(先帝)께서 옛날 『전론』을 지으셨으니 불후의 격언입니다. 그것을 태묘문(太廟門) 밖 및 태학(太學)의 비석에 새겨 석경(石經)과 병존시켜 길이 후세에 보이도록 하십시오."
이때 서역의 사자가 화완포로 만든 가사(袈裟)를 바쳤다. 그래서 비석에 새긴 『전론』의 화완포를 이야기한 부분을 깎아서 없애버렸으니 천하 사람들이 비웃었다.

崑崙之墟 地首也 是惟帝之下都 故其外絶以弱水[1]之深 又環以炎火之山 山上有鳥獸草木 皆生育滋長於炎火之中 故有火澣布[2] 非此山草木之皮枲 則其鳥獸之毛也 漢世 西域舊獻此布 中間久絶 至魏初時 人疑其無有 文帝以爲火性酷裂 無含生之氣 著之典論 明其不然之事 絶智者之聽 及明帝立 詔三公曰 先帝昔著典論不朽之格言 其刊石於廟[3]門之外及太學[4] 與石經[5] 並以永示來世 至是西域使人獻火浣布袈裟 於是刊滅此論 而天下笑之

1) 弱水(약수) : 물의 부력이 아주 약해서 기러기 털처럼 가벼운 물건도 가라앉는다고 한다.
2) 澣布(한포) : 더러워지면 불로써 빠는 베.
3) 廟(묘) : 태묘(太廟). 역대 임금의 위패를 모신 사당.
4) 太學(태학) : 수도에 두었던 가장 높은 학교.
5) 石經(석경) : 돌에 새긴 유교 경전.

19. 쇠의 양수(陽燧)와 음수(陰燧)

구리쇠의 성질은 하나이나 5월 병오일(丙午日) 한낮에 주조하여 양수를 만들고 11월 임자일(壬子日) 한밤에 주조하여 음수를 만든다(병오일에 양수를 주조하여 화(火:불)를 취하고 임자(壬子)일 밤에 음수(陰燧)를 주조하여 수(水:물)를 취한다고 했다).

夫金之性一也 以五月丙午日中鑄 爲陽燧[1] 以十一月壬子夜半鑄 爲
陰燧[2](言丙午日鑄爲陽燧 可取火 壬子夜鑄爲陰燧 可取水也)
1) 陽燧(양수) : 옛날 햇빛을 받아 불을 얻던 오목 구리거울.
2) 陰燧(음수) : 옛날 달밤에 이슬을 받던 그릇.

20. 거문고를 만든 채옹(蔡邕)

 후한(後漢) 영제(靈帝) 때 진류군(陳留郡)의 채옹이 자주 글을 올려 자기의 정견을 발표하여 황제의 뜻을 거슬렸다.
 또 황제의 총애를 얻은 환관들이 그를 미워하여 화(禍)를 면하지 못할까 염려하여 곧 강과 바닷가로 도망하다가 멀리 오군(吳郡)과 회계군(會稽郡)까지 자취를 남겼다.
 그가 오군에 이르렀을 때 오군땅의 사람으로 오동나무를 태워서 밥을 짓는 사람이 있었다.
 채옹이 불타는 소리가 맹렬한 것을 듣고 말하였다.
 "이것은 좋은 재목입니다."
 이에 오동나무를 요청하여 거문고를 만드니 과연 아름다운 소리가 났다.
 그 거문고의 끝이 불탔기 때문에 그 거문고를 초미금(焦尾琴)이라 불렀다.

 채옹이 일찍이 가정(柯亭)에 이르렀는데 대로써 집의 서까래를 삼은 집이 있었다.
 채옹이 머리를 들어 서까래를 보고 말하였다.
 "좋은 대입니다."
 그 대를 얻어서 피리를 만드니 소리가 아름답고 멀리까지 들렸다.
 일설(一說)에는 채옹이 오군 사람들에게 말하였다.
 "내가 옛날에 일찍이 회계군의 고천정(高遷亭)을 지나갈 때 집 동쪽의 열여섯째 대서까래를 보니 피리를 만들 만했습니다.

그것을 얻어서 피리를 만들었더니 과연 기이한 소리가 납니다."

　漢靈帝時　陳留蔡邕　以數上書陳奏　忤上旨意　又內寵惡之　慮不免　乃亡命江海　遠迹吳會　至吳　吳人有燒桐以爨者　邕聞火烈聲　曰　此良材也　因請之　削以爲琴　果有美音　而其尾焦　因名焦尾琴

　蔡邕嘗至柯亭¹⁾　以竹爲椽　邕仰盼之曰　良材也　取以爲笛　發聲遼亮　一云　邕告吳人曰　吾昔嘗經會稽高遷亭　見屋東間第十六竹椽　可爲笛　取用　果有異聲
1) 亭(정) : 정(亭)은 현(縣) 아래의 행정구역.

제14권 자연이 만든 신(神)·하

1. 남매부부를 추방한 고양씨(高陽氏)
 옛날 고양씨 때 남매간이면서 부부가 된 이들이 있어서 임금이 그들을 공동산(崆峒山)가의 들판에 추방하니 두 사람이 서로 안고 죽었다.
 신령한 새가 불사초(不死草)를 그들의 시체 위에 덮으니 7년이 지나서 남녀가 한 몸이 되어 살아났는데 머리는 둘이고 손발은 넷이니 이가 몽쌍씨(蒙雙氏)이다.

 昔高陽氏[1] 有同産而爲夫婦 帝放之於崆峒之野 相抱而死 神鳥以不死草覆之 七年 男女同體而生 二頭 四手足 是爲蒙雙氏
 1) 高陽氏(고양씨) : 옛날의 제왕. 황제(黃帝)의 자손. 전욱(顓頊)이라고도 한다.

2. 오랑캐의 머리를 물고 온 반호(盤瓠)
 고신씨(高辛氏) 때 왕궁에 사는 어떤 노부인이 귓병을 얻어 얼마의 시일이 지나갔다.
 의사가 귀 속을 후벼서 치료하여 머리에 사는 벌레를 끄집어냈는데 크기가 고치 만했다.
 노부인이 간 뒤 벌레를 표주박에 두고 쟁반으로 덮었다. 잠깐만에 귀에서 꺼낸 벌레가 개가 되었는데 그 무늬가 다섯 색깔이었다. 인하여 반호라 이름하고 드디어 그것을 길렀다.

그 때 융오족(戎吳族)이 강성하여 자주 변경을 침략했다.
임금이 장수를 보내 정벌케 했으나 적장을 사로잡고 이길 수 없었다. 곧 천하에 공모(公募)하기를 융오족의 장군의 머리를 잘라올 수 있는 사람에게 황금 천근을 주고 만호(萬戶)나 되는 고을을 식읍(食邑)으로 주며 또 임금의 막내딸을 준다고 하였다.
나중에 반호가 머리 하나를 물고서 궁궐에 나아갔다. 임금이 검사해 보니 곧 융오족 장군의 머리였다. 임금이 말하였다.
"이 일을 어찌하면 좋겠소?"
뭇 신하들이 다 말하였다.
"반호는 짐승이니 벼슬과 녹을 줄 수 없고 또 막내공주님을 아내로 줄 수 없습니다. 비록 공이 있으나 상을 베풀지 말아야 합니다."
임금의 막내공주가 그 말을 듣고 임금에게 알렸다.
"아바마마께서 이미 저를 공 있는 사람에게 주기로 천하에 허락했습니다. 반호가 적장의 머리를 물고 와서 나라를 위하여 해악을 없앴으니 이는 하느님께옵서 그렇게 하도록 명령한 것이지 어찌 개의 지력(智力)으로 된 일이겠사옵니까? 천자는 말을 중시하고 제후의 우두머리는 신의를 중시합니다. 보잘것없는 여자의 몸 때문에 천하에 하신 분명한 약속을 저버리심은 나라의 화(禍)가 되옵니다."
임금은 놀라서 그 말을 듣고 막내공주로 하여금 반호를 따라가게 했다. 반호는 막내공주를 데리고 남산에 올랐는데 초목이 무성하고 사람의 행적이 없었다.
막내공주는 궁중의 옷을 벗어버리고 종의 두 발을 하고 혼자 힘으로 마련한 옷을 입고 반호를 따라 산에 오르고 골짜기에 들어가 석실 속에 머물렀다.
임금이 슬프게 막내공주를 생각하여 신하들을 보내 찾아보게 했으나 하늘에서 문득 비바람이 일고 산이 진동하고 구름이 끼고 날이 어두워져 간 신하들이 막내공주 있는 곳에 이르지 못했다.

3년이 지나 6남 6녀를 낳았다. 반호가 죽은 뒤 자녀들이 서로 짝을 지어 부부가 되어 나뭇껍질로 베짜고 길쌈질하고 풀 열매로써 염색을 했다. 그들은 오색의 옷을 좋아하고 옷을 만들 때는 다 꼬리 형상이 있었다.

나중에 그들의 어머니인 막내공주가 궁궐로 돌아가서 임금에게 말하자 임금이 사자를 보내 뭇 남녀들을 맞이하게 했는데 이번에는 하늘에서 비가 내리지 않았다.

그들의 옷은 색채가 무늬지고 번들거리며 말은 알아듣기 어렵고 먹고 마실 때는 쭈그려 앉으며 산을 좋아하고 도시를 싫어했다. 임금이 그들의 뜻에 순응하여 명산(名山)과 넓은 못을 내려주고 그들을 만이(蠻夷)라 이름했다.

만이는 겉으로는 어리석었으나 속으로는 약았고 토속적인 것을 편안히 여기고 옛 전통을 중시했다. 그들이 천명에 의해서 보통 사람들과 다른 기(氣)를 받았기에 평범하지 않은 법으로써 그들을 대우했다. 농사짓는 사람이든 장사하는 사람이든 관문(關門)을 지날 때 비단으로 만든 증명표와 통행증이 필요없었고 조세를 낼 필요도 없었다.

고을을 갖고 있는 그들의 군장(君長)에게는 다 인장과 그 끈을 주었다. 그들의 갓은 수달가죽으로써 만들었고 수달을 본떠서 물에서 음식을 구했다.

오늘날의 양주(梁州), 한중군(漢中郡), 파군(巴郡), 촉군(蜀郡), 무릉군(武陵郡), 장사군(長沙郡), 여강군(廬江郡)의 만이족들이 모두 이들이다.

그들은 쌀죽에 물고기와 짐승고기를 섞어서 말구유를 두드리고 부르짖으면서 반호에게 제사지내는데 그 풍속이 아직도 남아 있다.

그래서 세상에서는 "허벅지를 드러내고 짧은 아래옷을 입은 이들은 반호의 자손들이다."라고 말한다.

高辛氏[1] 有老婦人居於王宮 得耳疾歷時 醫爲挑治 出頂蟲 大如繭

婦人去後 置於瓠中 覆之以盤 俄爾頂蟲乃化爲犬 其文五色 因名盤瓠 遂畜之 時戎吳²⁾强盛 數侵邊境 遣將征討 不能擒勝 乃募天下有能得戎 吳將軍首者 購金千斤 封邑萬戶 又賜以少女 後盤瓠銜得一頭 將造王 闕 王診視之 卽是戎吳 爲之奈何 群臣皆曰 盤瓠是畜 不可官秩 又不 可妻 雖有功 無施也 少女聞之 啓王曰 大王旣以我許天下矣 盤瓠銜首 而來 爲國除害 此天命使然 豈狗之智力哉 王者重言 霸者重信 不可以 女子微軀 而負明約於天下 國之禍也 王懼而從之 令少女從盤瓠 盤瓠 將女上南山 草木茂盛 無人行跡 於是女解去衣裳 爲僕竪之結 著獨力 之衣 隨盤瓠升山入谷 止於石室之中 王悲思之 遣往視覓 天輒風雨 嶺 震雲晦 往者莫至 蓋經三年 産六男六女 盤瓠死後 自相配偶 因爲夫婦 織績木皮 染以草實 好五色衣服 裁制皆有尾形 後母歸 以語王 王遣使 迎諸男女 天不復雨 衣服褊襀 言語侏離飮食蹲踞 好山惡都 王順其意 賜以名山廣澤 號曰蠻夷 蠻夷者 外癡內黠 安土重舊 以其受異氣於天 命 故待以不常之律 田作賈販 無關繻 符傳 租稅之賦 有邑君長 皆賜 印綬 冠用獺皮 取其遊食於水 今卽梁 漢巴蜀武陵長沙廬江郡夷是也 用糝雜魚肉 叩槽而號 以祭盤瓠 其俗至今 故世稱 赤髀橫裙 盤瓠子孫

1) 高辛氏(고신씨) : 옛날의 제왕. 제곡(帝嚳)이라고도 한다.
2) 戎吳(융오) : 서방민족의 일종인 듯하나 미상(未詳).

3. 부여에 도읍한 동명성왕(東明聖王)

고리국왕(槀離國王)의 시녀가 아무 이유없이 아이를 배자 임 금이 그를 죽이려고 했는데 시녀가 말하였다.

"달걀같은 어떤 기(氣)가 하늘로부터 내려와서 제가 아이를 배었습니다."

나중에 시녀가 아들을 낳았는데 아들을 돼지우리에 버리니 돼 지가 주둥이로 기를 불어주고 마굿간에 옮기니 말이 다시 기로 써 아이를 불어주었다. 그래서 아이는 죽지 않을 수 있었다.

왕이 하느님의 아들이라 의심하여 곧 그 어머니에게 아이를 거두어 기르게 하고 아이 이름으로 동명(東明)이라 하고는 늘 말을 치게 했다.
  동명이 활을 잘 쏘니 왕은 그가 자기 나라를 빼앗을까 두려워 그를 죽이고자 했다. 동명이 남쪽으로 달아나 시엄빙(施掩氷)에 이르러 활로써 물을 치니 고기와 자라가 떠서 다리를 만들었고 동명이 지나갈 수 있었다. 고기와 자라떼들이 흩어지자 추격병들은 물을 건널 수 없었다.
  인하여 동명은 부여에 도읍하고 그 땅의 임금이 되었다.

  槀離國王[1] 侍婢[2] 有娠 王欲殺之 婢曰 有氣如雞子 從天來下 故我有娠 後生子 捐之猪圈中 猪以喙噓之 徙至馬櫪中 馬復以氣噓之 故得不死 王疑以爲天子也 乃令其母收畜之 名曰東明 常令牧馬 東明善射 王恐其奪己國也 欲殺之 東明走 南至施掩氷 以弓擊水 魚鼈浮爲橋 東明得渡 魚鼈解散 追兵不得渡 因都王夫餘

1) 槀離國王(고리국왕) : 부여(扶餘)의 금와왕(金蛙王).
2) 侍婢(시비) : 동명성왕(東明聖王)의 어머니 유화부인(柳花夫人).

4. 알을 낳은 서국(徐國)의 궁녀
  옛날 서국(徐國)의 궁녀가 아이를 밴 뒤 알을 낳았는데 상서롭지 못하다고 여겨 물가에 알을 버렸다.
  곡창(鵠蒼)이라 이름하는 개가 알을 물고 돌아갔는데 드디어 알에서 아이가 나오니 이 아이가 서사군(徐嗣君)이 되었다.
  나중에 곡창이 죽을 때 뿔과 9개의 꼬리가 났는데 그것은 기실 황룡이었다. 사람들이 곡창을 서국의 고을에 묻었는데 개의 무덤이 아직도 남아있다.

  古徐國宮人 娠而生卵 以爲不祥 棄之水濱 有犬名鵠蒼 銜卵以歸 遂生兒 爲徐嗣君 後鵠蒼臨死 生角而九尾 實黃龍也 葬之徐里中 見有狗壟在焉

5. 초나라 재상이 된 투자문(鬪子文)

투백비(鬪伯比)의 아버지가 일찍 죽자 투백비는 어머니를 따라 외할아버지와 외할머니 집에 돌아가 살았다.

나중에 자란 뒤 곧 운자(妘子)의 딸과 간통하여 투자문을 낳았다.

그 운자의 아내는 딸이 시집가지 않고 아이 낳은 것을 부끄럽게 여겨 곧 아이를 산 속에 내버렸다.

운자가 사냥 나갔다가 범이 한 작은 아이에게 젖주는 것을 보았는데 집에 돌아와서는 아내에게 말했다.

이에 운자의 아내가 말하였다.

"이 아이는 우리 딸이 투백비와 사통하여 낳은 아이입니다. 제가 부끄러워서 산 속에 버렸습니다."

운자가 곧 아이를 데리고 돌아와서 기르고 그의 딸을 투백비와 짝지워 주었다.

초나라 사람들은 이후로부터 투자문을 곡오토라 불렀다.

투자문은 나중에 초나라 재상벼슬을 했다.

鬪伯比父早亡隨母歸 在舅姑之家 後長大 乃奸妘子之女 生子文 其妘子妻 恥女不嫁而生子 乃棄於山中 妘子遊獵 見虎乳一小兒 歸與妻言 妻曰 此是我女與伯比私通 生此小兒 我恥之 送於山中 妘子乃迎歸養之 配其女與伯比 楚人因呼子文爲穀烏菟 仕至楚相也

6. 살쾡이의 젖을 먹은 제경공(齊頃公)

제(齊)나라 혜공(惠公)의 첩인 소동숙자(蕭同叔子)가 혜공의 사랑을 받아 아이를 배었다. 그러나 그 신분이 천했기에 감히 말할 수가 없었다.

땔감풀을 거두어 들판에서 경공을 낳았으나 또한 감히 아이를 기르지 못했다.
 살쾡이가 아이에게 젖을 주고 새매가 아이를 덮어주었는데 어떤 사람이 보고서 거두어 기르며 인하여 무야(無野)라 이름했다. 이 아이가 제나라 경공이다.

齊惠公之妾蕭同叔子 見御有身 以其賤 不敢言也 取薪而生頃公于野 又不敢擧也 有貍乳而鸇覆之 人見而收 因名曰無野 是爲頃公

7. 강족의 호걸이 된 원검(爰劍)
 원검은 강족(羌族)의 호걸이다.
 진(秦)나라 때 그를 붙잡아 종을 만들었으나 나중에 도망갈 수 있어 가는데 진나라 사람들이 급박하게 추격하니 굴 속에 숨었다.
 진나라 사람들이 굴에 불을 질렀으나 범같은 형상이 와서 가려주어 죽지 않을 수 있었다.
 모든 강족들은 그를 신으로 생각해 추대하여 임금으로 삼았다.
 그뒤에 강족들은 강성해졌다.

爰劍者 羌豪也 秦時 拘執爲奴隸 後得亡去 秦人追之急迫 藏於穴中 秦人焚之 有景象如虎 來爲蔽 故得不死 諸羌神之 推以爲君 其後種落熾盛

8. 뱀과 함께 태어난 두무(竇武)
 후한(後漢) 때 정양군(定襄郡)의 태수(太守)인 두봉(竇奉)의 아내가 아들 두무(竇武)를 낳고 아울러 뱀 한 마리를 낳았다.
 두봉이 뱀을 들판에 보내 주었다.
 두무가 자라서는 천하에 이름을 떨쳤다.
 두무의 어머니가 죽어서 장차 장례를 지내려고 할 때 아직 하관하지 않았는데 어떤 큰 뱀이 수풀 속에서 나와 곧 널 아래로 오더니 땅에 또아리를 틀고 대가리를 내렸다 들었다 하면서 대가리로 널을 쳤다. 뱀이 피와 눈물을 다 흘렸는데 모양이 애통해 하는 것 같았으며 잠깐 뒤에 가버렸다.
그때 사람들은 두씨의 상서로움이라고 알았다.

　後漢定襄太守竇奉妻　生子武　幷生一蛇　奉送蛇於野中　及武長大　有海內俊名　母死將葬　未窆　賓客聚集　有大蛇從林草中出　徑來棺下　委地俯仰　以頭擊棺　血涕竝流　狀若哀慟　有頃而去　時人知爲竇氏之祥

9. 알에서 나온 아이가 뱀이 되다
　진(晉)나라 회제(懷帝) 영가(永嘉) 때 한씨(韓氏) 할머니가 들에서 큰 알을 보고는 가지고 집으로 돌아가서 그것을 잘 두었더니 알에서 갓난아기가 나왔는데 자(字)를 궐아(獗兒)라고 했다.
　궐아가 4살이 되었을 때 유연(劉淵)이 평양성(平陽城)을 쌓았으나 성공하지 못하자 성을 쌓을 수 있는 사람을 모집했다.
　궐아가 응모하여 뱀으로 변화하더니 한씨 할머니로 하여금 자기 뒤를 따라 재를 뿌려 표시하도록 했다.
　그가 할머니에게 말하기를
　재에 의지해서 성을 쌓으면 성을 바로 이룰 수 있습니다."
라고 하자 마침내 궐아가 말한 바 대로 되었다.
　유연이 뱀이 된 궐아를 괴이하게 여겨 드디어 산의 굴 속에 던져넣게 하였다. 그 뱀의 꼬리가 몇치쯤 드러났는데 사자(使者)가 꼬리를 베어버리자 문득 샘물이 굴 속에서 나와 모여서 못이 되었다. 이로부터 못 이름을 금룡지(金龍池)라 했다.

　晉懷帝永嘉中　有韓媼者　於野中見巨卵　持歸育之　得嬰兒　字曰 撅兒　方四歲　劉淵築平陽城不就　募能城者　撅兒應募　因變爲蛇　令媼遺灰誌其後　謂媼曰　憑灰築城　城可立就　竟如所言　淵怪之　遂投入山穴間　露

尾數寸 使者斬之 忽有泉出穴中 滙爲池 因名金龍池
1) 劉淵(유연) : 전조(前趙)의 고조(高祖).

10. 음문(陰門)을 찢긴 임곡(任谷)

동진(東晋) 원제(元帝) 영창(永昌) 때 기양현(曁陽縣) 사람 임곡이 농사일 하다가 피곤하여 나무 아래에서 쉬었다.
문득 어떤 사람이 날개옷을 입고 와서 임곡을 간음했다.
그런 후에는 그 사람이 있는 곳을 알지 못했다.
임곡이 드디어 아이를 뱃고 달이 차서 곧 아이를 낳으려고 할 때 날개옷 입은 사람이 다시 오더니 칼로써 임곡의 음문을 찢어 한 마리 뱀을 꺼내더니 곧 가지고 가버렸다.
임곡은 드디어 아이를 낳을 수 없는 몸이 되었고 궁궐에 나아가 스스로 사정을 진술하고는 궁궐에 머물렀다.

元帝永昌中 曁陽人任谷 因耕息於樹下 忽有一人 著羽衣 就淫之 旣而不知所在 谷遂有娠 積月將產 羽衣人復來 以刀穿其陰下 出一蛇子便去 谷遂成宦者 詣闕自陳 留於宮中

11. 여인이 누에가 되다

옛 이야기인데 아득한 옛날에 어떤 아버지가 멀리 길을 떠나고 집에는 남아있는 사람이 없이 오직 한 딸만이 있었다.
숫말 한 마리가 집에 있었는데 딸이 몸소 그것을 길렀다.
딸은 깊숙한 곳에서 곤궁하게 살면서 그의 아버지가 그리워지자 곧 말에서 장난삼아 말하였다.
"네가 나를 위하여 아버지를 모셔서 돌아올 수 있다면 내가 장차 너에게 시집가겠다."
말이 이 말을 듣고나서는 곧 고삐를 끊고 집을 나가더니 아버지가 있는 곳에 이르렀다. 아버지는 말을 보고나서 놀라고 기뻐하더니 인하여 말을 잡아탔다.
 말은 그것이 온 곳을 바라보더니 비명을 그치지 않았다.
 아버지가 말하기를
 "이 말이 이처럼 비명지른 일이 없었는데 우리 집에 무슨 일이 생겼나?"
 하고 급히 말을 타고 집으로 돌아갔다.
 이 말이 주인에게는 비상한 정이 있었기에 꼴을 많이 주어 먹게 했다. 그러나 말은 꼴을 먹으려고 하지 않았다. 말이 매양 딸이 출입하는 것을 볼 때 문득 기뻐하는 듯 성내는 듯 날뛰며 발굽을 쳐댔다.
 이같은 일이 한 번이 아니었다. 아버지가 괴이하게 여겨 몰래 딸에게 물으니 딸이 말에게 장난삼아 했던 이야기를 아버지에게 들려주며 반드시 이 까닭에 말이 그렇게 행동한다고 여겼다.
 아버지가 말하였다.
 "남에게는 말하지 말아라. 가문을 욕되게 할까 두렵다. 또 마굿간에 출입하지 말아라."
 그래서 아버지는 매복했다가 쇠뇌로 말을 쏘아 죽이고 뜰에서 말껍질을 말렸다.
 아버지가 가고나서 딸이 이웃집 딸과 말가죽을 말리는 곳에서 놀면서 발로 말가죽을 차면서 말하기를
 "너는 짐승인 주제에 사람을 아내로 맞이하려고 했느냐? 이처럼 껍질이 벗겨졌으니 어찌하여 스스로 고통을 불러들였느냐?"
 라고 하는데 말이 아직 다 끝나지 않았을 때 말가죽이 문득 일어나더니 딸을 말아서 가버렸다.
 이웃집 딸이 급하고 두려워서 구제하지 못하고 그의 아버지에게 달려가서 알려주니 아버지가 돌아와서 딸을 찾아보았지만 이미 없어지고 말았다.
 나중에 몇일이 지나서 큰 나뭇가지 사이에서 딸과 말가죽을 발견했는데 다 누에가 되어 나무 위에서 실을 토해내고 있었다.
 그 누에고치 실은 헝클어지지 않고 두텁고 커서 보통 누에고

치와 달랐다.
 이웃집 부녀들이 거두어 기르니 그 수확이 보통 고치의 몇곱절이 되었다. 이때부터 그 나무를 상(桑)이라 이름했으니 상이란 상(喪)을 뜻한다.
 이로부터 백성들이 다투어 그 나무를 심었는데 지금 세상에서 기르는 뽕이 바로 이것이다. 뽕누에라고 말하는 것은 옛날 누에가 전해져 온 것 중의 하나이다.
 『천관(天官)』에 따르면 진(辰)은 마성(馬星)에 대응한다.
 『잠서(蠶書)』에 말하였다.
 "대화(大火)에 대응하는 그 달에 곧 누에씨를 소금물 따위에 담가서 선별한다. 이러하니 누에와 말은 기(氣)가 같다."
 『주례(周禮)』 규정에 교인(校人)의 직무는 '거듭 누에씨를 소금물 따위에 담가서 선별하는 것을 금지함'을 맡는 것이다.
 정현(鄭玄)의 주(註)에 말하였다.
 "물건은 동시에 양쪽을 다 크게 할 수 없다. 거듭 누에씨 고르는 것을 금지한 것은 그것이 말을 상하기 때문이다."
 한(漢)나라 예법에는 황후가 몸소 뽕을 따서 누에 신에게 제사지내며 말하기를 "완유부인(菀窳婦人)이여, 우씨공주(寓氏公主)여"라고 말한다. 공주는 여자에 대한 존칭이다.
 완유부인은 가장 먼저 백성들에게 누에치기를 가르친 누에의 신이다. 그래서 지금 세상에서 혹 누에를 딸이라고 말하는데 이는 옛날부터 내려 온 말이다.

 舊說 太古之時 有大人遠征 家無餘人 唯有一女 牡馬一匹 女親養之 窮居幽處 思念其父 乃戲馬曰 爾能爲我迎得父還 吾將嫁汝 馬旣承此言 乃絶韁而去 徑至父所 父見馬驚喜 因取而乘之 馬望所自來 悲鳴不已 父曰 此馬無事如此 我家得無有故乎 亟 乘以歸 爲畜生有非常之情 故厚加芻養 馬不肯食 每見女出入 輒喜怒奮擊 如此非一 父怪之 密以問女 女具以告父 必爲是故 父曰 勿言 恐辱家門 且莫出入 於是伏弩[1] 射殺之 暴皮於庭 父行 女與鄰女於皮所戲 以足蹙之曰 汝是畜生 而欲

取人爲婦耶 招此屠剝 如何自苦 言未及竟 馬皮蹙然而起 卷女以行 隣
女忙迫 不敢救之 走告其父 父還 求索 已出失之 後經數日 得於大樹
枝間 女及馬皮 盡化爲蠶 而績於樹上 其繭綸理厚大 異於常蠶 隣婦取
而養之 其收數倍 因名其樹曰桑 桑[2]者 喪[3]也 由斯百姓競種之 今世所
養是也 言桑蠶者 是古蠶之餘類也 案天官[4] 辰爲馬星[5] 蠶書曰 月[6]當
大火[7] 則浴其種 是蠶與馬同氣也 周禮夏官馬質 禁原蠶者 注云 物莫能
兩大 禁再蠶者 爲其傷馬也 漢禮 皇后親採桑 祀蠶神 曰 菀窳婦人[8]
寓氏公主[9] 公主者 女之尊稱也 菀窳婦人 先蠶者也 故今世或謂蠶爲女
兒者 是古之遺言也

1) 弩(노) : 여러 발의 화살을 쏠 수 있는 활의 하나.
2) 桑(상) : 뽕.
3) 喪(상) : 죽음.
4) 天官(천관) : 고대의 천문학 저서.
5) 馬星(마성) : 28수(宿)의 넷째별. 곧 방수(房宿).
6) 月(월) : 2월.
7) 大火(대화) : 28수 가운데 저(氐) 방(房) 심(心), 세 별을 가리킨다.
8) 菀窳婦人(완유부인) : 누에의 신.
9) 寓氏公主(우씨공주) : 누에의 신.

12. 불사약을 먹고 달로 달아난 항아(嫦娥)

예(羿)가 불사약(不死藥)을 서왕모(西王母)에게 청하여 얻었으나 그의 아내인 항아가 불사약을 훔쳐먹고 달로 달아났다.

그가 달아나려고 할 때 유황(有黃)에게 가서 점치게 하니 유황이 말하였다.

"길합니다. 펄펄 나는 시집간 누이가 혼자서 장차 서쪽으로 갑니다. 하늘의 어두움을 만날 것이나 두려워 말고 놀라지 마십시오 나중에 또한 크게 창성할 것입니다."

항아는 드디어 달에 몸을 맡겼으니 그가 곧 달에 사는 두꺼비이다.

羿請不死之藥於西王母[1] 嫦娥竊之以奔月 將往 枚筮之於有黃 有黃
占之曰 吉 翩翩歸妹 獨將西行 逢天晦芒 毋恐毋驚 後且大昌 嫦娥遂
託身於月 是爲蟾蜍

1) 西王母(서왕모) : 신선(神仙)들의 여왕(女王).

13. 하느님의 딸이 죽은 설타산(舌堆山)

설타산에서 하느님의 딸이 죽어 괴초(怪草)가 되었다.
그 괴초는 그 잎이 자욱하고 무성하며 그 열매가 실새삼 같다.
그래서 괴초를 먹는 사람은 늘 남보다 더 예쁘다.

舌堆山 帝之女死 化爲怪草 其葉鬱茂 其華黃色 其實如兎絲[1] 故服
怪草者 恒媚於人焉

1) 兎絲(토사) : 메꽃과에 딸린 일년생 기생 만초(蔓草). 새삼보다 덩굴은 가늘고 콩 따위에 잘 붙어산다.

14. 한 쌍의 두루미부부

형양현(滎陽縣) 남쪽 백여리 되는 곳에 난암산(蘭巖山)이 있는데 험준하여 천길이나 된다.
 일찍이 한 쌍의 두루미가 깨끗한 흰 깃을 갖추고 밤낮으로 짝지으며 날았다가 앉았다가 했다.
 서로 전하여 말하였다.
 "옛날에 어떤 부부가 이 산에 수백년 동안 숨어지내다가 한 쌍의 두루미가 되어 왕래를 끊지 않았다.
 문득 어느날 한 마리 두루미가 사람에게 해를 입자 그 남은 한 마리가 1년 내내 슬피 울었다. 지금도 두루미 울음소리의 울림이 바윗골을 진동시키는데 그것이 얼마의 햇수동안 울었는지 아무도 모른다."

滎陽縣南百餘里 有蘭巖山 峭拔千丈 常有雙鶴 素羽皦然 日夕偶影 翔集 相傳云 昔有夫婦 隱此山數百年 化爲雙鶴 不絕往來 忽一旦 一鶴爲人所害 其一鶴 歲常哀鳴 至今響動巖谷 莫知其年歲也

15. 새를 아내로 삼은 남자

예장군(豫章郡) 신유현(新兪縣)의 한 남자가 밭에서 예닐곱 명의 여인을 보았는데 다 날개옷을 입고 있었다.

그들이 새인지를 모르고 기어가서 그 중의 한 여인이 벗어놓은 날개옷을 집어 감추었다.

곧 여인들로 변한 뭇새들에게로 나아가니 뭇새들이 각자 날아갔는데 한 새만이 오직 날아갈 수 없었다. 남자는 그 새를 데리고 가서 아내로 삼아 세 딸을 낳았다.

그 어머니가 나중에 딸을 시켜 아버지에게 묻게 하여 날개옷이 벼를 쌓아둔 곳에 있는 것을 알고 그것을 얻어서 입고는 날아가 버렸다.

나중에 다시 세 딸들을 맞이하러 왔는데 딸들도 또한 날아갈 수 있었다.

豫章新喩縣男子 見田中有六七女 皆衣毛衣 不知是鳥 匍匐往 得其一女所解毛衣 取藏之 卽往就諸鳥 諸鳥各飛去 一鳥獨不得去 男子取以爲婦 生三女 其母後使女問父 知衣在積稻下 得之 衣而飛去 後復以迎三女女亦得飛去

16. 여인이 큰 자라가 되다

후한(後漢) 영제(靈帝) 때 강하군(江夏郡)의 황씨(黃氏) 어머니가 목욕통 속에서 목욕하다가 오래도록 일어나지 않더니 변화하여 큰 자라가 되었다.

계집종이 놀라서 달려나가 집안 사람들에게 알려 주었는데 집안 사람들이 왔을 때는 큰 자라는 깊은 연못 속으로 옮겨 들어갔다.
 그뒤 때때로 큰 자라가 모습을 나타냈는데 처음 목욕할 때 찌르고 있던 은비녀가 오히려 그 머리에 있었다.
 그래서 황씨 집안 사람들은 여러 대(代) 동안 감히 큰 자라고기를 먹지 않았다.

 漢靈帝時 江夏黃氏之母 浴盤水中 久而不起 變爲黿矣 婢驚走告 比家人來 黿轉入深淵 其後時時出見 初浴簪一銀釵 猶在其首 於是黃氏累世不敢食黿肉

 17. 청하땅의 여인이 큰 자라가 되다
 위(魏)나라 문제(文帝) 황초(黃初) 때 청하(淸河)땅의 송사종(宋士宗)의 어머니가 목욕실 안에서 목욕하는데 집안의 남녀노소 사람들을 다 내보내고 혼자서 목욕실 안에 한참 있었다.
 집안 사람들이 그 뜻을 이해하지 못하고 벽에 구멍을 뚫어 엿보니 사람 몸은 보이지 않고 목욕통 속에 큰 자라 한 마리가 있는 것이 보였다.
 드디어 문을 열고 남녀노소 사람들이 다 들어갔으나 큰 자라는 끝내 사람들과 상대하지 않았다. 일찍이 먼저 은비녀를 찔렀는데 오히려 그것은 머리에 남아 있었다.
 집안 사람들이 서로 더불어 큰 자라를 지켜 보면서 울었으나 어찌할 도리가 없었다. 큰 자라가 떠나갈 것을 구하고자 하니 오래 머무르게 할 수도 없었다.
 사람들이 여러 날 동안 큰 자라를 지켜보다가 사람들의 지켜봄이 게을러졌을 때 큰 자라는 스스로 기회를 틈타 문 밖을 나갔다. 큰 자라가 가는 것이 아주 빨라 사람들이 쫓았으나 따라잡을 수 없었는데 드디어 곧 물 속에 들어갔다.
 몇날 뒤 큰 자라가 문득 돌아와서 평소처럼 집안을 돌아다녔으나 끝내 아무말 없이 갔다.
 그때 어떤 사람이 송사종에게 마땅히 장례를 치르고 상복을 입어야 한다고 말했으나 송사종은 어머니의 형체가 비록 변하였으나 아직 살아있기 때문에 끝내 장례 치르지 않았다.
 이 일은 강하군(江夏郡)의 황씨(黃氏)의 어머니 경우와 비슷하다.

 魏黃初中 淸河宋士宗母 夏天於浴室裏浴 遣家中大小悉出 獨在室中良久 家人不解其意 於壁穿中窺之 不見人體 見盆水中有一大鼈 遂開戶 大小悉入 了不與人相承 嘗先著銀釵 猶在頭上 相與守之啼泣 無可奈何意欲求去 永不可留 視之積日 轉懈 自捉出戶外 其去甚駛 逐之不及 遂便入水 後數日 忽還 巡行宅舍 如平生 了無所言而去 時人謂士宗應行喪治服 士宗以母形雖變 而生理尙存 竟不治喪 此與江夏黃母相似

18. 선건의 어머니가 큰 자라가 되다
 오(吳)나라 손호(孫皓) 보정(寶鼎) 원년(元年) 6월 그믐에 단양군(丹陽郡) 사람 선건(宣騫)의 어머니가 나이 여든 살에 또한 목욕하다가 큰 자라가 되었다.
 그 모습은 황씨의 어머니와 같았다.
 선건의 형제 네 사람이 문을 닫고 지켰다.
 대청 위를 파서 큰 구덩이를 만들고 그 속에 물을 부었다. 큰 자라가 구덩이에 들어가 놀다가 하루 이틀 사이에 늘 목을 빼고 바깥을 바라보았다.
 큰 자라가 문이 조금 열리는 것을 엿보다가 곧 수레바퀴처럼 몸을 굴려 스스로 뛰어서 깊은 못 속으로 들어갔다.
 그후에는 드디어 다시 세상에 돌아오지 않았다.

 吳孫皓寶鼎元年六月晦 丹陽宣騫母 年八十矣 亦因洗浴 化爲鼉 其

狀如黃氏 鶱兄弟四人 閉戶衛之 掘堂上作大坎 實水其中 䪡入坎遊戲
一二日間 恒延頸外望 伺戶小開 便輪轉自躍 入於深淵 遂不復還

19. 눈에 보이지 않는 괴이한 노인

후한(後漢) 헌제(獻帝) 건안(建安) 때 동군(東郡)의 한 백성 집에 괴상한 일이 있었다.
까닭없이 항아리가 스스로 진동되어 뎅그랑 뎅그랑 소리를 내었는데 사람이 치는 것 같았다. 쟁반들이 앞에 있다가 문득 없어지고 닭이 알을 낳으면 또 문득 없어졌다.
이같이 하기를 여러 해가 되자 사람들이 아주 그것을 싫어했다.
곧 맛있는 음식을 많이 만들어 그것을 덮어서 한 방안에 두고 몰래 문 사이에 숨어서 그것을 엿보았다.
과연 괴물이 다시 왔는데 소리내는 것이 전과 같았다.
소리를 듣고서 곧 들어가 문을 닫고 방 안을 돌아보았으나 끝내 보이는 바가 없었다.
곧 어둠 속에서 지팡이로 아무 데나 마구 때렸는데 한참 지나서 방구석에서 지팡이에 맞는 것이 있었다. 곧 신음하는 소리를 들으니 "아야, 아야, 죽겠다."라고 했다.
문을 열고 보니 한 노인이 있었는데 나이는 백여살쯤 되어보이고 말은 끝내 서로 통하지 않았는데 모습이 자못 짐승과 비슷했다.
드디어 수소문하여 곧 수리 바깥에서 그 집을 찾았는데 그 집안 사람이 말하기를
"잃어버린 지 10년이 넘었습니다."
하면서 노인을 찾고나서 슬퍼하기도 하고 기뻐하기도 했다.
1년 남짓 지나서 다시 노인을 잃어버렸다.
진류군(陳留郡)의 경계에서 다시 이같은 괴상한 일이 일어났다는 소문이 들리자 그때 사람들은 다 이 노인의 짓이라 여겼다.

수신기(搜神記)

漢獻帝建安中 東郡民家有怪 無故甕器自發 訇訇作聲 若有人擊 盤案在前 忽然便失 雞生子 輒失去 如是數歲 人甚惡之 乃多作美食 覆蓋 著一室中 陰藏戶間 窺伺之 果復重來 發聲如前 聞便閉戶 周旋室中 了無所見 乃闇以杖撾之 良久 於室隅間有所中 便聞呻吟之聲曰 哺哺 宜死 開戶視之 得一老翁 可百餘歲 言語了不相當 貌狀頗類于獸 遂行推問 乃於數里外得其家 云 失來十餘年 得之哀喜 後歲餘 復失之 聞陳留界復有怪如此 時人咸以爲此翁

제15권 무덤 속에서 나오는 신(神)·상

1. 죽은 애인을 살려낸 왕도평(王道平)

진시황(秦始皇) 때 왕도평이라는 이가 있었는데 장안(長安) 사람이다.

젊었을 때 같은 마을 사람인 당숙해(唐叔偕)의 딸과 맹세하여 부부가 되기로 했다.

딸의 어릴 적 이름은 당보유(唐父喩)이고, 얼굴과 살갗빛이 똑같이 아름다웠다.

얼마 뒤에 왕도평이 징병되어 싸우러 갔는데 남방에 떨어져 9년이 지나도록 돌아오지 않았다.

부모들은 딸이 장성한 것을 보고 곧 유상(劉祥)에게 시집보내려고 했다.

딸은 왕도평과 한 언약이 아주 중대했기에 유상에게 시집가려고 하지 않았다. 그러나 부모의 핍박을 면하지 못하고 유상에게 시집갔다.

시집간 지 3년이 지나도록 우울해 하며 늘 왕도평만을 그리워하였는데 분하고 원망하는 마음이 깊어져 답답해 하다가 결국 죽고 말았다.

당보유가 죽은 지 3년이 지나서 왕도평이 집에 돌아와 곧 이웃 사람에게 묻기를

"당보유는 어디에 있습니까?"

라고 하니 이웃 사람이 말하였다.

"당보유는 마음이 그대에게 있었으나 부모에게 핍박당해서 유

상에게 시집갔는데 지금은 이미 죽었습니다."
  왕도평이 묻기를
 "무덤은 어디에 있습니까?"
  하니 이웃 사람이 왕도평을 데리고 무덤으로 갔다.
  왕도평이 목놓아 슬피 울고나서 3번 여인의 이름을 부르고 무덤을 돌며 슬퍼하고 괴로워하여 스스로를 주체하지 못했다.
  왕도평이 곧 축원하였다.
 "나와 그대는 천지에 맹세하여 평생을 함께 하기로 했다. 그러나 어찌 생각했으리오? 관청에서 나를 끌고가 그대와 떨어지게 하고 그대의 부모로 하여금 그대를 유상에게 시집보내게 할 줄을. 이미 처음의 마음과 맞지 않게 되었으니 나는 살고 그대는 죽어 길이 결별이로다. 그러나 그대에게 영혼이 있다면 나로 하여금 그대의 평소 얼굴을 보게 하고 만약 영혼이 없다면 이로부터 이별이로다."
  말을 끝내자마자 또다시 슬프게 울었다.
  좀 머뭇거렸는데 그 여인의 영혼이 무덤으로부터 나와 왕도평에게 말하였다.
 "어디에서 왔습니까? 우리들은 한참동안 떨어져 있었습니다. 그대와 더불어 부부가 되어 평생을 함께 하기로 맹세했으나 부모님들이 강요하여 유상에게 시집갔습니다. 시집간 지 3년 동안 밤낮으로 그대를 그리워하다가 한(恨)이 맺혀 죽은지라 저승길이 우리들을 떨어지게 했습니다. 그러나 그대가 옛 정(情)을 잊지 못하는 것을 생각하여 다시 그대를 위안할 길을 구했습니다. 내 몸은 삭지 않았으니 되살아나 다시 부부가 될 수 있습니다. 빨리 무덤을 파서 널을 깨뜨려 나를 꺼내면 나는 살아납니다."
  왕도평이 여인의 말을 곰곰이 살피고 나서 무덤을 파서 그 여인의 몸을 문지르고 보니 과연 되살아났는데 곧 여인은 머리와 옷매무새를 가다듬고 왕도평을 따라 집으로 돌아갔다.
  여인의 남편이었던 유상이 소문을 듣고 놀라고 괴이하게 여기며 주(州)와 현(縣)의 관청에 소송했다.

주와 현의 관리들이 법률을 검사해 보고 판단했으나 알맞은 법조문이 없어서 곧 상황을 기록하여 황제에게 보고했다. 황제는 여인이 왕도평에게 돌아가 그의 아내가 되도록 판단했다.

왕도평은 130살까지 살았다. 진실로 정성이 천지를 꿰뚫어 이 같은 감응을 얻었던 것이다.

秦始皇時 有王道平 長安人也 少時 與同村人唐叔偕女 小名父喩 容色俱美 誓爲夫婦 尋王道平被差征伐 落墮南國 九年不歸 父母見女長成 卽聘與劉祥爲妻 女與道平言誓甚重 不肯改事 父母逼迫不免 出嫁劉祥 經三年 忽忽不樂 常思道平 忿怨之深 悒悒而死 死經三年 平還家 乃詰隣人 此女安在 隣人云 此女意在於君 被父母凌逼 嫁與劉祥 今已死矣 平問 墓在何處 隣人引往墓所 平悲號哽咽 三呼女名 繞墓悲苦 不能自止 平乃祝曰 我與汝立誓天地 保其終身 豈料官有牽纏 致令乖隔 使汝父母與劉祥 旣不契於初心 生死永訣 然汝有靈聖 使我見汝生平之面 若無神靈 從玆而別 言訖 又復哀泣 逡巡 其女魂自墓出 問平 何處而來 良久契濶 與君誓爲夫婦 以結終身 父母强逼 乃出聘劉祥 已經三年 日夕憶君 結恨致死 乖隔幽途 然念君宿念不忘 再求相慰 妾身未損 可以再生 還爲夫婦 且速開冢破棺 出我卽活 平審言 乃啓墓門 捫看其女 果活 乃結束隨平還家 其夫劉祥 聞之驚怪 申訴於州縣 檢律斷之 無條 乃錄狀奏王 王斷歸道平爲妻 壽一百三十歲實謂精誠貫於天地 而獲感應如此

2. 무덤에서 살려낸 여인

진(晋)나라 무제(武帝) 때 하간군의 어떤 남녀가 사사로이 서로 사랑하여 결혼하기로 약속했다.

잠깐 뒤에 남자는 종군(從軍)했는데 여러 해가 지나도록 돌아오지 않았다.

여자 집에서는 다시 딸을 시집보내고자 하였다. 여자는 시집가기를 원하지 않았으나 부모가 핍박하여 부득이하여 시집갔다.

여자는 시집간 뒤 잠깐만에 병들어 죽었다.

그 남자가 군복무를 마치고 돌아와서는 여자가 있는 곳을 물었다. 그 집 사람들이 사실대로 이야기했다. 남자는 곧 여자의 무덤에 이르러 울어서 자기의 슬픔을 다 나타내고자 했는데 그 정을 주체하지 못했다.

드디어 무덤을 파헤치고 널을 여니 여자가 되살아났다. 이에 여자를 등에 업고 집으로 돌아왔다. 곧 몇날을 부양하니 여자는 다시 평소의 모습을 되찾았다.

나중에 여자의 남편이었던 이가 소문을 듣고 곧 가서 여자를 돌려달라고 했다.

그 남자는 돌려주지 않고 말하였다.

"그대의 아내는 이미 죽었습니다. 천하에 어찌 죽은 사람이 다시 살아날 수 있다는 이야기를 들었습니까? 이 여자는 하느님께옵서 나에게 주신 사람이지 그대의 아내가 아닙니다."

그래서 서로 소송을 했다. 군과 현의 관리들은 사안을 결정할 수 없어서 최고법관인 정위(廷尉)에게 사안을 넘겼다.

비서랑(祕書郎) 왕도(王導)가 아뢰었다.

"정성이 지극하여 천지를 감동시켰기 때문에 죽은 여자가 되살아났습니다. 이는 비상한 일이니 보통의 예로써 판단할 수 없습니다. 청하옵건대 무덤을 파헤친 이에게 여자를 주게 하소서."

조정에서는 그의 의견을 따랐다.

晉武帝世 河間郡有男女私悅 許相配適 尋而男從軍 積年不歸 女家更欲適之 女不願行 父母逼之 不得已而去 尋病死 其男戍還 問女所在 其家具說之 乃至冢 欲哭之敍哀 而不勝其情 遂發冢開棺 女卽蘇活 因負還家 將養數日 平復如初 後夫聞 乃往求之 其人不還曰 卿婦已死 天下豈聞死人可復活耶 此天賜我 非卿婦也 於是相訟 郡縣不能決 以讞廷尉 祕書郎王導奏 以精誠之至 感於天地 故死而更生 此非常事 不得以常禮斷之 請還開冢者 朝廷從其議

3. 저승에서 배필을 만난 가문합(賈文合)

후한(後漢) 헌제(獻帝) 건안(建安) 때 남양군(南陽郡) 사람인 가우는 자(字)가 문합인데 병을 얻어 죽었다.

그때 어떤 저승의 낮은 관리가 그를 데리고 태산에 나아갔는데 사명신(司命神)이 장부를 보고나서 낮은 관리에게 말하였다.

"마땅히 아무 군(郡)의 문합을 불러와야 하는데 어찌 이 사람을 불러왔는가? 빨리 그를 내보내도록 하라."

그때 날이 저물어 가문합이 드디어 성곽 바깥 나무 아래에 이르러 잠 자려고 했다.

젊은 여인이 혼자서 길 가는 것이 보이기에 가문합이 묻기를

"아가씨는 귀한 집 딸같은데 어째서 걸어가십니까? 아가씨 성함이 무엇입니까?"

라고 하니, 여인이 말하였다.

"저는 삼하(三河)땅 사람인데 아버지는 익양현(弋陽縣)의 현령(縣令)입니다. 어제 저승에 불려왔다가 이제야 집에 돌아갈 수 있게 되었습니다. 날이 저물어 남의 오해를 사서 비난받을까 두렵습니다. 선생님의 얼굴을 뵈니 반드시 현자이시리라 생각되어 이로써 여기 머물러 선생님께 의지하고자 합니다."

"아가씨의 마음을 달갑게 여깁니다. 원컨대 오늘밤 기쁨을 주고 받으십시다."

"저는 고모로부터 이야기를 들었습니다. 여자는 정조로써 덕을 삼고 결백으로써 칭찬을 받는다 라고."

가문합이 여러 차례 말해 보았지만 여인은 끝내 뜻을 움직이지 않았다. 날이 밝자 각자 떠나갔다.

가문합이 죽은 뒤 이미 이틀 밤이 지나서 곧 집안 사람들이 그를 입관하려고 했는데 그 얼굴을 보니 생기가 돌았고 심장 아래를 문질러보니 조금 따뜻했는데 조금 뒤에 살아났다.

나중에 가문합이 그가 여인을 만난 일이 사실인지 검사해 보

고자 드디어 익양현에 이르러 명함을 내밀어 현령을 만나고서 현령에게 물었다.
"현령님의 딸이 죽었다가 되살아 났습니까?"
가문합이 현령 딸의 자질과 복색과 딸과 나누었던 이야기를 상세히 말하여 경과를 되풀이하여 들려주자 현령이 안으로 들어가서 딸에게 물어보았는데 딸의 이야기가 가문합의 이야기와 같았다.
현령이 크게 경탄했고 마침내 자신의 딸을 가문합의 배필로 주었다.

漢獻帝建安中 南陽賈偶 字文合 得病而亡 時有吏將詣太山 司命[1]閱簿 謂吏曰 當召某郡文合 何以召此人 可速遣之 時日暮 遂至郭外樹下宿 見一年少女獨行 文合問曰 子類衣冠 何乃徒步 姓氏爲誰 女曰 某三河[2]人 父見爲弋陽令 昨被召來 今却得還 遇日暮 懼獲瓜田李下之譏 望君之容 必是賢者 是以停留 依憑左右 文合曰 悅子之心 願交歡於今夕 女曰 聞之諸姑 女子以貞專爲德 潔白爲稱 文合反覆與言 終無動志 天明各去 文合卒已再宿 停喪將殮 視其面有色 捫心下稍溫 少頃却蘇 後文合欲驗其實 遂至弋陽 脩刺謁令因問曰 君女寧卒而却蘇耶 具說女子姿質服色 言語相反覆本末 令入問女 所言皆同 乃大驚歎 竟以此女配文合焉

1) 司命(사명): 삶과 죽음을 관장하는 신.
2) 三河(삼하): 하내(河內), 하남(河南), 하동(河東)의 세 군.

4. 죽은 사람의 편지를 전한 이아(李娥)

후한(後漢) 헌제(獻帝) 건안(建安) 4년 2월 무릉군(武陵郡) 충현(充縣)의 부인 이아가 나이 60살에 병들어 죽어서 성(城) 밖에 그를 묻었는데 이미 14일이 지났다.
이아의 이웃에 채중(蔡中)이라는 이가 있었는데 이아가 부유하다는 이야기를 듣고 입관할 때 마땅히 금은보화를 함께 넣었으리라 생각하고 곧 몰래 금은보화를 꺼내기 위해 무덤을 파헤쳤다. 도끼로 널을 쪼개려고 몇번 도끼질하자 이아가 널 속에서 말하였다.
"채중아 너는 내 머리를 보호해라."
채중이 놀라고 급해서 곧 달아났다. 마침 현(縣)의 관리에게 채중은 발견되어 드디어 잡혀가 다스려졌는데 법에 따르면 마땅히 사형되어 대중들에게 보여져야 했다.
이아의 아들은 어머니가 살아났다는 이야기를 듣고 맞이하러 와서 이아를 데리고 집으로 돌아갔다.
무릉군의 태수가 이아가 죽었다가 되살아났다는 이야기를 듣고 이아를 불러서 만나고는 일의 상황을 물었다.
이아가 대답하였다.
"이야기를 들으니 제가 그릇되게 저승의 사명신에게 불려갔는지라 저승에 도착하자마자 이승으로 되돌려 보내질 수 있었습니다. 서문 밖을 지나다가 마침 외형(外兄)인 유백문(劉伯文)을 만났는지라 놀라고 서로 위로하여 안부를 묻고 눈물을 흘리며 슬퍼했습니다. 제가 말하기를 '오빠, 저는 어느날 그릇되게 저승에 불려와 지금 돌려 보내지게 되었는데 이미 길을 모르는데다 혼자 갈 수 없으니 저를 위하여 길동무 한 사람을 구해줄 수 있습니까? 또 제가 불려와서 여기에 있은 지 이미 열흘이 넘었으니 시체가 집안 사람들에게 묻혔을텐데 돌아갈 때 마땅히 어떻게 해야 스스로 무덤을 빠져나갈 수 있습니까?' 하니 유백문이 말하기를 '마땅히 너를 위하여 물어보겠다.' 하고는, 곧 문지기를 보내 시체를 관리하는 벼슬아치에게 묻게 하기를 '사명신이 어느날 착오로 무릉군의 여자 이아를 불렀는데 지금 되돌아가게 되었습니다. 이아는 여기에 여러 날 있었는지라 시체가 또한 마땅히 입관되어 땅에 묻혔을텐데 어떻게 해야 무덤을 빠져나갈 수 있겠습니까? 또 이 여인은 약해서 혼자 가기 어려운데 어떻게 해서든지 길동무가 있어야 하지 않겠습니까? 이 여인은 저의 외매(外妹)인데 그를 편안히 돌아가게 해 주시기를 바랍니다.'

하였습니다. 시체를 맡은 벼슬아치가 답하기를 '지금 무릉군 서쪽 경계에 남자 이흑(李黑)이 있는데 또한 이승으로 돌려보내졌으니 바로 길동무를 삼을 수 있습니다. 아울러 이흑에게 명령하여 이아의 이웃집 사람 채중에게 가서 이아를 무덤에서 꺼내게 하겠습니다.' 하였습니다. 그리하여 제가 드디어 이흑과 더불어 함께 이승으로 돌아왔습니다. 일의 상황이 이와 같습니다."

태수(太守)가 듣고 나서 개연히 탄식하며 말하기를
"천하의 일은 정말로 알 수가 없도다."
라고 하고 곧 표문(表文)을 올리고 생각하였다.
"채중이 비록 무덤을 파헤쳤으나 귀신에게 부림을 받았기 때문이다. 비록 파헤치지 않고자 해도 형세상 부득이했다. 마땅히 용서해 주어야 한다."

황제의 조서는 태수의 요청을 허가한다고 통보했다.

태수는 이아의 말의 허실을 조사해 보고자 곧 기마병을 보내 무릉군의 서쪽 경계에서 이흑을 수소문하여 찾아서 물어보게 하니 이흑의 말이 이아의 말과 들어맞았다.

이아는 곧 유백문의 편지를 유타(劉佗)에게 주었다. 유타는 그 편지 종이는 곧 아버지가 죽었을 때 묻었던 상자 속의 문서임을 알았다. 편지에 글자는 나타나 있었으나 글씨를 알아볼 수는 없었다.

유타가 곧 비장방(費長房)을 청하여 편지의 글을 읽게 했는데 그 편지에 이르기를 "타(佗)에게 알린다. 나는 마땅히 태산부군(泰山府君)을 따라 바깥으로 나가 순시할 것이다. 마땅히 8월 8일 한낮에 무릉성(武陵城) 남쪽 성을 지키는 도랑가에 머무를 것인데 너는 이때 반드시 거기에 와야 한다." 라고 하였다.

기한이 되어 유타가 집안의 남녀노소를 다 데리고 성의 남쪽에서 아버지를 기다리니 잠깐만에 과연 아버지가 왔다.

다만 사람과 말의 소리가 은은하게 들렸는데 도랑가에 나아가니 바로 부르는 소리가 들리기를
"타야, 이라 오너라. 너는 내가 이아를 통해 부친 편지를 받았

느냐?"
 라고 하여 유타가 답하였다.
 "곧 그것을 얻었기에 오늘 여기에 왔습니다."
 유백문이 집안의 남녀노소 사람들을 차례대로 불러 한참 지나도록 슬퍼서 애간장이 끊어지려고 했는데 말하기를
 "죽음과 삶은 길이 달라서 자주 너희들의 소식을 얻을 수 없구나. 내가 죽은 뒤 손자들이 곧 이렇게 자랐구나."
 라고 하고 한참 지나서 유타에게 말하였다.
 "내년 봄에 크게 염병이 번질 것이나 이 알약 하나를 줄테니 문에 바르면 내년 봄의 요사스러운 염병을 물리칠 수 있다."
 말하기가 끝나자 문득 가버려 마침내 다시는 그 형체를 볼 수 없었다.
 다음해 봄이 되어 무릉군에 크게 염병이 번져 대낮에도 다 귀신을 보았으나 오직 유백문의 집만은 귀신이 감히 들어가지 못했다.
 비장방이 알약을 보고 말하였다.
 "이것은 방상씨(方相氏)의 골입니다."

 漢建安四年二月 武陵充縣婦人李娥 年六十歲 病卒 埋於城外 已十四日 娥比舍有蔡仲 聞娥富 謂殯當有金寶 乃盜發冢求金 以斧剖棺 斧數下 娥於棺中言曰 蔡仲 汝護我頭 仲驚遽 便出走 會爲縣吏所見 遂收治 依法 當棄市 娥兒聞母活 來迎出 將母回去 武陵太守聞娥死復生 召見 問事狀 娥對曰 聞謬爲司命所召 到時得遣出 過西門外 適見外兄[1]劉伯文 驚相勞問 涕泣悲哀 娥語曰 伯文 我一日誤爲所召 今得遣歸 旣不知道不能獨行 爲我得一伴否 又我見召 在此已十餘日 形體又爲家人所葬埋 歸當那得自出 伯文曰 當爲問之卽遣門卒與尸曹相問 司命一日誤召武陵女子李娥 今得遣還 娥在此積日 尸喪又當殯殮 當作何等得出 又女弱獨行 豈當有伴耶 是吾外妹[2] 幸爲便安之 答曰 今武陵西界 有男子李黑 亦得遣還 便可爲伴 兼勅黑過娥比舍蔡仲 發出娥也 於是娥遂得出 與伯文別 伯文曰 書一封 以與兒佗 娥遂與黑俱歸

事狀如此 太守聞之 慨然歎曰 天下事眞不可知也 乃表以爲 蔡仲雖
發冢 爲鬼神所使 雖欲無發 勢不得已 宜加寬宥 詔書報可 太守欲驗語
虛實 卽遣馬吏於西界推問李黑 得之 與黑語協 乃致伯文書與佗佗 識
其紙 乃是父亡時送箱中文書也 表文字猶在也 而書不可曉 乃請費長
房³⁾讀之 曰 告佗 我當從府君⁴⁾出案行部 當以八月八日日中時 武陵城
南溝水畔頓 汝是時必往 到期 悉將大小於城南待之 須臾果至 但聞人
馬隱隱之聲 詣溝水 便聞有呼聲曰 佗來 汝得我所寄李娥書不耶 曰 卽
得之 故來至此 伯文以次呼家中大小 久之 悲傷斷絶 曰 死生異路 不
能數得汝消息 吾亡後 兒孫乃爾許大 良久 謂佗曰 來春大病 與此一丸
藥 以塗門戶 則辟來年妖癘矣 言訖忽去 竟不得見其形 至來春 武陵果
大病 白日皆見鬼 唯伯文之家 鬼不敢向 費長房視藥丸曰 此方相⁵⁾腦也

1) 外兄(외형): 고종사촌 또는 외사촌 오빠.
2) 外妹(외매): 고종사촌 또는 외사촌 누이동생.
3) 費長房(비장방): 술객(術客)의 이름.
4) 府君(부군): 태산부군으로 사람의 생사를 관장하는 저승의 신이다.
5) 方相(방상): 나쁜 염병을 몰아내는 신.

5. 죽어 되살아난 사후(史姁)

한(漢)나라 때 진류군(陳留郡) 고성현(考城縣) 사람인 사후는 자(字)가 위명(威明)이다.

젊어서 일찍이 병이 들었는데 죽을 때 그의 어머니에게 말하였다.

"제가 비록 죽지만 마땅히 되살아날 것입니다. 제가 죽으면 저를 묻으시되 대지팡이를 무덤 위에 세워두십시오 그리고 만약 대지팡이가 부러지면 저를 꺼내주십시오"

그가 죽고나서 그를 묻고 그의 말처럼 대지팡이를 세워두었다. 7일이 지나서 무덤에 가보니 대지팡이가 과연 부러져 있었다.

곧 무덤에서 사후를 파내니 이미 살아났고 우물가로 걸어가 목욕하여 평소의 기력(氣力)을 되찾았다.

나중에 사후가 이웃 사람의 배를 타고 하비현(下邳縣)에 이르러 괭이를 팔았는데 얼마 되지 않아서 다 팔았다.
사후가 말하기를
"집에 다녀오고자 합니다."
라고 하니 사람들이 믿지 못하며 말하기를
"어떻게 천리길을 잠깐만에 갔다올 수 있습니까?"
하자 사후가 답하였다.
"하룻밤 자고 바로 돌아오겠습니다."
곧 사람들이 그에게 집으로 보내는 글을 써주어 답장을 가져 오는 걸로 증거를 삼기로 했다.
하룻밤 자고나니 바로 돌아왔는데 과연 답장을 얻어왔다.
고성현(考城縣)의 현령(縣令)으로 강하군(江夏郡)땅 사람인 담가화의 누나가 이웃 마을에서 병이 들어 있었다.
가화가 급히 소식을 알고자 하여 사후를 청하여 가서 살펴보게 했는데 3천리 먼 길을 이틀밤 자고나니 돌아와서 보고했다.

漢陳留考城史姁 字威明 年少時 嘗病 臨死 謂母曰 我死當復生 埋我 以竹杖柱於瘞上 若杖折 掘出我 及死埋之 柱如其言 七日往視 杖果折 卽掘出之 已活 走至井上浴 平復如故 後與隣船至下邳賣鋤 不時售 云 欲歸 人不信之 曰 何有千里暫得歸耶 答曰 一宿便還 卽書取報 以爲驗實 一宿便還 果得報 考城令江夏鄢賈和姊病在隣里 欲急知消息 請往省之 路遙三千 再宿還報

6. 사공(社公)을 부릴 수 있는 하우(賀瑀)
회계군(會稽郡) 사람인 하우는 자(字)가 언거(彥琚)이다.
일찍이 병이 들어 사람을 알아보지 못했는데 오직 심장 아래만 따뜻했다가 죽은 지 사흘이 지나서 되살아났다.
하우가 말하였다.
"어떤 벼슬아치가 저를 데리고 하늘로 올라갔는데 거기서 관청을 보았습니다. 나를 데리고 깊숙한 방으로 들어갔는데 방에는 여러 층의 시렁이 있었습니다. 그 윗쪽 시렁에는 도장이 있고 가운데 시렁에는 검(劍)이 있었는데 저로 하여금 제 마음대로 골라서 가지게 했습니다. 제가 키가 작아 윗 시렁에는 미칠 수 없어서 검을 잡고 나왔습니다. 문지기가 무엇을 얻었느냐고 묻기에 제가 '검을 얻었습니다.' 라고 하였더니 문지기가 말하기를 '도장을 얻지 못한 것이 한(恨)입니다. 그것으로 온갖 귀신들을 부릴 수 있습니다. 검은 오직 사공(社公)만을 부릴 수 있을 따름입니다.' 라고 하였다."

하우의 병이 낫자 과연 어떤 귀신이 왔는데 사공이라 칭했다.

會稽賀瑀 字彥琚 曾得疾 不知人 惟心下溫 死三日 復蘇 云 吏人將上天 見官府 入曲房 房中有層架 其上層有印 中層有劍 使瑀惟意所取 而短不及上層 取劍以出 門吏問何得 云 得劍 曰 恨不得印 可策百神 劍 惟得使社公[1]耳 疾愈 果有鬼來 稱社公

1) 社公(사공) : 토지신(土地神)의 하나.

7. 죽어서 경험했던 일을 안 대양(戴洋)

대양의 자(字)는 국류이고 오흥군 장성현 사람이다.

나이 12살에 병들어 죽었다가 닷새가 지나서 되살아 나서는 말하였다.

"내가 죽었을 때 하느님께옵서 주장리(酒藏吏) 벼슬을 시키시고 부록을 주시고 내 깃발을 따를 부하들을 주셨는데 곧 봉래산(蓬萊山), 곤륜산(崑崙山), 적석산(積石山), 태실산(太室山), 여산(廬山), 형산(衡山) 따위를 올랐습니다. 그리고나서 이승으로 돌려보내졌습니다."

대양은 점후술(占候術)을 신통하게 이해하여 오(吳)나라가 곧 망할 줄 알고 병을 핑계대고 벼슬하지 않고 고향에 돌아갔다.

뇌향까지 가서는 노자의 사당을 경과했는데 다 대양이 옛날 죽었을 때 그가 다스리던 곳이었다.
다만 옛 물건만이 다시 보이지 않을 따름이었다. 이에 수장리(守藏吏)인 응봉(應鳳)에게 묻기를
"20여년 전에 일찍이 어떤 사람이 말을 타고 동쪽으로 가다가 노군(老君)의 사당을 지나면서도 말에서 내리지 않았는데 다리에 도달하지도 않아서 말에 떨어져 죽은 일이 있었습니까?"
라고 하니, 응봉이 있었다고 말했다.
물어보았던 일이 대부분 대양이 경험했던 일과 같았다.

戴洋 字國流 吳興長城人 年十二 病死 五日而蘇 說 死時 天使其酒藏吏¹⁾ 授符錄²⁾ 給吏從幡麾 將上蓬萊 崑崙 積石 太室 廬 衡等山 旣而遣歸 妙解占候³⁾ 知吳將亡 託病不仕 還鄕里 行至瀨鄕 經老子祠 皆是洋昔死時所見使處 但不復見昔物耳 因問守藏⁴⁾應鳳曰 去二十餘年 嘗有人乘馬東行 經老君⁵⁾祠而不下馬 未達橋 墜馬死者否 鳳言有之 所問之事 多與洋同

1) 酒藏吏(주장리) : 조정을 위하여 술을 빚고 저장하던 벼슬아치.
2) 符錄(부록) : 미래에 나타날 일을 미리 적어 놓은 글.
3) 占候(점후) : 천상(天象)의 변화에 근거하여 길흉을 점치는 방술(方術).
4) 守藏(수장) : 곳간과 재물을 관리한 벼슬아치. 여기서는 노자 사당을 지키는 벼슬아치.
5) 老君(노군) : 노자에 대한 경칭.

8. 장제(張悌)와 유영(柳榮)

오(吳)나라 임해군(臨海郡) 송양현(松陽縣) 사람인 유영이 오나라 재상 장제를 따라 양주(楊州)에 이르렀다.
유영이 배 안에서 병들어 죽은 지 이틀이 지나 군사들이 이미 상륙했으나 그의 시체를 묻는 이가 없었다.
유영이 문득 큰 소리로 외쳤다.
"사람들이 군사(軍師)님을 포박한다. 사람들이 군사님을 포박

한다."

목소리가 몹시 날카롭고 높아지더니 그디어 그가 되살아났다. 사람들이 그가 소리 지른 까닭을 물어보자 유영이 말하였다.

"하늘의 북두(北斗)문 아래에 올랐는데 마침 사람들이 장제 군사님을 포박하기에 마음 속으로 크게 놀라 저도 모르게 큰 소리 지르기를 '어째서 군사님을 포박하십니까?' 라고 하니 북두문 아래 있는 사람들이 저에게 화를 내며 저를 쫓아서 가게 했습니다. 제가 바로 두려운 나머지 입 속에서 소리를 질러댔을 따름입니다."

그날 장제가 곧 싸움에서 죽었다. 유영은 동진(東晉) 원제(元帝) 때에도 오히려 살아 있었다.

吳臨海松陽人柳榮 從吳相張悌至揚州 榮病死船中二日 軍士已上岸 無有埋之者 忽然大叫言 人縛軍師 人縛軍師 聲甚激揚 遂活 人問之 榮曰 上天北斗門下 卒見人縛張悌 意中大愕 不覺大叫言 何以縛軍師 門下人怒榮 叱逐使去 榮便怖懼 口餘聲發揚耳 其日悌即戰死 榮至晉元帝時猶存

9. 마세(馬勢)의 아내

오(吳)나라 부양현(富陽縣) 사람인 마세의 아내는 성이 장(蔣)씨였다.

마을 사람들이 마땅히 병들어 죽을 때 장씨가 문득 황홀하게 잠을 자 하루를 보냈는데 병자가 죽는 것을 본 뒤에야 잠에서 깨어났다.

잠이 깨고나서 장씨가 사정을 상세하게 말했으나 집안 사람들이 그 일을 믿지 않았다.

장씨가 사람들에게 말하였다.

"아무개가 병이 들어 제가 그를 죽이려고 했으나 성난 강한 영혼은 죽이기 어려워 그는 곧바로 죽지 않았습니다. 제가 그의 집안에 들어가니 시렁 위에 흰 쌀밥과 몇가지 어채(魚菜)가 있었습니다. 제가 잠깐 부엌 아래를 가서 노는데 계집종이 까닭없이 저를 범하기에 제가 그의 등을 때려 계집종을 당시에 기절시켰는데 한참 지나서야 곧 깨어났습니다."

장씨의 오빠가 병이 들자 검은옷 입은 사람이 장씨로 하여금 그의 오빠를 죽이게 했으나 검은옷 입은 사람에게 애걸하여 끝내 오빠에게 손을 쓰지 않았다.

장씨가 잠을 깨고나서 오빠에게 말하였다.

"마땅히 살아날 것입니다."

吳國富陽人馬勢婦 姓蔣 村人應病死者 蔣輒恍惚熟眠經日 見病人死然後省覺 覺則具說 家中人不信之 語人云 某中病 我欲殺之 怒强魂難殺 未卽死 我入其家內 架上有白米飯 幾種鮭 我暫過灶下戱 婢無故犯我 我打其脊 使婢當時悶絕 久之乃蘇 其兄病 有烏衣人令殺之 向其請乞 終不下手 醒乃語兄云 當活

10. 널 속에서 꺼내 달라고 한 안기(顏畿)

진(晉)나라 무제 함녕(咸寧) 2년 12월에 낭야군의 안기는 자가 세도(世都)인데 병을 얻어 의사인 장차에게 나아가 치료케 했으나 장차의 집에서 죽었다.

안기의 시체를 입관한 지 이미 오래되었다. 집안 사람들이 상여를 옮겨 고향으로 가려고 할 때마다 상여를 인도하는 기가 매양 나무에 감겨 풀리지 않았다.

사람들이 다 그것 때문에 감상에 젖었다.

상여를 인도하던 이가 문득 땅에 자빠지더니 안기의 혼이 그 사람에게 실려 말하였다.

"저의 수명은 마땅히 죽을 때가 아닙니다. 다만 약을 먹은 것이 너무 많아 저의 오장을 상했을 따름입니다. 지금 마땅히 되살아날테니 삼가 장례를 치르지 마십시오."

그의 아버지가 널을 어루만지고 축원하기를
"만약 너의 수명이 남아있어서 마땅히 되살아난다면 어찌 부모형제들이 원하는 바가 아니겠느냐? 지금은 다만 집으로 돌아가고자 하는 것이지 너를 묻으려고 하는 것이 아니다."
라고 말하니 기가 곧 풀렸다.
집에 돌아와서는 그 아내의 꿈에 나타나서 말하였다.
"내가 마땅히 되살아날테니 빨리 널 뚜껑을 열어주오."
그의 아내가 곧 집안 사람들에게 꿈 이야기를 했다. 그날밤 안기의 어머니와 집안 사람들이 또 그의 아내가 꾸었던 꿈과 똑같은 꿈을 꾸었다.
집안 사람들이 곧 널 뚜껑을 열려고 했으나 안기의 아버지가 말을 듣지 않았다.
안기의 아우 안함(顏含)이 그때 아직 어렸으나 곧 개연히 말하였다.
"비상한 일은 옛부터 있어 왔습니다. 지금 영이(靈異)함이 이 지경에 이르렀는데 널을 여는 아픔과 널을 열지 않고 형의 뜻을 저버리는 것을 비교할 때 어느 것이 낫겠습니까?"
부모들이 그의 말을 따라 곧 함께 널을 여니 과연 안기가 살아있다는 증거가 있었으니 손으로 널을 할퀴어 손톱이 다 상해 있었다. 그러나 숨 쉬는 것은 아주 미약하여 살았는지 죽었는지 구분이 되지 않았다. 그래서 급히 솜으로 물을 적셔 그의 입에 넣으니 물을 삼킬 수 있었는데 드디어 함께 그를 널에서 꺼냈다.
곧 여러 달을 간호하니 음식을 좀 많이 먹을 수 있고 눈을 떠서 바라보고 팔다리를 펼 수는 있었으나 보통 사람과 같지는 않았다. 말을 할 수 없었기에 음식을 필요로 하는 바가 있으면 꿈에서 부탁했다.
이같이 하기를 10년 남짓 지나니 집안 사람들이 그를 시중드느라 피로하여 다시는 다른 일을 하지 못했다.
안함이 곧 세상 일을 다 끊어버리고 몸소 형을 시중들어 고을에 이름이 알려졌다.

나중에 안기가 또 쇠약해져 마침내 다시 죽게 되었다.

晉咸寧二年十二月 瑯邪顏畿 字世都 得病 就醫張瑳自治 死於張家 棺斂已久 家人迎喪 旐每繞樹木而不可解 人咸爲之感傷 引喪者忽顚仆 稱畿言曰 我壽命未應死 但服藥太多 傷我五臟耳 今當復活 愼無葬也 其父拊而祝之曰 若爾有命 當復更生 豈非骨肉所願 今但欲還家 不爾 葬也 旐乃解 及還家 其婦夢之 曰 吾當復生 可急開棺 婦便說之 其夕 母及家人又夢之 卽欲開棺 而父不聽 其弟含 時尙少 乃慨然曰 非常之 事自古有之 今靈異至此 開棺之痛 孰與不開相負 父母從之 乃共發棺 果有生驗 以手刮棺 指爪盡傷 然氣息甚微 存亡不分矣 於是急以綿飮 瀝口 能咽 遂與出之 將護累月 飮食稍多 能開目視瞻 屈伸手足 不與 人相當 不能言語 飮食所須 托之以夢 如此者十餘年 家人疲於供護 不 復得操事 含乃棄絶人事 躬親侍養 以知名州黨 後更喪劣 卒復還死焉

11. 가지고 놀던 것을 찾아달라고 한 양호(羊祜)

양호가 5살 때 유모에게 그가 가지고 놀던 금고리를 찾아달라고 했다. 유모가 말하였다.
"너에게는 일찍이 이런 물건이 없었다."
양호가 곧 이웃 사람 이씨(李氏)의 집 동쪽 담가의 뽕나무로 나아가더니 뽕나무 속에서 그것을 찾아냈다.
이씨가 놀라서 말하기를
"이것은 내 죽은 아이가 잃어버린 물건인데 어째서 가져가느냐?"
라고 하자 유모가 상세히 사정을 말하니 이씨는 슬픔과 원망에 잠겼고 그때 사람들은 양호를 기이하게 여겼다.

羊祜年五歲時 令乳母取所弄金鐶 乳母曰 汝先無此物 祜卽詣隣人李 氏東垣桑樹中 探得之 主人驚曰 此吾亡兒所失物也 云何持去 乳母具 言之 李氏悲惋 時人異之

12. 무덤에서 나온 궁녀

한(漢)나라 말년에 관중(關中)땅이 크게 어지러워졌었다.

이때 어떤 사람이 전한(前漢)의 궁녀의 무덤을 팠는데 궁녀가 오히려 살아있었다.

궁녀가 무덤에서 나와서는 옛날의 기력을 회복했다.

위(魏)나라 문제(文帝)의 부인인 곽황후(郭皇后)가 그 궁녀를 총애하여 궁궐 안에 두고 늘 좌우에서 있게 했다.

곽황후가 한나라 때 궁중의 일을 물으면 그 궁녀는 뚜렷하게 이야기했는데 다 두서가 있었다.

나중에 곽황후가 죽고나자 우는 것이 너무 슬펐는데 드디어 이 때문에 그 궁녀도 죽고 말았다.

漢末 關中大亂 有發前漢宮人冢者 宮人猶活 既出 平復如舊 魏郭后愛念之 錄置宮內 常置左右 問漢時宮中事 說之了了 皆有次緖 郭后崩 哭泣過哀 遂死

13. 무덤에서 살아나온 태원(太原)의 부인

위(魏)나라 때 어떤 사람이 태원땅에서 무덤을 파헤치고 널을 쪼개니 널 속에 살아있는 한 부인이 있었다.

곧 부인을 끄집어내어 말해보니 분명 산 사람이었다. 그래서 부인을 수도로 보냈다.

부인에게 원래의 일을 물어보니 알지를 못했다. 그 무덤가의 나무를 보니 수령이 30년쯤 되어 보였다.

이 부인이 30년 동안 늘 땅 속에서 살아왔는지 또는 하루아침에 문득 살아나 우연히 무덤을 파헤친 사람과 만났는지 알 수가 없었다.

魏時 太原發冢破棺 棺中有一生婦人 將出與語 生人也 送之京師 問
其本事 不知也 視其冢上樹木 可三十歲 不知此婦人 三十歲常生於地
中耶 將一朝欻生 偶與發冢者會也

14. 무덤에서 살아난 두석(杜錫)의 종

진(晉)나라 때 두석은 자(字)가 세가이다.
집안에서 두석을 매장할 때 그의 계집종이 잘못하여 무덤을 빠져 나오지 못했다.
10여년이 지나서 두석의 무덤을 파서 두석의 아내를 합장하려고 하니 계집종이 아직까지 살아있었다.
계집종이 말하였다.
"그 처음에는 눈을 감았는 듯했는데 잠깐 지나서 점점 깨어났습니다."
계집종에게 물으니 스스로 하루 이틀 밤을 잠잤을 뿐이라고 말했다.
처음 계집종이 무덤에 묻혔을 때 나이가 열 대여섯 살이었으나 무덤을 파헤친 뒤에도 자질이 과거와 똑같았다.
다시 열 대여섯 해를 산 뒤 시집가서 아이를 낳았다.

晉世杜錫 字世嘏 家葬而婢誤不得出 後十餘年 開冢祔葬 而婢尙生
云 其始如瞑目 有頃漸覺 問之 自謂當一再宿耳 初婢埋時 年十五六
及開冢後 姿質如故 更生十五六年 嫁之有子

15. 무덤의 시체를 윤간한 도적

후한(後漢) 환제(桓帝) 때 풍귀인이 병들어 죽었다.
영제(靈帝) 때 도적들이 풍귀인의 무덤을 파헤쳤는데 죽은 지 70여년이 지났건만 안색이 여전하고 다만 몸이 좀 차가왔을 뿐이었다.

뭇 도적들이 함께 풍귀인의 시체를 윤간하고서 싸우며 서로 죽이는 지경에 이른 뒤에 일이 발각되었다.
나중에 두태후(竇太后) 집안 사람들이 피살되어 풍귀인으로써 환제의 제사에 배향시키려고 하자, 하비현(下邳縣)의 진공(陳公)이 건의하였다.
"풍귀인은 비록 선제께서 총애하셨던 분이나, 시신이 더럽혀졌기에 선제에 배향하기에는 마땅치 않습니다."
곧 두태후로써 배향시켰다.

漢桓帝馮貴人病亡 靈帝時 有盜賊發冢 七十餘年 顏色如故 但肉小冷 群賊共奸通之 至鬪爭相殺 然後事覺 後竇太后家被誅 欲以馮貴人配食 下邳陳公達議 以貴人雖是先帝所幸 尸體穢污 不宜配至尊 乃以竇太后配食

16. 광릉(廣陵)의 귀인(貴人) 무덤

오(吳)나라 경제(景帝) 손휴(孫休) 때 변방을 지키는 장수들이 광릉땅에서 뭇 무덤을 파헤쳐 무덤의 널로써 성(城)을 쌓는데 썼었기에 파헤쳐진 무덤이 아주 많았다.
다시 한 큰 무덤을 파헤치니 무덤 안에 누각이 있었다.
누각의 문짝은 다 문지도리로 움직여 열고 닫을 수 있고 사방에 순찰용의 길이 나 있는데 수레를 통과시킬 만하고 그 높이는 말을 타고 갈 수 있을 정도였다.
또 동상 수십개가 있었는데 길이는 다섯 자고 다 큰 갓을 쓰고 붉은 옷을 입고 검(劍)을 잡고 널의 가에서 널을 시위하며 줄서 있었다.
동상 등 뒤쪽의 돌벽에 그들의 벼슬을 글로 새기기를 전중장군(殿中將軍)이라 하거나 또는 시랑(侍郞), 상시(常侍)라 하였으니 제후(諸侯)의 무덤같았다.
그 널을 쪼개니 널 속에 사람이 있었는데 머리는 이미 희끗희

끗 하였으나 옷과 갓이 선명하고, 얼굴과 몸이 산 사람 같았다.
 널 속에 운모가 한 자 두께로 깔려 있고 다시 흰 둥근옥 30개를 시체 아래에 깔아놓았다. 병사들이 함께 죽은 사람을 들고나와 무덤 벽에 기대어 놓았다.
 길이 한 자쯤 되고 형상이 동과(冬瓜)같은 옥 하나가 죽은 사람의 품 속으로부터 불거져나와 땅에 떨어졌다. 두 귀와 콧구멍 속에는 다 황금이 있었는데 크기가 대추 만했다.

 吳孫休時 戍將於廣陵掘諸冢 取版以治城 所壞甚多 復發一大冢 內有重閣 戶扇皆樞轉 可開閉 四周爲徼道 通車 其高可以乘馬 又鑄銅人數十 長五尺 皆大冠朱衣 執劍 侍列靈坐 皆刻銅人背後石壁 言殿中將軍 或言侍郎 常侍 似公侯之冢 破其棺 棺中有人 髮已班白 衣冠鮮明 面體如生人 棺中雲母厚尺許 以白玉璧三十枚藉尸 兵人輩共擧出死人 以倚冢壁 有一玉 長尺許 形似冬瓜 從死人懷中透出 墮地 兩耳及孔鼻中 皆有黃金 如棗許大

17. 난서(欒書)의 무덤

 한(漢)나라 때 광천왕(廣川王)이 무덤 파헤치기를 좋아했다.
 난서의 무덤을 파헤치자 그의 널과 명기(明器)들은 다 썩어버려 남아있는 것이 없었다. 오직 한 마리 흰 여우가 사람들을 보고 놀라서 달아났다.
 좌우 사람들이 그것을 쫓아 잡지는 못했으나 그것의 왼쪽 발을 창으로 상처 내었다.
 이날밤에 광천왕의 꿈에 수염과 눈썹이 모두 흰 한 남자가 나타났다.
 그는 광천왕에게 말하기를
 "무슨 까닭에 내 왼쪽 발을 상하게 했느냐?"
 라고 하며 곧 지팡이로써 광천왕의 왼쪽 발을 때리니 광천왕은 발이 붓고 아파짐을 느끼고 곧 발에 부스럼이 났는데 죽을 때까지 낫지 않았다.

漢廣川王好發冢 發欒書冢 其棺柩明器[1] 悉毁爛無餘 唯有一白狐 見人驚走 左右逐之 不得 戟傷其左足 是夕 王夢一丈夫 鬚眉盡白 來謂王曰 何故傷吾左足 乃以杖叩王左足 王覺腫痛 卽生瘡 至死不差

1) 明器(명기) : 장사지낼 때 무덤에 묻는 여러 기물.

제16권 무덤 속에서 나오는 신(神)·하

1. 전욱씨(顓頊氏)의 세 아들

옛날 전욱씨에게 세 아들이 있었는데 죽어서 염병을 일으키는 귀신이 되었다.

한 아들은 양자강(揚子江)에 살며 학질귀신이 되었고, 한 아들은 약수(若水)에 살아 망량귀(魍魎鬼)가 되었고, 한 아들은 사람의 집에 살며 작은 아이들을 잘 놀라게 하는 작은귀신이 되었다.

그래서 임금이 정월에 방상씨에게 명령하여 경 읽고 굿하는 것을 주장케 하여 염병귀신을 몰아내게 했다.

昔顓頊氏[1]有三子 死而爲疫鬼 一居江水 爲瘧鬼 一居若水 爲魍魎鬼[2] 一居人宮室 善驚人小兒 爲小鬼 於是正歲命方相氏[3] 帥肆儺以驅疫鬼

1) 顓頊氏(전욱씨) : 고양씨(高陽氏)가 호(號)이며 황제(黃帝)의 손자이다. 고대의 임금.
2) 魍魎鬼(망량귀) : 역귀(疫鬼)의 하나.
3) 方相氏(방상씨) : 염병과 나쁜 귀신을 몰아내는 신의 이름.

2. 두 편이 있는 만가(挽歌)

만가는 상가(喪家)의 음악이며 상여군들이 서로 합창하는 노랫소리이다. 만가의 가사에는 『해로(薤露)』와 『호리(蒿里)』 두 편이 있는데 한(漢)나라 때 전횡(田橫)의 제자가 지었다.

전횡이 자살하자 제자가 상심하여 슬프게 노래 불렀다.

사람은 부추 위의 이슬이 마르는 것처럼 쉽게 죽음을 말했고 또 사람이 죽으면 영혼이 호리로 돌아감을 말했으니 그래서 두 편이 있는 것이다.

挽歌者 喪家之樂 執紼者相和之聲也 挽歌辭有薤露 蒿里二章 漢田橫門人作 橫自殺 門人傷之 悲歌 言人如薤上露 易稀滅 亦謂人死精魂歸於蒿里[1] 故有二章
1) 蒿里(호리) : 태산(泰山)의 남쪽에 있다.

3. 귀신이 없다던 완첨(阮瞻)

완첨은 자(字)가 천리(千里)인데 본래 무귀론(無鬼論)을 주장하였으나 그를 곤란하게 할 수 있는 인물이 없었다.
매양 스스로 말하기를 이 이론이면 넉넉하게 저승과 이승에 대한 잘못된 이야기들을 변별하고 바로잡을 수 있다고 했다.
문득 어떤 손님이 이름을 알리고 완첨에게 나아가서 인사하기를 끝내고는 애오라지 사물의 시비와 도리를 이야기했다.
손님은 아주 말재주가 있었다.
완첨이 그와 더불어 한참 동안 이야기했는데 귀신의 일을 언급하게 되자 아주 괴롭도록 무귀론을 되풀이했다.
손님이 드디어 굴복하더니 곧 정색을 하고 말하였다.
"귀신은 고금의 성현들께서 다 있다고 말씀하셨는데 그대만 어찌 혼자서 없다고 말할 수 있습니까? 제가 바로 귀신입니다."
곧이어 이상한 형체로 변화하더니 잠깐만에 없어져 버렸다. 완첨이 멍해졌고 마음과 얼굴이 아주 나빠졌다.
한 해 남짓 지나서 병들어 죽었다.

阮瞻 字千里 素執無鬼論 物莫能難 每自謂此理足以辨正幽明 忽有一客通名詣瞻 寒溫畢 聊談名理 客甚有才辨 瞻與之言良久 及鬼神之事 反復甚苦 客遂屈 乃作色曰 鬼神古今聖賢所共傳 君何得獨言無 卽

僕便是鬼 於是變爲異形 須臾消滅 贍默然 意色太惡 歲餘 病卒

4. 귀신에게 애걸한 시속(施續)의 학생

오흥군(吳興郡) 사람인 시속이 심양군(尋陽郡)의 대장(大將)이 되었는데 말재주가 뛰어났다.

그에게 학생이 있었는데 또한 말재주가 뛰어나 늘 무귀론을 주장했다.

어느날 흰 깃을 달고 검은 옷을 입은 한 손님이 와서 함께 이야기하다가 드디어 귀신을 언급했다.

해가 질 무렵에 손님은 말이 궁해지자 곧 말하기를

"그대는 말은 잘하지만 이치는 충분치 못합니다. 제가 곧 귀신인데 어째서 없다고 말합니까?".

라고 하니 학생이 물었다.

"귀신이 무엇하러 왔습니까?"

"사명을 받고 그대를 잡으러 왔습니다. 그대가 살 기한은 내일 밥 먹을 때 끝납니다."

그래서 학생이 살려 달라고 몹시 애걸하자 귀신이 물었다.

"그대와 닮은 사람이 있습니까?"

"시속 대장의 부하인 도독(都督)이 저와 서로 비슷합니다."

곧 귀신과 학생이 함께 가서 도독과 마주보고 앉았다. 귀신이 손에 길이 한 자 남짓한 쇠끌을 잡고 도독의 머리에 갖다대더니 바로 망치를 들어 쇠끌을 때렸다.

도독이 말하였다.

"머리가 좀 아프다."

시간이 갈수록 머리가 더욱 아파지더니 한 차례 밥 먹을 시간이 지나서 도독이 바로 죽었다.

吳興施續 爲尋陽督 能言論 有門生 亦有理意 常秉無鬼論 忽有一黑衣白袷客來 與共語 遂及鬼神 移日 客辭屈 乃曰 君辭巧 理不足 僕卽

是鬼 何以云無 問 鬼何以來 答曰 受使來取君 期盡明日食時 門生請
乞酸苦 鬼問 有人似君者否 門生云 施續帳下都督 與僕相似 便與俱往
與都督對坐 鬼手中出一鐵鑿 可尺餘 安著都督頭 便擧椎打之 都督云
頭覺微痛 向來轉劇 食頃便亡

5. 죽은 아들을 진급시킨 장제(蔣濟)

 장제는 자(字)가 자통(子通)이고 초국(楚國) 평아현(平阿縣) 사람이다.
 위(魏)나라에 벼슬하여 영군장군(領軍將軍)이 되었다.
 장제의 아내가 꿈에 죽은 아들을 보았는데 눈물을 흘리면서 말하였다.
 "죽음과 삶은 차원이 다릅니다. 제가 살았을 때는 대신(大臣) 의 자손이었으나 지금 지하에서 태산신(泰山神)의 심부름꾼이 되어 초췌하고 곤란하고 괴로운 것을 더 이상 말할 수 없을 지경입니다. 지금 태묘(太廟)의 서쪽에 사는 가수 손아(孫阿)가 소환되어 태산현의 현령(縣令)이 될텐데 원컨대 어머니께서 아버지께 알리어 손아에게 부탁케 하여 저를 편안한 자리로 영전되게 해주십시오"
 말이 끝나자 장제의 아내는 문득 놀라서 잠을 깼다.
 다음날 장제에게 알리자 장제가 말하였다.
 "꿈은 헛된 것이니 족히 괴이하게 여길 것이 못되오"
 날이 저물자 다시 아이가 꿈에 나타나 말하였다.
 "제가 새 태산현령을 맞이하러 와서 태묘 아래에 있습니다. 아직 출발하지 않았기에 잠깐 여기 올 수 있었습니다. 새 태산현령이 내일 한낮에 마땅히 출발할텐데 출발하면 일이 많아서 다시 돌아오지 못하고 길이 여기서 작별합니다. 아버지께서 기(氣)가 강하시어 깨닫게 하기가 어려워 스스로 어머니께 호소하는 것입니다. 원컨대 거듭 아버지께 알려 주십시오 무엇이 아까워 한 번 시험해 보지도 않으시느냐고"

드디어 손아의 형상을 말했는데 아주 상세하게 이야기했다.
날이 밝자 장제의 아내가 거듭 장제에게 알렸다.
"비록 꿈은 족히 괴이하게 여길 것이 못된다고 말하나 이 꿈은 어쩌면 이다지도 뚜렷합니까? 또 무엇이 아까워 한번 시험해 보지도 않습니까?"
장제가 곧 사람을 보내 태묘 아래에 나아가 손아를 수소문하여 과연 찾아냈는데 형상이 모두 꿈에서 아이가 말한대로였다.
장제가 눈물을 흘리며 말하기를
"하마터면 우리 아이의 바람을 저버릴 뻔했구나."
라 하고 곧 손아를 만나 그 일을 구체적으로 이야기했다. 손아는 죽는 것을 두려워하지 않고 태산현령이 될 수 있다는 것을 좋아해 오직 장제의 말이 참되지 않을까 두려워하며 말하였다.
"만약 장군님의 말씀같이 된다면 이는 저의 소원입니다만 아드님이 어떤 일을 바라는지 모르겠습니다."
"지하의 좋은 자리를 그 아이에게 주면 될 것입니다."
"마땅히 바로 가르침을 받들겠습니다."
장제는 손아에게 상을 많이 주었고 말이 끝나자 손아를 돌려보냈다. 장제는 빨리 그 증거를 알고자 영군장군 관저의 문에서부터 태묘 아래까지 10걸음에 한 사람씩 두어 소식을 전하게 했다.
오전 8시에 손아의 심장이 아프다고 말했고 오전 10시에 아픔이 더욱 심하다고 전했고 한낮에는 손아가 죽었다고 전했다.
장제가 말하였다.
"비록 우리 아들의 불행을 슬퍼하나 또한 죽은 아들이 지각이 있는 것을 기뻐한다."
한 달 남짓 지나 아들이 다시 와서 그의 어머니에게 말하였다.
"저는 이미 녹사참군(錄事參軍)으로 영전되었습니다."

蔣濟 字子通 楚國平阿人也 仕魏 爲領軍將軍[1] 其婦夢見亡兒 涕泣曰 死生異路 我生時爲卿相子孫 今在地下爲泰山伍伯 憔悴困苦 不可復言 今太廟[2]西謳士孫阿 見召爲泰山令 願母爲白侯 屬阿 令轉我得樂

處 言訖 母忽然驚寤 明日以白濟 濟曰 夢爲虛耳 不足怪也 日暮 復夢曰 我來迎新君 止在廟下 未發之頃 暫得來歸 新君明日日中當發 臨發多事 不復得歸 永辭於此 侯氣彊 難感悟 故自訴於母 願重啓侯 何惜不一試驗之 遂道阿之形狀 言甚備悉 天明 母重啓濟 雖云夢不足怪 此何太適適 亦何惜不一驗之 濟乃遣人詣太廟下 推問孫阿 果得之 形狀證驗 悉如兒言 濟涕泣曰 幾負吾兒 於是乃見孫阿 具語其事 阿不懼當死而喜得爲泰山令惟恐濟言不信也曰若如節下言阿之願也 不知賢子欲得何職 濟曰 隨地下樂者與之 阿曰 輒當奉敎 乃厚賞之 言訖 遣還 濟欲速知其驗 從領軍門至廟下 十步安一人 以傳消息 辰時傳阿心痛 巳時傳阿劇 日中傳阿亡 濟曰 雖哀吾兒之不幸 且喜亡者有知 後月餘 兒復來 語母曰 已得轉爲錄事³⁾矣

1) 領軍將軍(영군장군) : 재상의 부하로써 금군(禁軍)을 거느렸던 벼슬.
2) 太廟(태묘) : 역대의 임금의 위패를 모신 사당.
3) 錄事(녹사) : 문서를 맡고 관리들의 선악을 판단했던 벼슬아치.

6. 널 속에서 말한 고죽군(孤竹君)

한(漢)나라 때 불기현(不其縣)에 고죽성(孤竹城)이 있었는데 옛날 고죽군의 봉지(封地)였다.

후한(後漢) 영제(靈帝) 광화(光和) 원년(元年)에 요서군(遼西郡) 사람들이 요수(遼水) 속에 널이 떠있는 것을 보고 널을 쪼개려고 하였다.

그 널 속의 사람이 말하였다.

"나는 백이(伯夷)의 아우 고죽군입니다. 바닷물이 내 바깥 널을 부수어 이 때문에 표류하고 있습니다. 그대들이 내 널을 쪼개어 무엇하렵니까?"

사람들이 두려워서 감히 널을 쪼개지 못하고 그 널을 모셔 사당을 세워 제사를 지냈다.

관리나 백성들 중에 널을 열어보고자 하는 사람이 있으면 다 병에 걸리지 않았는데도 죽었다.

漢不其縣有孤竹城 古孤竹君之國也 靈帝光和元年 遼西人見遼水中有
浮棺 欲斫破之 棺中人語曰 我是伯夷之弟孤竹君也 海水壞我棺槨 是以漂
流 汝斫我何爲 人懼 不敢斫 因爲立廟祠祀 吏民有欲發視者 皆無病而死

7. 죽어서도 고향이 그립다 한 온서(溫序)

온서는 자(字)가 공차(公次)이고 태원군(太原郡) 기현(祁縣) 사람이다.

호군교위(護軍校尉)가 되어 소속 지방을 순시하다가 농서군(隴西郡)에 이르러 외효(隗囂)의 부하 장수에게 겁략당하였다.

그들이 산채로 온서를 항복시키려고 했다.

온서가 크게 성내어 부절(符節)로써 사람을 때려 죽였다.

도적들이 달려가 온서를 죽이려고 하자 순우(荀宇)가 그들을 말리며 말하였다.

"의사(義士)가 절의를 위하여 죽으려고 하는 것입니다."

그래서 온서에게 검(劍)을 주어 자살케 했다.

온서가 검을 받아 수염을 입에 물고 탄식하며 말하기를

"내 수염을 진흙에 더럽히지 말아 주시오"

라고 하고는 드디어 검으로 자결했다.

경시(更始) 때 임금이 그를 불쌍히 여겨 낙양성(洛陽城) 가까이에 그의 시체를 보내 장사지내고 무덤을 쌓게 했다.

온서의 큰 아들 온수(溫壽)가 인평후(印平侯)가 되었는데 온서가 온수의 꿈에 나타나 알려 주었다.

"오래도록 나그네가 되고보니 고향이 그립다."

온수가 곧 벼슬을 버리고 글을 올려 아버지의 해골을 구해서 고향으로 돌아가 장례를 치르려 하자 황제는 그 일을 허락했다.

溫序 字公次 太原祁[1]人也 任護軍校尉 行部至隴西 爲隗囂[2]將所劫
欲生降之 序大怒 以節[3]撾殺人 賊趣欲殺序 荀宇止之曰 義士欲死節
賜劍 令自裁 序受劍 銜鬚著口中 歎曰 無令鬚汙土 遂伏劍死 更始[4]憐

之 送葬到洛陽城旁 爲築冢 長子壽 爲印平侯 夢序告之曰 久客思鄉
壽卽棄官 上書乞骸骨歸葬 帝許之

1) 祈(기) : 원문에는 '기(祈)'이나 왕소영은 『속한서(續漢書)』 군국지(郡國志)에 의거해 '기(祁)'로 고쳐야 한다고 했다. 왕씨를 따랐다.
2) 隗囂(외효) : 후한(後漢)의 광무제(光武帝)에게 대항한 인물.
3) 節(절) : 옛날에 사신(使臣)이 가지고 다니던 물건으로 둘로 갈라 하나는 조정에 보관하고 하나는 사신이 가졌다.
4) 更始(갱시) : 왕망(王莽)과 광무제 사이의 임금인 회양왕(淮陽王)의 연호

8. 죽은 사람의 소원을 들어준 문영(文穎)

후한(後漢) 때 남양군(南陽郡) 사람인 문영은 자(字)가 숙장(叔長)이다.

헌제(獻帝) 건안(建安) 때 감릉부승(甘陵府丞)이 되었다.

그가 감릉군의 경계를 지나다가 멈추어 잠을 잤는데 밤 12시쯤에 꿈 속에서 어떤 사람이 나타나 무릎을 꿇고 말하였다.

"옛날 저의 아버지가 저를 이곳에 묻었는데 강물이 제 무덤에 흘러들어와 널이 물에 빠지고 무덤의 절반이 물에 잠겨 스스로 따뜻해질 수가 없습니다. 부승님께서 여기 계신다는 이야기를 듣고 의지하러 왔습니다. 굴욕스럽겠지만 내일 잠깐 머무시어 제 시체를 높고 마른 곳으로 옮겨 주시기를 바랍니다."

귀신이 옷을 헤치고 몸을 문영에게 보여주는데 다 젖어있었다.

문영이 마음으로 슬퍼하다가 곧 잠이 깨었는데 좌우에 있는 사람에게 이야기하자 좌우에 있는 사람이 말하였다.

"꿈이란 헛된 것입니다. 또한 무엇을 괴이하게 여기십니까?"

문영이 곧 다시 잠을 잤다. 잠들자마자 귀신이 다시 꿈에 나타나 문영에게 말하였다.

"제가 곤궁하고 괴로워서 부승님께 사정 이야기를 했는데 어찌하여 저를 불쌍히 여기시지 않습니까?"

문영이 꿈 속에서 묻기를

"그대는 누구입니까?"
하니, 귀신이 대답하였다.
"저는 본래 조(趙)땅 사람인데 지금은 왕망씨라는 신에게 소속되어 있습니다."
"그대의 널은 지금 어디에 있습니까?"
"가까이 있습니다. 부승님의 장막 북쪽 열 몇걸음 되는 곳 물가 마른 버드나무 아래에 제 시체가 있습니다. 날이 밝으면 제가 다시 부승님을 뵐 수 없으니 꼭 유념해 두십시오."
"그렇게 하겠습니다."
문득 문형이 잠을 깼다.
날이 밝자 문영이 말하였다.
"비록 꿈은 족히 괴이하게 여길 것이 못된다고 말하나 이 꿈은 어쩌면 이다지도 뚜렷할까?"
그의 좌우에 있는 사람이 말하였다.
"그러시다면 또한 어찌 잠깐의 시간을 아까워하여 한번 시험해 보시지 않습니까?"
문영이 곧 일어나 열 몇사람을 거느리고 물을 따라 올라가니 과연 한 마른 버드나무가 보이기에 말하기를
"여기다."
하고는 버드나무 아래를 판 지 얼마 안되어 과연 널이 나왔다. 널은 심하게 썩어 있었고 반쯤 물에 잠겨 있었다.
문영이 좌우 사람들에게 말하였다.
"어젯밤에 사람들에게 꿈 이야기를 들려주었더니 사람들이 헛된 것이라 이야기했습니다. 그러나 세상에서 전하는 바는 영험함이 없을 수 없습니다."
문영이 그 널을 옮겨서 묻어 주고는 그 자리를 떠나갔다.

漢南陽文穎 字叔長 建安中爲甘陵府丞[1] 過界止宿 夜三鼓時 夢見一人跪前曰 昔我先人 葬我於此 水來湍墓 棺木溺 漬水處半 然無以自溫 聞君在此 故來相依 欲屈明日暫住須臾 幸爲相遷高燥處 鬼披衣示穎

而皆沾濕 穎心愴然 卽寤 語諸左右 曰 夢爲虛耳 亦何足怪 穎乃還眠
向寐復夢見 謂穎曰 我以窮苦告君 奈何不相愍悼乎 穎夢中問曰 子爲
誰 對曰 吾本趙人 今屬汪芒氏之神 穎曰 子棺今何所在 對曰 近在君
帳北十數步 水側枯楊樹下 卽是吾也 天將明 不復得見 君必念之 穎答
曰 喏 忽然便寤 天明可發 穎曰 雖云夢不足怪 此何太適 左右曰 亦何
惜須臾 不驗之耶 穎卽起 率十數人 將導順水上 果得一枯楊 曰 是矣
掘其下 未幾 果得棺 棺甚朽壞 半沒水中 穎謂左右曰 向聞於人 謂之
虛矣 世俗所傳 不可無驗 爲移其棺 葬之而去
1) 府丞(부승): 감릉군(甘陵郡) 태수(太守)의 부하.

9. 귀신의 원수를 갚아준 하창(何敞)

한(漢)나라 때 구강군(九江郡) 사람인 하창이 교주자사(交州 刺史)가 되어 소속 지방을 순시하다가 창오군(蒼梧郡) 고안현 (高安縣)에 이르러 날이 저물자 곡분정(鵠奔亭)에서 잠을 잤다.

아직 한밤이 되지 않아서였다.

어떤 여인이 누각 아래로부터 나와 호소하여 말하였다.

"저는 성이 소(蘇)이고 이름은 아(娥)이고 자(字)는 시주(始珠)인데 본래 광신현(廣信縣) 수리(脩里)에 사는 사람이었습니다. 어려서 부모를 여의고 또 형제도 없어서 같은 현(縣) 사람인 시씨(施氏)에게 시집갔습니다. 저의 운명이 기박하여 남편이 죽고 여러 가지 비단 120필과 이름이 치부(致富)인 계집종 한 사람만 남았습니다. 저는 외롭고 궁하고 몸이 약하여 스스로 생계를 꾸려나갈 길이 없어서 이웃 현으로 가서 비단을 팔고자 하여 같은 현 사람인 왕백(王伯)에게 1만2천전(錢)을 주고 소수레 한 대를 빌려 저와 비단을 수레에 싣고 치부로 하여금 소고삐를 잡게 하여 곧 작년 4월 10일에 이 정(亭) 바깥에 왔습니다. 그때 날은 이미 저물고 길가는 사람은 끊겨 감히 다시 길을 나아갈 수 없었기에 곧 여기에 머물렀습니다. 치부가 갑자기 배앓이를 하였기에 제가 정장의 집으로 가서 음료수와 불씨를 구했습니다. 정장 공수(龔壽)가 창을 잡고 수레 곁에 와서 저에게 묻기를 '부인(夫人)은 어디서 왔습니까? 수레에 실은 것은 무슨 물건입니까? 남편은 어디에 있습니까? 무슨 까닭에 혼자서 다닙니까?' 제가 응답하기를 '어찌 수고스럽게 그런 일을 묻습니까?' 공수는 인하여 저의 팔을 잡고 말하기를 '젊은 사람은 예쁜 여자를 좋아합니다. 그대가 나를 즐겁게 해줄 수 있기를 바랍니다.' 하였습니다. 제가 두려워 그의 말을 듣지 않자 공수는 곧 칼로 저의 옆구리 아래를 찔렀는데 한 칼에 저는 죽었습니다. 그는 또 치부도 찔러서 죽였습니다. 공수는 누각 아래를 파서 저를 아래에 치부를 위에 함께 묻고는 재물을 가지고 갔습니다. 소를 죽이고 수레를 불태우고는 수레굴대와 소뼈는 정의 동쪽 빈 우물 속에 던져 넣었습니다. 저는 원통하게 죽고나서 하느님을 통감했으나 고소할 곳이 없었기에 밝으신 자사님께 와서 스스로 사연을 아뢰는 것입니다."
 하창이 말하기를
"지금 그대의 시체를 꺼내고자 하는데 무엇으로써 증거를 삼으면 좋겠습니까?"
 라고 하자 여인이 말하였다.
"저는 위 아래로 다 흰 옷을 입었고 푸른 비단실 신은 아직 썩지 않았습니다. 원컨대 저의 고향을 방문하시어 저의 해골을 죽은 남편과 합장시켜 주십시오"
 하창이 땅을 파보니 과연 여인의 말과 같았다.
 하창이 곧 말을 달려 자기 관청으로 돌아가서 관리를 보내 공수를 붙잡아 고문시키니 공수가 죄를 다 말했다.
 그가 또 광신현으로 내려가서 조사하여 물어보니 소아의 말과 부합했다. 공수의 부모형제들이 다 붙잡혀 옥에 갇혔다.
 하창이 공수의 일로 조정에 표문을 올려 말하였다.
"보통의 법률에 따르면 사람을 죽이더라도 죄인의 가족을 주살하지는 않습니다. 그러나 공수는 으뜸가는 악을 저질렀는데도 집안 사람들이 은밀히 수년동안 그 악을 감춰 주었으니 왕법(王

法)으로 저절로 그들이 벌을 면하지 못하는 바가 되었습니다. 귀
신으로 하여금 사정을 호소케 한 것은 천년동안 한 차례도 없었
습니다. 그들을 다 죽일 것을 말씀 올리옵니다. 그래서 귀신의
영험함을 밝히고 귀신이 악인을 벌주는 일을 돕게 하소서."
 황제는 그의 말을 따른다고 통보했다.

漢九江何敞 爲交州刺史 行部到蒼梧郡高安縣 暮宿鵠奔亭[1] 夜猶未牛
有一女從樓下出 呼曰 妾姓蘇 名娥 字始珠 本居廣信縣 脩里人 早失父
母 又無兄弟 嫁與同縣施氏 薄命夫死 有雜繒帛百二十匹 及婢一人 名
致富 妾孤窮羸弱 不能自振 欲之傍縣賣繒 從同縣男子王伯 賃車牛一乘
直錢萬二千 載妾幷繒 令致富執轡 乃以前年四月十日 到此亭外 於時日
已向暮 行人斷絕 不敢復進 因卽留止 致富暴得腹痛 妾之亭長舍 乞漿
取火 亭長龔壽 操戈持戟 來至車旁 問妾曰 夫人從何所來 車上所載何
物 丈夫安在 何故獨行 妾應曰 何勞問之 壽因持妾臂曰 少年愛有色 冀
可樂也 妾懼怖不從 壽卽持刀刺脅下 一創立死 又刺致富 亦死 壽掘樓下
合埋妾在下 婢在上 取財物去 殺牛燒車 車釭及牛骨 貯亭東空井中 妾
旣冤死 痛感皇天 無所告訴 故來自歸於明使君 敞曰 今欲發出汝屍 以
何爲驗 女曰 妾上下著白衣 靑絲履猶未朽也 願訪鄕里 以骸骨歸死夫 掘
之果然 敞乃馳還 遣吏捕捉 拷問具服 下廣信縣驗問 與娥語合 壽父母
兄弟 悉捕繫獄 敞表壽 常律殺人 不至族誅 然壽爲惡首 隱密數年 王法
自所不免 令鬼神訴之 千載無一 請皆斬之 以明鬼神 以助陰誅 上報聽之
1) 亭(정) : 정은 향(鄕) 이하 이(里) 이상의 행정지역.

10. 조조(曹操)의 배

유수구(濡須口)에 큰 배가 물 속에 엎어져 있었는데 물이 적
을 때 배가 곧 드러났다.
 노인들이 말하였다.
 "이것은 조조의 배다."
 일찍이 어떤 어부가 밤에 그 곁에서 잠자며 자기의 배를 거기

에 묶어 놓았는데 다만 큰 생황(笙簧)과 피리와 현악기를 연주하고 노래하는 소리가 들렸고 또한 향기만 비상하게 났다.
 어부가 처음 잠을 잤을 때 꿈에 어떤 사람이 그를 몰아내며 말하였다.
 "관가의 기생을 가까이 하지 마오".
 서로 전하기를 조조가 기녀를 실은 배가 여기서 엎어졌는데 아직도 남아있다고 한다.

濡須口有大船 船覆在水中 水小時 便出見 長老云 是曹公船 嘗有漁人 夜宿其旁 以船繫之 但聞竽笛絃歌之音 又香氣非常 漁人始得眠 夢人驅遣云 勿近官妓 相傳云曹公載妓船覆於此 至今在焉

11. 죽어서도 집에 찾아온 하후개(夏侯愷)
 하후개는 자(字)가 만인(萬仁)인데 병 때문에 죽었다. 그와 같은 종족의 아들인 구노(苟奴)가 본래 귀신을 볼줄 알았다.
 구노는 하후개가 자주 집으로 돌아와 말을 타려 하고 아울러 그의 아내를 위하여 근심하는 것을 보았다.
 하후개가 집에 돌아왔을 때 평상책(平上幘)을 쓰고 홑옷을 입고 살았을 때 앉았던 서쪽 벽의 큰 의자에 들어와 앉고 사람에게 나아가 차를 찾아 마시기도 하였다.

夏侯愷 字萬仁 因病死 宗人兒苟奴 素見鬼 見愷數歸 欲取馬 幷病其妻 著平上幘¹⁾ 單衣 入坐生時西壁大牀 就人覓茶飲
1) 平上幘(평상책): 위진(魏晋) 때 무관(武官)들이 쓰던 두건으로 두건의 위쪽이 평평하여 지붕같다.

12. 꿈에 나타난 제중무(諸仲務)의 딸
 제중무의 딸인 현이(顯姨)가 시집가서 미원종(米元宗)의 아내가 되었는데 집에서 아이를 낳다가 죽었다.
 그때 풍속으로는 아이를 낳다가 죽으면 먹으로 얼굴에 점을 찍는다고 했다.
 현이의 어머니는 차마 하지 못하고 제중무가 몰래 스스로 죽은 딸의 얼굴에 먹으로 점을 찍었는데 보는 사람이 없었다.
 미원종이 시신현의 현승(縣丞)이 되었을 때 꿈에 죽은 그의 아내가 침상에 올라왔는데 분명히 새로 백분(白粉)으로 화장한 아내의 얼굴 위에 검은 점이 있는 것이 보였다.

 諸仲務一女顯姨 嫁爲米元宗妻 産亡於家 俗聞産亡者 以墨點面 其母不忍 仲務密自點之 無人見者 元宗爲始新縣丞¹⁾ 夢其妻來上牀 分明見新白粧面上有黑點

1) 縣丞(현승) : 현승은 현령을 보좌한 벼슬아치.

13. 활로 귀신을 쏜 왕소(王昭)

 진(晋)나라 때 신채현(新蔡縣) 사람인 왕소가 송아지를 맨 수레를 관청의 대청 위에 멈추어 놓았는데 밤에 까닭없이 저절로 수레가 곁채 속에 들어가 벽을 돌파하고 나갔다.
 나중에 또 자주 시끄럽게 부르고 공격하는 소리가 사방에서 나는 것을 들었다.
 왕소가 곧 사람들을 모아 활과 쇠뇌를 마련하여 싸울 준비를 하고 소리나는 곳을 가리켜 활과 쇠뇌를 쏘게 하였다.
 이때 귀신들도 소리에 맞춰 몇대의 화살을 쏘더니 다 자빠져 땅 속으로 들어갔다.

 晉世新蔡王昭 平犢車在廳事上 夜 無故自入齋室中 觸壁而出 後又數聞呼噪攻擊之聲四面而來 昭乃聚衆 設弓弩戰鬪之備 指聲弓弩俱發 而鬼應聲接矢數枚 皆倒入土中

14. 비파(琵琶)를 타는 귀신

오(吳)나라 손권(孫權) 적오(赤烏) 3년에 구장현(句章縣)의 백성인 양도(楊度)가 여요땅으로 가는 중이었다.

밤길을 가는데 어떤 소년이 비파를 가지고 수레에 태워주기를 구했다. 양도가 그를 태워주자 그는 비파 수십곡을 탔는데 곡이 끝나자 곧 혀를 날름거리고 눈을 부라려 양도를 두렵게 하고는 가버렸다.

양도가 다시 20리쯤 가자 또 한 노인이 보였는데 스스로 성은 왕(王)이고 이름은 계(戒)라고 말했다. 이에 다시 왕계를 태우고 그에게 말하기를

"귀신이 비파를 잘 타던데 아주 곡이 슬펐습니다."

라고 하니, 왕계가 말하였다.

"나도 비파를 잘 탈 수 있습니다."

곧 왕계는 조금 앞의 그 귀신이었는데 다시 눈을 부라리고 혀를 날름거리자 양도는 두려워서 거의 죽을 뻔했다.

吳赤烏三年 句章民楊度至餘姚 夜行 有一年少 持琵琶 求寄載 度受之 鼓琵琶數十曲 曲畢 乃吐舌攣目 以怖度而去 復行二十里許 又見一老父 自云姓王名戒 因復載之 謂曰 鬼工鼓琵琶 甚哀 戒曰 我亦能鼓 卽是向鬼 復攣眼吐舌 度怖幾死

15. 귀신을 칼로 죽인 진거백(秦巨伯)

낭야군 사람인 진거백이 나이 60살에 일찍이 밤에 집을 나가 술을 마시고는 봉산(蓬山)의 사당을 지나가게 되었다.

문득 그의 두 손자가 그를 맞이하러 오는 것이 보였다.

그 손자들은 그를 부축하여 백걸음 남짓 가다가 곧 진거백의 목을 잡고 땅에 누르면서 욕하였다.

"늙은 종놈아, 네가 아무 날 우리를 때렸지. 우리가 이제 마땅히 너를 죽이리라."

진거백이 생각해보니 아무날 정말 이 손자들을 때렸었다. 진거백이 곧 거짓으로 죽은 체하니 그들은 진거백을 두고 가버렸다.

진거백이 집에 돌아와서 두 손자들을 처벌하려고 하자, 두 손자들이 놀라고 안타까워 하며 머리를 조아리고 말하였다.

"자손된 몸으로 어찌 이럴 리가 있겠습니까? 아마도 귀신의 짓 같으니 다시 시험해 보시기 바랍니다."

진거백은 마음 속으로 깨달았다.

며칠 지나서 곧 거짓으로 취하여 이 사당 사이를 지나갔다. 다시 두 손자가 오는 것이 보이더니 진거백을 부축했다.

진거백이 곧 급히 그들을 붙잡으니 귀신들은 움직이지를 못했다. 진거백이 집에 이르니 곧 귀신들은 두 명의 사람이었다.

진거백이 불을 붙여 그들을 구웠다. 배와 등이 다 타서 갈라져 뜰 속에 내다 던졌는데도 그것들은 밤에 다 달아났다.

진거백은 그들을 죽일 수 없었던 일을 한(恨)스러워 했다.

한 달 남짓 지나서 또 거짓으로 술이 취해 밤길을 갔는데 칼을 품고 갔다. 집안 사람들은 이런 내막을 몰랐다.

한밤이 되어도 진거백이 돌아오지 않자 그의 손자들은 또 그들의 할아버지가 이 귀신들에게 곤란을 겪는 것을 두려워하여 곧 함께 진거백을 맞이하러 갔는데 진거백이 마침내 그들을 칼로 찔러 죽였다.

瑯邪秦巨伯 年六十 當夜行飮酒 道經蓬山廟 忽見其兩孫迎之 扶持百餘步 便捉伯頸著地 罵 老奴 汝某日捶我 我今當殺汝 伯思惟某時信捶此孫 伯乃佯死 乃置伯去 伯歸家 欲治兩孫 兩孫驚惋 叩頭言 爲子孫 寧可有此 恐是鬼魅 乞更試之 伯意悟 數日 乃詐醉 行此廟間 復見兩孫來扶持伯 伯乃急持 鬼動作不得 達家 乃是兩人也 伯著火炙之 腹背俱焦坼 出著庭中 夜皆亡去 伯恨不得殺之 後月餘 又佯酒醉夜行 懷刃以去 家不知也 極夜不還 其孫恐又爲此鬼所困 乃俱往迎伯 伯竟刺殺之

16. 세 귀신이 술마시고 취하다

후한(後漢) 광무제(光武帝) 건무(建武) 원년(元年)에 동채군(東菜郡) 사람인 지씨(池氏)가 집에서 늘 술을 빚었다.

하루는 세 명의 기이한 손님이 나타나더니 함께 밀가루 음식과 밥을 갖고 와서 그의 술을 찾아 마시고 마시기가 끝나자 떠나갔다.

조금 뒤에 어떤 사람이 와서 말하기를 세 귀신이 수풀 속에서 술에 취해 있는 것을 봤다고 했다.

漢武建[1]元年 東萊人姓池 家常作酒 一日見三奇客 共持麵飯至 索其酒飮 飮竟而去 頃之 有人來 云見三鬼酣醉於林中

1) 武建(무건) : 원문에는 '무건(武建)'이라 되어있으나 '무건'이라는 연호는 없으며, 왕소영은 『유명록(幽明錄)』에는 '건무(建武)'로 되어있다 했다. 왕씨를 따랐다.

17. 목마를 살아있는 말로 만든 전소소(錢小小)

오(吳)나라 선주(先主) 손권(孫權)이 무위영(武衞營)의 병사 전소소를 죽였는데 전소소의 형체가 큰 길에 나타났다.

그가 일꾼 오영(吳永)을 고용하고 그를 시켜 거리 남쪽의 사당에 글쓴 종이를 보내 목마 두 필을 빌려오게 했다.

그런 뒤 술로써 목마에 뿜어대니 다 안장과 굴레를 갖춘 좋은 말이 되었다.

吳先主殺武衞兵錢小小 形見大街 顧借賃人吳永 使永送書與街南廟 借木馬二匹 以酒噀之 皆成好馬 鞍勒俱全

18. 귀신을 팔아 돈을 번 송정백(宋定伯)

남양군(南陽郡) 사람인 송정백이 젊었을 때 밤길을 가다가 귀신을 만났다.

송정백이 귀신에게 묻자, 귀신이 말하기를
"나는 귀신입니다."
라고 하였다. 귀신이 묻기를
"그대는 또 누구입니까?"
하니 송정백이 속여서 말하였다.
"나 또한 귀신입니다."
"어디로 가고자 합니까?"
"완시(宛市)에 이르고자 합니다."
"나도 또한 완시에 이르고자 합니다."
드디어 귀신과 함께 몇리를 갔다.
귀신이 말하기를
"걸어가면 너무 늦으니 함께 번갈아 서로 업고 가면 어떻겠습니까?"
라고 하였고 송정백이 말하였다.
"아주 좋습니다."
귀신이 먼저 송정백을 업고 몇리를 갔다.
귀신이 말하기를
"그대는 너무 무거우니 곧 귀신이 아닐 것입니다."
하니, 송정백이 말하였다.
"나는 새로 귀신이 되었는지라 몸이 무거울 따름입니다."
다시 송정백이 바꾸어 귀신을 업자 귀신은 조금도 무겁지 않았다. 이같이 하기를 두 세차례 했다.
송정백이 다시 말하기를
"나는 새 귀신이라 두렵고 꺼려하는 바가 무엇인지 모릅니다."
하자, 귀신이 답하였다.

"오직 사람이 침뱉는 것을 싫어합니다."

 함께 길을 가다가 도중에 물을 만나니 송정백이 귀신에게 먼저 물을 건너게 하고 소리를 들어보았으나 끝내 소리가 나지 않았다. 송정백이 스스로 물 건널 때는 찰싹찰싹 소리가 났다.

 귀신이 다시 말하기를

"어째서 물소리가 납니까?"

 하자, 송정백이 말하였다.

"새로 죽었는지라 물 건너는 것을 익히지 않아서 그럴 따름이니 나를 괴이하게 여기지 마십시오."

 완시(宛市)에 거의 이르자 송정백이 곧 귀신을 어깨 위에 받쳐들고는 급히 귀신을 붙잡았다. 귀신은 크게 소란스러운 소리를 지르며 내려주기를 요구했다.

 송정백은 다시는 귀신의 말을 듣지 않고 곧 완시에 이르러서는 땅에 내려놓으니 한 마리 양으로 변화했는데 바로 그것을 팔았다. 그것이 변화할까 두려워 그것에 침을 뱉고는 1,500전(錢)을 받고 떠나갔다.

 당시 석숭(石崇)이 말하였다.

"송정백은 귀신을 팔아 1,500전을 얻었다."

 南陽宋定伯 年少時 夜行逢鬼 問之 鬼言 我是鬼 鬼問 汝復誰 定伯誑之言 我亦鬼 鬼問 欲至何所 答曰 欲至宛市 鬼言 我亦欲至宛市 遂行數里 鬼言 步行太遲 可共遞相擔 何如 定伯曰 大善 鬼便先擔定伯數里 鬼言 卿太重 將非鬼也 定伯言 我新鬼 故身重耳 定伯因復擔鬼 鬼略無重 如是再三 定伯復言 我新鬼 不知有何所畏忌 鬼答言 惟不喜人唾 於是共行 道遇水 定伯令鬼先渡 聽之 了然無聲音 定伯自渡 漕漼作聲 鬼復言 何以有聲 定伯曰 新死 不習渡水故耳 勿怪吾也 行欲至宛市 定伯便擔鬼著肩上 急執之 鬼大呼 聲咋咋然 索下 不復聽之 徑至宛市中 下著地 化爲一羊 便賣之 恐其變化 唾之 得錢千五百乃去 當時石崇有言 定伯賣鬼 得錢千五

19. 죽어서도 정인을 생각한 자옥(紫玉)

오왕(吳王) 부차(夫差)의 막내딸은 이름이 자옥인데 나이 18살에 재주와 얼굴이 다 빼어났다.

소년 한중(韓重)이 나이 19살이었는데 도술이 있었다.

자옥이 그를 사랑하여 사사롭게 편지를 보내 물어보고는 그의 아내가 될 것을 허락했다.

한중은 제(齊)나라와 노(魯)나라 사이에서 배움을 구하려고 했는데 길 떠나기에 앞서 그의 부모에게 부탁하여 오왕에게 구혼케 했다. 그러나 임금은 화를 내고 딸을 주지 않았다. 자옥은 기(氣)가 막혀 죽었는데 창문(閶門)에 그를 묻었다.

3년 뒤에 한중이 돌아와 그의 부모에게 묻자 부모가 말하였다.
"전하께서는 크게 성을 내셨고 공주님은 기가 막혀 돌아가셨는데 이미 장사를 지냈단다."

한중이 슬프게 통곡하면서 제수와 예물을 갖춰 자옥의 무덤 앞에 가서 애도했다.

자옥의 혼이 무덤에서 나와 한중을 보고 눈물 흘리며 말했다.
"옛날 그대가 간 뒤 그대의 양친을 시켜 아바마마께 구혼케 하여 반드시 우리들의 큰 소원을 이룰 수 있으리라 생각했습니다. 그러나 그대가 떠나간 뒤 이같은 운명을 만날 줄은 헤아리지 못했습니다. 어찌 할 수 있겠습니까?"

자옥이 곧 왼쪽으로 머리를 돌려 목을 구부리고는 노래하기를

"남산(南山)에 새가 있건만 북산(北山)에 그물치도다.
새는 높이 날아가 버렸으니 그물을 장차 어찌하리오?
마음으로 그대를 따르고자 하나 고자질하는 말이 너무 많았네.
슬픔이 맺혀 병이 나 목숨이 끊어져 황토에 묻혔도다.
운명이 좋지 못하니 원통한들 어이하리요?
새들의 우두머리는 이름이 봉황이로다.

하루아침에 숫컷을 잃어 3년 동안 감상에 젖도다.
비록 뭇새들이 많으나 어찌 봉황의 짝이 될 수 있을까?
그래서 보잘것없는 몸을 드러내어 빛나는 그대를 만나도다.
몸은 머나 마음은 가까우니 어찌 잠깐이라도 잊었으리오?"

노래가 끝나자 흐느껴 울며 한중을 맞이해 무덤으로 들어가고자 했다.
한중이 말하였다.
"죽음과 삶은 길이 달라서 허물이 생길까 두려워 감히 명령을 받들지 못하겠습니까?"
"죽음과 삶은 길이 다름을 나도 또한 알고 있습니다. 그러나 이제 한번 이별하면 길이 뒷날을 기약할 수 없습니다. 그대는 곧 내가 귀신이라서 그대에게 화를 끼칠까 두려워하십니까? 진실로 이 몸을 그대에게 바치고자 하는데 어찌 믿지 못하십니까?"
한중이 그 말에 감동하여 자옥을 따라 무덤으로 들어갔다.
자옥이 한중과 더불어 주연을 누리면서 사흘 밤낮 동안 부부의 예를 다했다. 한중이 무덤을 나올 때 자옥이 지름 한 치되는 명주를 한중에게 주며 말하였다.
"아바마마께서 이미 그 이름을 훼손시키고 또 그 소원을 끊었으니 다시 무엇을 말하겠습니까? 어느 시절이든 몸 조심 하십시오 만약 왕궁에 이르시면 아바마마께 경의를 표시해 주십시오."
한중이 이미 무덤을 나가서는 드디어 임금에게 나아가 스스로 그 일을 이야기했다.
임금이 크게 화를 내며 말하였다.
"내 딸은 이미 죽었는데 한중이 거짓말을 지어내어 죽은 영혼을 더럽히는구나. 이는 무덤을 파헤쳐 물건을 취하고서 귀신에게 핑계를 둘러대는 것에 지나지 않는다."
임금이 달려가서 한중을 잡으러 했다. 한중은 달아나서 자옥의 무덤에 이르러 호소했다.
자옥이 말하였다.

"근심하지 마십시오 이제 돌아가서 아바마마께 사실을 아뢰겠습니다."

임금이 치장하고 빗질할 때 문득 자옥이 보이기에 놀랍고 슬프기도 하고 기쁘기도 해서 묻기를

"너는 무슨 인연으로 살아났느냐?"

라고 하니, 자옥이 무릎을 꿇고 말하였다.

"옛날 서생(書生) 한중이 저에게 구혼하러 왔을 때 아바마마께서 허락치 않으시어 저의 이름이 훼손되고 의(義)가 끊겨 스스로 이 몸의 죽음을 초래했습니다. 한중이 먼 곳으로부터 돌아와 제가 이미 죽었다는 이야기를 듣고는 제수와 예물을 갖춰 저의 무덤에 와 애도했습니다. 그의 시종일관 하는 의리에 감동하여 문득 서로 만나보고는 명주(明珠)를 그에게 주었습니다. 한중이 제 무덤을 판 것이 아니니 원컨대 그에게 벌주지 마옵소서."

왕비가 이야기를 듣고 나와서 자옥을 안았으나 자옥은 연기 같았다.

吳王夫差女 小名曰紫玉 年十八 才貌俱美 童子韓重 年十九 有道術 女悅之 私交信問 許爲之妻 重學於齊魯之間 臨去 屬其父母 使求婚 王怒 不與女 玉結氣死 葬閶門之外 三年重歸 詰其父母 父母曰 王大怒 玉結氣死 已葬矣 重哭泣哀慟 具牲幣 往弔於墓前 玉魂從墓出 見重 流涕謂曰 昔爾行之後 令二親從王相求 度必克從大願 不圖別後 遭命奈何 玉乃左顧宛頸而歌曰 南山有鳥 北山張羅 鳥旣高飛 羅將奈何 意欲從君 讒言孔多 悲結生疾 沒命黃壚 命之不造 冤如之何 羽族之長 名爲鳳凰 一日失雄 三年感傷 雖有衆鳥 不爲匹雙 故見鄙姿 逢君輝光 身遠心近 何當暫忘 歌畢 歔欷流涕 要重還家 重曰 死生異路 懼有尤愆 不敢承命 玉曰 死生異路 吾亦知之 然今一別 永無後期 子將畏我爲鬼而禍子乎 欲誠所奉 寧不相信 重感其言 送之還家 玉與之飮讌 留三日三夜 盡夫婦之禮 臨出 取徑寸明珠以送重 曰 旣毁其名 又絶其願 復何言哉 時節自愛 若至吾家 致敬大王 重旣出 遂詣王 自說其事 王大怒曰 吾女旣死 而重造訛言 以玷穢亡靈 此不過發冢取物 託以鬼神

趣收重 重走脫 至玉墓所訴之 玉曰 無憂 今歸白王 王粧梳 忽見玉 驚
愕悲喜 問曰 爾緣何生 玉跪而言曰 昔諸生韓重 來求玉 大王不許 玉
名毁義絕 自致身亡 重從遠還 聞玉已死 故齎牲幣 詣冢弔唁 感其篤終
輒與相見 因以珠遺之 不爲發冢 願勿推治 夫人聞之 出而抱之 玉如烟然
1) 閶門(창문) : 성문(城門) 이름 강소성(江蘇省) 소주시(蘇州市)에 있다.

20. 신도도에게 금베개를 준 진녀(秦女)

농서군(隴西郡) 사람인 신도도(辛道度)가 옹주성(雍州城)으로 유학가다가 성에서 4, 5리 떨어진 곳에 이르르니 가까이 큰 집이 보였는데 푸른 옷 입은 여자가 대문에 있었다.

신도도가 대문에 나아가 저녁 밥을 요구했다. 여자가 들어가서 진녀(秦女)에게 알리자 진녀가 불러들이도록 명령했다.

진녀는 서쪽 의자에 앉아 있었다. 신도도가 성명을 말하고 인사하기가 끝나자 진녀는 그를 동쪽 의자에 앉도록 하였다. 곧 음식을 마련케 하여 먹기가 끝나자 진녀가 신도도에게 말하였다.

"저는 진(秦)나라 민왕(閔王)의 딸인데 조(曹)나라에 시집가기로 되어 있었습니다만 불행히도 남편을 보지도 못하고 죽었습니다. 죽은 지 이미 23년이 되었는데 혼자서 이 집에 살고 있습니다. 오늘 그대가 왔으니 부부가 되기를 원합니다."

신도도는 진녀와 사흘 밤낮을 지냈다.

그런 뒤 진녀가 곧 스스로 말하였다.

"그대는 산 사람이고 저는 귀신입니다. 그대와 함께 벌써 연분을 맺었지만 이 만남을 사흘 밤은 괜찮으나 오래 끌 수는 없습니다. 오래 끌면 마땅히 화(禍)를 입을 것입니다. 이런 짧은 밤으로는 우리들의 끈끈한 정을 다 펴지 못했지만 이미 헤어지고 나면 장차 무엇으로써 그대에 대한 저의 신의를 표시하겠습니까?"

곧 침상 뒤의 작은 상자를 가져오게 명령한 뒤 작은 상자를 열어 금베개 하나를 꺼내 신도도에게 주어 신물(信物)을 삼았다. 그런 후 옷소매를 놓아 울면서 이별하고는 하녀를 보내 대문 밖까지 배웅케 했다.

신도도가 대문을 몇걸음 지나지 않아서 뒤돌아보니 집은 보이지 않고 오직 한 무덤만 있었다.

신도도는 당시 급하게 달려 나갔는데 품 속에 있는 금베개를 보니 곧 이변이 없었다.

얼마 뒤에 진나라에 이르러 저자에서 금베개를 팔았다. 마침 진나라 왕비가 동쪽으로 여행하다가 몸소 신도도가 파는 금베개를 보고 의심하여 신도도를 찾아보고는 어디서 금베개를 얻었는지 물었다. 신도도가 사실을 다 이야기했다.

왕비가 이야기를 듣고 슬프게 울며 스스로를 주체하지 못했다. 그러나 오히려 의심이 되어 사람을 보내 진녀의 무덤을 파헤쳐 널을 열어보게 하니 원래의 부장품들이 다 있었건만 오직 금베개만 보이지 않았다.

다시 진녀의 옷을 벗겨 아래를 보니 정교(情交)의 자취가 완연하였다.

진나라 왕비가 비로소 믿고서 탄식하며 말하였다.

"우리 딸은 큰 성인(聖人)이로다. 죽은 지 23년이 지났건만 오히려 산 사람과 교제할 수 있다니. 이 사람은 진짜 우리 사위로다."

드디어 신도도를 부마도위(駙馬都尉)에 봉하고 금과 비단과 거마(車馬)를 내려주고는 본국으로 돌아가게 했다.

이 일이 있고부터 뒷사람들은 사위를 부마(駙馬)라 이름했다.

지금 임금의 사위도 또한 부마라고 불린다.

隴西辛道度者 遊學至雍州城四五里 比見一大宅 有青衣女子在門 度詣門下求飧 女子入告秦女¹⁾ 女命召入 度趨入閤中 秦女于西榻而坐 度稱姓名 敍起居 旣畢 命東榻而坐 卽治飮饌 食訖 女謂度曰 我秦閔王女 出聘曹國 不幸無夫而亡 亡來已二十三年 獨居此宅 今日君來 願爲夫婦 經三宿三日後 女卽自言曰 君是生人 我鬼也 共君宿契 此會可三宵 不可久居 當有禍矣 然玆信宿 未悉綢繆 旣已分飛 將何表信于郎

卽命取床後盒子開之 取金枕一枚 與度爲信 乃分袂泣別 卽遣靑衣送出
門外 未逾數步 不見舍宇 惟有一冢 度當時荒忙出走 視其金枕在懷 乃
無異變 尋至秦國 以枕于市貨之 恰遇秦妃東遊 親見度賣金枕 疑而索
看 詰度何處得來 度具以告 妃聞 悲泣不能自勝 然向疑耳 乃遣人發冢
啓柩視之 原葬悉在 唯不見枕 解體看之 交情宛若 秦妃始信之 歎曰
我女大聖 死經二十三年 猶能與生人交往 此是我眞女壻也 遂封度爲駙
馬都尉 賜金帛車馬 令還本國 因此以來 後人名女壻爲駙馬 今之國壻
亦爲駙馬矣
1) 秦女(진녀) : 진(秦)나라 임금의 딸.

21. 죽어서 남자를 얻은 수양왕(睢陽王)의 딸

한(漢)나라 때 담생(談生)이라는 이는 나이 40살이었건만 아내가 없었는데 늘 감격하며 『시경(詩經)』을 읽었다.

한밤에 나이 열대 여섯 살쯤 되고 자태와 얼굴과 복식이 천하에 짝할 수 없는 아름다운 여인이 담생에게 찾아와 부부가 되었다.

여인이 말하였다.

"저는 사람과 다르니 불로써 저를 비춰보지 마십시오. 3년이 지난 뒤에는 바로 비춰봐도 됩니다."

함께 부부가 되어 한 아이를 낳았는데 이미 2살이었다.

담생은 참을 수 없어서 밤에 아내가 잠든 뒤 몰래 불에 비춰 아내를 보았다. 아내의 허리 위로는 사람처럼 살이 돋아나 있었으나 허리 아래로는 다만 마른 뼈만 있을 뿐이었다.

아내가 잠을 깨고 나서 드디어 말하였다.

"그대는 저를 저버렸군요. 제가 곧 살아나려고 하는데 어찌 한 해를 참지 못하여 마침내 저를 비춰보십니까?"

담생이 사과했으나 아내는 울면서 눈물을 멈추지 못하고는 말하였다.

"그대와 더불어 비록 대의(大義)로는 영원히 이별이나 그러나 우리 아이를 돌아볼 때 만약 그대가 가난하면 스스로 아이와 함께 살 수 없으니 잠깐 저를 따라 가십시다. 바로 그대에게 물건을 하나 주겠습니다."

담생이 아내를 따라 화려한 집으로 들어가니 기물들이 비범하였다. 아내가 진주로 꾸민 도포 한 벌을 담생에게 주며 말했다.

"이것으로써 먹고 사실 수 있습니다."

아내는 담생의 옷 뒷자락을 찢어 가졌고 담생은 아내를 남겨두고 떠나갔다.

나중에 담생이 도포를 가지고 저자에 나아가니 수양왕의 왕궁 사람이 그것을 샀는데 담생은 천만전(錢)을 얻었다.

수양왕이 알아보고 말하였다.

"이것은 내 딸의 도포인데 어찌 저자에서 얻었는가? 이는 반드시 누가 내 딸의 무덤을 팠기 때문이다."

곧 담생을 잡아서 고문하니 담생이 사실을 이야기했다. 수양왕이 믿지 못하고 곧 딸의 무덤을 보았으나 무덤은 여전했다.

무덤을 파보니 널 뚜껑 아래에 과연 담생의 옷 뒷자락이 나왔다. 담생의 아이를 불러서 보니 바로 수양왕의 딸을 닮았는지라 수양왕은 이에 그 일을 믿었다.

곧 담생을 불러 다시 도포를 주고 사위로 여겼다. 담생의 아이는 황제에게 표문(表文)을 올려 낭중(郎中)이 되게 했다.

漢談生者 年四十 無婦 常感激讀詩經 夜半 有女子年可十五六 姿顏服飾 天下無雙 來就生 爲夫婦 之言曰 我與人不同 勿以火照我也 三年之後 方可照耳 與爲夫婦 生一兒 已二歲 不能忍 夜伺其寢後 盜照視之 其腰已上 生肉如人 腰已下 但有枯骨 婦覺 遂言曰 君負我 我垂生矣 何不能忍一歲而竟相照也 生辭謝 涕泣不可復止 云 與君雖大義永離 然顧念我兒 若貧不能自偕活者 暫隨我去 方遺君物 生隨之去 入華堂室宇 器物不凡 以一珠袍與之 曰 可以自給 裂取生衣裾 留之而去 後生持袍詣市 睢陽王家買之 得錢千萬 王識之曰 是我女袍 那得在市 此必發冢 乃取拷之 生具以實對 王猶不信 乃視女冢 冢完如故 發視之

棺蓋下果得衣裾 呼其兒視 正類王女 王乃信之 卽召談生 復賜遺之 以
爲女壻 表其兒爲郞中[1]
1) 郞中(낭중) : 문호(門戶), 거마(車馬)를 관장한 벼슬아치.

22. 노충(盧充)과 귀신인 최온휴(崔溫休)

노충(盧充)은 범양현(范陽縣) 사람이다.

그의 집 서쪽으로 30리 떨어진 곳에 최소부(崔少府)의 무덤이 있다.

노충의 나이 20살 때 동지(冬至) 하루 전날, 집 서쪽으로 나가서 사냥놀이를 했다. 한 마리 노루가 보이기에 활을 들어 쏘아 맞추었다. 노루는 자빠졌다가 다시 일어났는데 노충이 노루를 쫓다가 자기도 모르는 사이에 멀리 가게 되었다.

문득 길 북쪽 1리쯤 되는 곳에 높다란 대문을 한 집이 보이고 기와집들이 사방에 있었는데 관청같았고 노루는 보이지 않았다.

대문에서 문지기가 큰 소리로 말하기를

"손님께서는 들어오십시오"

라고 하여 노충이 물었다.

"이곳은 어떤 관저입니까?"

"최소부님의 관저입니다."

"저는 옷이 좋지 못한데 어찌 소부님을 뵐 수 있겠습니까?"

곧 어떤 사람이 새옷을 한 보따리 들고 와서 말하였다.

"소부님께서 이것을 그대에게 주게 하셨습니다."

노충이 곧 새옷을 갈아 입기를 끝내고 들어가서 소부를 만나고는 성명을 말하였다.

술을 몇잔 마시고 고기구이를 몇점 먹고나서 소부가 노충에게 말하였다.

"그대 아버님이 우리 집을 보잘것없게 여기시지 않으셨는데 근래 그분의 서신을 얻고 보니 그대를 위하여 우리 막내딸에게 구혼했습니다. 그래서 그대를 맞이했을 따름입니다."

곧 편지를 노충에게 보여주었다. 노충은 아버지가 죽었을 때 비록 어렸으나 이미 아버지의 필적을 알았는지라 곧 흐느껴 울며 다시는 사양하지 못했다.
　소부가 곧 집안 사람들에게 명령하기를
　"노서방이 이미 왔으니 딸아이를 화장시키고 치장시키는 것이 좋겠다."
　하고는 또 노충에게 말하였다.
　"그대는 동쪽 곁채로 가보게."
　황혼 무렵에 이르러 집안 사람이 말하였다.
　"아가씨의 화장과 치장이 이미 끝났습니다."
　노충이 동쪽 곁채에 이르자 최소부의 딸이 이미 수레에서 내려와 있었는데 자리 가에 서서 웃어른들에게 절하고 신랑 신부가 맞절을 했다. 경사스러운 시간은 사흘 동안이었으니 그동안 늘 주연을 베풀었다.
　사흘이 끝나자 최소부가 노충에게 말하였다.
　"그대는 돌아가는 것이 좋겠네. 우리 딸이 애를 가진 모양인데 만약 아들을 낳으면 마땅히 그대에게 돌려줄테니 의심치 말게. 만약 딸을 낳으면 마땅히 여기 남겨서 스스로 기르도록 하겠네."
　소부가 또 바깥에 있는 사람에게 명령하여 수레를 준비하여 손님을 배웅케 했다. 노충이 곧 작별하고 나갔다. 최소부는 대문까지 배웅하고서 손을 잡고 눈물을 흘렸다.
　노충이 대문을 나서자 푸른 송아지를 맨 수레가 보이고 본래 입었던 옷과 활과 화살이 고스란히 대문 밖에 있는 것이 보였다.
　조금 뒤에 최소부가 명령을 한 사람에게 전달하여 한 보따리 옷을 들고가서 노충에게 주게 하고 위문케 하여 말하였다.
　"혼인의 연분이 시작되었으나 이별은 심하게 우리 딸을 슬프게 하네. 이제 다시 옷 한 벌과 알맞은 이불과 요를 보내네."
　노충이 수레에 올라타자 수레는 번개처럼 달려갔다.
　잠깐만에 집에 이르렀는데 집안 사람들이 서로 보고 슬픔과 기쁨이 엇갈렸다. 집안 사람들이 수소문해 보니 최소부는 죽은 사람이고 노충이 그의 무덤에 들어간 것이라는 것을 알았다. 노충은 무덤에서의 일을 추억하고서 원망하고 안타까워 했다.
　최소부와 이별한 뒤 4년이 지난 3월 3일에 노충이 물에 가서 놀다가 문득 물가에서 두 대의 송아지를 맨 수레가 물에 가라앉았다 떴다 하는 것이 보였다. 그리고 나서 물가 둑에 가까이 왔는데 함께 앉아있던 사람들이 다 보았다.
　노충이 가서 수레 뒤쪽 문을 열어보니 최소부의 딸과 딸이 낳은 3살된 아들이 함께 수레에 타고 있는 것이 보였다.
　노충이 그들을 보고서 기뻐서 그 손을 잡으려고 하자 최소부의 딸이 손을 들어 뒷수레를 가리키며 말하였다.
　"서방님은 얼른 아버님께 인사 올리십시오"
　곧 최소부가 보였는데 노충이 가서 안부를 물었다.
　최소부의 딸은 아들을 안아서 노충에게 돌려주고 또 금저울을 주고 아울러 시를 주기를

"휘황한 영지(靈芝)의 바탕이여!
빛나고 곱고 얼마나 야들야들한가?
화려하고 요염함은 당시에 드러났고
아름답고 기이하여 신기한 것을 나타냈네.
꽃 봉오리가 피지도 않아서
한 여름에 서리를 만나 시들고 말았네.
영광은 길이 없어져 버리고
사람 사는 길에 영원히 갈 수가 없네.
음양(陰陽)의 운수를 깨닫지 못하다가
밝은 분이 문득 오셔서 짝이 되어 주셨네.
만남은 얕은데 이별은 빠르니
모든 것이 다 천지신명(天地神明)의 뜻이로다.
무엇을 내 친한 분에게 줄 것인가?
금저울을 주니 우리 아들을 기르실 수 있으리라.
사랑하는 사람을 이로부터 이별하니 애간장이 끊어지도다."

노충이 아들과 금저울과 시를 받고나자 문득 두 수레가 보이지 않았다. 노충이 아들을 데리고 돌아오자 사방에서 앉아있던 이들이 아들을 귀신이라 말하고 다 멀리서 침을 뱉었으나 노충의 아들의 형체는 여전하였다.
  아들에게 묻기를
  "누가 너의 아버지냐?"
  라고 하니 아들은 곧 노충의 품 속으로 나아갔다.
  뭇사람들이 처음에는 괴이하게 여기고 싫어했으나 최소부의 딸이 노충에게 준 시를 돌려보고는 개연히 죽은 사람과 산 사람이 현묘하게 통할 수 있음을 탄식했다.
  노충이 나중에 수레를 타고 저자에 들어가 금저울을 팔려고 했는데 그 값을 높게 부르고는 빨리 팔려고 하지 않고 금저울을 알아보는 사람이 있기를 바랐다.
  문득 어떤 늙은 계집종이 이것을 알아보고는 집에 돌아가 안주인에게 말하였다.
  "저자에서 어떤 사람이 수레를 타고 최소부의 딸의 널에 넣었던 금저울을 파는 것을 보았습니다."
  안주인은 곧 최소부의 딸의 친이모였다. 안주인이 자기 아들을 보내서 보게 하니 과연 그 계집종의 말과 같았다.
  안주인의 아들이 노충의 수레에 올라 자기 성명을 말하고는 노충에게 말하였다.
  "옛날 우리 이모가 최소부에게 시집가서 딸을 낳았는데 이 딸이 시집가지도 않아서 죽었습니다. 우리 어머니가 그 일을 애통하게 여겨 금저울 한 개를 최소부의 딸의 널에 넣어주었습니다. 금저울을 얻은 경과를 말씀해 주실 수 있겠습니까?"
  노충이 사실을 이야기하자 이 안주인의 아들도 또한 슬프게 목놓아 울더니 금저울을 가지고 집에 돌아가 어머니에게 알렸다. 안주인은 곧 노충의 집에 나아가 노충의 아들을 데려오게 하고는 그 아들을 보았다. 모든 친족들이 다 모였다. 노충의 아들은 최소부의 딸의 모습도 있었고 또 다시 노충을 닮기도 했다.

아들과 금저울로 다 증험이 되자 안주인이 말하였다.
"내 이질녀는 3월말에 태어났습니다. 그 애 아버지가 말하기를 '봄날이 따뜻하니 아름답고 강하기를 축원한다.'고 하였으니, 곧 온휴(溫休)라고 자(字)를 지었습니다. 온휴란 대개 저승에서의 혼인을 뜻하니 그 조짐이 먼저 나타났던 것입니다."
노충의 아들은 훌륭한 인물이 되었는데 녹 2천석을 받는 군수(郡守)를 지냈다.
노충의 자손들도 다 벼슬을 했는데 지금까지 이어오고 있다.
그뒤 노식(盧植)은 자(字)가 자간(子干)인데 천하에 이름을 떨쳤다.

盧充者 范陽人 家西三十里 有崔少府墓 充年二十 先冬至一日 出宅西獵戲 見一麞 擧弓而射 中之 麞倒復起 充因逐之 不覺遠 忽見道北一里許 高門 瓦屋四周 有如府舍 不復見麞 門中一鈴下唱 客前 充問 此何府也 答曰 少府府也 充曰 我衣惡 那得見少府 即有一人 提一襆新衣 曰 府君以此遺郎 充便著訖 進見少府 展姓名 酒炙數行 謂充曰 尊府君不以僕門鄙陋 近得書 爲君索小女婚 故相迎耳 便以書示充 充父亡時雖小 然已識父手迹 即歔欷 無復辭免 便勅內 盧郎已來 可令女郎粧嚴 且語充云 君可就東廊 及至黃昏 內白 女郎粧嚴已畢 充既至東廊 女已下車 立席頭 却共拜 時爲三日 給食 三日畢 崔謂充曰 君可歸矣 女有娠相 若生男 當以相還 無相疑 生女 當留自養 敕外嚴車送客 充便辭出 崔送至中門 執手涕零 出門 見一犢車 駕青衣 又見本所著衣及弓箭 故在門外 尋傳教將一人 提襆衣 與充相問曰 姻援始爾 別甚悵恨 今復致衣一襲 被褥自副 充上車 去如電逝 須臾至家 家人相見 悲喜 推問 知崔是亡人而入其墓 追以懊惋 別後四年 三月三日 充臨水戲 忽見水旁有二犢車 乍沈乍浮 既而近岸 同坐皆見 而充往開車後戶 見崔氏女與三歲男共載 充見之忻然 欲捉其手 女擧手指後車曰 府君見人 即見少府 充往問訊 女抱兒還充 又與金鋺 幷贈詩曰 煌煌靈芝質 光麗何猗猗 華豔當時顯 嘉異表神奇 含英未及秀 中夏罹霜萎 榮耀長幽滅 世路永無施 不悟陰陽運 哲人忽來儀 會淺離別速 皆由靈與祇 何

以贈余親 金鋺可頤兒 恩愛從此別 斷腸傷肝脾 充取兒 鋺及詩 忽然不
見二車處 充將兒還 四坐謂是鬼魅 斂遙唾之 形如故 問兒 誰是汝父
兒徑就充懷 衆初怪惡 傳省其詩 慨然歎死生之玄通也 充後乘車入市
賣鋺 高擧其價 不欲速售 冀有識 欼有一老婢識此 還白大家曰 市中見
一人乘車 賣崔氏女郎棺中鋺 大家卽崔氏親姨母也 遣兒視之 果如其婢
言 上車 敍姓名 語充曰 昔我姨嫁少府¹⁾ 生女 未出而亡 家親痛之 贈一
金鋺 著棺中 可說得鋺本末 充以事對 此兒亦爲之悲咽 齋還白母 母卽
令詣充家 迎兒視之 諸親悉集 兒有崔氏之狀 又復似充貌兒 鋺俱驗 姨
母曰 我外甥三月末間産 父曰 春煖溫也 願休强也 卽字溫休 溫休者
蓋幽婚也 其兆先彰矣 兒遂成令器 歷郡守二千石 子孫冠蓋 相承至今
其後植 字子幹 有名天下

1) 少府(소부) : 소부(少府)는 현위(縣尉)의 별칭.
2) 衣(의) : 왕소영은 『태평광기(太平廣記)』에 '의(衣)' 대신 '우(牛)'로 되어 있으니 이렇게 고쳐야 한다고 했다. 왕씨(汪氏)를 따랐다.

23. 귀신과 함께 동침한 정기(鄭奇)

후한(後漢) 때 여남군(汝南郡) 여양현(汝陽縣) 서문정(西門亭)에 귀신이 있었다.

나그네가 정에 머물러 잠자면 문득 죽었다.

그 죽은 사람은 모두 두 발을 잃고 정기(精氣)를 빼앗겼다.

그 까닭을 탐문해 보니 그 마을 사람이 말하였다.

"옛날에 벌써 자못 괴물이 있었습니다.

그뒤 군(郡)의 시봉연(侍奉掾)인 의록현(宜祿縣) 사람인 정기가 이리로 오는데 정에서 6, 7리 떨어진 곳에서 어떤 단정한 부인이 수레에 태워주기를 구했습니다. 정기가 처음에는 곤란해 하다가 나중에는 수레에 태웠습니다.

그들이 정에 들어와서 누각 아래로 잰 걸음으로 갔습니다. 정을 지키는 병사가 말하기를 '누각에 올라갈 수 없습니다.' 하니 정기가 말하기를 '나는 아무것도 두렵지 않습니다.' 했습니다.

그때 또한 날이 어두웠는데 드디어 정기는 누각에 올라가 부인과 함께 잠을 잤습니다.
 다음날 동이 트지 않아서 정기는 떠나갔습니다. 정을 지키는 병사가 누각에 올라 소제하다가 한 죽은 부인을 보고 크게 놀라서 달려가 정장(亭長)에게 알려 주었습니다. 정장은 북을 쳐서 모든 심부름꾼들을 모아놓고 함께 조사했습니다.
 곧 정 서북쪽 8리 되는 곳에 사는 오씨의 아내였는데 새로 죽고나서 밤에 입관하려고 하자 불이 꺼졌고 불을 다시 켰을 때 시체가 없어졌습니다. 오씨 집 사람들이 곧 누각 위의 부인의 시체를 가지고 갔습니다.
 정기는 떠나서 몇리엔가 이르러 배가 아팠는데 남돈현(南頓縣)의 이양정에 이르자 배 아픔이 더욱 심해지더니 이에 죽었습니다. 그리고나서 이 누각을 감히 다시는 올라가는 사람이 없었습니다."

　　後漢時 汝南汝陽西門亭 有鬼魅 賓客止宿 輒有死亡 其屬厭者 皆亡髮失精 尋問其故 云 先時頗已有怪物 其後郡侍奉掾宜祿鄭奇來 去亭六七里 有一端正婦人 乞寄載 奇初難之 然後上車 入亭 趣至樓下 亭卒白 樓不可上 奇云 吾不恐也 時亦昏暝 遂上樓 與婦人樓宿 未明發去 亭卒上樓掃除 見一死婦人 大驚 走白亭長 亭長擊鼓 會諸廬吏 共集診之 乃亭西北八里吳氏婦 新亡 夜臨殯火滅 及火至 失之 其家卽持去 奇發行數里 腹痛 到南頓利陽亭加劇物故 樓遂無敢復上

24. 죽은 여인과 정사를 벌인 종요(鍾繇)

 영천군(穎川郡) 사람인 종요는 자(字)가 원상(元常)이다.
 일찍이 여러 달을 조정에 나아가지 않았는데 그의 표정과 태도가 보통 때와 달랐다.
 어떤 이가 그 까닭을 묻자 종요가 말하였다.
 "늘 한 명의 좋은 부인이 오는데 비범하게 아름답습니다."

물었던 이가 말하였다.
"반드시 귀신일 것이니 죽이는 것이 좋습니다."
부인이 나중에 종요에게 가다가 곧바로 나아가지 않고 문 밖에 머물렀다. 종요가 묻기를
"어째서 그러십니까?"
라고 하자 부인이 말하였다.
"공(公)은 저를 죽일 생각을 갖고 있으십니다."
종요가 말하기를
"그럴 리 없습니다."
라고 하고 은근히 부인을 부르자 부인은 곧 방으로 들어갔다. 종요는 마음속으로 부인에게 한(恨)이 맺혔으나 차마 행동하지 못하다가 오히려 칼로 베어 허벅지에 상처를 입혔다.
부인이 곧 나오면서 새 솜으로 상처를 문질렀고 피가 온 길에 떨어졌다.
다음날 사람을 시켜 핏자국을 따라 쫓아가게 하니 한 큰 무덤에 이르렀는데 널 속에 좋은 부인이 있었다.
그 형체는 산 사람같고 흰 비단 적삼을 입고 붉은 수놓은 조끼를 입고 있었다. 왼쪽 허벅지가 상처가 나 있었는데 조끼 속의 솜으로 피를 문질렀던 것이다.

潁川鍾繇 字元常 嘗數月不朝會 意性異常 或問其故 云 常有好婦來 美麗非凡 問者曰 必是鬼物 可殺之 婦人後往 不卽前 止戶外 繇問 何以 曰 公有相殺意 繇曰 無此 勤勤呼之 乃入 繇意恨 有不忍之心 然猶斫之 傷髀婦人卽出 以新綿拭 血竟路 明日 使人尋跡之 至一大冢 木中有好婦人 形體如生人 著白練衫 丹繡裲襠 傷左髀 以裲襠中綿拭血

제17권 사람이나 동물에 의탁한 신(神)

1. 귀신으로 몰린 장한직(張漢直)

 진(陳)나라의 장한직이라는 사람이 남양군(南陽郡)으로 가서 경조윤(京兆尹)을 지낸 연숙견(延叔堅)에게 『좌씨전(左氏傳)』을 배웠다.
 그가 간뒤 몇달이 지나서 귀신이 그의 누이에게 붙어 그의 흉내를 내어 말하였다.
 "나는 병들어 죽었는데 주검은 길 위에 있으며 늘 배고픔과 추위로 괴로움을 받습니다. 두 세 켤레의 짚신을 만들어서 집 뒤 닥나무 위에 걸어놓았고, 부자방(傅子方)이 나에게 돈 5백전(五百錢)을 보냈는데 북쪽 담 아래에 있으나 내가 그것을 취할 것을 다 잊어버렸고, 또 이유(李幼)에게 소 한 마리를 샀는데 증명서가 책 상자 안에 있습니다."
 사람들이 가서 이 물건들을 찾아보니 다 그의 말과 같았다.
 그의 아내는 오히려 이런 물건들이 있다는 것을 몰랐다. 그의 누이는 새로 시댁으로부터 왔기에 장한직이 만날 수 없었다.
 집 사람들은 슬퍼하고 상심되어 더욱 장한직이 진짜로 죽었다고 여겼다. 부모 형제들이 상복을 입고 주검을 맞이하러 오다가 학사(學舍)에서 몇리 떨어진 곳에서 함께 길가는 장한직과 서생(書生) 10여명을 만났다.
 장한직이 집안 사람들을 돌아보고 그들이 상복을 입은 것을 괴이하게 여겼다. 집안 사람들도 장한직을 보고 그가 귀신이라고 생각하여 한참동안 슬퍼하고 경황이 없었다.

장한직이 곧 나아가서 아버지에게 절하고 아버지는 사정의 경과를 말했는데 부자는 슬픔과 기쁨이 엇갈렸다.
무릇 듣고 본 바로 이같은 일이 하나가 아니니 요물의 행위라는 것을 알 수 있겠다.

陳國張漢直 到南陽 從京兆尹[1]延叔堅學左氏傳 行後數月 鬼物持其妹 爲之揚言曰 我病死 喪在陌上 常苦飢寒 操二三量不借 挂屋後榰上 傳子方送我五百錢 在北墉下 皆亡取之 又買李幼一頭牛 本券在書篋中 往索取之 悉如其言 婦尙不知有此 妹新從聟家來 非其所及 家人哀傷益以爲審 父母諸弟 襄絰到來迎喪 去舍數里 遇漢直與諸生十餘人相追 漢直顧見家人 怪其如此 家見漢直 謂其鬼也 悵悷良久 漢直乃前爲父拜 說其本末 且悲且喜 凡所聞見 若此非一 得知妖物之爲
1) 京兆尹(경조윤) : 수도(首都)의 시장.

2. 정절(貞節)선생이라 불린 범단(范丹)

한(漢)나라 때 진류군(陳留郡) 외황현(外黃縣) 사람인 범단은 자(字)가 사운(史雲)이다.
젊었을 때 위종좌리(尉從佐吏)가 되어 격서(檄書)를 가지고 독우(督郵)에게 보내는 심부름을 했다.
범단에게 지조가 있어서 스스로 심부름이나 하는 말단 벼슬아치가 된 것을 원망했다.
곧 진류군의 큰 못 속에서 타던 말을 죽이고, 벼슬아치로서 쓰던 두건을 던져버리고 거짓으로 강도를 만난 체했다.
어떤 신이 그의 집에 내려와서 말하였다.
"나는 사운인데 강도에게 죽임을 당했으니 빨리 내 옷을 진류군의 큰 못 속에서 건져내십시오."
집안 사람이 못에서 두건 하나를 건져냈다.
범단이 남군(南郡)에 갔다가 다시 장안(長安) 근처로 가서 영명(英明)한 현사들에게 배움을 구하고서 13년 뒤에 곧 집에 돌아왔으나 집안 사람들이 다시는 그를 알아보지 못했다.
　진류군 사람들은 그의 뜻과 덕행을 높게 여겼고 그가 죽고나자 정절선생(貞節先生)이라 호했다.

　漢陳留外黃范丹 字史雲 少爲尉從佐使 檄¹⁾謁督郵²⁾ 丹有志節 自恚爲厮役小吏 乃於陳留大澤中 殺所乘馬 捐棄官幘 詐逢劫者 有神下其家曰 我史雲也 爲劫人所殺 疾取我衣於陳留大澤中 家取得一幘 丹遂之南郡 轉入三輔 從英賢遊學 十三年乃歸 家人不復識焉 陳留人高其志行 及沒 號曰貞節先生
1) 檄(방) : 징병서(徵兵書).
2) 督郵(독우) : 군(郡)의 중요(重要) 벼슬아치. 태수(太守)를 대신하여 현(縣)과 향(鄕)을 감독하는 일 따위를 맡았다.

3. 죽은 사람 행세를 한 비계(費季)

　오(吳)나라 사람 비계가 오래도록 초(楚)나라에서 나그네 생활을 했다. 그때 길에 강도가 많아서 그의 아내가 늘 그를 위해서 근심했다.
　비계가 같은 무리들과 더불어 여산(廬山) 아래의 여관에서 잠을 자다가 각자 서로 집을 떠난 지가 얼마나 되는지를 물었다.
　비계가 말하였다.
　"내가 집 떠난 지 이미 몇년이 되었습니다. 떠나올 때 아내와 이별하면서 아내에게 나아가 금비녀를 구해서 출발했는데 아내의 뜻으로 마땅히 나에게 금비녀를 줄지 안줄지 보고자 했을 따름입니다."
　그날 저녁 그의 아내의 꿈에 비계가 말하였다.
　"나는 길에서 강도를 만나 죽은 지 이미 2년이 되었소 만약 내 말을 믿지 못하면 내가 집 떠날 때 임자에게 금비녀를 거두었는데 드디어 그것을 가지고 떠나지 못하고 문틀 위에 올려놓았으니 가서 찾아보면 될 것이오"

아내가 잠을 깨서 금비녀를 헤아려 얻고나서 집안에서 드디어 장례를 치렀다.
한 해 남짓 지나서 비계가 곧 집에 돌아왔다.

吳人費季 久客於楚 時道多劫 妻常憂之 季與同輩旅宿廬山下 各相問
出家幾時 季曰 吾去家已數年矣 臨來 與妻別 就求金釵以行 欲觀其志
當與吾否耳 得釵 乃以著戶楣上 臨發 失與道 此釵故當在戶上也 爾夕
其妻夢季曰 吾行遇盜 死已二年 若不信吾言 吾行時取汝釵 遂不以行
留在戶楣上 可往取之 妻覺 揣釵得之 家遂發喪 後一年餘 季乃歸還

4. 남의 간음을 뒤집어 쓸 뻔한 우정국(虞定國)

여요현(餘姚縣) 사람인 우정국은 풍채와 얼굴이 당당했다. 같은 현의 소씨(蘇氏)의 딸이 또한 얼굴이 아름다왔다.

우정국이 일찍이 소씨의 딸을 보고나서 그를 좋아했다. 나중에 우정국이 자기 집에 오는 것을 보고 소씨가 유숙시켰는데 한밤에 소씨에게 말하였다.

"따님이 아름다운지라 마음으로 아주 흠모했습니다. 오늘밤 잠깐 따님을 나오시게 할 수 있습니까?"

소씨는 그가 고을의 귀인이었기에 바로 딸을 나오게 해서 그를 시중들게 했다.

오고감이 점점 잦아지더니 이윽고 소씨에게 말하였다.

"아무 보답할 것이 없습니다. 만약 관청의 부역이 있으면 제가 어르신을 대신하여 맡겠습니다."

소씨는 기뻐했다.

그뒤로 부역이 있어서 소씨가 우정국에게 나아갔더니 우정국이 크게 놀라며 말하였다.

"도무지 저와 대면한 적도 없는데 무슨 까닭으로 이러십니까? 여기에는 반드시 괴이함이 있을 것입니다."

소씨가 사정을 다 이야기하자 우정국이 말하였다.

"제가 어찌 남의 아버지에게 청하여 남의 딸을 간음하려 했겠습니까? 만약 다시 오는 것이 보이거든 바로 마땅히 베어 죽이십시오"
나중에 과연 소씨는 괴물을 잡았다.

餘姚虞定國 有好儀容 同縣蘇氏女 亦有美色 定國常見 悅之 後見定國來 主人留宿 中夜 告蘇公曰 賢女令色 意甚欽之 此夕能令暫出否 主人以其鄕里貴人 便令女出從之 往來漸數 語蘇公云 無以相報 若有官事 某爲君任之 主人喜 自爾後 有役召事 往造定國 定國大驚 曰 都未嘗面命 何由便爾 此必有異 具說之 定國曰 僕寧肯請人之父而淫人之女 若復見來 便當斫之 後果得怪

5. 귀신병이 있는 아내를 둔 주탄(朱誕)의 부하

오(吳)나라 손호(孫皓)임금 때 회남내사(淮南內史)인 주탄은 자(字)가 영장(永長)이었는데 건안태수(建安太守)가 되었을 때의 일이다.

주탄의 한 부하의 아내에게 귀신병이 있었는데 부하는 아내가 간통한다고 의심했다.

부하가 나중에 외출하면서 몰래 벽에 구멍을 뚫고 아내를 엿보았다. 바로 아내가 베틀 속에서 베짜면서 멀리 뽕나무 위를 쳐다보았는데 뽕나무 위의 사람에게 말하고 웃는 것이 보였다.

부하가 뽕나무 위를 쳐다보니 한 소년이 있었는데 나이는 열너댓 살쯤 되어보이고 푸른 옷깃과 옷소매를 한 옷을 입고 푸른 두건을 쓰고 있었다.

부하가 진짜 사람인 줄로 생각하고 쇠뇌를 당겨 쏘니 소년은 그 크기가 키 만한 우는 매미가 되어 푸드득 날아갔다.

아내도 또한 소리에 따라 놀라며 말하였다.

"아아! 사람이 너를 쏘는구나!"

부하는 그 일을 괴이하게 여겼다.

나중에 한참 지나서 부하가 길에서 함께 이야기하고 있는 두 작은 아이를 보았다.
한 아이가 말하기를
"어째서 다시 너를 보지 못하게 되었느냐?"
라고 하자 다른 한 아이는 뽕나무 위에 앉았던 아이였는데 답하였다.
"지난번에 재수가 없어 사람이 쏜 화살에 맞아 상처가 오랜 시일을 끌었어."
"이제는 어떠하냐?"
"주태수의 대들보 위의 고약을 발라서 나았다."
부하가 주탄에게 이 일을 이야기하였다.
"남이 태수님의 고약을 훔쳤는데 알고 계십니까?"
주탄이 말하기를
"내 고약은 오래도록 대들보 위에 두었는데 남이 어찌 훔칠 수 있겠는가?"
라고 하자 부하가 말하였다.
"그렇지 않습니다. 태수님께서 살펴보십시오."
주탄은 근본적으로 믿지 않았으나 시험삼아 고약을 보니 고약은 원래대로 봉해져 있었다.
주탄이 말하기를
"소인(小人)이 일부러 망령되게 말을 하는구나. 고약은 자연스럽게 여전하다."
라고 하니, 부하가 말하였다.
"시험삼아 열어보십시오."
주탄이 열어보니 고약은 절반쯤 없어졌고 그것을 긁었을 때 발자취가 있는 것이 보였다.
주탄은 인하여 크게 놀라서 곧 상세하게 물었고 부하는 경과를 이야기해 주었다.

吳孫皓世 淮南內史[1]朱誕 字永長 爲建安太守 誕給使妻有鬼病 其夫

疑之爲奸 後出行 密穿壁隙窺之 正見妻在機中織 遙瞻桑樹上 向之言
笑 給使仰視樹 有一年少人 可十四五 衣青衿袖 青幘頭 給使以爲信人
也 張弩射之 化爲鳴蟬 其大如箕 翔然飛去 妻亦應聲驚曰 噫 人射汝
給使怪其故 後久時 給使見二小兒在陌上共語 曰 何以不復見汝 其一
卽樹上小兒也 答曰 前不遇 爲人所射 病瘡積時 彼兒曰 今何如 曰 賴
朱府君梁上膏以傅之 得愈 給使白誕曰 人盜君膏藥 頗知之否 誕曰 吾
膏久致梁上 人安得盜之 給使曰 不然 府君視之 誕殊不信 試爲視之
封題如故 誕曰 小人故妄言 膏自如故 給使曰 試開之 則膏去半 爲掊
刮 見有趾迹 誕因大驚 乃詳問之 具道本末

1) 內史(내사) : 제후왕국(諸侯王國) 안에서 민정(民政)을 맡았던 벼슬아치.

6. 귀신을 말하지 못한 예언사(倪彦思)

오(吳)나라 때 가흥현(嘉興縣) 사람인 예언사가 현(縣)의 서쪽 연리(埏里)에 살았다.

문득 귀신이 그의 집에 들어오는 것이 보였는데 사람과 더불어 이야기하고 사람처럼 먹고 마셨으나 오직 형체가 보이지 않았다.

예언사의 노비로 몰래 예언사의 아내를 욕하는 이가 있으면 귀신이 말하기를 "이제 마땅히 예언사에게 알려주겠다."라고 했고 예언사가 그 노비를 다스렸기에 감히 몰래 욕하는 이가 없어졌다.

예언사에게 첩이 있었는데 귀신이 예언사에게 첩을 자기에게 주도록 요구했다.

예언사는 곧 도사를 맞이하여 귀신을 쫓으려 했다.

술과 안주가 이미 마련되자 귀신은 곧 뒷간에 가서 똥을 거두어 그 위에다 뿌렸다.

도사는 곧 맹렬하게 북을 때려 모든 신을 불렀다. 귀신은 곧 요강을 들고서 신좌 위에서 호각소리를 불어댔다.

잠깐 뒤에 도사가 문득 등이 차가움을 느끼고 놀라 일어나며 옷을 벗었는데 곧 요강이 등에 붙었던 것이다. 그래서 도사는 일을 그만두고 떠나갔다.

　예언사가 밤에 이불 속에서 몰래 아내와 이야기하며 함께 이 귀신 때문에 근심했다.

　귀신이 곧 들보 위에 올라가서 예언사에게 말하였다.

　"그대와 그대의 아내가 내 말을 하는데 내가 이제 마땅히 그대의 대들보를 끊으리라."

　곧 슥슥 소리가 났다. 예언사는 대들보가 잘리는 것이 두려워 불로써 비춰보니 귀신이 곧 불을 꺼버렸다. 대들보 끊는 소리는 더욱 급해졌는데 예언사가 집이 무너질까 두려워 남녀노소 사람들을 다 집 밖으로 내보내고 다시 불로써 비춰보니 대들보는 여전했다.

　귀신이 크게 웃으며 예언사에게 말하였다.

　"다시 내 말을 하겠는가?"

　군중(郡中)의 전농(典農)이 이 이야기를 듣고 말하였다.

　"이 귀신은 바로 살쾡이 요괴일 것입니다."

　귀신이 곧 전농에게 나아가 말하였다.

　"그대는 관청의 몇백섬의 곡식을 거두어서 아무 곳에 감춰 두었다. 벼슬아치가 되어 더러운 짓을 했으면서 감히 내 말을 하는가. 이제 마땅히 관청에 알려 사람들을 데리고 가서 그대가 훔쳐둔 곡식을 끄집어내도록 하겠다."

　전농이 크게 두려워 사과했다. 그뒤로 감히 이 귀신에 대해서 말하는 사람이 없었다.

　3년 뒤에 귀신이 떠나갔는데 간 곳을 몰랐다.

　　吳時 嘉興倪彥思 居縣西埏里 忽見鬼魅入其家 與人語 飮食如人 惟不見形 彥思奴婢有竊罵大家者 云 今當以語 彥思治之 無敢罵之者 彥思有小妻 魅從求之 彥思乃迎道士逐之 酒殽旣設 魅乃取厠中草糞 布著其上 道士便盛擊鼓 召請諸神 魅乃取伏虎 于神座上吹作角聲音 有頃 道士忽覺背上冷 驚起解衣 乃伏虎也 於是道士罷去 彥思夜於被中

竊與嫗語 共患此魅 魅卽屋梁上謂彦思曰 汝與婦道吾 吾今當截汝屋梁
卽隆隆有聲 彦思懼梁斷 取火照視 魅卽滅火 截梁聲愈急 彦思懼屋壞
大小悉遣出 更取火 視梁如故 魅大笑 問彦思 復道吾否 郡中典農[1]聞
之 曰 此神正當是狸物耳 魅卽往謂典農曰 汝取官若干百餘斛穀 藏著
某處 爲吏汚穢 而敢論吾 今當白于官 將人取汝所盜穀 典農大怖而謝
之 自後無敢道者 三年後去 不知所在
1) 典農(전농) : 농업(農業)을 주관한 사람.

7. 두 눈이 거울같은 귀신

위(魏)나라 문제(文帝) 황초(黃初) 때 돈구현(頓丘縣)의 경계
에서 어떤 사람이 말을 타고 밤길을 가는데 길에 한 물건이 보
였다.
크기는 토끼 만하고 두 눈은 거울 같았는데 말 앞에 뛰어올라
말이 나아가지 못하게 했다.
사람이 드디어 놀라서 말에서 떨어졌다. 귀신이 바로 땅에 나
아가 사람을 잡으니 사람은 놀라고 두려워서 갑자기 기절했다.
한참 지나서 이 사람이 깨어날 수 있었는데 깨어나서는 이미
귀신은 없어져 버려 어디에 있는지 알지 못했다.
곧 다시 말에 올라 앞으로 몇리를 가다가 한 사람을 만나 서
로 수인사를 끝낸 다음이었다.
이 사람이 인하여 말하기를
"조금 전에 이같은 괴변을 당했는데 이제 서로 짝이 될 수 있
으니 아주 기쁩니다."
라고 하니, 그 사람이 말하였다.
"나도 혼자 가다가 그대를 만나 짝을 삼으니 유쾌하기가 말할
수 없습니다. 그대의 말은 빨리 가니 그대가 앞서면 내가 뒤따르
겠습니다."
드디어 함께 가다가 그 사람이 말하기를
"아까 괴물이 어떠했길래 그대를 두렵게 했습니까?"

라고 하니, 이 사람이 대답하기를
"그 몸은 토끼같고 두 눈은 거울같고 형체는 아주 흉악했습니다."
라고 하자 그 사람이 말하였다.
"시험삼아 나를 뒤돌아 보시겠습니까?"
 이 사람이 뒤돌아 보니 그 사람은 보이지 않고 조금 앞의 토끼같은 귀신만 보였다. 귀신은 바로 말에 뛰어올랐는데 이 사람은 드디어 땅에 떨어져 두려워서 기절했다.
 집안 사람들이 말이 혼자 집에 돌아오는 것을 괴이하게 여겨 곧 길을 나서 이 사람을 찾다가 길가에서 그를 발견했다.
 하루밤 자고나서 이 사람이 곧 깨어나서는 이같은 상황을 이야기했다.

　魏黃初中 頓丘界有人騎馬夜行 見道中有一物 大如兎 兩眼如鏡 跳躍馬前 令不得前 人遂驚懼 墮馬 魅便就地捉之 驚怖暴死 良久得甦 甦已失魅 不知所在 乃更上馬 前行數里 逢一人 相問訊已 因說 向者事變如此 今相得爲伴 甚歡 人曰 我獨行 得君爲伴 快不可言 君馬行疾 且前 我在後相隨也 遂共行 語曰 向者物何如 乃令君怖懼耶 對曰 其身如兎 兩眼如鏡 形甚可惡 伴曰 試顧視我耶 人顧視之 猶復是也 魅便跳上馬 人遂墮地 怖死 家人怪馬獨歸 卽行推索 乃于道邊得之 宿昔乃蘇 說狀如是

8. 사당의 귀신이 된 도삭군(度朔君)
　원소(袁紹)의 자(字)는 본초(本初)이다.
　그가 기주(冀州)에 있을 때 어떤 신이 하동군(河東郡)에서 나타나 도삭군이라 이름하니 백성들이 함께 사당을 세웠다.
　사당에는 주부(主簿)가 있었는데 크게 행복했다.
　진류군(陳留郡) 사람인 채용(蔡庸)이 청하군(淸河郡)의 태수가 되어 이 사당을 방문하러 갔다. 그에게 이름이 채도(蔡道)라는 아들이 있었는데 죽은 지 이미 30년이 넘었다.
 도삭군이 채용을 위하여 주연을 베풀고 말하였다.
 "아드님이 벌써 왔으니 그대를 만나고자 합니다."
 잠깐만에 채용의 아들이 왔다. 도삭군은 스스로 자기 할아버지와 아버지가 옛날 연주(兗州)에서 일했다고 말했다.
 성이 소씨인 어떤 선비가 어머니의 병 때문에 사당에 기도하러 갔는데 주부가 말하였다.
 "도삭군께서는 천사(天士)를 만나고 계시니 좀 기다리십시오"
 서북쪽에서 북소리가 나더니 도삭군이 이르렀다. 잠깐 뒤에 한 손님이 왔는데 검은 홑옷을 입었으며 머리에는 오색의 깃털을 꽂았는데 길이가 몇치는 되었다.
 이 손님이 간뒤 다시 한 사람이 왔는데 흰 홑옷을 입고 고기 대가리 같은 높은 갓을 썼는데 도삭군에게 말하였다.
 "옛날 여산(廬山)에 임해 함께 흰 오얏을 먹었는데 그 일을 추억하면 오래되지 않았던 일로 여겨지는데 이미 3천년이 지났습니다. 세월이 빨리 지나니 사람으로 하여금 슬프게 만듭니다."
 그 사람이 간뒤 도삭군이 선비에게 말하였다.
 "방금 온 사람은 남해군(南海君)입니다."
 선비는 서생이었으나 도삭군은 밝게 오경(五經)에 통하고『예기(禮記)』를 특별히 잘하여 선비와 예를 논하는데 선비가 그보다 못했다.
 선비가 어머니의 병을 치료해 줄 것을 구하자 도삭군이 말하였다.
 "그대가 사는 동쪽에 옛 다리가 있는데 사람들이 무너뜨렸습니다. 이 다리는 사람들이 지나가는 곳인데 그대의 어머니가 다리 무너뜨리는 일을 저질렀습니다. 다리를 원래대로 회복시킬 수 있다면 그대의 어머니의 병은 곧 나을 것입니다."
 조조가 원담(袁譚)을 치며 사람을 시켜 사당으로부터 비단 천필을 빌리게 했으나 도삭군이 주지 않았다. 조조는 장합(張郃)을 보내 사당을 허물게 했다.

장합이 사당에서 백리쯤 떨어진 곳에 왔을 때 도삭군이 병사 수만명을 보냈으나 장합의 무리는 길에 쭉 늘어서서 행진해 왔다. 장합이 사당에서 2리쯤 떨어진 곳에 왔을 때 구름과 안개가 장합의 군대를 둘러쌌기에 장합은 사당이 있는 곳을 몰랐다.
도삭군이 주부에게 말하였다.
"조조의 기(氣)가 강성하니 마땅히 그를 피해야겠다."
나중에 소 선비의 이웃 집에 어떤 신이 강림했는데 소 선비는 도삭군의 목소리임을 알았다.
도삭군이 말하였다.
"내가 옛날 호남성(湖南省)과 호북성(湖北省)에 옮겨 들어가 여러분들과 이별한 지가 3년이 되었습니다."
소 선비가 곧 사람을 조조에게 보내 알렸다.
"옛 사당을 수리하고자 하나 터가 쇠약하여 살기에 알맞지 않으니 도삭군을 승상(丞相)님 쪽에 붙여 살게 하고자 합니다."
조조가 말하였다.
"아주 좋도다."
그래서 성 북쪽의 누각을 치장하여 도삭군을 살게 했다.
며칠이 지나서 조조가 사냥하여 괴물 한 마리를 잡았는데 크기는 큰 고라니같고 발이 크고 빛깔이 눈처럼 희고 털이 부드럽고 미끄럽고 사랑스러워 조조가 얼굴에 문질러 보고는 그 좋음을 이름할 길이 없었다.
밤에 누각 위에서 곡하는 소리가 들렸다.
"작은 아이가 나갔다가 돌아오지 않는구나."
이에 조조가 손뼉치면서 말하였다.
"이 자의 말을 들어보니 진짜로 쇠약하구나."
새벽에 수백마리의 개로써 누각 아래를 둘러싸게 했다. 개들은 냄새를 맡고나자 안팎으로 마구 돌진했다.
나귀 만한 괴물이 스스로 누각 아래로 뛰어내리는 것이 보이자 개들이 물어 죽였는데 이 일이 있고부터 사당의 신은 곧 없어지고 말았다.

제17권 사람이나 동물에 의탁한 신(神) 391

袁紹 字本初 在冀州 有神出河東 號度朔君 百姓共爲立廟 廟有主
簿[1]大福 陳留蔡庸爲淸河太守 過謁廟 有子名道 亡已三十年 度朔君爲
庸設酒曰 貴子昔來 欲相見 須臾 子來 度朔君自云父祖昔作兗州 有一
士姓蘇 母病往禱 主簿云 君逢天士[2]留待 聞西北有鼓聲而君至 須臾
一客來 著皂角單衣 頭上五色毛 長數寸 去後 復一人 著白布單衣 高
冠 冠似魚頭 謂君曰 昔臨廬山共食白李 憶之未久 已三千歲 日月易得
使人悵然 去後 君爲士曰 先來南海君也 士是書生 君明通五經[3] 善禮
記 與士論禮 士不如也 士乞救母病 君曰 卿所居東有故橋 人壞之 此
橋所行卿母犯之 能復橋便差 曹公討袁譚 使人從廟換千疋絹 君不與
曹公遣張郃毁廟 未至百里 君遣兵數萬 方道而來 郃未達二里 雲霧繞
郃軍 不知廟處 君語主簿 曹公氣盛 宜避之 後蘇幷隣家有神下 識君聲
云 昔移入湖 濶絶三年 乃遣人與曹公相聞 欲修故廟 地衰不中居 欲寄
住 公曰 甚善 治城北樓以居之 數日 曹公獵 得物 大如麂 大足 色白
如雪 毛軟滑可愛 公以摩面 莫能名也 夜聞樓上哭云 小兒出行不還 公
撫掌曰 此子言眞衰也 晨將數百犬 繞樓下 犬得氣 冲突內外 見有物大
如驢 自投樓下 犬殺之 廟神乃絶

1) 主簿(주부): 문서를 주관하고 사무를 처리하던 벼슬아치. 여기서는 사
   당의 무당인 듯하다.
2) 天士(천사): 천문(天文)과 음양술수(陰陽術數)에 정통한 사람.
3) 五經(오경):『시경(詩經)』『서경(書經)』『역경(易經)』『예기(禮記)』『춘
   추(春秋)』.

9. 신을 잃어 가난해진 진신(陳臣)

임천군(臨川郡) 사람인 진신의 집은 크게 부유하였다.

후한(後漢) 안제(安帝) 영초(永初) 원년에 진신이 서재에 앉
아 있었다.

그의 집안에 한 떼기 근죽(筋竹)밭이 있었는데 대낮에 문득
키가 한 길 남짓하고 얼굴이 방상씨(方相氏)를 닮은 한 사람이
대밭에서 나오는 것이 보이더니 곧 진신에게 말하였다.

"내가 그대의 집에 여러 해 있었지만 그대는 몰랐습니다. 이제 그대를 작별하고 떠나가니 마땅히 그대로 하여금 나를 알게 하는 것입니다."

그 사람이 떠나간 지 한 달쯤 되는 어느 날 집에서 크게 불이 일어나고 노비들도 문득 죽어버렸다.

한 해 안에 진신은 곧 크게 가난해졌다.

臨川陳臣家大富 永初元年 臣在齋中坐 其宅內有一町筋竹[1] 白日忽見一人 長丈餘 面如方相 從竹中出 遜語陳臣 我在家多年 汝不知 今辭汝去 當令汝知之 去一月許日 家大失火 奴婢頓死 一年中 便大貧

1) 筋竹(근죽) : 튼튼하여 창(槍)을 만들 수도 있는 대.

10. 머리 흰 늙은이가 솥에서 나오다

동래군(東萊郡)에 한 집이 있었는데 성은 진씨(陳氏)이고 식구는 백여명이었다.

어느날 아침밥을 짓는데 솥의 밥이 끓지를 않았다. 사람들이 솥의 시루를 들고보니 문득 머리가 흰 한 늙은이가 솥 속에서 나왔다.

곧 진씨네 사람이 무당에게 나아가 점을 치니 무당이 점치고서 말하였다.

"이는 큰 괴상한 일이니 마땅히 멸문을 당할 것입니다. 바로 집으로 돌아가서 많은 병기를 만들되 병기가 만들어지면 병기들을 대문가의 담 아래에 놓고 대문을 꽉 잠그고 집안에 있되 말 타고 대장기(大將旗)와 일산을 꽂은 수레를 탄 사람들이 와서 대문을 두드리더라도 삼가 응답하지 마십시오."

진씨네 사람이 곧 집으로 돌아가 온 집안 사람들이 백여개의 병기를 만든 뒤 현관방 아래에 두었다.

과연 어떤 사람이 이르러 불렀으나 응답하지 않았다.

온 사람들 중의 주장이 크게 화를 내며 한 부하에게 대문 틈을 따라 들어가게 했다. 부하가 대문 안을 엿보니 크고 작은 병기 백여개가 보이는지라 대문을 나와서 연이어 이같은 사정을 이야기했다.

주장이 크게 두려워하고 안타까워 하며 좌우의 부하들에게 말하였다.

"빨리 오자고 해도 빨리 오지 않더니 드디어 한 사람도 잡아갈 수 없게 되었으니 어떻게 우리들의 죄를 벗어날 것인가? 여기서부터 북쪽으로 가면 80리쯤 되는 곳에 103식구가 있는 집이 있는데 그들을 잡아서 충당하자."

열흘 뒤 이 집 사람들은 모두 다 죽었다. 이 집안도 성이 또한 진씨였다.

東萊有一家 姓陳 家百餘口 朝炊 釜不沸 擧甑看之 忽有一白頭公從釜中出 便詣師卜 卜云 此大怪 應滅門 便歸 大作械 械成 使置門壁下 堅閉門在內 有馬騎麾蓋來扣門者 愼勿應 乃歸 合手伐得百餘械 置門屋下 果有人至 呼不應 主帥大怒 令緣門入 從人闚門內 見大小械百餘 出門還說如此 帥大惶 語左右云 敎速來 不速來 遂無一人當去 何以解罪也 從此北行 可八十里 有一百三口 取以當之 後十日 此家死亡都盡 此家亦姓陳云

11. 새장 속에서 없어진 복류조(服留鳥)

진(晋)나라 혜제(惠帝) 영강(永康) 원년(元年)에 수도에서 기이한 새를 잡았으나 이름을 알 수 없었다.

조왕(趙王) 사마륜(司馬倫)이 사람을 시켜 가지고 나가서 성읍(城邑)의 저자를 돌아다니며 사람들에게 묻게 했다.

그날 황궁 서쪽에서 한 어린아이가 그 새를 보고 드디어 스스로 말하였다.

"복류조입니다."

새를 가지고 간 사람이 돌아가서 사마륜에게 알렸다.

사마륜이 다시 아이를 찾게 했는데 심부름꾼이 또 아이를 만나자 곧 그를 데리고 황궁에 들어갔다.
조왕은 몰래 새를 새장 속에 가두고 아울러 어린아이도 문 안에 가둬 두었다. 다음날 가보니 새도 아이도 다 보이지 않았다.

晉惠帝永康元年 京師得異鳥 莫能名 趙王倫使人持出 周旋城邑市以問人 卽日 宮西有一小兒見之 遂自言曰 服留鳥 持者還白倫 倫使更求又見之 乃將入宮 密籠鳥 幷閉小兒於戶中 明日往視 悉不復見

12. 동망산(東望山)의 말하는 귤

남강군(南康郡)의 남쪽에 동망산이 있다.
어떤 세 사람이 이 산 속에 들어갔다.
그 산 꼭대기에는 과일나무가 있는 것이 보였는데 뭇 과일나무가 다 줄이 가지런하여 사람이 줄을 선 것처럼 심어져 있었다.
귤이 바로 익어 있었기에 세 사람이 함께 먹고 나서 배가 부르자 곧 두 개를 품속에 넣고 산을 나와서 사람들에게 보여 주고자 했다.
그러나 공중에서 말하는 소리가 들렸다.
"빨리 귤 두 개를 내려 놓으면 곧 그대들을 보내 주겠다."

南康郡南東望山 有三人入山 見山頂有果樹 衆果畢植 行列整齊 如人行 甘子正熟 三人共食 致飽 乃懷二枚 欲出示人 聞空中語云 催放雙甘 乃聽汝去

13. 뱀을 머리 속에 넣고 산 진첨(秦瞻)

진첨이 곡아현(曲阿縣) 팽황(彭皇)땅 들에서 살았는데 문득 뱀같은 물건이 그의 골 속으로 돌입했다.
뱀이 올 때 먼저 냄새를 맡고는 바로 콧속으로 파고 들었다.

제17권 사람이나 동물에 의탁한 신(神)

 그리고나서 그의 머리 속에서 또아리를 틀었는데 머리 속에서 왁자지껄한 것을 느꼈다. 또 그의 골 속에서 접접하며 먹는 소리도 들리더니 며칠이 지나서 뱀은 나갔다.
 잠깐 뒤에 뱀이 다시 오는지라 수건으로 코와 입을 싸맸으나 또한 파고 들어갔다.
 그는 여러 해 동안 다른 병은 앓지 않았으나 오직 머리가 아픈 병을 앓았다.

 秦瞻居曲阿彭皇野 忽有如蛇 突入其腦中 蛇來 先聞臭氣 便於鼻中入 盤其頭中 覺哄哄 僅聞其腦間食聲㗁㗁 數日而出 尋復來 取手巾縛鼻口 亦被入 積年無他病 惟患頭痛

제18권 동물과 나무가 변한 신(神)

1. 말하는 베개를 본 왕신(王臣)

위(魏)나라 명제(明帝) 경초(景初) 때 함양현(咸陽縣)의 말단 벼슬아치인 왕신의 집에 괴상한 일이 있었는데 까닭없이 손뼉치고 서로 부르는 소리가 들려서 엿보았으나 보이는 것이 없었다.

그의 어머니가 밤에 고달퍼서 베개를 베고 누워 자는데 잠깐만에 다시 부엌에서 부르는 소리가 들리기를

"문약(文約)아, 어째서 오지 않느냐?"

라고 하니, 머리 밑에 있던 베개가 응답하였다.

"나는 베어지고 있기 때문에 갈 수 없다. 네가 내쪽으로 와서 술 마시는 것이 좋겠다."

날이 밝아서 알아보니 밥주걱이었다.

곧 밥주걱과 베개를 모아서 태워버리니 그 괴상한 일이 드디어 끊어졌다.

魏景初中 咸陽縣吏王臣家有怪 無故聞拍手相呼 伺無所見 其母夜作倦¹⁾ 就枕寢息 有頃 復聞竈下有呼聲曰 文約 何以不來 頭下枕應曰 我見枕 不能往 汝可來就我飮 至明 乃飯甲也 卽聚燒之 其怪遂絶

1) 권(倦) : 고달프다.

2. 금과 은을 얻어 큰 부자가 된 아문(阿文)

위군(魏郡) 사람인 장분(張奮)은 집이 본래 큰 부자였는데 문

득 늙어 버리고 재산이 흩어지자 드디어 집을 정응(程應)에게 팔았다.
 정응이 들어가 사는데 온 집안 사람들이 다 병들어서 다시 이웃 사람 아문(阿文)에게 팔았다.
 아문이 먼저 혼자 대도(大刀)를 잡고 저물 때 북쪽 몸채의 대들보 위에 올라갔다.
 삼경 무렵이 되어 문득 키가 한 길 남짓하고 높은 갓을 쓰고 누런 옷을 입은 한 사람이 몸채에 올라와 불렀다.
 "가는 허리야."
 가는 허리가 응답하자 그 사람이 말하기를
 "집안에 어찌 산 사람 냄새가 나느냐?"
 라고 하니, 가는 허리가 답하였다.
 "산 사람이 없다."
 그리고나서 그 사람은 곧 갔다. 조금 뒤 높은 갓을 쓰고 푸른 옷을 입은 사람이 왔고 다음으로 또 높은 갓을 쓰고 흰옷을 입은 사람이 왔는데 묻고 답하는 것이 모두 똑같이 앞과 같았다.
 장차 새벽이 되려할 때 아문이 곧 대들보에서 내려와 앞의 방법대로 불러서 묻기를
 "누런 옷 입은 사람은 누구인가?"
 라고 하니, 가는 허리가 답하였다.
 "금인데 집의 서쪽벽 아래에 있습니다."
 "푸른 옷 입은 사람은 누구인가?"
 "돈인데 집 앞쪽의 우물가 다섯 걸음 되는 곳에 있습니다."
 "흰옷 입은 사람은 누구인가?"
 "은인데 담 동북 구석의 기둥 아래에 있습니다."
 "그대는 다시 누구인가?"
 "나는 절구공이인데 지금 부엌에 있습니다."
 새벽이 되어 아문이 차례대로 땅을 파서 금과 은 5백근 및 돈 천만관을 얻은 뒤 절구공이를 거두어 태워버렸다.
 이로부터 크게 부유해졌고 집안은 드디어 편안해졌다.

魏郡張奮者 家本巨富 忽衰老財散 遂賣宅與程應 應入居 擧家病疾 轉賣隣人阿文 文先獨持大刀 暮入北堂中梁上 至三更竟 忽有一人 長丈餘 高冠黃衣 升堂呼曰 細腰 細腰應喏 曰 舍中何以有生人氣也 答曰 無之 便去 須臾 有一高冠靑衣者 次之 又有高冠白衣者 問答竝如前 及將曙 文乃下堂中 如向法呼之 問曰 黃衣者爲誰 曰 金也 在堂西壁下 靑衣者爲誰 曰 錢也 在堂前井邊五步 白衣者爲誰 曰 銀也 在墻東北角柱下 汝復爲誰 曰 我 杵也 今在竈下 及曉 文按次掘之 得金銀五百斤 錢千萬貫 仍取杵焚之 由此大富 宅遂淸寧

3. 베어도 다시 붙는 가래나무

진(秦)나라 때 무도군(武都郡) 고도현(故道縣)에 노특사(怒特祠)가 있었는데 사당가에 가래나무가 났다.

진나라 문공(文公) 27년에 사람을 시켜 가래나무를 베게 했는데 문득 큰 비바람이 일어났다.

나무를 찍어 상처를 내자마자 원래대로 합쳐졌기에 하루가 지나도 나무가 잘리지를 않았다.

문공이 더욱더 많은 병졸들을 동원하여 도끼를 가지고 나무를 찍는 자가 40명이 되게 했으나 오히려 잘리지 않았다.

병사들이 고달파서 돌아와 쉬었다. 그 가운데 한 사람은 발에 상처를 입어 걸을 수 없어서 나무 아래에 누워있었는데 귀신이 나무귀신에게 말하는 소리가 들리기를

"싸우느라 수고했습니다."

하니, 그 나무귀신이 말하였다.

"무슨 수고랄 것이 있습니까?"

"진나라 문공이 곧 반드시 나무 찍는 일을 그치지 않으면 어찌하겠습니까?"

"진나라 문공이 나를 어찌할 수 있겠습니까?"

"진나라가 만약 300인을 시켜 머리를 풀어헤치고 붉은 실로써 나무를 감고 붉은 옷을 입고 재를 뿌려가며 그대를 찍게 한다면

그대는 곤란해지지 않을 수 있겠습니까?"
 나무귀신은 잠잠하여 아무말도 못했다.
 다음날 발이 아팠던 사람이 귀신들의 대화 내용을 문공에게
알렸다. 문공은 그래서 사람들로 하여금 다 붉은 옷을 입고 나무
를 찍을 때마다 재를 뿌리게 했다.
 나무가 잘리자 나무 속에서 한 마리 푸른 소가 나와서 풍수
(豊水) 속으로 달아나 들어갔다.
 그뒤 푸른 소가 풍수 속에서 나오자 기병으로 하여금 그것을
치게 했는데 이기지 못했다.
 기병이 땅에 떨어졌다가 다시 말에 올라탄 뒤 상투를 풀어 머
리를 흩뜨리자 소가 두려워하여 곧 물 속에 들어가고 감히 다시
나오지 않았다.
 그래서 진나라는 이로부터 모두기(旄頭騎)를 두었다.

 秦時 武都故道有怒特祠 祠上生梓樹 秦文公二十七年 使人伐之 輒
有大風雨 樹創隨合 經日不斷 文公乃益發卒 持斧者至四十人 猶不斷
士疲還息 其一人傷足 不能行 臥樹下 聞鬼語樹神曰 勞乎攻戰 其一人
曰 何足爲勞 又曰 秦公將必不休 如之何 答曰 秦公其如予何 又曰 秦
若使三百人被髮 以朱絲繞樹 楮衣灰坌伐汝 汝得不困耶 神寂無言 明
日 病人語所聞 公於是令人皆衣楮 隨斫創 坌以灰 樹斷 中有一青牛出
走入豊水中 其後青牛出豊水中 使騎擊之 不勝 有騎墮地復上 髻解被
髮 牛畏之 乃入水 不敢出 故秦自是置旄頭騎[1]
1) 旄頭騎(모두기) : 손에 쇠꼬리로 만든 기를 잡고 선두가 되는 기병.

4. 한 마을을 구하게 한 황조(黃祖)

 여강군(廬江郡) 용서현(龍舒縣) 육정(陸亭)의 흐르는 물가에
높이가 수십길 되는 한 그루 큰 나무가 있었는데 늘 꾀꼬리 수
천마리가 그 위에 집을 지었다.
 그때 오래도록 가뭄이 들어 노인들이 서로 말하였다.

"저 나무에는 늘 누런 기(氣)가 있어 아마도 신령이 있을 것이니 우리들이 비를 빌어보는 것이 좋겠습니다."
인하여 술과 포를 가지고 나무에 나아갔다.
정(亭)에 이헌(李憲)이라는 과부가 살았는데 밤에 일어나니 방 속에 문득 수놓은 옷을 입은 한 부인이 보였는데 스스로 말하였다.
"나는 나무신 황조인데 비와 구름을 일으킬 수 있습니다. 그대의 성품이 깨끗하기에 그대를 도와서 살아가도록 하겠습니다. 내일 아침이 되면 부로(父老)들이 다 와서 비를 빌려고 할텐데 나는 이미 하느님께 비를 청구했으니 내일 한낮에 큰 비가 내릴 것입니다."
기한이 되자 과연 비가 내렸고 사람들은 드디어 황조의 사당을 세웠다.
이헌이 말하였다.
"여러분들은 여기에 계십시오 제가 물 가까이 사니 마땅히 잉어를 조금 마련하겠습니다."
말이 끝나자 잉어 수십마리가 사당 아래로 날아와 모였는데 앉아있던 이들로 놀라고 두려워하지 않는 이가 없었다.
이같은 일을 하기가 한 해 남짓 지나자 황조가 말하였다.
"장차 큰 병란이 일어날텐데 이제 그대를 작별하고 갑니다."
그는 하나의 옥고리를 남기고 말하였다.
"이것을 가지고 있으면 재난을 피할 수 있습니다."
나중에 유표(劉表)와 원술(袁術)이 서로 공격하여 용서현의 백성들이 다 옮겨 갔으나 오직 이헌의 마을만이 병란을 당하지 않았다.

廬江龍舒縣陸亭流水邊有一大樹 高數十丈 常有黃鳥數千枚巢其上 時久旱 長老共相謂曰 彼樹常有黃氣 或有神靈 可以祈雨 因以酒脯往 亭中有寡婦李憲者 夜起 室中忽見一婦人 著繡衣 自稱曰 我樹神黃祖也 能興雲雨 以汝性潔 佐汝爲生 朝來父老皆欲祈雨 吾已求之於帝 明

日日中大雨 至期果雨 遂爲立祠 憲曰 諸卿在此 吾居近水 當致少鯉魚 言訖 有鯉魚數十頭 飛集堂下 坐者莫不驚悚 如此歲餘 神曰 將有大兵 今辭汝去 留一玉環 曰 持此可以避難 後劉表 袁術相攻 龍舒之民皆徙去 唯憲里不被兵

5. 나무 위의 늙은이를 다 죽인 장요(張遼)

위(魏)나라 계양태수(桂陽太守)인 강하군(江夏郡) 사람 장요는 자(字)가 숙고(叔高)인데 언릉현(鄢陵縣)을 떠나 집에 살면서 밭을 샀다.

밭 속에 둘레가 열 아름 남짓한 큰 나무가 있었는데 가지와 잎이 아주 무성하여 꽤 넓은 땅을 덮어 곡식이 나지 않았다.

장요가 다른 사람을 보내 나무를 자르게 했다. 다른 사람이 도끼질을 여러번 하니 붉은 즙 6, 7말이 흘러 나왔다.

다른 사람이 두려워서 돌아와 장요에게 이야기하자 장요가 크게 성내며 말하였다.

"나무가 늙으면 즙이 붉은 법인데 어찌 괴상한 일이 될 수 있겠는가?"

인하여 스스로 엄숙하게 차려입고 가서 다시 나무를 찍으니 피가 크게 흘러 나왔다.

장요가 먼저 그 가지를 자르게 하니 가지 위의 빈 곳에서 흰 늙은이가 보였는데 키는 4, 5자 되었다.

늙은이가 뛰쳐 나와서 장요에게 달려가자 장요가 칼로써 늙은이를 맞이하여 쳤다. 이같이 하여 모두 4, 5명의 늙은이를 다 죽였다. 좌우에 있던 사람들은 다 놀라고 두려워서 땅에 엎드렸다.

그러나 장요는 안색이 원래처럼 태연했다. 천천히 자세하게 죽은 늙은이들을 보니 사람도 아니고 짐승도 아니었다. 드디어 그 나무를 잘랐다.

이것이 이른바 나무와 돌의 요괴인 기(夔), 망량(蝄蜽)인가? 이해에 장요는 사공(司空), 벽시어사(辟侍御史), 연주자사(兗州

刺史)가 되었다.
　녹 2천석을 받는 높은 지위로써 고향에 가 조상에게 제사지내고 대낮에 수놓은 옷을 입고 영화롭고 남부럽게 지냈지만 죽을 때까지 그에게 다른 괴이한 일은 일어나지 않았다.

　魏桂陽太守江夏張遼 字叔高 去鄢陵 家居買田 田中有大樹十餘圍 枝葉扶疎 蓋地數畝 不生穀 遣客伐之 斧數下 有赤汁六七斗出 客驚怖 歸白叔高 叔高大怒曰 樹老汁赤 如何得怪 因自嚴行 復斫之 血大流灑 叔高使先斫其枝 上有一空處 見白頭公 可長四五尺 突出 往赴叔高 高以刀逆格之 如此凡殺四五頭 竝死 左右皆驚怖伏地 叔高神慮怡然如舊 徐熟視 非人非獸 遂伐其木 此所謂木石之怪 夔 蝄蜽者乎 是歲 應司空辟侍御史 兗州刺史 以二千石之尊 過鄕里 薦祝祖考 白日繡衣榮羨 竟無他怪

6. 나무의 요괴인 팽후(彭侯)

　오(吳)나라 선주(先主) 손권(孫權) 때 육경숙(陸敬叔)이 건안태수(建安太守)가 되어 사람을 시켜 큰 장목(樟木)을 자르게 했는데 도끼질을 몇번 하지 않아서 문득 피가 나왔다.
　나무가 잘려지자 사람 얼굴에 개 몸뚱이를 한 물건이 나왔다.
　육경숙이 말하였다.
　"이것은 이름이 팽후라고 합니다."
　곧 삶아서 먹으니 그 맛이 개고기 맛과 같았다.
　『백택도(白澤圖)』에서 말하였다.
　"나무의 요괴는 이름이 팽후인데 모양이 검은 개같고 꼬리가 없고 삶아서 먹을 수 있다."

　吳先主時 陸敬叔爲建安太守 使人伐大樟樹 下數斧 忽有血出 樹斷 有物人面狗身 從樹中出 敬叔曰 此名彭侯 乃烹食之 其味如狗 白澤圖曰 木之精名彭侯 狀如黑狗 無尾 可烹食之

7. 배가 저절로 날아가다

오(吳)나라 때 아주 굵은 가래나무가 있었는데 잎의 넓이가 한 길 남짓하고 가지가 여러 이랑에 드리워졌다.

오나라 임금이 나무를 잘라 배를 만들어 동남(童男) 동녀(童女) 30명으로 하여금 배를 끌게 했다.

그런데 배가 저절로 날아서 물로 내려가니 동남 동녀들이 다 물에 빠져 죽었다.

지금도 못 속에는 때때로 전진을 독촉하는 노래소리가 들린다.

吳時 有梓樹巨圍 葉廣丈餘 垂柯數畝 吳王伐樹作船 使童男女三十人牽挽之 船自飛下水 男女皆溺死 至今潭中時有唱喚督進之音也

8. 변장한 여우를 알아맞춘 동중서(董仲舒)

동중서가 장막 아래에서 경전을 강의할 때 어떤 손님이 찾아왔다.

동중서는 그가 보통 사람과 다르다는 것을 알았다.

손님이 또한 말하기를

"비가 내리려고 합니다."

라고 하자 동중서가 장난삼아 말하였다.

"둥지에 사는 짐승은 바람이 불 때를 알고 굴에 사는 짐승은 비가 내릴 때를 아나니 그대는 여우가 아니면 생쥐일 것입니다."

손님은 드디어 늙은 여우로 변했다.

董仲舒下帷講誦 有客來詣 舒知其非常 客又云 欲雨 舒戲之曰 巢居知風 穴居知雨 卿非狐狸 則是鼷鼠 客遂化爲老狸

9. 천년묵은 여우를 삶은 장화(張華)

장화는 자(字)가 무선(茂先)인데 진(晋)나라 혜제(惠帝) 때 사공(司空)이 되었다.
그때 연(燕)나라 소왕(昭王)의 무덤 앞에 한 마리 얼룩여우가 살았는데 여러 해가 되어 변화할 줄을 알았다.
곧 한 서생(書生)으로 변화하여 장화에게 나아가고자 했다.
무덤 앞의 나무기둥에게 가서 묻기를
"나의 재주와 얼굴로써 장사공을 만날 수 있겠습니까?"
라고 하자 무덤 앞의 나무기둥이 말하였다.
"그대는 변장술에 묘하여 할 수 없는 일이 없습니다. 다만 장화는 슬기롭고 법도가 있어서 아마도 그를 농락하기는 어려울 것입니다. 나가면 반드시 욕을 당할 것이며 아마도 되돌아오지 못할 것입니다. 비단 그대가 천년동안 수련한 바탕을 잃을 뿐만 아니라 또한 마땅히 심하게 이 늙은 무덤 앞의 나무기둥을 그르칠 것입니다."
여우는 말을 듣지 않고 곧 명함을 가지고 장화를 만났다.
장화가 그를 보니 풍류스러운 총각이며 옥처럼 살갗이 깨끗하고 희며 거동이 점잖으며 되돌아 볼수록 멋이 나는지라 우아하게 여기고 중시했다.
그래서 문장을 언급하고 모든 이름난 자들의 명성과 실제를 변별하고 비교했는데 장화가 일찍이 들어보지 못한 말들이었다.
여우가 다시 삼사(三史)를 토론하고 제자백가(諸子百家)를 깊이 탐구하고 노자(老子)와 장자(莊子)의 심오한 영역을 이야기하고 『시경(詩經)』의 절묘한 뜻을 들춰내고 십철(十哲)의 학문을 포괄하고 삼재(三才)를 관통하고 여덟 유학파(儒學派)의 득실을 훈계하고 오례(五禮)의 폐단을 지적해냄에 이르러 장화가 응대함에 이론이 부족하여 굴복치 않을 수 없었다.
장화가 곧 탄식하여 말하였다.

"천하에 어찌 이런 소년이 있겠는가! 만약 귀신이 아니라면 여우일 것이다."
곧 의자를 쏟아 서생을 머무르게 하고 사람으로 하여금 지키게 했다.
이 서생이 곧 말하였다.
"사공님은 마땅히 현인을 높이고 대중을 포용하며 선인을 가상히 여기고 무능한 사람을 불쌍히 여겨야 할텐데 어찌하여 남의 학문 많은 것을 미워하십니까? 묵자의 겸애(兼愛)라는 것이 이같은 것입니까?"
말이 끝나자 바로 물러갈 것을 요구했다. 장화가 이미 사람을 시켜 문을 막게 했으니 서생은 나갈 수 없었다.
또 장화에게 말하였다.
"사공님은 문에 갑옷 입은 병사와 가로막는 기병을 두었으니 마땅히 저를 의심하는 것입니다. 장차 천하 사람들이 혀를 말아 말하지 않고 지모있는 선비들이 대문을 바라보기만 하고 들어오지 않을까 두렵습니다. 깊이 사공님을 위하여 안타까워 하는 바입니다."
장화가 답하지 않고 사람들을 시켜 아주 엄하게 지키게 했다.
그때 풍성현의 현령인 뇌환(雷煥)은 자(字)가 공장(孔章)인데 사물에 박학한 선비였다. 그가 장화를 내방하니 장화가 서생의 일을 그에게 알려 주었다.
공장이 말하였다.
"만약 그를 의심한다면 어찌 사냥개를 불러 그를 시험해 보지 않으십니까?"
곧 사냥개를 불러 시험케 했으나 마침내 서생은 꺼리는 기색이 없었다.
서생이 된 여우가 말하였다.
"저는 천부적으로 재주있고 슬기로운데 도리어 요사스럽게 생각하시어 개로써 저를 시험하시다니 설령 천번 시험하고 만번 고려하더라도 그것이 저의 근심이 될 수 있겠습니까?"

장화는 이야기를 듣고 더욱 화내며 말하였다.
"이는 반드시 진짜 요괴일 것입니다. 귀신은 개를 꺼린다는 이야기를 들었으나 개가 구별할 수 있는 것은 수백년 묵은 괴물일 따름이요, 천년 묵은 늙은 요괴는 다시 구별할 수 없습니다. 오직 천년 묵은 고목을 태워 비추어 보아야만 곧 형체가 바로 드러납니다."
공장이 말하기를
"천년 묵은 신목(神木)을 무슨 연유로 얻을 수 있겠습니까?"
라고 하자 장화가 말하였다.
"세상에서 전하기를 연나라 소왕의 무덤 앞의 나무기둥이 이미 천년이 되었다고 합니다."
장화가 곧 사람을 보내 무덤 앞의 나무기둥을 잘라 오도록 했다. 심부름꾼이 나무기둥 있는 곳에 이르고자 할 때 문득 공중에서 한 푸른 옷을 입은 어린아이가 오더니 심부름꾼에게 묻기를
"그대는 어떻게 왔습니까?"
라고 하여, 심부름꾼이 말하였다.
"장사공님에게 한 명의 소년이 찾아왔는데 재주가 많고 언변이 교묘하여 요괴라고 의심하여 나로 하여금 무덤 앞 나무기둥을 자르게 하여 그것을 불태워 소년을 비춰보려는 것입니다."
푸른 옷 입은 어린아이가 말하였다.
"늙은 여우가 슬기롭지 못해 내 말을 듣지 않더니 오늘 화가 이미 나에게 미쳤도다. 어찌 이 화로부터 달아날 수 있겠는가?"
곧 소리내어 울더니 별안간 보이지 않았다. 심부름꾼이 곧 그 나무기둥을 자르니 피가 흘렀고 바로 나무기둥을 가지고 돌아가서 그것을 불태워 서생을 비춰보니 곧 한 마리 얼룩여우였다.
장화가 말하기를
"이 두 물건이 만약 나를 만나지 않았더라면 천년이 지나도 다시 그것들을 발견하지 못할 것이다."
라고 하고는 그는 곧 여우를 삶았다.

張華 字茂先 晉惠帝時爲司空[1] 於時燕昭王墓前 有一斑狐 積年能爲
變幻 乃變作一書生 欲詣張公 過問墓前華表曰 以我才貌 可得見張司
空否 華表曰 子之妙解 無爲不可 但張公智度 恐難籠絡 出必遇辱 殆
不得返 非但喪子千歲之質 亦當深誤老表 狐不從 乃持刺謁華 華見其
總角風流 潔白如玉 擧動容止 顧盼生姿 雅重之 於是論及文章 辨校聲
實 華未嘗勝 比復商略三史[2] 探賾百家 談老 莊之奧區 披風 雅之絶旨
包十聖[3] 貫三才[4] 箴八儒[5] 摘五禮[6] 華無不應聲屈滯 乃歎曰 天下豈有
此年少 若非鬼魅 則是狐狸 乃掃榻延留 留人防護 此生乃曰 明公當尊
賢容衆 嘉善而矜不能 奈何憎人學問 墨子兼愛 其若是耶 言卒 便求退
華已使人防門 不得出 旣而又謂華曰 公門置甲兵欄騎 當是致疑於僕也
將恐天下之人 捲舌而不言 智謀之士 望門而不進 深爲明公惜之 華不
應 而使人防禦甚嚴 時豊城令雷煥 字孔章 博物士也 來訪華 華以書生
白之 孔章曰 若疑之 何不呼獵犬試之 乃命犬以試 竟無憚色 狐曰 我
天生才智 反以爲妖 以犬試我 遮莫千試萬慮 其能爲患乎 華聞益怒曰
此必眞妖也 聞魑魅忌狗 所別者數百年物耳 千年老精 不復能別 惟得
千年枯木照之 則形立見 孔章曰 千年神木 何由可得 華曰 世傳燕昭王
墓前華表木 已經千年 乃遣人伐華表 使人欲至木所 忽空中有一靑衣小
兒來 問使曰 君何來也 使曰 張司空有一年少來謁 多才巧辭 疑是妖魅
使我取華表照之 靑衣曰 老狐不智 不聽我言 今日禍已及我 其可逃乎
乃發聲而泣 倏然不見 使乃伐其木 血流 便將木歸 燃之以照書生 乃一
斑狐 華曰 此二物不値我 千年不可復得 乃烹之

1) 司空(사공) : 가장 높은 세 벼슬아치 가운데의 하나. 탄핵, 규찰 따위를
  맡았다.
2) 三史(삼사) : 『사기(史記)』『한서(漢書)』『후한서(後漢書)』.
3) 十聖(십성) : 곧 십철(十哲). 안연(顏淵), 민자건(閔子騫), 염백우(冉伯
  牛), 중궁(仲弓), 재아(宰我), 자공(子貢), 염유(冉有), 계로(季路), 자유
  (子遊), 자하(子夏).
4) 三才(삼재) : 천(天), 지(地), 인(人).
5) 八儒(팔유) : 자장(子張), 자사(子思), 안씨(顏氏), 맹씨(孟氏), 칠조씨(漆
  雕氏), 중량씨(仲良氏), 손씨(孫氏), 악정씨(樂正氏).

6) 五禮(오례) : 길례(吉禮), 흉례(凶禮), 가례(嘉禮), 빈례(賓禮), 군례(軍禮).

10. 아버지를 죽게 한 오흥군(吳興郡)의 늙은 여우

 진(晋)나라 때 오흥군(吳興郡)에 한 사람이 살았는데 그에게 두 아들이 있었다.
 두 아들이 밭에서 일할 때 일찍이 아버지가 오는 것이 보이더니 욕을 하고 달려와서는 그들을 때렸다.
 아들들이 어머니에게 이 사실을 이야기했다. 어머니가 아버지에게 물어보자 아버지는 크게 놀랐고 귀신의 짓인 줄 알고 바로 아이들에게 귀신을 베어버리도록 했다.
 귀신은 곧 잠잠하여 다시는 아들들에게 가지 않았다. 아버지는 아들들이 귀신에게 곤란받을까 근심하고 두려워하여 바로 스스로 밭에 가 보았다.
 아들들은 귀신이라 생각하고 바로 아버지를 죽인 뒤 묻었다.
 귀신은 드디어 그들의 집으로 돌아가서 그들의 아버지 형체가 되었고 또 그 집안 사람들에게 말하였다.
 "두 아들이 이미 요괴를 죽였다."
 아들들이 저녁에 집에 돌아와서는 함께 서로 축하하고는 여러 해가 지나도록 사실을 깨닫지 못했다.
 나중에 어떤 법사(法師)가 그 집을 지나다가 두 아들들에게 말하였다.
 "그대들의 아버지에게 큰 나쁜 기(氣)가 있습니다."
 아들들이 아버지에게 알리자 아버지는 크게 화를 내었다. 아들들이 나와서 법사에게 이야기하고는 빨리 떠나가게 했다. 법사가 드디어 소리를 지르며 그 집에 들어가니 아버지는 곧 큰 늙은 여우가 되어 침상 아래로 들어갔는데 드디어 그것을 잡아 죽였다.
 옛날에 죽였던 사람은 곧 진짜 아버지였다. 그래서 집안 사람들은 새로이 아버지 장례를 치르고 상복을 입었다.

한 아들은 드디어 자살했고 한 아들은 성내고 오뇌하다가 또 한 죽었다.

晉時 吳興有一人 有二男 田中作時 嘗見父來罵詈赶 打之 兒以告母 母問其父 父大驚 知是鬼魅 便令兒斫之 鬼便寂不復往 父憂恐兒爲鬼 所困 便自往看 兒謂是鬼 殺而埋之 鬼便遂歸 作其父形 且語其家 二 兒已殺妖矣 兒暮歸 共相慶賀 積年不覺 後有一法師過其家 語二兒云 君尊侯有大邪氣 兒以白父 父大怒 兒出 以語師 令速去 師遂作聲入 父卽成大老狸 入牀下 遂擒殺之 向所殺者 乃眞父也 改殯治服 一兒遂 自殺 一兒忿懊 亦死

11. 사람으로 변한 여우를 잡은 황심(黃審)

구용현(句容縣)의 미촌(麋村)의 백성인 황심이 논에서 논을 갈고 있었다.

어떤 부인이 논두둑으로 지나가더니 동쪽으로부터 내려갔다가 다시 되돌아왔다.

황심이 처음에는 사람이라고 생각했으나 날마다 이같은 짓을 하기에 마음으로 아주 괴상하게 여겼다.

황심이 인하여 물었다.

"부인은 자주 어디에서 오십니까?"

부인은 조금 머문 뒤 다만 웃기만 하고 말을 하지 않더니 바로 가버렸다. 황심은 더욱 의심하여 긴 낫을 준비한 뒤 부인이 돌아오기를 기다려 감히 부인을 베지 못하고 다만 뒤따르던 계집종을 베었다.

부인은 여우로 변화하여 달아났다. 계집종을 보니 곧 여우꼬리일 따름이었다.

황심이 여우를 쫓았으나 따라잡지는 못했다.

나중에 어떤 사람이 이 여우가 땅굴 속에서 나오는 것을 보고 땅굴을 파서 그것을 잡았으나 다시 꼬리가 없었다.

句容縣麋村民黃審 於田中耕 有一婦人過其田 自瞠上度 從東適下而
復還 初謂是人 日日如此 意甚怪之 審因問曰 婦數從何來也 婦人少住
但笑而不言 便去 審愈疑之 預以長鎌 伺其還 未敢斫婦 但斫所隨婢
婦化爲狸 走去 視婢 乃狸尾耳 審追之不及 後人有見此狸出坑頭 掘之
無復尾焉

12. 신과 이야기를 나누는 유백조(劉伯祖)

박릉현(博陵縣) 사람 유백조가 하동태수(河東太守)가 되었다.
 그가 사는 곳의 천정에 어떤 신이 있어서 말할 줄 알았는데 늘 유백조를 불러 이야기했다.
 수도에서 조서가 내려와 소식을 알려주기에 앞서 신이 문득 유백조에게 예고를 했다.
 유백조가 신이 먹고싶어 하는 것을 물어보니 양의 간을 먹고 싶다고 했다. 곧 양의 간을 사서 신 앞에서 써니 칼질하여 간을 썰 때마다 썬 간이 보이지 않았다.
 두 개의 간을 다 먹고나더니 문득 한 늙은 여우가 어슴프레하게 탁자 앞에 나타나기에 간을 썰던 이가 칼을 들어 베려고 하자 유백조가 꾸짖어 그치게 했다.
 여우는 스스로 천정 위에 올라갔다가 조금 뒤에 크게 웃으며 말하였다.
 "아까 양의 간을 먹다가 취하여 문득 실수하여 원형을 나타내어 태수님께 보여드려 크게 부끄럽습니다."
 나중에 유백조가 사예교위(司隸校尉)가 되려고 할 때 신이 다시 먼저 유백조에게 말하였다.
 "아무달 아무날 조서가 마땅히 이를 것입니다."
 기한이 되자 여우가 이야기한 바와 같았다.
 유백조가 사예부에 들어가자 신도 따라 들어가 천정 위에 있으면서 문득 황궁 안의 일을 이야기했다.
 유백조가 크게 두려워하며 신에게 말하기를

"이제 내 직책은 관리들의 범법행위를 조사하여 들춰내는 것입니다. 만약 황제 좌우의 귀족들이 신이 여기에 있다는 이야기를 들으면 인하여 나를 해칠 것입니다."
하자, 신이 답하였다.
"진실로 어른께서 염려하시는 바와 같다면 마땅히 떠나가겠습니다."
드디어 바로 아무 소리가 나지 않았다.

博陵劉伯祖爲河東太守 所止承塵上有神 能語 常呼伯祖與語 及京師詔書詰下消息 輒預告伯祖 伯祖問其所食啖 欲得羊肝 乃買羊肝 於前切之 欻隨刀不見 盡兩羊肝 忽有一老狸 眇眇在案前 持刀者欲擧刀斫之 伯祖呵止 自著承塵上 須臾大笑曰 向者啖羊肝 醉忽失形 與府君相見 大慚愧 後伯祖當爲司隸 神復先語伯祖曰 某月某日 詔書當到 至期如言 及入司隸府 神隨逐在承塵上 輒言省內事 伯祖大恐怖 謂神曰 今職在刺擧 若左右貴人 聞神在此 因以相害 神答曰 誠如府君所慮 當相捨去 遂卽無聲

13. 여우가 여자로 변한 것을 아자(阿紫)라 한다

후한(後漢) 헌제(獻帝) 건안(建安) 때 패국군(沛國郡) 사람 진선(陳羨)이 서해도위(西海都尉)가 되었다.
그의 부대에 왕영효(王靈孝)라는 이가 까닭없이 달아나 진선이 그를 죽이려고 했다.
잡아들인 지 얼마되지 않아 왕영효가 다시 도주했다. 진선은 오래도록 왕영효가 보이지 않자 그의 아내를 가두니 그의 아내가 사실 이야기를 했다.
진선이 말하였다.
"이는 반드시 요괴가 데려갔으니 마땅히 그를 찾아야 한다."
이에 보병과 기병 수십명을 거느리고 사냥개를 데리고 성 바깥을 두루 돌아다니며 찾다가 과연 빈 무덤 속에서 왕영효를 발견했는데 사람과 개소리를 듣자 요괴는 드디어 피해갔다.
 진선이 사람을 시켜 왕영효를 부축하여 부대로 돌아오게 했는데 그의 형체는 자못 여우를 닮았고 조금도 다시는 사람과 더불어 서로 응대하려고 하지 않고 다만 '아자' 라고 울부짖었다.
 아자는 여우의 자(字)이다. 열흘 남짓 지나서 왕영효가 조금 깨닫고나서 말하였다.
 "여우가 처음 왔을 때 집 구석의 닭장쪽에서 좋은 부인의 형체가 되어 스스로 '아자' 라고 하며 저를 불렀습니다. 이같은 일이 한 번이 아니었는데 문득 뒤따라 가서 곧 여우를 아내로 삼고 저녁마다 문득 함께 여우의 집에 돌아갔습니다. 개를 만났어도 깨닫지 못했습니다."
 그는 여우와 함께 있을 때 즐거움이 비할 바 없었다고 했다.
 도사가 말하였다.
 "이는 산 도깨비입니다."
 『명산기(名山記)』에 쓰여있다.
 "여우는 먼 옛날의 음란한 부인인데 그의 이름은 아자이니 변화하여 여우가 되었다. 그래서 여우 요괴는 대부분 '아자' 라고 자칭한다."

 後漢建安中 沛國郡陳羨爲西海都尉¹⁾ 其部曲王靈孝 無故逃去 羨欲殺之 居無何 孝復逃走 羨久不見 囚其婦 婦以實對 羨曰 是必魅將去 當求之 因將步騎數十 領獵犬 周旋於城外求索 果見孝于空冢中 聞人犬聲 怪遂避去 羨使人扶孝以歸 其形頗象狐矣 略不復與人相應 但啼呼阿紫 阿紫 狐字也 後十餘日 乃稍稍了悟 云 狐始來時 於屋曲角雞栖間 作好婦形 自稱阿紫 招我 如此非一 忽然便隨去 卽爲妻 暮輒與共還其家 遇狗不覺 云樂無比也 道士云 此山魅也 名山記曰 狐者 先古之淫婦也 其名曰阿紫 化而爲狐 故其怪多自稱阿紫
1) 都尉(도위) : 도위는 군무(軍務)를 맡아 수령을 보좌하던 무장(武將).

14. 여우귀신을 물리친 송대현(宋大賢)

남양군(南陽郡) 서쪽 교외(郊外)에 한 정자(亭子)가 있었는데 사람들이 그곳에 머물러 잠잘 수 없었으니 머물러 잠자면 문득 화(禍)를 입었다.

고을 사람 송대현이 정도를 행하는 사람으로 자처했는데 일찍이 이 정자에 잠자면서 밤에 앉아 거문고를 타고 병기는 갖추지 않았다.

한밤이 되어 문득 어떤 귀신이 와서 정자의 계단에 올라 송대현에게 말하며 눈을 부릅뜨고 들쑥날쑥한 이빨을 드러냈는데 형체와 얼굴이 흉악했다.

송대현이 여전히 거문고를 타자 귀신은 곧 갔다.

귀신이 저자에서 죽은 사람의 머리를 거두어 와서 다시 송대현에게 말하였다.

"차라리 좀 잠잘 수 있겠습니까?"

그런 뒤에 죽은 사람의 머리를 송대현 앞에 던졌다.

송대현이 말하기를

"아주 아름답습니다. 내가 저녁에 누워서 잘 때 베개가 없었는데 바로 이것을 얻고자 했습니다."

라고 하자 귀신이 다시 가더니 한참 지나서 돌아와 말하였다.

"차라리 함께 맨손으로 싸울 수 있겠습니까?"

"좋습니다."

말이 끝나지도 않아서 귀신이 앞에 나타났는데 송대현은 바로 그것을 맞이하여 그것의 허리를 잡았다. 귀신은 다만 급하게 말하기를 "죽는다." 라고 했다.

송대현이 드디어 그것을 죽였다. 다음날 보니 곧 늙은 여우였다. 이로부터 정자에는 다시 요괴가 없었다.

南陽西郊有一亭 人不可止 止則有禍 邑人宋大賢 以正道自處 嘗宿

亭樓 夜坐鼓琴 不設兵仗 至夜半時 忽有鬼來 登梯與大賢語 瞋目磋齒 形貌可惡 大賢鼓琴如故 鬼乃去 於市中取死人頭來 還語大賢曰 寧可 少睡耶 因以死人頭投大賢前 大賢曰 甚佳 吾暮臥無枕 正欲得此 鬼復 去 良久乃還 曰 寧可共手搏耶 大賢曰 善 語未竟 鬼在前 大賢便逆捉 其腰 鬼但急言 死 大賢遂殺之 明日視之 乃老狐也 自是亭舍更無妖怪

15. 둔갑한 여우를 잡은 도백이(到伯夷)

북경(北京)의 독우(督郵)인 서평군(西平郡) 사람인 도백이(到伯夷)가 나이 30살쯤 되어서 크게 재주와 결단력이 있었는데 장사태수(長沙太守) 도약장(到若章)의 손자이다.

오후 4시쯤 돼서 한 정자(亭子)에 이르러 길잡이에게 명령하여 정자에 들어가서 잠깐 머무를 수 있도록 했다.

녹사연(錄事掾)이 아뢰기를

"지금 오히려 시간이 이르니 앞 정자에 도달할 수 있습니다."

라고 하여, 도백이가 말하였다.

"문서를 작성하고 싶으니 바로 머무르겠다."

이 정자의 말단 벼슬아치가 두려워하며 마땅히 떠나가야 한다고 말했다. 도백이가 명령을 전하여 말하게 하였다.

"독우님이 정자에서 관망하시고자 하니 빨리 소제하오"

잠깐뒤에 도백이가 바로 정자 위에 올랐다.

날이 아직 어둡지 않아서 정자 계단 아래서 불을 밝혔다.

도백이가 명령하여 말하였다.

"나는 도를 생각하기에 불을 보아서는 안되니 불을 꺼주게."

정자의 말단 벼슬아치는 반드시 변괴가 있을 줄 알고 그럴 때는 마땅히 달려가서 비춰보기로 하고 다만 병 속에 불을 감춰두었다.

날이 이미 저물자 도백이는 옷을 단정히 하고 앉은 뒤 『육갑(六甲)』『효경(孝經)』『역경(易經)』따위를 외우기를 끝낸 뒤 누웠다.

잠깐뒤 다시 머리를 동쪽으로 돌려놓고 큰 수건으로 두 발을
묶고 두건과 갓을 발에 씌우고 몰래 칼을 뽑고 옷띠를 풀었다.
 밤이 깊었을 때 4, 5자 되는 검은 물체가 조금 높아지더니 정
자로 걸어와서는 도백이를 덮쳤다.
 도백이가 이불로 요괴를 덮고 발로는 수건을 벗어버렸는데 하
마터면 실수할 뻔했다.
 도백이가 2, 3번 칼과 띠로써 요괴의 다리를 치면서 아래에 있
는 사람들을 불러 불을 가지고 올라오게 해서 비춰보니 온 몸이
붉고 털이라곤 조금도 없는 늙은 여우였다. 그래서 여우를 잡아
정자를 내려가서는 불태워 죽였다.
 다음날 아침 정자를 샅샅이 뒤져 사람의 상투 백여개를 발견
했다. 이로 인하여 드디어 이 정자에서 요괴의 자취가 끊어졌다.

 北部督郵[1]西平到伯夷 年三十許 大有才決 長沙太守到若章孫也 日
晡時到亭 勅前導入且止 錄事掾[2]白 今尙早 可至前亭 曰 欲作文書 便
留 吏卒惶怖 言當解去 傳云 督郵欲于樓上觀望 亟掃除 須臾便上 未
暝 樓燈階下復有火 勅云 我思道 不可見火 滅去 吏知必有變 當用赶
照 但藏置壺中 日旣暝 整服坐 誦六甲 孝經 易本訖 臥 有頃 更轉東
首 以拏巾結兩足 幘冠之 密拔劍解帶 夜時 有正黑者四五尺 稍高 走
至柱屋 因覆伯夷 伯夷持被掩之 足跣脫 幾失 再三 以劍帶擊魅脚 呼
下火上 照視之 老狐正赤 略無衣毛 持下燒殺 明旦 發樓屋 得所髡人
髻百餘 因此遂絶

1) 督郵(독우) : 군(郡)의 중요한 벼슬아치. 태수(太守)를 대표하여 현(縣)
과 향(鄕)을 감독하는 일 따위를 했다.
2) 錄事掾(녹사연) : 문서(文書)를 맡았던 낮은 벼슬아치.

16. 여우들에게 글을 가르친 호박사(胡博士)

 오군(吳郡)에 한 서생(書生)이 있었는데 머리가 희었기에 사
람들이 호박사라 불렀다.

호박사가 서생들에게 글을 가르치다 문득 다시 보이지 않았다.
9월 9일에 선비들이 서로 더불어 산에 올라 노닐며 구경하다가 글을 강의하는 소리를 듣고 종들에게 명령하여 소리나는 곳을 찾게 했다.
종들이 빈 무덤 속을 보니 뭇 여우들이 나열해 있었는데 사람들을 보자 곧 달아났다. 늙은 여우만 혼자서 달아나지 않았으니 곧 머리 흰 서생이었다.

吳中有一書生 皓首 稱胡博士 敎授諸生 忽復不見 九月初九日 士人相與登山遊觀 聞講書聲 命僕尋之 見空冢中 群狐羅列 見人卽走 老狐獨不去 乃是皓首書生

17. 사슴의 요괴를 잡은 사곤(謝鯤)

진군(陳郡) 사람인 사곤(謝鯤)이 병을 핑계대고 이직하여 화(禍)를 피하여 예장군(豫章郡)으로 옮겨갔다.
그가 일찍이 빈 정자를 지나가다가 그곳에서 밤에 잠잤다.
이 정자에서 옛날에 매양 사람이 죽었다.
밤 2시쯤 되어서 어떤 누런 옷 입은 사람이 사곤의 자(字)를 부르면서 말하였다.
"유여(幼輿), 문 좀 열어 주십시오"
사곤은 담담히 두려운 기색이 없이 요괴에게 창 안으로 팔을 뻗게 했다. 그래서 요괴가 팔을 내밀었는데 사곤이 곧 힘을 다해 잡아당기니 그 팔이 드디어 떨어졌고 요괴는 돌아갔다.
다음날 그 팔을 보니 곧 사슴의 앞발이었다. 그래서 핏자국을 쫓아가서 사슴을 잡았다.
그뒤로 이 정자에 다시는 요괴가 없었다.

陳郡謝鯤 謝病去職 避地於豫章 嘗行經空亭中 夜宿 此亭舊每殺人 夜四更 有一黃衣人 呼鯤字云 幼輿 可開戶 鯤澹然無懼色 令申臂于牕

中 於是授腕 鯤卽極力而牽之 其臂遂脫 乃還去 明日看 乃鹿臂也 尋血取獲 爾後此亭無復妖怪

18. 암퇘지가 여인이 되었다

진(晋)나라 때 성이 왕씨(王氏)인 한 선비가 있었는데 그의 집은 오군(吳郡)에 있었다.

그가 집으로 돌아가다가 곡아현(曲阿縣)에 이르러 날이 저물자 배를 당겨 큰 보에 매어두었는데 보 위에 나이 17, 18살쯤 되는 어떤 여자가 보이기에 곧 그 여자를 불러 잠자게 했다.

새벽에 이르러 금방울을 풀어 그 여자의 팔에 매어주었다. 사람을 시켜 여자의 집에 뒤따라 가게 했으나 그 집에 도무지 여자는 없었다. 인하여 돼지우리에 가까이 가니 암퇘지 앞발에 금방울이 매여있는 것이 보였다.

晉有一士人 姓王 家在吳郡 還至曲阿 日暮 引船上當大埭[1] 見埭上有一女子 年十七八 便呼之留宿 至曉 解金鈴繫其臂 使人隨至家 都無女人 因逼猪欄中 見母猪臂有金鈴

1) 大埭(대체) : '대퇴(大堆)'가 되어야 한다고 생각된다.

19. 양의 신을 잡은 양문(梁文)

한(漢)나라 때 제군(齊郡) 사람 양문이 도를 좋아했다.

그의 집에는 방 서너칸 되는 사당이 있었는데 신을 모신 자리는 검은 장막을 쳐놓고 그는 늘 그 속에서 지냈다.

십수년이 지나자 나중에 제사로 인하여 장막 속에서 문득 사람 말소리가 들리더니 스스로 고산군(高山君)이라 불렀는데 많이 먹고 마실 줄 알았으며 사람들의 병을 치료하는데 효험이 있었다.

양문이 아주 공경스럽게 그를 받들어 섬겼다.

여러 해가 지나서 양문이 그 장막 속에 들어갈 수 있었다.
신이 취하자 양문이 곧 신의 얼굴을 볼 수 있도록 해달라고 요구했다.
신이 양문에게 말하였다.
"손을 내밀어라."
양문이 손을 내밀어 신의 턱을 잡을 수 있었는데 수염이 아주 길었다. 양문이 점점 손으로 수염을 감아 갑자기 잡아당기니 양이 소리 지르는 것이 들렸다.
자리에 있는 사람들이 놀라서 일어나 양문을 도와서 당기니 곧 원공로(袁公路) 집의 양이었다.
그 양을 잃은 지 7, 8년이 되었으나 그것이 있는 곳을 몰랐었다. 양을 죽이고 나니 신의 자취도 곧 끊어졌다.

漢齊人梁文 好道 其家有神祠 建室三四間 座上施皂帳 常在其中 積十數年 後因祀事 帳中忽有人語 自呼高山君 大能飮食 治病有驗 文奉事甚肅 積數年 得進其帳中 神醉 文乃乞得奉見顏色 謂文曰 授手來 文納手 得持其 頤髥鬚甚長 文漸繞手 卒然引之 而聞作羊聲 座中驚起助文引之 乃袁公路家羊也 失之七八年 不知所在 殺之 乃絕

20. 사람으로 변한 개를 잡은 전염(田琰)
북평군(北平郡) 사람인 전염이 어머니 상(喪)을 당하여 늘 여묘살이를 하였다.
어느날 저녁 무렵에 그가 문득 아내의 방에 들어갔다.
아내는 몰래 그를 꾸짖으며 말하였다.
"당신은 지금 어머님 상 때문에 몸과 마음이 슬퍼서 부숴질 처지에 있으니 쾌락을 찾지 말기 바랍니다."
전염이 아내의 말을 듣지 않고 아내와 교합했다. 나중에 전염이 잠깐 집에 들어와서는 아내에게 말을 하지 않았는데 아내는 그가 말하지 않는 것을 괴이하게 여기고 아울러 지난번의 일을 꾸짖었다.
 전염이 요괴의 짓인 줄 알고 날이 저물어도 마침내 잠자지 않고 상복을 여막에 걸어두었다.
 잠깐 뒤에 한 마리 흰 개가 보이더니 여막을 움켜잡고 상복을 입에 물었다. 옷을 물고 사람으로 변화하여 상복을 입더니 그의 아내의 방으로 들어갔다.
 전염이 뒤따라 가서 개가 장차 아내의 침상에 오르는 것을 보고는 그것을 때려 죽였다. 아내는 부끄러워하다가 자살했다.

 北平田琰 居母喪 恒處廬 向一暮 夜 忽入婦室 密怪之 曰 君在毁滅之地 幸可不甘 琰不聽而合 後琰暫入 不與婦語 婦怪無言 幷以前事責之 琰知鬼魅 臨暮竟未眠 喪服掛廬 須臾 見一白狗 攫廬銜喪服 因變爲人 著而入 琰隨後逐之 見犬將升婦牀 便打殺之 婦羞愧而死

21. 내계덕(來季德)으로 변한 늙은 개

 사공(司空)을 지낸 남양군(南陽郡) 사람인 내계덕이 죽어서 이미 그를 입관했는데 문득 그의 형체가 보이더니 제사상 위에 앉았다.
 그의 안색과 복식과 목소리가 평소와 똑같았다.
 손자와 부녀들에게 차례대로 훈계를 했는데 일마다 조리가 있었다. 그가 노비들을 채찍질 할 때는 모두 그들의 잘못을 지적해 내었다. 먹고 마시기가 이미 끝나자 그는 집안 사람들을 작별하고 떠나갔다.
 집안의 늙은이나 젊은이들은 슬퍼서 애간장이 다 끊어졌다. 이같이 하기를 여러 해가 되자 집안 사람들은 점점 싫증을 느꼈다.
 그뒤 술을 너무 많이 마셔 취하여 원형이 드러났는데 한 마리 늙은 개인지라 바로 사람들이 함께 때려 죽였다. 뒤에 수소문해 보니 곧 그 마을의 술 파는 집의 개였다.

司空¹⁾南陽來季德 停喪在殯 忽然見形 坐祭牀上 顏色服飾聲氣 熟是也 孫兒婦女 以次敎戒 事有條貫 鞭朴奴婢 皆得其過 飮食旣絕 辭訣而去 家人大小 哀割斷絕 如是數年 家益厭苦 其後飮酒過多 醉而形露 但得老狗 便共打殺 因推問之 則里中沽酒家狗也

1) 司空(사공) : 가장 높은 세 사람의 벼슬아치 가운데 한 사람. 탄핵, 규찰 따위의 일을 맡았다.

22. 문을 두드리는 개를 잡은 왕호(王瑚)

산양군(山陽郡) 사람인 왕호(王瑚)는 자(字)가 맹련(孟璉)인데 동해군(東海郡) 난릉현(蘭陵縣)의 현위(縣尉)가 되었다.

한밤중에 문득 검은 두건을 쓰고 흰 홑옷을 입은 말단 벼슬아치가 현청(縣廳)에 나아가서 문을 두드렸는데 왕호가 문을 열고 그를 맞이하면 그는 문득 보이지 않았다.

이같은 일이 여러 해가 되도록 일어났다.

나중에 왕호가 사람을 보내 엿보게 하였는데 그것은 한 마리 늙은 개였다. 그 늙은 개는 흰 몸뚱이가 본래와 같았고 문에 이르러 곧 사람이 되었다.

그 사람이 왕호에게 알려 그 개를 죽였는데 그 이후로는 곧 문 두드리는 일이 없어졌다.

山陽王瑚 字孟璉 爲東海蘭陵尉¹⁾ 夜牛時 輒有黑幘白單衣吏 詣縣叩閣 迎之則忽然不見 如是數年 後伺之 見一老狗 白軀猶故 至閣便爲人 以白孟璉 殺之乃絕

1) 尉(위) : 현위는 현령(縣令) 아래서 치안(治安)을 맡았던 벼슬아치.

23. 갓을 쓴 개와 이숙견(李叔堅)

계양태수(桂陽太守) 이숙견(李叔堅)이 종사(從事)가 되었다.

그의 집에 개가 있었는데 사람처럼 서서 가기에 집안 사람들

이 말하기를
"마땅히 죽여야 합니다."
라고 하니, 이숙견이 말하였다.
"개와 말은 군자(君子)에 비유되는데 개가 사람이 걷는 것을 보고 그것을 본받으니 무엇이 상심되겠는가?"
얼마 뒤에 개가 이숙견의 갓을 쓰고 걷자 집안 사람들이 크게 놀랐다.
이숙견이 말하였다.
"그것이 그릇되게 갓에 부딪혔고 갓끈이 그것에 걸렸을 뿐이다."
개가 또 부엌에서 불씨를 보존하자 집안 사람들은 더욱더 놀라고 불안해 하였다.
이숙견이 다시 말하였다.
"노비들이 다 밭에서 일하고 있는데 개가 불씨 보존하는 일을 도우니 이웃 사람들을 귀찮게 하지 않아서 다행이다. 여기에 무슨 나쁜 점이 있는가?"
며칠이 지나서 개는 저절로 갑자기 죽었고 이숙견의 집에는 끝내 지푸라기 만한 괴이한 일도 일어나지 않았다.

桂陽太守李叔堅 爲從事[1] 家有犬 人行 家人言 當殺之 叔堅曰 犬馬喩君子 犬見人行 效之 何傷 頃之 狗戴叔堅冠走 家大驚 叔堅云 誤觸冠 纓挂之耳 狗又於竈前畜火 家益怔營 叔堅復云 兒婢皆在田中 狗助畜火 幸可不煩隣里 此有何惡 數日 狗自暴死 卒無纖芥之異

1) 從事(종사) : 삼공(三公) 및 주군(州郡)의 장관(長官)이 스스로 뽑은 벼슬아치.

24. 수달이 여인이 되어 사람을 홀리다

오군(吳郡) 무석현(無錫縣)의 상호(上湖)에 큰 둑이 있었다.
둑을 관리하는 말단 벼슬아치 정초(丁初)는 하늘에서 매양 큰 비가 내릴 때마다 문득 둑을 따라 순찰했다.

어느 봄날에 많은 비가 내리자 정초가 나가서 못의 둑을 둘러 보았다.
날이 저물 때 집에 돌아오다가 뒤돌아보니 한 부인이 있었는데 위아래로 푸른 옷을 입고 푸른 우산을 받쳐들고 그를 뒤쫓아 오면서 불렀다.
"정초 나으리 저를 기다려 주십시오."
정초가 그때 슬픈 생각이 들어 머물러서 부인을 기다리려고 하다가 다시 의심하기를 "본래 이런 일이 보이지 않았는데 이제 문득 어떤 부인이 장마를 무릅쓰고 길을 걷다니 아마도 반드시 귀신이리라." 라고 하였다.
정초가 바로 빠르게 달리면서 부인을 뒤돌아보니 쫓는 것도 또한 급했다. 정초가 인하여 더욱 급하게 달아나다가 부인과의 거리가 멀어졌을 때 부인을 되돌아보니 부인은 곧 스스로 못 속에 몸을 던졌는데 풍덩 소리가 나고 옷과 우산이 다 흩날렸다. 자세히 보니 큰 푸른 수달이고 옷과 우산은 다 연잎이었다.
이 수달이 사람 형체로 되어 자주 젊은이들을 홀렸던 것이다.

吳郡無錫 有上湖大陂 陂吏丁初 天每大雨 輒循隄防 春盛雨 初出行塘 日暮廻 顧有一婦人 上下青衣 戴青繖 追後呼 初橡待我 初時悵然 意欲留俟之 復疑 本不見此 今忽有婦人冒陰雨行 恐必鬼物 初便疾走 顧視婦人 追之亦急 初因急行 走之轉遠 顧視婦人 乃自投陂中 汜然作聲 衣蓋飛散 視之是大蒼獺 衣繖皆荷葉也 此獺化爲人形 數媚年少者也

25. 쥐가 '왕주남이 죽는다'고 말을 하다
위(魏)나라 제왕(齊王) 조방(曹芳) 정시(正始) 때에 중산(中山)땅 사람인 왕주남(王周南)이 양읍현(襄邑縣)의 현장(縣長)이 되었다.
문득 어떤 쥐가 굴에서 나와 관청의 대청 위에서 말하였다.
"왕주남아, 너는 아무달 아무날 마땅히 죽으리라."

왕주남이 급하게 쥐쪽으로 갔으나 응답하지는 않았는데 쥐는 굴로 돌아갔다.
나중에 왕주남이 죽는다고 말한 기한이 되자 쥐가 다시 나왔는데 또한 갓과 두건을 쓰고 검은 옷을 입은 채로 말하였다.
"왕주남아, 너는 한낮에 마땅히 죽으리라."
왕주남이 또한 응답하지 않았는데 쥐는 다시 굴 속으로 들어갔다.
잠깐뒤에 쥐가 다시 나왔고 나왔다가는 다시 굴로 들어갔다. 이 일을 되풀이 하면서 앞의 말을 그대로 했다.
한낮이 되었을 때 쥐가 다시 말하였다.
"왕주남아, 네가 마땅히 죽지 않으니 내가 다시 무엇을 말하리오?"
말이 끝나자 자빠져 죽었는데 쥐의 옷과 갓은 곧 없어졌다. 나아가서 보니 보통 쥐와 다를 바가 없었다.

魏齊王芳正始中 中山王周南爲襄邑長 忽有鼠從穴出 在廳事上 語曰 王周南 爾以某月某日當死 周南急往 不應 鼠還穴 後至期復出 更冠幘皁衣而語曰 周南 爾日中當死 亦不應 鼠復入穴 須臾復出 出復入 轉行數語如此 日適中 鼠復曰 周南 爾不應死 我復何道 言訖 顚蹶而死 卽失衣冠所在 就視之 與常鼠無異

26. 사람이 잠자면 죽는 안양성(安陽城)의 정자

안양성 남쪽에 한 정자가 있었는데 밤에는 그곳에서 잠을 잘 수 없었다. 그곳에서 잠자기만 하면 문득 사람이 죽었다.
술수에 밝은 서생이 곧 그곳에 가서 잠자려고 했다.
정자 옆에 사는 백성이 말하였다.
"여기에서 잠잘 수 없습니다. 옛날부터 여기서 잠자다가 살아난 사람이 없습니다."
서생이 말하였다.

"괜찮습니다. 저 스스로 감당해 낼 수 있습니다."
그가 드디어 정자에 가서 곧 단정히 앉아 글을 읽다가 한참 지난 뒤에야 쉬었다.
한밤이 지난 뒤 검은 홑옷을 입은 어떤 사람이 문 밖에 와서 정자의 주인을 부르자 정자의 주인이 응답했다.
그 사람이 말하기를
"정자 안에 사람이 있다고 보십니까?"
하니, 정자의 주인이 대답하였다.
"조금 전에 한 서생이 여기서 글을 읽다가 마침 쉬고 있는데 자는 것 같지는 않습니다."
그 사람이 곧 소리질러 탄식하고는 갔다.
조금 뒤 다시 붉은색의 갓을 쓴 한 사람이 정자의 주인을 불렀는데 앞처럼 문답했고 그는 다시 소리질러 탄식하고는 갔다.
그가 이미 가고나자 고요하였다.
서생은 올 사람이 없을 줄 알고 곧 일어나 조금 전에 부르던 곳에 나아가 두 사람을 본받아 정자의 주인을 부르니 정자의 주인 또한 응답했다.
서생이 묻기를
"정자 안에 사람이 있습니까?"
하니, 정자 주인의 답은 여전했다.
서생이 곧 묻기를
"조금 앞의 검은 옷 입고 온 사람은 누구입니까?"
하니, 정자의 주인이 대답하였다.
"북쪽 집의 암퇘지입니다."
"붉은색의 갓을 쓴 사람은 누구입니까?"
"서쪽 집의 늙은 장닭입니다."
"그대는 다시 누구입니까?"
"나는 전갈입니다."
서생은 몰래 곧 날이 밝을 때까지 글을 읽고 감히 잠자지 않았다.

날이 밝자 정자 옆에 사는 백성이 와보고는 놀라며 말하기를
"그대는 어찌 혼자서 살아남을 수 있었습니까?"
하니, 서생이 말하였다.
"빨리 검(劍)을 찾아오십시오 제가 여러분들과 더불어 요괴를 잡겠습니다."
곧 검을 잡고 어젯밤에 정자의 주인이 응답한 곳에 이르러 과연 늙은 전갈을 잡았는데 크기가 비파(琵琶) 만하고 독침이 몇 자나 되었다. 서쪽 집에서는 늙은 장닭을 잡았고 북쪽 집에서는 늙은 암퇘지를 잡았다.
세 괴물을 다 죽이고나니 이 정자의 해독은 드디어 청산되었고 길이 횡재가 없었다.

安陽城南有一亭 夜不可宿 宿輒殺人 書生明術數 乃過宿之 亭民曰 此不可宿 前後宿此 未有活者 書生曰 無苦也 吾自能諧 遂住廨舍 乃端坐誦書 良久乃休 夜半後 有一人 著皂單衣 來往戶外 呼亭主 亭主應諾 見亭中有人耶 答曰 向者有一書生 在此讀書 適休 似未寢 乃喑嗟而去 須臾 復有一人 冠赤幘者 呼亭主 問答如前 復喑嗟而去 旣去寂然 書生知無來者 卽起詣向者呼處 效呼亭主 亭主亦應諾 復云 亭中有人耶 亭主答如前 乃問曰 向黑衣來者誰 曰 北舍母豬也 又曰 冠赤幘來者誰 曰 西舍老雄雞父也 曰 汝復誰耶 曰 我是老蝎也 於是書生密便誦書至明 不敢寐 天明 亭民來視 驚曰 君何得獨活 書生曰 促索劍來 吾與卿取魅 乃握劍至昨夜應處 果得老蝎 大如琵琶 毒長數尺 西舍得老雄雞父 北舍得老母豬 凡殺三物 亭毒遂靜 永無災橫

27. 요괴들이 산 여릉군(廬陵郡)의 정자

삼국(三國)의 오(吳)나라 때 여릉군 직할의 정자의 누각에 늘 귀신이 있어서 잠자는 사람은 문득 죽었다.
그뒤로 사자(使者)나 벼슬아치들이 감히 정자에 들어가 잠자지 않았다.

그때 단양군 사람 탕응(湯應)이라는 이가 크게 담력이 있고 무예가 뛰어났는데 심부름으로 여릉군에 이르러 바로 정자에 머물러 잠자려고 했다.
　정자의 말단 벼슬아치가 잠잘 수 없다고 말했으나 탕응이 말을 듣지 않고 종자들을 흩어져 바깥으로 돌아가게 하고 오직 혼자서 한 자루 큰 칼을 가지고 정자 속에 머물렀다.
　밤 1시쯤 되어 문득 어떤 이가 문 두드리는 소리가 들렸다.
　탕응이 멀리서 묻기를
　"누구십니까?"
　하니, 그 사람이 대답하였다.
　"부군(部郡)이 서로 소식을 듣고자 합니다."
　탕응이 들어오게 하니 그는 한바탕 말을 하고서 갔다.
　잠깐 뒤에 다시 여전히 문을 두드리는 사람이 있었는데 그 사람이 말하였다.
　"태수(太守)가 서로 소식을 듣고자 합니다."
　탕응이 다시 들어오게 하니 몸에 검은 옷을 입고 있었다.
　그 사람이 간뒤 탕응은 사람이라 생각하고 끝내 의심하지 않았다.
　잠깐 뒤에 또 어떤 이가 문을 두드리며 말하였다.
　"부군과 태수가 뵙기 위해 왔습니다."
　탕응이 곧 의심하기를 "이 밤은 손님을 방문할 때가 아니며 또 부군과 태수는 마땅히 동행치 말아야 한다."
　그는 그들이 귀신인 줄 알고 인하여 큰 칼을 잡고 맞이했다. 두 사람을 보니 다 좋은 옷을 입고 있었는데 함께 들어왔다. 앉기가 끝나지 않아서 부군이 문득 일어나 탕응의 등쪽으로 갔다.
　탕응이 곧 뒤돌아보며 큰 칼로써 그를 맞이하여 쳐서 맞혔다. 태수는 자리를 떠나 달아났는데 탕응이 급히 쫓아 정자 뒤의 담 아래에서 따라잡아 몇번이나 칼질을 했다.
　탕응은 곧 돌아와서 누웠다. 새벽이 되어 사람들을 데리고 가서 찾아보니 핏자국이 있는 것이 보이는지라 그 핏자국을 쫓아

가서 다 괴물들을 잡았다.
태수라 말한 것은 늙은 돼지이고 부군이라 말한 것은 늙은 여우였다.
이후로부터 드디어 이 정자에는 요괴의 자취가 끊어졌다.

吳時 廬陵郡都亭重屋中 常有鬼魅 宿者輒死 自後使官 莫敢入亭止宿 時丹陽人湯應者 大有膽武 使至廬陵 便止亭宿 吏啓不可 應不聽 迸從者還外 惟持一大刀 獨處亭中 至三更竟 忽聞有叩閣者 應遙問 是誰 答云 部郡相聞 應使進 致詞而去 頃間 復有叩閣者如前 曰 府君相聞 應復使進 身著皂衣 去後 應謂是人 了無疑也 旋又有叩閣者 云 部郡 府君相詣 應乃疑曰 此夜非時 又部郡 府君 不應同行 知是鬼魅 因持刀迎之 見二人 皆盛衣服 俱進 坐畢 府君者便與應談 談未竟 而部郡忽起至應背後 應乃廻顧 以刀逆擊 中之 府君下坐走出 應急追 至亭後墻下 及之 斫傷數下 應乃還臥 達曙 將人往尋 見有血迹 皆得之云 稱府君者 是一老豨也 部郡者 是一老狸也 自是遂絶

제19권 요괴로 변화한 신(神)

1. 범에게 시집간 이기(李寄)
 동역(東域)땅의 민중군(閩中郡)에 용(庸)고개가 있는데 높이가 수십리이다.
 그 서북쪽의 진펄에 큰 뱀이 있는데 길이가 일곱, 여덟 길이요 굵기가 열 아름이나 되어 주민들이 늘 두려워했다.
 동치도위(東治都尉)와 동치땅 소속 성(城)의 높은 벼슬아치들은 이 뱀 때문에 죽은 이가 많았다.
 소와 양을 잡아서 큰 뱀에게 제사지냈으나 복을 얻지 못했다. 큰 뱀이 혹 사람의 꿈에 나타나거나 혹 무당에게 명령하여 12, 13살된 계집아이를 잡아먹고자 했다.
 도위와 현령들은 모두 함께 근심했다.
 그러나 큰 뱀의 기(氣)가 만든 재앙은 그치지 않았다.
 사람들은 함께 남의 집의 종이 낳은 딸이나 죄지은 사람의 딸을 요청하여 길렀다.
 8월 초하루 제사 때가 이르면 계집아이를 뱀의 굴 입구에 보냈다. 뱀이 나와서 계집아이를 삼켜 먹었다.
 이같은 일이 여러 해가 되어 이미 9명을 썼다. 그때 사람들이 미리 다시 계집아이를 모집하여 찾았으나 알맞은 대상을 찾을 수 없었다.
 장락현(將樂縣)의 이탄(李誕) 집에 딸만 여섯 있었고 아들이 없었다. 그의 막내딸은 이름이 이기(李寄)인데 스스로 응모하여 가려고 하자 부모들이 허락하려 하지 않았다.

이에 이기가 말하였다.
"부모님이 복상(福相)이 없어 오직 여섯 딸만 낳고 한 아들도 없으니 비록 자녀가 있다하나 없는 것과 같습니다. 딸인 제가 제영(緹縈)처럼 부모를 구제하는 공도 없고 이미 부모님을 공양할 수 없으면서 다만 옷과 밥을 소비한다면 살아서 이익되는 바가 없으니 일찍 죽느니만 못합니다. 저의 몸을 팔아 약간의 돈을 얻어 부모님께 드릴 수 있으면 어찌 좋은 일이 아니겠습니까?"
부모들은 이기를 사랑하였기에 끝내 갈 것을 허락하지 않았다. 그러나 이기가 스스로 몰래 가니 금지할 수 없었다.
이기는 곧 좋은 검(劍)과 뱀을 무는 개를 사람들에게 알려서 요청했다. 8월 초하루가 되어 바로 사당 속에 나아가 앉아 검을 품고 개를 데리고 있었다.
먼저 몇섬의 쌀 인절미에 꿀을 섞은 찐보릿가루를 부은 뒤 뱀의 굴입구에 두었다.
뱀이 곧 나왔는데 대가리의 크기는 둥근 곳간 만하고 눈은 두 자 거울같았다. 인절미의 향기를 맡고는 먼저 그것을 씹어먹었다. 이기가 바로 개를 놓아주자 개가 곧 뱀을 깨물었고 이기도 뒤따라 검으로 뱀을 베어 여러 군데 상처를 내었다.
상처가 나서 아프고 다급해지자 뱀은 인하여 뛰면서 나오다가 사당의 뜰에 이르러 죽었다.
이기가 굴에 들어가 보아 아홉 계집아이의 해골을 발견하고는 다 들고 나와서 비통하게 말하였다.
"너희 무리들은 겁많고 약하여 뱀에게 먹혔으니 아주 슬프고 불쌍하구나."
이기는 느린 걸음으로 집으로 돌아갔다.
월왕(越王)이 이 이야기를 듣고 이기를 맞이하여 왕후로 삼고 이기의 아버지는 장락현의 현령으로 임명하고 이기의 어머니와 언니들에게는 다 상을 내려주었다.
이로부터 동치땅에는 다시 요사스러운 괴물이 없었다.
이 지방에는 이기를 찬양한 노래가 지금도 아직 남아있다.

東城閩中 有庸嶺 高數十里 其西北隙中 有大蛇 長七八丈 大十餘圍 土俗常懼 東治都尉及屬城長吏 多有死者 祭以牛羊 故不得福 或與人夢 或下諭巫祝 欲得啗童女年十二三者 都尉令長 並共患之 然氣厲不息 共請求人家生婢子 兼有罪家女養之 至八月朝祭 送蛇穴口 蛇出 吞嚙之 累年如此 已用九女 爾時預復募索 未得其女 將樂縣李誕家 有六女 無男 其小女名寄 應募欲行 父母不聽 寄曰 父母無相 惟生六女 無有一男 雖有如無 女無緹縈 濟父母之功 旣不能供養 徒費衣食 生無所益 不如早死 賣寄之身 可得少錢 以供父母 豈不善耶 父母慈憐 終不聽去 寄自潛行 不可禁止 寄乃告請好劍及咋蛇犬 至八月朝 便詣廟中坐 懷劍 將犬 先將數石米䉽用蜜麨灌之 以置穴口 蛇便出 頭大如囷 目如二尺鏡 聞䉽香氣 先啗食之 寄便放犬 犬就嚙咋 寄從後斫得數創 瘡痛急 蛇因踊出 至庭而死 寄入視穴 得其九女髑髏 舉出 咤言曰 汝曹怯弱 爲蛇所食 甚可哀愍 於是寄女緩步而歸 越王聞之 聘寄女爲后 拜其父 爲將樂令 母及姊皆有賞賜 自是東治無復妖邪之物 其歌謠至今存焉

2. 사람을 먹은 뱀을 잡은 위서(魏舒)

진(晋)나라 무제(武帝) 함녕(咸寧) 때 위서가 사도(司徒)가 되었다.

관청(官廳)에 길이 열 길쯤 되는 큰 뱀 두 마리가 있었는데 공무를 보는 건물의 처마끝 서까래 위에서 살았다.

뱀들이 산 지 몇년이 되었으나 사람들은 알지 못하고 다만 관청에서 자주 어린아이 및 개와 닭 따위가 없어지는 것을 괴이하게 여겼다.

나중에 한 뱀이 밤에 나와서 기둥 곁을 지나다가 칼날에 상처를 입어 병이 나서 서까래 위에 오를 수 없어서 발각되었다.

관청에서는 무리 수백명을 동원하여 뱀을 한참 공격한 뒤에 그것을 죽였다.

뱀이 살던 곳을 보니 처마 사이에 뼈가 가득하게 있었다. 그래서 공무보던 건물을 허물고 다시 지었다.

晉武帝咸寧中 魏舒爲司徒[1] 府中有二大蛇 長十許丈 居廳事平橑上 止之數年 而人不知 但怪府中數失小兒及雞犬之屬 後有一蛇夜出 經柱側 傷於刃 病不能登 于是覺之 發徒數百 攻擊移時 然後殺之 視所居骨骼盈宇之間 於是毀府舍 更立之

1) 司徒(사도) : 가장 높은 세 벼슬아치 가운데 한 사람. 국가의 토지와 인민의 교화를 관장했다.

3. 사람으로 변장한 뱀을 잡은 장관(張寬)

한(漢)나라 무제(武帝) 때 장관(張寬)이 양주자사(揚州刺史)가 되었다.

이에 앞서 두 노인이 산지(山地)를 다투다가 양주 관청에까지 나아가 산지의 경계 때문에 송사를 벌였으나 여러 해가 되도록 판결이 나지 않았다.

장관이 일을 볼 때 그들이 다시 왔다. 장관이 두 노인의 형상을 보니 사람이 아닌지라 병졸들에게 막대기와 창을 가지고 두 노인을 데리고 들어오게 하였다.

그러한 뒤 묻기를

"그대들은 무슨 요괴인가?"

하니 노인들이 달아났는데 장관이 병졸들을 불러 그들을 치게 하니 두 마리 뱀이 되었다.

漢武帝時 張寬爲揚州刺史 先是 有二老翁爭山地 詣州訟疆界 連年不決 寬視事 復來 寬窺二翁形狀非人 令卒持杖戟將入 問 汝等何精 翁走 寬呵格之 化爲二蛇

4. 악어가 여인으로 둔갑하다

형양현(滎陽縣) 사람 장복이 배를 타고 집으로 돌아가다 야외의 물가에 이르렀다.

밤에 얼굴이 아주 아름다운 한 여자가 스스로 작은 배를 타고 장복에게 와서 말하였다.
"날이 저물어 범이 무서워 감히 밤길을 가지 못하겠습니다."
장복이 말하기를
"그대는 성씨가 어찌됩니까? 이렇게 경솔하게 다니며 도롱이도 없이 빗속에서 배를 몰다니 제 배에 와서 비를 피하는 것이 좋겠습니다."
라고 하고 인하여 함께 서로 장난치다가 드디어 여자가 장복의 배에 들어가 잠자게 되었는데 여자가 타던 작은 배는 장복의 배 주위에 매어두었다.
삼경쯤 되어 비는 개이고 달빛이 비쳤다.
장복이 여자를 보니 곧 한 마리 큰 악어였는데 자기 팔을 베고 누워 있었다. 장복이 놀라서 일어나 그것을 잡으려고 하자 급히 물 속으로 달아났다.
조금 앞의 작은 배는 길이 한 길 남짓한 하나의 마른 뗏목조각이었다.

滎陽人張福 船行還野水邊 夜有一女子 容色甚美 自乘小船 來投福云 日暮畏虎 不敢夜行 福曰 汝何姓 作此輕行 無笠雨駛 可入船就避雨 因共相調 遂入就福船寢 以所乘小舟 繫福船邊 三更許 雨晴月照 福視婦人 乃是一大鼉 枕臂而臥 福驚起 欲執之 遽走入水 向小舟 是一枯槎段 長丈餘

5. 사당을 없앤 사비(謝非)
단양군(丹陽郡)의 도사 사비(謝非)가 석두성(石頭城)으로 가서 단약(丹藥)을 제련하는 솥을 샀다.
돌아올 때 날이 저물어 집에 이르지 못했다.
산 속 계곡가에 사당이 있기에 들어가서 잠자려고 했다.
사비가 큰 소리로 말하였다.

"나는 하느님의 사자인데 이곳에서 잠자려고 한다."

그렇게 하고 나서도 오히려 남이 그의 솥을 빼앗아 갈까봐 두려워하여 마음 속으로 당황하고 불안해 했다.

밤 10시쯤 돼서 어떤 이가 사당문에 이르러 부르기를

"하동(何銅)씨."

하니 하동이 응답했다. 그 사람이 묻기를

"사당에 사람냄새가 나는데 누구입니까?"

하니, 하동이 답하였다.

"사람이 있는데 하느님의 사자라고 말합니다."

조금 뒤 그 사람은 바로 돌아갔다. 얼마 안 있어서 또 어떤 이가 와서 하동을 불러 앞처럼 묻고 하동도 똑같이 답했는데 다시 탄식하고 갔다.

사비는 놀라고 번거로워서 잠잘 수 없는지라 드디어 일어나 하동을 불러 묻기를

"먼저 온 사람은 누구입니까?"

하니, 하동이 답하였다.

"물가 굴 속에 사는 흰 악어입니다."

"그대는 누구입니까?"

"사당 북쪽 바위굴 속에 사는 거북입니다."

사비가 다 몰래 그것을 기억해 두었다.

날이 밝자 곧 주민들에게 알렸다.

"이 사당 속에는 신은 없고 다만 거북과 악어 무리들이 있을 뿐이니 여러분들은 술과 밥을 헛되게 소비하여 그것들에게 제사 지내는 것입니다. 급히 삽을 가져오십시오 함께 가서 그것들을 치십시다."

모든 사람들도 또한 자못 의심했던 터라 나란히 모여 치고 파뒤집고 하여 그것들을 다 죽였다. 드디어 사당을 허물고 제사를 끊었는데 그뒤로 이 지방은 편안해졌다.

丹陽道士謝非 往石城買冶釜 還 日暮 不及至家 山中廟舍於溪水上

入中宿 大聲語曰 吾是天帝使者 停此宿 猶畏人劫奪其釜 意苦搔搔不
安 二更中 有來至廟門者 曰 何銅 銅應諾 曰 廟中有人氣 是誰 銅云
有人 言是天帝使者 少頃便還 須臾 又有來者 呼銅 問之如前 銅答如
故 復歎息而去 非驚擾不得眠 遂起 呼銅問之 先來者誰 答言 是水邊
穴中白鼉 汝是何等物 答言 是廟北巖嵌中龜也 非皆陰識之 天明 便告
居人 言 此廟中無神 但是龜 鼉之輩 徒費酒食祀之 急具鉾來 共往伐
之 諸人亦頗疑之 於是竝會伐掘 皆殺之 遂壞廟絕祀 自後安靜

6. 사람 만한 메기를 잡게 한 공자(孔子)

공자(孔子)가 진나라에 있을 때 액(厄)을 당하였으나 여관에서 현을 뜯고 노래 불렀다.

밤에 키가 아홉 자 남짓하고 검은 옷을 입고 높은 갓을 쓴 어떤 사람이 크게 꾸짖으며 공자의 좌우 사람들을 소리로써 동요시켰다.

자공(子貢)이 나아가서 묻기를

"어떤 사람입니까?"

하니 그 사람이 바로 자공을 들어서 옆구리에 끼었다.

자로(子路)가 그를 끌고 나와 뜰에서 싸웠으나 조금 지났어도 이기지를 못했다.

공자가 그 사람을 살펴보니 그 사람의 갑옷과 잇몸 사이가 때때로 손바닥처럼 열리는 것이 보이는지라 곧 말하였다.

"어찌하여 그 사람의 갑옷과 잇몸 사이에 손을 넣어 당겨서 떨쳐올리지 않느냐?"

자로가 그 사람을 당기니 손이 쏙 빠지면서 그 사람은 땅에 자빠졌는데 곧 길이 아홉 자 남짓한 큰 메기였다.

공자가 말하기를

"이 물건이 어찌하여 여기에 왔는가? 나는 들었다. 물건이 늙으면 뭇 요괴가 그것에 의지하며 물건이 쇠약하기 때문에 요괴가 이른다고 이야기하는 것을. 이 메기요괴가 온 것은 어찌된 일인가? 내가 액을 만나 양식이 끊어지고 종자(從者)들이 병이 났기 때문인가? 육축(六畜)과 거북, 뱀, 고기, 자라, 풀, 나무 따위들이 오래되면 신이 다 빙의하여 요괴가 될 수 있다. 그래서 그것을 오유(五酉)라 부르니 오유란 오행(五行)의 방면에 다 그에 상응하는 물건이 있음을 가리킨다.

유(酉)란 늙음이요, 물건이 늙으면 요괴가 되고 그것을 죽이면 요괴가 없어지니 무엇을 근심하리오? 혹 하느님께서 이 문화를 잃지 않으시려고 이 메기로써 나의 목숨을 매어두시는 건가? 그렇지 않다면 어찌하여 여기에 왔겠는가?"

라고 하며 현을 뜯고 노래하기를 그치지 않았다.

자로가 메기를 삶았는데 그 맛이 아주 좋고 병자들은 그것을 먹고나서 일어났다. 다음날 드디어 공자 일행은 길을 떠났다.

孔子厄於陳 絃歌於館中 夜有一人 長九尺餘 著皁衣高冠 大吒 聲動左右 子貢進 問 何人耶 便提子貢而挾之 子路引出 與戰於庭 有頃 未勝 孔子察之 見其甲車間時時開如掌 孔子曰 何不探其甲車 引而奮登 子路引之 沒手仆於地 乃是大鯷魚也 長九尺餘 孔子曰 此物也 何爲來哉 吾聞 物老則群精依之 因衰而至 此其來也 豈以吾遇厄絶粮 從者病乎 夫六畜之物 及龜蛇魚鱉草 木之屬 久者神皆憑依 能爲妖怪 故謂之五酉 五酉者 五行之方 皆有其物 酉者老也 物老則爲怪 殺之則已 夫何患焉 或者天之未喪斯文 以是繫予之命乎 不然 何爲至於斯也 絃歌不輟 子路烹之 其味滋 病者興 明日 遂行

7. 사람으로 변한 쥐며느리

예장군(豫章郡)의 한 집에서 계집종이 부엌에 있을 때 문득 키가 몇치쯤 되는 사람들이 부엌 사이의 벽에 왔는데 계집종이 잘못하여 발로 밟아 그 가운데 한 사람을 죽였다.

조금 뒤에 드디어 수백명의 사람들이 흰 삼베 상복을 입고 널을 가지고 시체를 맞이하러 왔는데 장례 치르는 예의를 모두 갖추었다.
 그들이 동문(東門)을 나서서 동산 속의 엎어진 배 아래로 들어갔다. 계집종이 나아가 자세히 보니 다 쥐며느리였다.
 계집종이 물을 끓여 부어서 쥐며느리들을 죽이니 드디어 이 괴상한 일이 끊어졌다.

 豫章有一家 婢在竈下 忽有人長數寸 來竈間壁 婢誤以履踐之 殺一人 須臾 遂有數百人 著衰麻服 持棺迎喪 凶儀皆備 出東門 入園中覆船下 視之 皆是鼠婦 婢作湯灌殺 遂絶

8. 천일 동안 잠자게 한 천일주(千日酒)
 적희(狄希)는 중산(中山)땅 사람인데 천일주를 빚을 줄 알았다. 천일주를 마시면 천일 동안 취한다.
 그때 같은 주(州)의 사람 유현석(劉玄石)이 술마시기를 좋아했는데 적희를 찾아가 천일주를 요청했다.
 적희가 말하기를
 "내 술이 발효는 되었지만 완전히 익지 않아서 감히 그대에게 마시라고 줄 수가 없습니다."
 라고 하니, 유현석이 말하였다.
 "비록 익지 않았다 해도 한 잔 정도야 줄 수 있겠지요?"
 적희는 그런 말을 듣고나니 그에게 술을 주지 않을 수 없었다.
 유현석이 다시 술을 달라고 하며 말하였다.
 "맛 좋습니다. 더 줄 수 있습니까?"
 적희가 말하였다.
 "잠깐 돌아갔다가 훗날 오십시오 단지 이 한 잔만으로도 천일 동안 잠잘 수 있습니다."
 유현석이 헤어질 때 부끄러운 기색이 있는 듯했다.
 유현석이 집에 와서는 취하여 죽었다. 집안 사람들은 전혀 의심치 않고 그가 진짜로 죽은 줄 알고 울면서 장례를 지냈다.

3년이 지나서 적희가 말하였다.
"지금쯤 유현석이 반드시 술이 깨었을테니 마땅히 가서 안부를 물어야지."
그가 유현석의 집으로 가서 말하기를
"유현석씨가 집에 있습니까?"
하니, 집안 사람들이 다 괴이하게 여기며 말하였다.
"현석이 죽은 이래로 3년이 지나 상복입는 것을 마쳤습니다."
적희가 놀라며 말하였다.
"술이 맛좋아 천일 동안 취하여 잠들게 했는데 이제 마땅히 깨어날 것입니다."
곧 그 집안 사람들에게 무덤을 파 널을 깨보도록 했다.
무덤 위에 땀기운이 하늘에 솟구쳐 있었다. 드디어 무덤을 파고 널을 부수니 유현석이 눈을 뜨고 입을 벌리더니 길게 소리지르고 나서 말하였다.
"유쾌하구나. 내가 취했구나."
그뒤 적희에게 물었다.
"그대는 어떤 물건을 만들었기에 나를 술 한 잔에 크게 취하게 하여 오늘에야 바로 깨어나게 합니까? 해가 높이 떴는데 몇 시쯤 되었습니까?"
무덤가에 있던 사람들이 다 웃었는데 그때 유현석의 술기운이 그들의 콧속으로 파고 들어가 그들도 또한 각자 석 달 동안 취하여 누워 잠잤다.

狄希 中山人也 能造千日酒 飮之千日醉 時有州人姓劉 名玄石 好飮酒 往求之 希曰 我酒發來未定 不敢飮君 石曰 縱未熟 且與一杯 得否 希聞此語 不免飮之 復索曰 美哉 可更與之 希曰 且歸 別日當來 只此一杯 可眠千日也 石別 似有怍色 至家 醉死 家人不之疑 哭而葬之 經三年 希曰 玄石必應酒醒 宜往問之 旣往石家 語曰 石在家否 家人皆怪之 曰 玄石亡來 服已闋矣 希驚曰 酒之美矣 而致醉眠千日 今合醒矣 乃命其家人鑿冢破棺看之 冢上汗氣徹天 遂命發冢 方見開目張口

引聲而言曰 快哉 醉我也 因問希曰 爾作何物也 令我一杯大醉 今日方
醒 日高幾許 墓上人皆笑之 被石酒氣衝入鼻中 亦各醉臥三月

9. 이것이 운명이구나 탄식한 진중거(陳仲擧)

　진중거가 아직 영달하지 못했을 때 늘 황신(黃申)의 집에 머물렀다. 황신의 아내가 출산하려 할 때 황신의 문을 두드리는 사람이 있었으나 집 사람들은 다 알지 못했다.
　한참 지나서 바야흐로 집 속의 사람이 말하는 것이 들리기를
　"응접실에 사람이 있어서 들어올 수 없습니다."
　하니, 문 두드린 사람들이 서로 알렸다.
　"이제 마땅히 뒷문으로부터 가야합니다."
　그중의 한 사람이 바로 갔다가 좀 지나서 돌아오자 남아있던 사람이 묻기를
　"낳은 아이가 아들입니까? 딸입니까? 이름은 무엇입니까? 마땅히 아이에게 몇살의 수명을 주었습니까?"
　라고 하니, 갔던 이가 말하였다.
　"아들입니다. 이름은 노(奴)이고 마땅히 15살을 주었습니다."
　"나중에 마땅히 무엇으로써 죽습니까?"
　"마땅히 병기 때문에 죽을 것입니다."
　진중거가 그 집안 사람들에게 알렸다.
　"나는 관상을 볼줄 아니 이 아이는 마땅히 병기 때문에 죽을 것입니다."
　부모들이 놀라서 조그마한 칼도 잡지 못하게 했다.
　아이의 나이 15살이 되어 대들보 위에 끌을 두었는데 그 끝이 나왔다.
　황노가 나무라 생각하고 아래에서 갈고리를 걸어 당기니 끌이 시렁에서 떨어져 황노의 골을 꺼지게 하여 죽었다.
　나중에 진중거가 예장태수(豫章太守)가 되었는지라 심부름꾼을 황신의 집에 보내 예물을 주고 아울러 황노의 소재를 묻게

했다. 그 집안에서는 이 사실을 심부름꾼에게 다 이야기했다.
 진중거가 이야기를 듣고나서 탄식하여 말하였다.
 "이것을 운명이라고 말하는구나."

 陳仲擧微時 常宿黃申家 申婦方產 有叩申門者 家人咸不知 久久 方聞屋裏有人言 賓堂下有人 不可進 扣門者相告曰 今當從後門往 其人便往 有頃 還 留者問之 是何等 名爲何 當與幾歲 往者曰 男也 名爲奴 當與十五歲 後應以何死 答曰 應以兵死 仲擧告其家曰 吾能相 此兒當以兵死 父母驚之 寸刃不使得執也 至年十五 有置鑿於梁上者 其末出 奴以爲木也 自下鉤之 鑿從梁落 陷腦而死 後仲擧爲豫章太守 故遣吏往餉之申家 幷問奴所在 其家以此具告 仲擧問之 歎曰 此謂命也

제20권 사람을 도운 동물의 신(神)

1. 썩은 비가 내리게 한 병든 용

진(晉)나라 때 위군(魏郡)에 큰 가뭄이 들었다. 여러 농부들이 용의 굴에 기도하여 비가 내리자 곧 제사지내 용에게 감사하려고 했다.

손등(孫登)이 보고나서 말하였다.

"이는 병든 용이 내리는 비이니 어찌 곡식을 되살아나게 할 수 있겠습니까? 만약 내 말을 믿지 못한다면 이 빗물의 냄새를 맡아보십시오."

빗물은 과연 비린내나고 더러웠다. 용은 그때 등에 큰 부스럼이 생겼는데 손등의 말을 듣고 한 노인으로 변화하여 치료해 주기를 요구하며 말하였다.

"병이 나으면 마땅히 보답하겠습니다."

며칠이 지나지 않아서 과연 큰 비가 내렸다.

큰 돌 속에서 한 우물이 터져나온 것이 보였는데 그 물이 맑았다. 용은 대개 이 우물을 뚫어서 보답한 것이다.

晉魏郡亢陽 農夫禱於龍洞 得雨 將祭謝之 孫登見曰 此病龍雨 安能蘇禾稼乎 如弗信 請嗅之 水果腥穢 龍時背生大疽 聞登言 變爲一翁 求治 曰 疾痊 當有報 不數日 果大雨 見大石中裂開一井 其水湛然 龍蓋穿此井以報也

2. 범의 새끼를 받아준 소역(蘇易)

소역은 여릉군(廬陵郡)의 한 부인인데 아이 낳는 일을 돌보는 것을 잘했다.

밤에 문득 범에게 물려서 6, 7리를 가 큰 묘혈에 이르렀는데 범이 소역을 땅에 내려놓고 쭈그리고 지켰다.

암범이 새끼를 낳으려고 하는 것이 보였는데 새끼를 낳을 수 없자 기면서 죽으려고 하다가 문득 소역을 쳐다보았다. 소역이 괴이하게 여겨 곧 범새끼를 끄집어냈는데 모두 세 마리였다.

낳기가 끝나자 암범은 소역을 태우고 집에 데려다 주었다. 그리고나서 범이 2, 3차례 들짐승 고기를 소역의 집 문앞에 갖다 놓았다.

蘇易者 廬陵婦人 善看產 夜忽爲虎所取 行六七里 至大壙 厝易置地 蹲而守 見有牝虎當產 不得解 匍匐欲死 輒仰視 易怪之 乃爲探出之 有三子 生畢 牝虎負易還 再三送野肉於門內

3. 두루미에게 보답받은 쾌삼(噲參)

쾌삼이 어머니를 모심에 지극히 효성스러웠다.

일찍이 검은 두루미가 익살에 맞아 궁해져서 쾌삼에게 돌아갔다. 쾌삼이 거두어 길러서 두루미의 상처를 치료하여 병이 다 낫자 날려보내 주었다.

나중에 두루미가 쾌삼의 집 문밖에 왔기에 쾌삼이 촛불을 잡고 보니 두루미 암수 한 쌍이 온 것이 보였는데 각자 명주(明珠)를 물고 있었다.

두루미는 명주로써 쾌삼에게 보답한 것이다.

噲參 養母至孝 曾有玄鶴 爲弋¹⁾人所射 窮而歸參 參收養 療治其瘡

愈而放之 後鶴夜到門外 參執燭視之 見鶴雌雄雙至 各銜明珠 以報參焉
1) 弋(익) : 주살. 줄을 맨 화살.

4. 서왕모(西王母)의 사자

한(漢)나라 때 홍농군(弘農郡) 사람 양보(楊寶)가 나이가 9살 때 화음산(華陰山) 북쪽에 이르러 한 마리 꾀꼬리가 올빼미에게 공격받아 나무 아래에 떨어져 땅강아지와 개미들에게 곤란을 겪는 것을 보았다.

양보가 보고 불쌍히 여겨 주워서 집에 돌아와 수건상자 안에 두고는 국화로써 꾀꼬리에게 먹였다.

백일 남짓 지나서 꾀꼬리는 깃털이 다 치료되어 아침에 갔다가 저녁에 돌아올 수 있었다.

어느날 밤 12시에 양보가 책을 읽고 아직 잠자지 않았는데 누런 옷 입은 아이가 양보에게 두 번 절하고서 말하였다.

"저는 서왕모의 사자인데 봉래산(蓬萊山)으로 심부름 가다가 삼가지 않아 올빼미에게 공격 받았습니다. 그대께서 인자하시게 구해 주셨으니 진실로 큰 덕에 감사올립니다."

곧 흰 옥고리 네 개를 양보에게 주며 말하였다.

"그대의 자손들을 결백케 하여 지위가 삼공(三公)에 오르게 할 것이니 마땅히 이 흰 옥고리처럼 고귀해질 것입니다."

漢時弘農楊寶 年九歲時 至華陰山北 見一黃雀 爲鴟梟所搏 墜於樹下 爲螻蟻所困 寶見愍之 取歸 置巾箱中 食以黃花 百餘日 毛羽成 朝去暮還 一夕三更 寶讀書未臥 有黃衣童子 向寶再拜曰 我西王母使者 使蓬萊 不愼爲鴟梟所搏 君仁愛見拯 實感盛德 乃以白環四枚與寶 曰 令君子孫潔白 位登三事[1] 當如此環
1) 三事(삼사) : 가장 높은 세 벼슬아치.

5. 밤을 밝게 밝히는 영사주(靈蛇珠)

수현(隋縣)의 자수(溠水)가에 단사구(斷蛇丘)가 있다.

춘추(春秋)시대에 수(隋)나라 제후(諸侯)가 궁전을 나서서 길을 가다가 큰 뱀이 상처받아 두 동강이 나 있는 것이 보여 그것이 영이(靈異)하다고 의심하여 사람을 시켜 약을 발라 주고 봉합케 했다.

큰 뱀은 곧 기어갈 수 있었다. 그로부터 그 터를 단사구라고 이름했다.

한 해 남짓 지나 큰 뱀이 명주(明珠)를 물고와서 보답했다.

명주의 지름은 한 치를 넘었는데 순백색이고 밤에도 밝은 빛이 나 달빛같아 그것으로써 방 안을 밝힐 수 있었다. 그래서 그것을 수후주(隋侯珠)라고도 하고 또한 영사주라고도 말하며 또한 명월주(明月珠)라고도 말한다.

단사구의 남쪽에 수나라 계량대부(季良大夫)의 못이 있다.

隋縣溠水側 有斷蛇丘 隋侯出行 見大蛇 被傷中斷 疑其靈異 使人以藥封之 蛇乃能走 因號其處斷蛇丘 歲餘 蛇銜明珠以報之 珠盈徑寸 純白 而夜有光明 如月之照 可以燭室 故謂之隋侯珠 亦曰 靈蛇珠 又曰 明月珠 丘南有隋季良大夫池

6. 거북을 살려준 공을 받은 공유(孔愉)

공유는 자(字)가 경강(敬康)이고 회계군(會稽郡) 산음현(山陰縣) 사람이다.

동진(東晋) 원제(元帝) 때 화질(華軼)을 토벌한 공으로 후작(侯爵)에 봉해졌다.

공유가 젊었을 때 일찍이 여부정(餘不亭)을 지나다가 길에서 바구니에 담겨져 있는 거북을 보고 공유가 그것을 사서 여불계

(餘不溪) 속에 놓아주었다.
 거북이 계곡 중앙에 이르러 몇차례나 고개를 왼쪽으로 돌려 공유를 바라보았다.
 나중에 공유가 공을 세워 여부정후(餘不亭侯)에 봉해지자 장인이 그를 위해 관인을 주조하는데 관인의 손잡이 부분의 거북 형상이 왼쪽으로 대가리가 돌아갔는데 3번 주조할 때마다 처음처럼 왼쪽으로 대가리가 돌아갔다.
 관인 만들던 장인이 이 사실을 공유에게 알려 주었다.
 공유는 곧 그것이 자기가 살려 준 거북의 보답임을 깨닫고 드디어 이 관인을 거두어 몸에 찼다.
 그후에 공유는 거듭 승진되어 상서좌복야(尙書左僕射)가 되고 거기장군(車騎將軍)에 임명되었다.

 孔愉 字敬康 會稽山陰人 元帝時 以討華軼功封侯 愉少時 嘗經行餘不亭 見籠龜於路者 愉買之 放於餘不溪中 龜中流 左顧者數過 及後以功封餘不亭侯 鑄印而龜鈕左顧 三鑄如初 印工以聞 愉乃悟其爲龜之報 遂取佩焉 累遷尙書左僕射[1] 贈車騎將軍
1) 左僕射(좌복야) : 상서성의 차관(次官).

7. 이 고기는 내 아들이다
 옛날 소(巢)나라에서 어느날 양자강(揚子江)의 강물이 갑자기 불어났다가 잠깐 뒤 옛 물길을 회복했다.
 이때 항구에 무게 만근이나 되는 큰 물고기가 나타났는데 사흘이 지나서 곧 죽었다.
 온 군의 사람들이 다 그 물고기를 먹었지만 한 할머니만은 오직 먹지 않았다.
 문득 어떤 노인이 말하였다.
 "이 물고기는 내 아들입니다. 불행하여 이런 화(禍)를 입었습니다. 그대 혼자서 고기를 먹지 않았으니 나는 그대에게 두텁게 보답하겠습니다. 만약 동쪽 성문의 돌거북의 눈이 붉어지면 성은 마땅히 땅 속으로 꺼질 것입니다."
 할머니는 날마다 가보았다. 어떤 어린아이가 의아하게 여기자 할머니가 사실을 알려 주었다. 어린아이가 할머니를 속이려고 주사(朱砂)로 돌거북의 눈에 칠을 했다. 할머니가 보고나서 급히 성을 나섰다.
 푸른 옷 입은 아이가 나타나 말하였다.
 "저는 용의 아들입니다."
 곧 할머니를 이끌어 산에 올라갔는데 성은 땅 속에 꺼져 호수가 되었다.

　　古巢 一日江水暴漲 尋復故道 港有巨魚 重萬斤 三日乃死 合郡皆食之 一老姥獨不食 忽有老叟曰 此吾子也 不幸罹此禍 汝獨不食 吾厚報汝 若東門石龜目赤 城當陷 姥日往視 有稚子訝之 姥以實告 稚子欺之 以朱傅龜目 姥見 急出城 有靑衣童子曰 吾龍之子 乃引姥登山 而城陷爲湖

8. 보은을 한 개미왕

 오군(吳郡) 부양현(富陽縣) 사람 동소지(董昭之)가 일찍이 배를 타고 전당강(錢唐江)을 지나다가 강 중앙에서 개미 한 마리가 짧은 갈대 위에 붙어 있는 것이 보였다.
 그 개미는 한쪽으로 기어갔다가 돌아서서 다시 다른 한쪽으로 향했는데 아주 다급했다.
 동소지가 말하기를
 "이것이 죽음을 두려워하는구나."
 하며 개미를 건져서 배에 싣고자 했다.
 배에 탄 어떤 사람이 보고 욕하였다.
 "이것은 독이 있고 사람을 쏘는 벌레이니 살려둘 수 없습니다. 내가 마땅히 그것을 밟아 죽이겠습니다."

동소지는 마음속으로 이 개미를 아주 불쌍히 여겨 새끼로 갈대를 묶어 배에 매었다. 배가 강가에 이르자 개미는 강을 벗어날 수 있었다.

그날밤 동소지의 꿈 속에서 검은 옷을 입은 한 사람이 백명쯤 되는 사람들을 거느리고 와서 감사하며 말하였다.

"저는 개미 중의 왕입니다. 삼가지 않아 전당강에 떨어졌는데 부끄럽게도 그대께서 구제하여 살려 주셨습니다. 만약 급한 어려움이 생기면 마땅히 나타나시어 알려 주십시오"

10년 남짓 지나서 그때 동소지가 살던 곳에 강도 사건이 발생하여 동소지가 벼슬아치들의 마구잡이식 죄인 잡아들이기에 걸려 강도 사건의 주범이 되어 여항현(餘抗縣)의 감옥에 갇혔다.

동소지가 문득 개미 왕의 꿈을 생각하였다.

"개미 왕이 위급할 때 자기에게 알리라고 했는데 이제 어디에서 알려야 하나?"

한참 생각하고 있을 때 같이 붙잡혔던 사람이 묻기에 동소지가 사실을 그대로 이야기했다.

그 사람이 말하였다.

"다만 2, 3마리 개미를 손바닥에 올려 놓고 말하면 됩니다."

동소지가 그 말대로 했다. 밤에 과연 꿈 속에서 검은 옷 입은 사람이 말하였다.

"급히 여항산(餘抗山) 속으로 달아나시는 것이 좋습니다. 천하는 이미 어지러워졌으니 사면령이 머지않아 내려질 것입니다."

그래서 그는 곧 잠을 깨었다. 개미들이 이미 그의 형틀을 다 갉아놓았기에 감옥을 나서서 전당강을 지나 여항산으로 달아날 수 있었다.

오래지 않아 사면령을 만나 그는 무사할 수 있었다.

吳富陽縣董昭之 嘗乘船過錢塘江 中央見有一蟻 著一短蘆 走一頭 廻 復向一頭 甚惶遽 昭之曰 此畏死也 欲取著船 船中人罵 此是毒螫物 不可長 我當蹈殺之 昭意甚憐此蟻 因以繩繫蘆著船 船至岸 蟻得出

其夜 夢一人烏衣 從百許人來謝云 僕是蟻中之王 不愼墮江 憨君濟活
若有急難 當見告語 歷十餘年 時所在劫盜 昭之被橫錄爲劫主 繫獄餘
杭 昭之忽思蟻王夢 緩急當告 今何處告之 結念之際 同被禁者問之 昭
之具以實告 其人曰 但取兩三蟻著掌中 語之 昭之如其言 夜果夢烏衣
人云 可急投餘杭山中 天下旣亂 赦令不久也 於是便覺 蟻嚙械已盡 因
得出獄 過江 投餘杭山 旋遇赦 得免

9. 불에 타는 주인을 구한 개

오(吳)나라 손권(孫權) 때 이신순(李信純)은 양양군(襄陽郡) 기남현(紀南縣) 사람이었다.

집에 개 한 마리를 길렀는데 이름을 흑룡(黑龍)이라고 불렀다.

이신순이 개를 사랑하는 것이 특별히 심하였다. 그 개는 집을 나설 때나 집에 있을 때나 늘 따라다니게 하며 음식을 먹을 때도 다 개에게 나누어 주어 먹게 했다.

문득 어느날 이신순이 성 밖에서 술을 마시고 크게 취하여 집으로 돌아가다가 집에까지 가지 못하고 풀 속에 누워 잠을 잤다.

이때 태수(太守) 정하(鄭瑕)가 사냥을 나왔다가 사냥터에 풀이 우거진 것을 보고 사람을 보내 불을 놓아 풀을 태우게 했다.

이신순이 누워있던 곳에 공교롭게도 바람이 불어오고 있었다.

개는 불이 타오는 것을 보고 곧 입으로 이신순의 옷을 물어서 당겼으나 이신순은 움직이지도 않았다.

누운 곳 가까이에 한 시내가 있었는데 누운 곳에서 30에서 50걸음쯤 떨어져 있었는지라 개가 곧 시내로 달려갔다.

개가 시냇물에 들어가 몸을 적신 뒤 이신순이 누운 곳에 달려와 그의 둘레를 돌아가며 자기 몸의 물을 뿌려 주인의 큰 곤란을 면하게 해주었다.

개는 물을 옮기느라 지쳐서 주인 곁에서 죽기에 이르렀다.

잠깐 뒤에 이신순이 깨어나서 개가 이미 죽어있고 온 몸의 털이 젖어있는 것을 보고 아주 그 일을 의아하게 여겼다.

이신순이 불의 자취를 보고나서야 통곡했는데 이 이야기가 태수에게 알려졌다.
태수가 이 개를 불쌍히 여기며 말하였다.
"개가 은혜를 갚음이 사람보다 더 낫구나. 사람으로써 은혜를 모른다면 어찌 개만 같으리오?"
곧 널과 옷과 이불을 갖추어서 개를 묻어주게 했다.
지금 기남현(紀南縣)에 의로운 개의 무덤이 있는데 높이가 열 길 남짓하다

孫權時 李信純 襄陽紀南人也 家養一狗 字曰黑龍 愛之尤甚 行坐相隨 飮饌之間 皆分與食 忽一日 於城外飮酒大醉 歸家不及 臥於草中 遇太守鄭瑕出獵 見田草深 遣人縱火蓺之 信純臥處 恰當順風 犬見火來 乃以口拽純衣 純亦不動 臥處比有一溪 相去三五十步 犬卽奔往 入水濕身 走來臥處 周廻以身灑之 獲免主人大難 犬運水困乏 致斃於側 俄爾信純醒來 見犬已死 遍身毛濕 甚訝其事 視火踪跡 因爾慟哭 聞于太守 太守憫之曰 犬之報恩甚於人 人不知恩 豈如犬乎 卽命具棺槨衣衾葬之 今紀南有義犬葬 高十餘丈

10. 뱀에게 죽게 된 주인을 살린 개
동진(東晉) 원제(元帝) 태흥(太興) 때 오군(吳郡) 백성 화륭(華隆)이 한 마리 빨리 달리는 개를 길렀다.
그 개의 이름을 적미(的尾)라 부르고 늘 데리고 다니며 자기를 따르게 했다.
화륭이 나중에 강가에 이르러 갈대를 베다가 큰 뱀에게 감기자 개가 뱀을 물어뜯으니 뱀이 죽었다.
화륭이 땅에 자빠져 의식을 잃자 개가 방황하며 울다가 배로 달려서 돌아갔다가 다시 풀 속으로 되돌아왔다.
화륭의 동료들이 괴이하게 여겨 개를 따라가니 화륭이 기절해 있는 것이 보이는지라 그를 데리고 집으로 돌아갔다.

개가 이 일 때문에 밥을 먹지 않다가 화륭이 다시 깨어나자 비로소 밥을 먹었다.
화륭은 더욱 개를 아끼고 사랑하여 친척과 같이 여겼다.

太興中 吳民華隆 養一快犬 號的尾 常將自隨 隆後至江邊伐荻 爲大蛇盤繞 犬奮咋蛇 蛇死 隆僵仆無知 犬彷徨涕泣 走還舟 復反草中 徒伴怪之 隨往 見隆悶絕 將歸家 犬爲不食 比隆復蘇 始食 隆愈愛惜 同于親戚

11. 은혜갚은 땅강아지

여릉태수(廬陵太守)인 태원군(太原郡) 사람 방기(龐企)는 자(字)가 자급(子及)이다.
그 스스로 말하기를 몇대(代) 조상인지는 모르나 먼 조상이 어떤 일에 연좌되어 감옥에 갇혔는데 그가 죄지은 것이 아니지만 고문을 견딜 수 없어서 거짓으로 자백하고 말았다고 한다.
송사가 윗 관청으로 올려보내질 때 이르러 그의 좌우에 땅강아지 한 마리가 기고 있기에 곧 땅강아지에게 말하였다.
"만약 너에게 신령이 있어서 죽게 된 나를 살릴 수 있다면 또한 좋은 일이 아니겠느냐?"
그리고 밥을 던져 땅강아지에게 주었다. 땅강아지는 밥을 다 먹고 갔다가 조금 뒤에 다시 왔는데 몸집이 조금 커졌다.
그는 마음 속으로 매양 기이하게 여겨 곧 다시 밥을 주었다. 이같이 갔다왔다하여 수십일이 지나자 땅강아지의 크기는 돼지만했다.
죄에 대한 마지막 보고를 하는데 이르러 마땅히 그에 대해서 사형을 집행하려고 했다.
땅강아지가 밤에 감옥 벽의 바닥을 파서 큰 구멍을 만들고 곧 형틀을 부수니 구멍으로 그가 나갈 수 있었다.
그리고 나서 시일이 오래 지나 사면을 받아 살아날 수 있었다.

그래서 방씨는 대대(代代)로 늘 사철마다 큰 네거리 길에서 땅강아지에게 제사를 지냈다.
　후세에는 조금 게을러져 다시 특별하게 음식을 만들 수 없어서 곧 제사지낸 뒤 남은 음식을 던져서 땅강아지에게 제사지냈다. 그것은 지금도 오히려 그렇게 하고 있다.

　廬陵太守太原龐企 字子及 自言其遠祖不知幾何世也 坐事繫獄 而非其罪 不堪拷掠 自誣服之 及獄將上 有螻蛄虫行其左右 乃謂之曰 使爾有神 能活我死 不當善乎 因投飯與之 螻蛄食飯盡去 頃復來 形體稍大 意每異之 乃復與食 如此去來 至數十日間 其大如豚 及竟報 當行刑 螻蛄夜掘壁根爲大孔 乃破械 從之出去 久時遇赦得活 於是龐氏世世常以四節祠祀之於都衢處 後世稍怠 不能復特爲饌 乃投祭祀之餘以祀之 至今猶然

12. 죽은 원숭이의 앙갚음

　임천군(臨川郡) 동흥현(東興縣)에 사는 어떤 사람이 산에 들어가 원숭이 새끼를 잡아 곧바로 집에 돌아왔다.
　어미원숭이도 그 사람의 뒤를 따라 그 사람의 집에 이르렀다. 이 사람은 원숭이 새끼를 뜰의 나무 위에 매놓고 어미원숭이에게 보여주었다.
　그 어미원숭이는 바로 사람을 향하여 자기 뺨을 때리며 애걸하는 모양을 지었는데 다만 입으로 말할 수 없을 따름이었다.
　이 사람이 이미 새끼를 놓아줄 수 없었을 뿐만 아니라 마침내 그것을 때려 죽였다.
　어미원숭이는 비명을 지르며 스스로 몸을 던져 죽었다.
　이 사람이 어미원숭이의 배를 갈라보니 창자가 마디마디 잘려져 있었다.
　반년이 지나지 않아서 그의 집안 사람들이 염병으로 죽어 그의 집은 망하고 말았다.

臨川東興 有人入山 得猿子 便將歸 猿母自後逐至家 此人縛猿子於庭中樹上 以示之 其母便搏頰向人 欲乞哀狀 直謂口不能言耳 此人旣不能放 竟擊殺之 猿母悲喚 自擲而死 此人破腸視之 寸寸斷裂 未半年 其家疫死 滅門

13. 죽은 사슴의 앙갚음
풍승현(馮乘縣) 사람 우탕(虞蕩)이 밤에 사냥나가서 한 마리 큰 사슴을 보고 쏘아 맞췄다.
사슴이 곧 말하였다.
"우탕아, 네가 나를 쏘아 죽이다니!"
다음날 새벽에 그가 한 마리 죽은 사슴을 발견하고는 거두어 들이려고 하다가 그 자리에서 우탕은 죽고 말았다.

馮乘虞蕩 夜獵 見一大麞 射之 麞便云 虞蕩 汝射殺我耶 明晨 得一麞而入 卽時蕩死

14. 죽은 뱀의 앙갚음
오군(吳郡) 해염현(海鹽縣) 북향정(北鄉亭)에 진갑(陳甲)이라는 선비가 있었는데 본래 하비현(下邳縣) 사람이었다.
동진(東晉) 원제(元帝) 때 화정(華亭)에 깃들어 살다가 동쪽 들의 큰 못으로 사냥나갔는데 문득 큰 뱀이 보였다.
길이는 여섯 내지 일곱 길쯤 되고 몸집은 백섬을 실을 수 있는 배 만하고 빛깔은 오색이었는데 산등성이에 누워있었다.
진갑이 곧 활로 그것을 쏘아 죽였으나 감히 남에게 말하지는 않았다.
3년 뒤 고을 사람과 함께 사냥하다가 옛날 뱀을 본 자리에 이르자 고을 사람에게 이야기하였다.
"옛날 여기서 내가 큰 뱀을 죽였습니다."

그날밤 진갑의 꿈 속에 검은 옷을 입고 검은 두건을 쓴 사람이 나타나 그의 집에 와서는 문책하였다.

"내가 옛날 혼미하게 취했을 때 그대가 무례하게도 나를 죽였다. 내가 옛날 취했을 때 그대의 얼굴을 알지 못하여 그래서 3년이 지나도록 원수가 그대인 줄 몰랐다. 오늘 그대에게 죽음이 찾아왔도다."

그 사람은 놀라서 잠을 깨었는데 다음날 배가 아파서 죽었다.

吳郡海鹽縣北鄕亭里 有士人陳甲 本下邳人 晉元帝時 寓居華亭 獵於東野大藪 欻見大蛇 長六七丈 形如百斛船 玄黃五色 臥岡下 陳卽射殺之 不敢說 三年 與鄕人共獵 至故見蛇處 語同行曰 昔在此殺大蛇 其夜 夢見一人 烏衣黑幘 來至其家 問曰 我昔昏醉 汝無狀殺我 我昔醉 不識汝面 故三年不相知 今日來就死 其人卽驚覺 明日 腹痛而卒

15. 한 고을을 망하게 한 뱀

공도현(邛都縣)에 한 할머니가 살았는데 집이 가난하고 고독했다.

밥 먹을 때마다 문득 대가리에 뿔이 난 작은 뱀이 소반가에 나타났는데 그 할머니가 불쌍히 여겨 뱀에게 밥을 주었다.

나중에 뱀이 조금씩 자라더니 드디어 한 길 남짓 되었다.

공도현령에게 준마가 있었는데 뱀이 드디어 그것을 잡아 삼켰다. 현령이 인하여 크게 성내고 한(恨)을 품으며 할머니를 꾸짖어 뱀을 내놓게 했다.

할머니가 말하였다.

"소반 아래에 있습니다."

현령이 곧 땅을 팠는데 깊이 팔수록 구덩이가 더욱 커졌으나 보이는 바가 없었다.

현령이 노여움을 할머니에게 옮겨 할머니를 죽였다.

뱀이 곧 자기 영혼을 사람에게 감응시켜 말하였다.

"성난 현령아, 어째서 우리 어머니를 죽였느냐? 마땅히 어머니를 위하여 복수하겠다."

이 뒤로 밤마다 문득 벼락치고 바람부는 듯한 소리가 들렸다.

40일쯤 지나 백성들이 서로 보고 다 놀라 말하였다.

"그대 머리에 어찌하여 문득 고기를 이고 있습니까?"

이날밤 사방 40리 되는 땅이 성과 더불어 일시에 함께 땅 속으로 꺼져 호수가 되었다.

주민들이 그것을 함호(陷湖)라고 말했다.

오직 할머니의 집만은 탈이 없었는데 지금도 오히려 남아있다.

어부들이 고기를 잡는데 반드시 거기에 의지하여 잠자며 풍랑이 일때마다 문득 집가에 배를 대면 편안하여 탈이 없었다.

바람이 고요하고 물이 맑을 때 성곽과 망루가 뚜렷하게 보였다.

이제 물이 얕을 때 저 주민들이 물에 들어가 옛 나무를 얻는데 굳고 튼튼하고 빛나고 검어서 옻칠한 듯하다.

이제 일 좋아하는 사람들이 그것으로써 베개를 만들어 서로 주기도 한다.

卭都縣下 有一老姥 家貧孤獨 每食 輒有小蛇 頭上戴角 在牀間 姥憐而飴之食 後稍長大 遂長丈餘 令有駿馬 蛇遂吸殺之 令因大忿恨 責姥出蛇 姥云 在牀下 令卽掘地 愈深愈大 而無所見 令又遷怒 殺姥 蛇乃感人以靈言 瞋令 何殺我母 當爲母報讐 此後每夜 輒聞若雷若風 四十許日 百姓相見 咸驚語 汝頭那忽戴魚 是夜 方¹⁾四十里 與城一時俱陷爲湖 土人謂之爲陷湖 惟姥宅無恙 訖今猶存 漁人採捕 必依止宿 每有風浪 輒居宅側 恬靜無他 風靜水清 猶見城郭樓櫓晏然 今水淺時 彼土人沒水 取得舊木 堅貞光黑如漆 今好事人以爲枕 相贈

1) 方(방) : 가로와 세로

16. 고치자루를 훔친 부인(婦人)의 혹

건업땅의 어떤 부인의 등에 혹이 났다.

그 크기가 몇말은 담을 수 있는 자루 만하고 혹 속에는 고치와 밤같은 물건이 아주 많아 길을 갈 때 소리가 났다.

늘 저자에서 구걸했는데 스스로 말하기를 농촌의 부인이라고 했다.

일찍이 언니와 올케 무리들과 더불어 나누어서 양잠하다가 자기 혼자 여러 해 동안 고치 수확이 줄어들어 그 올케의 고치 한 자루를 훔쳐서 불태웠다.

그뒤부터 등에 부스럼이 생겼고 점점 이런 혹이 되었는데 옷으로 혹을 덮으면 기(氣)가 막혀 답답하였고 늘 혹을 드러내놓으면 곧 괜찮았다. 그 혹의 무게가 자루를 진 듯했다.

建業有婦人 背生一瘤 大如數斗囊 中有物如繭栗 甚衆 行卽有聲 恒乞於市 自言村婦也 常與姊姒輩分養蠶 已獨頻年損耗 因竊其姒一囊繭焚之 頃之 背患此瘡 漸成此瘤 以衣覆之 卽氣閉悶 常露之 乃可 而重如負囊

수신기제요(搜神記提要)

　신(臣) 등이 삼가 『수신기(搜神記)』 20권을 살피건대 구본(舊本)의 제목은 '진간보찬(晋干寶撰)'이라고 했습니다.
　간보의 자(字)는 영승(令升)이고 신채현(新蔡縣) 사람입니다. 동진(東晋) 원제(元帝) 때 저작랑(著作郞)으로써 국사(國史) 편찬하는 일을 겸하고 산기상시(散騎常侍)에 승진했습니다.
　간보의 전기(傳記)에 말하기를 "간보가 아버지의 계집종이 되살아난 일에 감동되어 드디어 고금의 신령(神靈)의 신이(神異)함과 사람과 물건의 변화를 편집하여 한 책을 만들었다"고 했습니다.
　그 스스로 서문(序文) 1편을 지었는데 나란히 전기에 실려 있습니다.
　이 책은 『수지(隋志)』와 『당지(唐志)』에는 다 기록되어 있으나 송(宋)나라 때 조공무(晁公武)와 진진손(陳振孫) 등 제가(諸家)들은 다 이 책을 기재하지 않았습니다.
　응린(應麟) 왕옥해(王玉海)가 "『수신총기(搜神總記)』 10권은 저자의 이름이 나타나지 않는다. 어떤 이는 간보가 지었다고 하지만 그렇지 않다."라고 했고 또 호진형(胡震亨)이 발문(跋文)에서 말하기를 "이 책에 대해서 진서장군(鎭西將軍) 사상자(謝尙子)가 칭찬했다."라고 했습니다.
　사상자를 고찰하여 보면 동진(東晋) 목제(穆帝) 영화(永和) 때 진서장군에 임명되었으나 간보의 책이 이루어졌을 때 일찍이 유담(劉惔)에게 보여주었는데 유담은 동진 명제(明帝) 태녕(太寧) 때 죽었습니다.
　곧 진서장군이라는 이름은 책이 이루어졌을 때보다도 오히려

20여년 뒤에 있었으니 사상자가 칭찬한 책은 의심컨대 또한 뒷사람의 덧붙임을 거친 것이지 간보의 구본(舊本)이 아니라 여겨집니다.

이제『태평환우기(太平寰宇記)』청령대조하(青陵臺條下)를 고찰컨대『수신기』에서 '한빙(韓憑)이 나비로 변화한 일'을 인용하고 있으나 이 책에는 그런 내용이 없습니다.

『태평광기(太平廣記)』를 조사해 보니 인용한 것이 또 하나하나 이 책과 더불어 부합했습니다.

두 책은 다 송(宋)나라 초년(初年)에 지어졌는데 무슨 까닭에 서로 다른지 알지를 못하겠습니다.

의심컨대 악사(樂史)가 인용한 것은 곧 간보의 책이고 이방(李昉)이 인용한 것은 곧『수신총기(搜神總記)』라 여겨집니다.

뒷사람들이 매 권을 베껴 써서 쪼개어 둘로 만들었으므로『숭문총목(崇文總目)』과 더불어 10권의 수효가 맞지 않을 따름입니다. 전해진 것을 의심할 따름입니다. 의심컨대 이제 잠깐 그대로 옛 제목이 기록에 나타났습니다.

건륭(乾隆) 사십 삼년 삼월 공손하게 교정하면서 글을 올립니다.

      총찬관(總纂官) 신(臣) 기윤(紀昀)
           신(臣) 육석웅(陸錫熊)
           신(臣) 손사의(孫士毅)
      총교관(總校官) 신(臣) 육비지(陸費墀)

搜神記 提要

臣等謹案搜神記二十卷 舊本題曰晉干寶撰 干寶字令升 新蔡人 元帝時 以著作郎 領國史 遷散騎常侍 本傳稱 寶感父婢再生事 遂撰集古今靈祇神異人物變化 爲一書 其自序一篇 併載本傳 是書隋唐志 皆著錄 而宋晁公武 陳振孫 諸家皆不載 王應麟玉海 引崇文總目云 搜神總記十卷 不著撰人名氏 或云干寶撰非也 又胡震亨跋云 此書有謝鎭西之稱 攷謝尙于 穆帝永和間 加鎭西將軍 寶書成嘗示劉惔 惔卒于

明帝大寧間 則鎭西之號 去書成時 尙後二十餘年 疑亦經後人之附益
非寶之舊 今考太平寰宇記 靑陵臺條下 引搜神記 韓憑化蛺蝶事 此本
無之 勘驗太平廣記所引 又一一與此本合 二書皆宋初所修 不知何以
互異 疑樂史所引 乃寶書 李昉所引 乃總記 後人傳寫每卷 析而爲二
故與崇文總目 十卷之數 不合耳 疑以傳 疑今姑仍舊題著之於錄焉 乾
隆四十三年三月恭校上
　總纂官臣紀昀 臣陸錫熊 臣孫士毅
　總校官臣陸費墀

『수신기(搜神記)』 원서(原序)

비록 서적에서 옛 기록을 고찰하고 당시에 버려진 것을 수록했으나 대개 한 귀나 한 눈으로 직접 듣고 본 바가 아니다.
또 어찌 감히 진실을 잃은 것이 없다고 할 수 있겠는가?
위(衛)나라 삭(朔)이 정권을 잃자 두 전기가 서로 엇갈리게 그 들은 바를 적었고, 강태공(姜太公)이 주(周)나라를 섬긴 일에 대해서 사마천(司馬遷)이 또한 그 두 가지 이야기를 보존했다.
이같은 일이 왕왕 있다.
이로부터 보건대 듣고 보는 것의 어려움은 유래가 오래되었다.
부고(赴告)같은 정해진 말을 쓰고 국사(國史)를 적은 책에 근거하는 데에도 오히려 이와 같거늘 하물며 천년 이전의 일을 우러러 서술하고, 다른 풍속의 표현을 적고, 모자라는 곳에서 조각말을 잇대고, 나이많고 견식많은 이에게서 사실을 찾고 물어보아 사실로 하여금 자취가 둘이 되지 않게 하는데 있었으랴.
말에 다른 길이 없는 연후에 진실한 것으로 여기는 일은 참으로 또한 옛 사가(史家)들도 어렵게 여겼던 것이다.
그러나 국가에서 주를 내고 기록하는 벼슬아치들을 폐지하지 않고 배우는 선비들이 외우고 읽는 일을 끊이지 않는 것은 어찌 그 잃은 것이 적고 보존한 것이 많았기 때문이 아닐까?
이제 내가 수집한 것에 만약 옛 기록을 이어받은 것이 있다면 곧 나의 잘못이 아니다.
만약 근세의 일을 물어가며 찾은 것 가운데서 허망하고 착오되는 부분이 있다면 원컨대 선현전유(先賢前儒)들과 더불어 그 비난을 나누어 받을까 한다.
이 책은 또한 넉넉히 신령은 속이지 않음을 밝힐 수 있다.
뭇 말과 온갖 사람들의 저서를 이루 다 볼 수 없고, 귀와 눈이 받아들이는 바를 이루 다 기재할 수 없다.
　이제 넉넉히 훌륭한 뜻을 펼 수 있는 것들을 거칠게 거두어 그 보잘것없는 내 이야기를 만들었을 따름이다.
　장래의 호사가들이 그 근본을 기록하여 마음에 노닐고 눈에 깃들이며 허물이 없게 할 수 있기를 바란다.

영승(令升) 간보(干寶)

雖考先志於載籍　收遺逸於當時　蓋非一耳一目之所親聞覩也　又安敢謂無失實者哉　衛朔失國　二傳互其所聞　呂望事周　子長存其兩說　若此比類　往往有焉　從此觀之　聞見之難　由來尙矣　夫書赴告之定辭　據國史之方冊　猶尙若此　況仰述千載之前　記殊俗之表　綴片言於殘闕　訪行事於故老　將使事不二迹　言無異途　然後爲信者　固亦前史之所病　然而國家不廢注記之官　學士不絶誦覽之業　豈不以其所失者小　所存者大乎　今之所集　設有承於前載者　則非余之罪也　若使採訪近世之事　苟有虛錯　願與先賢前儒分其譏謗　及其著述　亦足以發明神道之不誣也　群言百家　不可勝覽　耳目所受　不可勝載　今粗取足以演八略之旨　成其微說而已　幸將來好事之士錄其根體　有以游心寓目而無尤焉　干寶令升

『수신기(搜神記)』

　진(晉)나라 간보(干寶)가 지은, 지괴(志怪) 소설집이다. 간보의 자는 영승(令升)이며 동진의 사학자이자 문학가이다.
　『수지(隋志)』와 『구당지(舊唐志)』에는 모두 사부(史部) 잡전류(雜傳類)에 들어가 있으며 30권으로 되어있다.
　『신당지(新唐志)』에는 자부(子部) 소설류에 고쳐 들어가 있으며 역시 30권이라 되어있다.
　『송지(宋志)』 자부 소설류에는 "『수신총기(搜神總記)』 10권, 간보 찬."이라고 저록되어 있다.
　그러나 『숭문총목(崇文總目)』에서 이르기를 "『수신총기』 10권은 지은이의 이름이 기록되어 있지 않으며 혹자는 간보가 지었다고 했으나 이는 잘못된 것이다."라고 했다.
　이 책은 양한(兩漢 : 西漢, 東漢) 이래로 전해 내려오는 신선귀괴(神仙鬼怪)의 고사와 위진(魏晉)시대의 민간전설을 집록한 것이다.
　현재 20권본과 8권본이 남아 있다.
　20권본은 명(明)나라 호원서(胡元瑞)가 집록한 것으로 『비책회함(祕册匯函)』본과 『진체비서(津逮祕書)』본과 『학진토원(學津討原)』본과 『자서백가(子書百家)』본과 『총서집성초편(叢書集成初編)』본, 1931년 상무인서관(商務印書館)에서 인쇄한 호회침(胡懷琛) 표점본, 1957년 상무인서관 중인본, 1979년 중화서국 『고소설총간(古小說叢刊)』의 왕소영(汪紹楹) 교주본이 있다.
　8권본으로는 『패해(稗海)』본과 『광한위총서본(廣漢魏叢書)』본과 『증정한위총서(增訂漢魏叢書)』본과 『용위비서(龍威祕

書)』본과 『예원군화(藝苑捃華)』본과 『설고(說庫)』본이 있다.
 20권본과 8권본에 기록된 인물고사는 거의 전부가 다르다.
 범녕(范寧)의 「수신기에 관하여(關于搜神記)」(1964년 1월
『문학평론』)이라는 논문의 고증에 의하면, 8권본은 담영(曇永)
이 편찬한『수신론(搜神論)』의 잔권에 의거하여 증보한 것으로
사실상 간보가 지은 것이 아니며, 아마도『숭문총목』에서 간보
가 지은 것이 아니라고 한『수신총기』인 것 같다.

 中國文學辭典 I 著作篇 다민출판사

■ 동양학 100권 발간 후원인 (가나다 순)

후원회장 : 유태전
후원회운영위원장 : 지재희

김경범, 김관해, 김기흥, 김소형, 김재성, 김종원, 김주혁, 김창선, 김창완, 김태수,
김태식, 김해성, 김향기, 박남수, 박문현, 박양숙, 박종거, 박종성, 백상태, 송기섭,
신성은, 신순원, 신용민, 양태조, 양태하, 오두환, 유재귀, 유평수, 이규환, 이덕일,
이상진, 이석표, 이세열, 이승균, 이승철, 이영구, 이용원, 이원표, 임종문, 임헌영,
전병구, 전일환, 정갑용, 정인숙, 정찬옥, 정철규, 정통규, 조강환, 조응태, 조일형,
조혜자, 최계림, 최영전, 최형주, 한정곤, 한정주, 황송문

인지
생략

동양학총서〔38〕
수신기(搜神記)

초판발행 1997년 11월 10일
재판발행 2003년 11월 20일

해역자 : 전병구
펴낸이 : 이준영

회장・유태전
사장・백상태
주간・김창완 / 편집・홍윤정 / 교정・강화진
조판・태광문화 / 인쇄・천광인쇄 / 제본・기성제책 / 유통・문화유통북스

펴낸곳・자유문고
서울 영등포구 문래동6가 56-1 미주프라자 B-102호
전화・2637-8988・2676-9759 / FAX・2676-9759
홈페이지 : http://www.jayumungo.com
e-mail : jayumg@hanmail.net
등록・제2-93호(1979. 12. 31)

정가 15,000원

※잘못 만들어진 책은 구입하신 서점에서 바꿔드립니다.

ISBN 89-7030-039-2 04150
ISBN 89-7030-000-7 (세트)